中国管理咨询优秀案例（2022）

中国企业联合会咨询与培训中心　编

企业管理出版社
ENTERPRISE MANAGEMENT PUBLISHING HOUSE

图书在版编目（CIP）数据

中国管理咨询优秀案例. 2022 / 中国企业联合会咨询与培训中心编. —北京：企业管理出版社，2023.10

ISBN 978-7-5164-2803-0

Ⅰ. ①中… Ⅱ. ①中… Ⅲ. ①企业管理—咨询—案例—中国 Ⅳ. ① F279.23

中国国家版本馆 CIP 数据核字（2023）第 008693 号

书　　　名：中国管理咨询优秀案例（2022）

书　　　号：ISBN 978-7-5164-2803-0

作　　　者：中国企业联合会咨询与培训中心

责任编辑：徐金凤　李雪松

出版发行：企业管理出版社

经　　　销：新华书店

地　　　址：北京市海淀区紫竹院南路 17 号　　　邮　　　编：100048

网　　　址：http://www.emph.cn　　　电子信箱：emph001 @163.com

电　　　话：编辑部（010）68701638　　　发行部（010）68701816

印　　　刷：三河市荣展印务有限公司

版　　　次：2023 年 10 月第 1 版

印　　　次：2023 年 10 月第 1 次印刷

开　　　本：710mm×1000mm　1/16

印　　　张：25.25

字　　　数：453 千字

定　　　价：100.00 元

目 录
CONTENTS

中国移动浙江公司"十四五"暨 2021—2023 年战略规划

中国移动通信集团设计院有限公司

中国移动通信集团设计院有限公司是中国移动通信集团有限公司的直属设计企业，是国家甲级咨询勘察设计单位，公司发展历史可以追溯到 1952 年。近年来，在中国通信企业协会组织的评选活动中，连续被评为"全国通信行业用户满意企业"及"先进通信设计企业"。公司本部设置 12 个职能部门，下设规划所等 6 个专业所及 21 家分公司，公司职工 4000 余人，拥有一批信息通信行业的知名专家，先后有全国设计大师 5 人，11 人次获国家及部级有突出贡献专家称号。公司充分发挥在人才、技术上的优势，在规划咨询、网络设计、网络优化等业务领域，为我国著名电信运营商、铁塔公司、政府部门等系统行业提供优质服务，为中国通信网络的建设发展提供了强有力的技术支持和保障。公司以"做网络及数字化咨询服务专家"为战略愿景，始终坚持创新发展，持续提升企业影响力。截至目前，公司获国家级优秀设计奖和优秀咨询奖 100 余项，各类部级优秀奖 600 余项。公司积极承担或参与国家、行业技术标准制定及修订工作，其中已发布的国家标准 20 余项，通信行业标准 160 余项。

本案例项目组成员

李观，于 2015 年 7 月正式加入中国移动设计院规划所。7 年来，先后在江苏省、浙江省、内蒙古自治区等地开展战略规划、网络规划、5G 频谱竞拍等工作，作为项目总负责人，共参与网络规划 / 战略规划相关项目 15 个、院课题研究项目 20 余个，并获得中国通信企业协会（准部级）二等奖 1 次、中国移动通信集团公司一等奖 4 次和二等奖 2 次、设计院一等奖 10 次，先后荣获设计院"优秀党务工作者""青年先锋""优秀共产党员"荣誉称号。

其他成员：马珂、黄磊、谭振龙、路宇浩

导读

    我国经济社会数字化转型呈现出"五纵三横"的新特点，"十四五"期间是中国移动通信集团浙江有限公司（以下简称浙江公司）推进数智化转型的攻坚期，因此亟须洞察外部环境面临的机遇和挑战，并诊断公司数智化转型能力的优势和劣势，进而制定公司中长期及2021—2023年战略目标，明确未来三年战略方案。

    本次项目立足"新发展格局、新发展阶段、新发展理念"，全面承接中国移动"力量大厦"发展战略，深入洞察数智化转型背景下的宏观经济趋势，准确分析了数字经济下的"五纵三横"新趋势，深入洞察浙江公司战略转型面临的机遇和挑战；同时，浙江公司聚焦"夯基础、提能力、激活力、增动能、强保障"五大领域，开展数字化转型能力诊断，深入剖析公司战略转型面临的优势和劣势。

    基于SWOT分析法，综合考虑外部机遇和挑战、内部优势和劣势，"十四五"期间，要坚持党建统领，高水平落地落实创世界一流"力量大厦"发展战略这一总任务，全面推进"五个新"，即"新使命"：创世界一流信息服务科技公司，践行"四个做"；"新目标"：坚持"发展创优、转型创先"，实现"四个新突破"；"新主线"：推进数智化转型，实现高质量发展；"新要求"：强化"四个三"的战略内核；"新工程"：实施七大战略工程和28项重点举措。

    浙江公司经过两年的战略执行，截至2022年6月，公司经营取得了"一个圆满、三个最高、三个增长、五个领先"的良好成绩。

中国移动浙江公司"十四五"
暨 2021—2023 年战略规划

中国移动通信集团设计院有限公司　李观

一、案例背景

（一）信息通信行业特点

当前，我国经济社会数字化转型呈现出"五纵三横"的新特点，"五纵三横"体现了信息技术正从点状应用创新向产业链上下游、端到端各环节拓展延伸，从局部相关领域向经济社会各领域广泛深入扩散，将促进经济社会创新水平的整体跃升和生产力的跨越发展，进一步激发数字经济新动能。"五纵"是新一代信息技术向经济社会加速渗透的五个典型场景，代表了新产业、新业态、新模式的发展方向，具体体现为基础设施的数字化、社会治理的数字化、生产方式的数字化、工作方式的数字化、生活方式的数字化五大特征。"三横"是当前经济社会数字化转型的三大共性需求，正逐步成为支撑经济社会发展的产业级、社会级平台的通用能力，具体体现为线上化、智能化、云化三大特征。

（二）客户基本情况

中国移动通信集团浙江有限公司（以下简称浙江公司）隶属于中国移动通信集团有限公司，浙江公司是集团内规模效益和改革创新"双领先"的标杆省公司，连续多年党建优、业绩优，客户满意度、市场综合能力、网络运维质量、IT 支撑水平、网信安全两部委考核、党建工作等均位列全集团第一。

（三）客户需求及目标

本轮规划重点包括四大需求：一是贯彻党中央和国务院重要指示精神、浙江省政府重要规划精神，聚焦浙江新冠疫情防控新常态下，浙江公司发展面临的经济、政策形势，系统研判浙江公司在数字浙江建设中面临的机遇与挑战；二是聚焦信息通信行业的发展新趋势，加强对产业数字化规划，尤其是与浙江公司业务方向一致的特定行业产品和服务的研究；三是聚焦重点热点领域、难点问题，持续高质量开展内外部交流和专题研究；四是承接集团公司创世界一流"力量大厦"战略新内涵和新部署，制定公司中长期及2021—2023年战略目标，明确未来三年战略方案。项目内容涵盖外部环境研判、内部能力诊断、战略定位与目标制定、战略举措分解等模块。

二、案例诊断分析

本次项目立足"新发展格局、新发展阶段、新发展理念"，全面承接中国移动"力量大厦"发展战略，深入洞察数智化转型背景下的宏观经济趋势，准确分析数字经济下的"五纵三横"新趋势，深入洞察公司战略转型面临的机遇和挑战。

（一）外部环境分析研判

本项目外部环境分析研判充分运用PEST分析模型，从宏观政治经济环境、行业发展环境、竞争合作环境三大维度深刻剖析浙江公司面临的外部环境，如图1和图2所示。

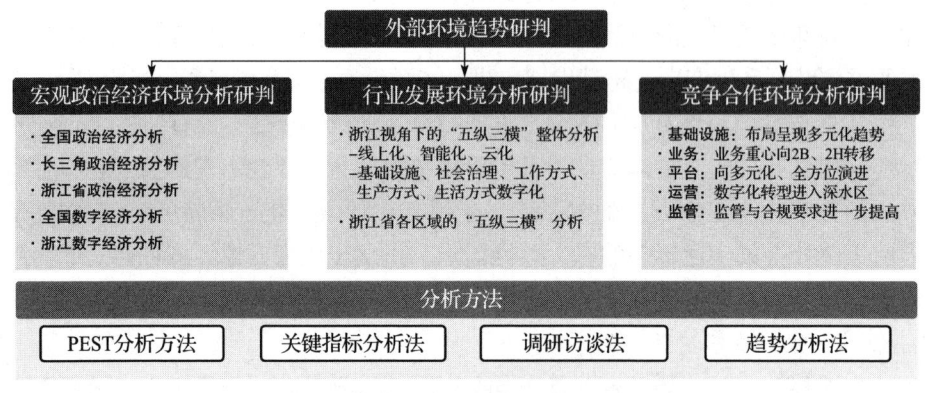

图1 外部环境分析研判方法与模型

1.宏观政治经济环境分析研判

从全国看，党的十九届五中全会明确提出了"十四五"时期经济社会发展指导方针、主要目标、重点任务、重大举措和2035年远景目标，中央经济工作会议提出了2021年经济工作的总体要求、政策取向和重点任务。一是深刻领会关于网信发展的系列部署；二是深刻领会关于科技创新的重点任务；三是深刻领会关于国企改革的主要目标；四是深刻领会关于党的建设的重要要求；五是深刻领会关于履行央企责任的任务要求。

从浙江看，省委十四届八次全会和省委经济工作会议明确了各项重点任务，为浙江公司转型发展提供了有力的政策支持和良好的区域环境。浙江省将加快建设三大科创高地,提高科技创新能力,加大研发投入,推进重大科研基础设施建设,强化企业创新主体地位等。加快建设全球先进制造业基地,推进产业基础再造和产业链提升,推动先进制造业与现代服务业深度融合。加快打造全球数字变革高地,实施数字经济"一号工程"2.0 版,加快建设国家数字经济创新发展试验区。

2. 行业发展环境分析研判

科技创新和产业变革深入演进,经济社会数字化转型不断深化,信息服务新蓝海空间巨大。以新一代信息技术为代表的科技创新催生新发展动能,千行百业转型呈现"四个范式变迁""五纵三横"特征趋势。一方面,科技创新引领赋能经济社会数字化转型。领先科技企业开创以技术和数据为关键要素的新型增长模式,科技创新引领和创造信息服务需求的作用将更加凸显。另一方面,"五纵三横"推动下的信息服务业正蓬勃发展。以"五纵"为代表的典型场景加快突破,新产业、新业态、新模式不断涌现,在线购物、在线娱乐、在线教育、远程医疗、远程办公等"宅经济""非接触经济"全面提速;以"三横"为代表的共性需求集中爆发,线上化、智能化、云化加速演变为支撑经济高质量发展的产业级、社会级平台通用能力。

3. 竞争合作环境分析研判

数字化服务融合创新不断深化,市场竞争向更高形态的通用平台与生态系统竞争演变,不稳定、不确定因素增多。一是市场格局更加复杂多变,市场

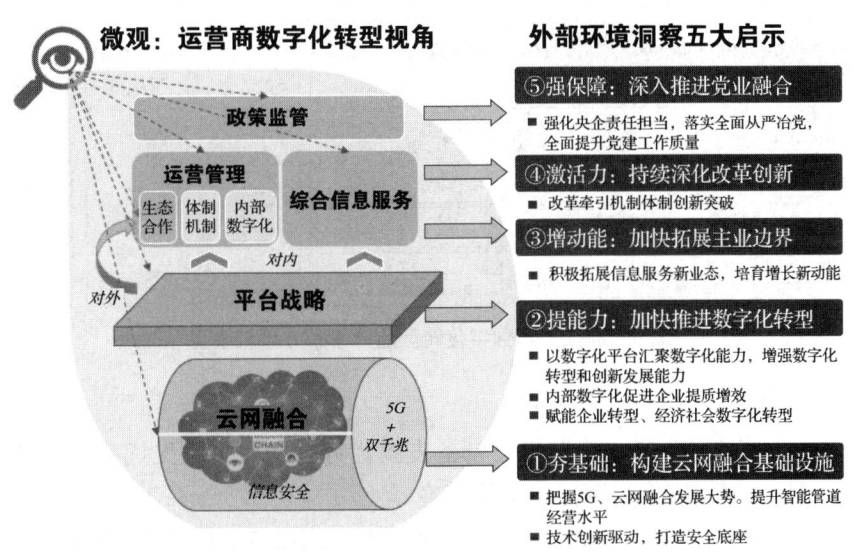

图 2　外部环境五大启示

主体更加多元，5G专网频谱分配存在不确定性，通信领域市场主体分类监管等政策落地对公司经营提出更高要求。二是信息服务形态与业务模式更加多元，从消费互联网向产业互联网发展过程中，产业链上下游都在谋求占据产业价值链核心环节，拓展信息服务的机遇窗口期正加速收窄。三是我国信息通信业发展存在薄弱环节，产业链、供应链的连续性和稳定性受到冲击，关键核心技术"卡脖子"、停服断网等风险日益凸显，国际经营面临的不确定因素增多。

（二）数字化转型能力诊断

本项目结合中国移动集团"力量大厦"的总体部署及外部环境洞察的五大结论，最终细化形成公司数字化转型评估模型。评估模型聚焦于"夯基础、提能力、激活力、增动能、强保障"五大板块，并从优势与挑战两个层次进行深度分析，深度挖掘浙江公司数字化转型具有的优势和存在的挑战（见图3）。

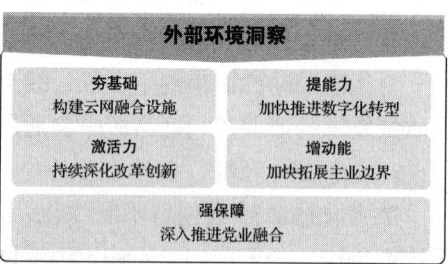

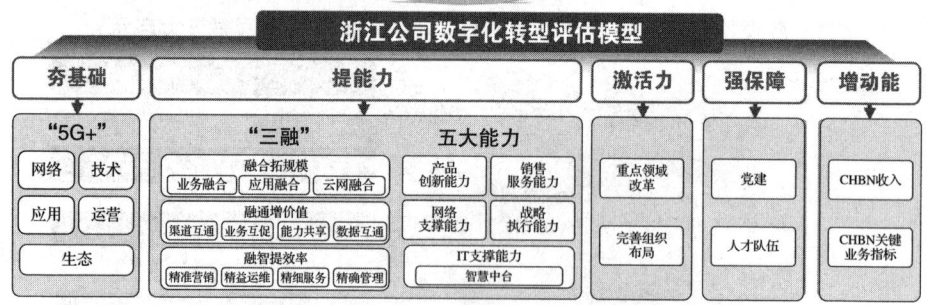

图3 浙江公司数字化转型能力诊断方法与模型

1. 夯基础："5G+"计划推进

（1）"5G+网络"。5G网络已具备先发优势，但网络领先优势面临挑战，5G新型通信网络安全运营体系亟待完善。

（2）"5G+技术"。SA商用领先优势持续缩小，SA商用受到网络和终端瓶颈制约。

（3）"5G+应用、运营、生态"。前期推进成效显著，但整体仍处于5G发展的第一阶段。

2. 提能力："三融"、五大能力

（1）融合拓规模。CHBN融合发展总体进展良好，主要的连接类融合指标整体处于同组上游。

（2）融通增价值。渠道互通、业务互促、能力共享、数据汇通取得积极进展，但围绕资源、能力、价值的协同仍然有待加强。

（3）融智提效率。近三年，浙江公司共完成50个智慧运营项目，智慧运营形成"点上突破、线上延伸、由线到面"的良好局面。

（4）产品创新能力。大视频业务持续做强，咪咕爱看持续迭代产品，初步构建"自营会员+合营会员"的分层权益体系，宽带电视宽带连装率、客户活跃率与VIP包付费转化率持续提升。

（5）销售服务能力。搭建泛渠道运营支撑平台，已实现泛渠道信息管理、主异业销售管理、生态对接管理等6项能力。

（6）IT支撑能力。IT对前台的赋能：浙江公司已经明确了智慧中台技术架构、AaaS（分析即服务）服务体系，并取得初步成效。

（7）网络支撑能力。浙江公司推进智慧网络中台建设，打造敏捷支撑能力，围绕运营支撑层、网络服务层、网络能力层进行能力开放建设，已具备核心能力2000余项。

（8）战略执行能力。"十三五"以来，浙江公司不断深化战略管理、合规管理、管理效能提升，持续加快重点领域改革，组织活力进一步增强。

3. 激活力：重点领域改革

浙江公司稳步推进市场、政企、网络和网格化等重点领域改革，持续开展改革项目，有效激发公司转型发展活力。但需加快CHBN融合发展、网格化运营机制、家庭业务拓展；推动组织机制建设、政企市场拓展、产品和能力构建；全面加强全网协同发展、网络运营和IT中台能力建设等。

4. 强保障：党建和组织队伍

（1）党建工作。"十三五"以来，浙江公司牢牢把握新时代党的建设总要求，不断深化党业融合，党建质量持续提升，打造"移动铁军"，加快人才队伍转型升级，为公司转型发展提供坚实保障。

（2）队伍建设。数字化人才队伍逐步壮大，结构不断优化。

5. 增动能：CHBN市场评估

浙江公司2020年通信服务收入达518亿元，在行业增速下行时依旧保持较高速度增长，收入份额提高至 65%，继续保持行业主导地位，净利润超过 110 亿元，复合增长率 6.1%，继续保持行业绝对领先地位。

三、解决方案的设计框架

基于 SWOT 分析法，充分洞察公司外部环境面临的机遇与挑战，深度分析公司内部能力具备的优势与劣势，"十四五"期间，要坚持党建统领，高水平落地落实创世界一流"力量大厦"发展战略这一总任务，全面推进"五个新"建设（见图 4）。

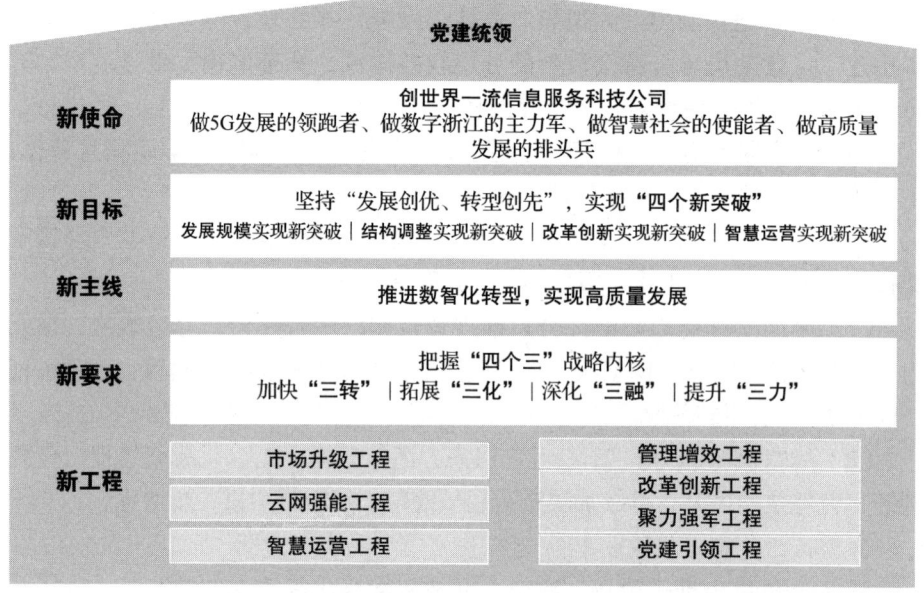

图 4　浙江公司"十四五"暨 2021—2023 年战略思路框架

（一）"新使命"：创世界一流信息服务科技公司，践行"四个做"

创世界一流信息服务科技公司：进一步提高政治站位，紧紧围绕发展壮大国家网信事业和保障国家网络安全的职责使命，加快形成创新驱动的增长模式，加快做大信息服务，提升科技创新实力，同时要积极承接集团 2035 年远景目标，基本建成具有全球竞争力的世界一流企业，跻身信息服务科技创新型公司前列。践行"四个做"：做 5G 发展的领跑者，做数字浙江的主力军，做智慧社会的使能者，做高质量发展的排头兵。

（二）"新目标"：坚持"发展创优、转型创先"，实现"四个新突破"

对接国家、浙江省和集团公司提出的 2035 年远景目标和"十四五"发展目标,未来五年,浙江公司要在四个方面实现新突破:一是发展规模实现新突破。"十四五"期末通信服务收入超700亿元;连接数量力争"翻一番"。二是结构调整实现新突破。"十四五"期末家庭、政企、新兴市场收入在"四轮"中的占比超40%,新业务收入占比显著提升。三是改革创新实现新突破。健全中国特色现代企业制度,推进深层次改革;加强科技攻坚、产品锻造、管理创新,打造关键领域硬核能力。四是智慧运营实现新突破。打造技术、数据要素全流程贯穿的运营模式,创新智慧管理工具,推动公司网络运营效率、总资产收益率、劳动生产率等关键指标全面提高。

(三)"新主线":推进数智化转型,实现高质量发展

推动高质量发展是"十四五"时期经济社会发展的主题,要把"推进数智化转型、实现高质量发展"作为落地、落实创世界一流"力量大厦"的主线,不断提升发展质量和效益。数智化是将数字化、智能化有机结合,在以劳动、资本等传统要素为驱动的经典增长模型中进一步引入新要素,形成以高速网络为基础,以信息技术、数据要素为驱动的新型增长模式,实现对传统要素价值的放大、叠加、倍增。

(四)"新要求":强化"四个三"的战略内核

"十四五"时期,公司发展的战略内核是"加快'三转'、拓展'三化'、深化'三融'、提升'三力'","四个三"战略内核是指导公司转型发展的核心理念,涵盖了公司转型发展的战略重心和关键路径。"三转"是公司转型的核心内在逻辑,明确了公司的转型方向、业务构成、动力来源。"三化"是公司转型的突破口和核心领域,是激发信息服务需求潜力、提升产业格局的关键。"三融"是构建基于规模的融合、融通、融智价值经营体系。"三力"是打造高效协同的能力、合力、活力组织运营体系。

(五)"新工程":七大战略工程和28项重点举措

"十四五"时期,公司将围绕数智化转型方向,以具有全局性、长期性、标志性、带动性的七大战略工程、28项重点举措为抓手,牵引战略落地落实。

1. 市场升级工程

深化基于规模的价值经营,全面对接客户一站式信息服务需求,着力推动CHBN全向发力、融合发展,推动价值获取核心来源向"连接+数字"和"连接+智能"转变。

(1)强化个人市场稳进经营。坚持稳中求进,加快推动"连接+应用+权益"融合发展,全面推进分客户、分场景的精细化融合运营,巩固提升客户

规模领先优势，实现个人市场价值提升和经营转型。

（2）推动家庭市场价值转型。坚持"拓规模、树品牌、建生态、提价值"，全面深化"宽带＋硬件＋应用"融合发展，提供家庭信息服务解决方案，从而加快推动家庭市场从规模领先迈向品质和价值领先。

（3）加快政企市场跨越引领。立足"收入增长新动能、转型升级主力军"定位，以"决胜在云、超越在5G"为引擎，体系化增强"网＋云＋DICT"能力，成为政企市场主导运营商。

（4）深化新兴市场创新突破。发挥创新创业创造精神，持续拓展新领域、新模式，积极加强新兴业务布局，务实提升产品能力，着力推动新技术应用创新，切实加快新兴能力商业转化，为大网价值经营和培育新增收入做出重要贡献。

（5）推动CHBN市场全量融合。加快推动产品融合、渠道融合、运营融合和能力融合，2023年全量客户融合率持续提升，切实推进全量融合成为公司发展的核心优势。

2. 云网强能工程

加快5G、云计算、工业互联网、数据中心等新基建布局，构建"连接＋计算＋安全"能力，加速网络架构向云原生基础设施演进，提升云网边融合一体化能力。

（1）夯实5G全面领先基础。全面推进"5G＋"计划落细落实，大力推进5G网络建设和应用创新，加快5G融入百业、服务大众，巩固提升技术领先、网络领先、应用领先、运营领先、生态领先的"五个领先"优势。

（2）推进云能力跨越式发展。牢固树立"没有云就没有网、没有云就没有未来"的战略判断，深入实施"云改"，锻造云计算技术能力，落地云资源池建设，加快边缘云建设布局，加速网络架构向云原生基础设施演进。

（3）建强算力和新技术基础设施。充分把握数字经济蓬勃发展带来的机遇，全面布局、系统筹划，为各行业数字化、网络化、智能化发展提供体系完备的新型信息基础设施。

（4）建设高效敏捷智慧网络。推进网络基础设施升级和新型网络运营体系建设，将人工智能、大数据等技术融入网络运营管理全流程，构建高效、敏捷、智慧的新型网络运营体系。

3. 智慧运营工程

推进"业务＋数据＋技术"智慧中台建设，聚焦企业内部精准营销、精细服务、精益运维、精确管理和外部经济社会数字化转型需要，从而实现精准匹配、敏捷响应。

（1）打造业界领先智慧中台。坚持问题导向、全局导向、市场导向三大原则，全面推进"业务＋数据＋技术"智慧中台发展，加快形成 AaaS 服务体系，积淀能力、支撑发展、注智赋能，从而助推公司数智化运营和全社会数智化转型。

（2）推动数据价值变现。顺应数据资源化、资产化、资本化发展趋势，着力提升数据资源的聚合、运营、服务和管理水平，加快数据资源变现，释放数据要素价值。

（3）加快全流程智慧营销转型。坚持以客户为中心，以"线上线下结合、自有社会并重、传统新型协同"为方向，建立健全多触点、数字化、全覆盖的新型渠道体系，推动营销服务数字化转型。

（4）加强数字化精细服务。围绕数字化时代客户个性化需求，运用数字化、智能化技术工具，优化全流程、全触点服务体验，全面深化"全方位、全过程、全员"三全服务体系落地落实，提升服务精细化、智慧化水平。

4. 管理增效工程

推动分类施策理念融入生产经营各领域各环节，提升资源管控能力、风险防范能力和内外部协同效率，打造决策科学精准、资源集约共享、运营自动敏捷的"智慧企业"。

（1）强化科学管理。全面落实国资委对标世界一流管理提升要求，持续丰富管理方法模型，创新智慧管理工具，优化管理制度流程，全面提升公司智慧化管理的水平和主动服务社会民生的能力，切实推进公司高质量发展。

（2）筑牢系统性安全屏障。强化底线思维和风险意识，安全发展贯穿公司生产经营各领域全过程，有效防范和化解各类重大风险。

5. 改革创新工程

持续深化国企改革，纵深推进重点领域改革，积极探索建立运营新机制、新模式，加快科技、业务服务、管理创新，充分释放改革创新红利。

（1）重点改革专项突破。扎实推进四个领域改革项目落地，探索建立运营新机制、新模式，有效促进改革创新活力竞相迸发，到 2025 年，建立健全与转型发展相匹配的组织运营机制，激发企业高质量发展新动能。

（2）全面深化网格化运营改革。面向 CHBN 四大市场，强化属地营销力量，完善倒三角支撑体系，健全风险防范。持续提升网格智慧运营水平，深入推进一线业务融合、渠道融通、手段融智。到 2025 年，形成可持续发展的网格化运营机制，实现网格化运营支撑效能和一线作战能力大幅提升。

（3）建强科技创新体系。突出创新在公司发展全局中的核心地位，系统推进全方位创新，持续加大科研投入，完善科技创新体系，提升自主创新能力，推动发展方式由资源要素驱动向科技创新驱动转变，到2023年，科技创新能力保持集团领先。

（4）加强产品锻造。推动产品和服务的数字化、智能化改造，增强优质信息服务供给，培育发展新动能。到2025年，"五位一体"产品管理运营体系基本完善，全面实现重点产品在收入规模、用户规模、用户体验方面的行业领先。

（5）共创开放合作数智生态。以引资源、拓市场、补短板、强能力为导向，构建功能互补、良性互动、资源共享、融通发展的新型合作生态，到2025年，基本建成与一流企业相匹配的新型合作模式和数智化生态体系。

6. 聚力强军工程

着力提升企业的组织合力、文化合力、生态合力，推动组织模式向平台型、生态型演进；优化队伍结构，完善发展机制，提升队伍能力，激发创新活力，打造浙江移动数智化铁军。

（1）打造担当作为干部队伍。坚持"党管干部"原则，围绕公司整体业务和发展全局，树立重实干、重实绩、重担当的选拔任用导向。选优配强干部队伍，强化转型期领导力建设。推进干部队伍年轻化、专业化，形成合理的干部梯队。

（2）建强数智化人才队伍。坚持"党管人才"原则，匹配公司战略转型和业务发展需要，持续完善人才工作体系，深入推进人才队伍转型，坚持控总量、调结构、强赋能，加快吸纳、培养、保留创新型、科技型骨干人才，打造一支忠诚担当、能战能胜的数智化铁军。

（3）健全人才激励体制机制。完善激励机制，真正做到员工能进能出、干部能上能下、薪酬能高能低。积极探索契约化管理，激发人才队伍活力。构建人力资源管理"三支柱"模式，提升人力资源管理与服务水平。

7. 党建引领工程

充分发挥党建引领保障作用，狠抓作风建设，围绕中心抓党建、抓好党建促业务，营造风清气正的政治生态，切实把党的政治优势转化为企业竞争优势、发展优势。

（1）把准大局方向。以习近平新时代中国特色社会主义思想为指引，坚持和加强党的全面领导，全面贯彻落实新时代党的建设总要求，着力构建形成与世界一流企业相匹配的一流党建工作品牌，党建工作成效在企业各项工作上得到充分检验，党建引领推动作用得到充分发挥。

（2）建强组织体系。贯彻落实新时代党的组织路线，突出政治功能和组织功能，持续加强基层党组织建设，突出抓好基层党支部建设。坚持组织适应市场、管理适应组织，持续规范和优化基层党组织设置，推动党组织有形覆盖和有效覆盖相统一。

（3）抓牢教育培训。紧扣国企党建时代特点和党员思想行为特征，强化思想政治引领，充分发挥文化软实力。丰富完善教育体系，结合实际深入开展党史党性教育，加强思想道德和党纪国法教育，推进廉洁文化建设教育。

（4）夯实基层基础。夯实基层党组织的组织力，将党的建设向基层延伸，推进基层党组织全面进步、全面过硬，推动党建工作从强基础向高质量全面提升。持续发挥信息技术优势，加强党建信息化建设，运用好、推广好智慧党建系统，不断提升党建工作信息化水平。

（5）强化考核奖惩。扎实推动党的建设与公司改革发展深度融合，推进党委领导作用显性化、党支部战斗堡垒作用显性化、党员先锋模范作用显性化。建立健全党建工作责任落实体系，不断完善工作机制，常态化开展党建工作考核评价和党组织书记抓党建述职评议工作。

四、案例项目评估和绩效说明

公司战略经过两年的战略执行，截至2022年6月，浙江公司经营取得了"一个圆满、三个最高、三个增长、五个领先"的良好成绩。具体表现在如下四个方面。第一，新型基础设施稳步夯实。实现全省63%行政村及乡镇以上5G覆盖；5G分流比全集团第一，获评工信部"重点场所网络质量卓越运营商""5G应用安全创新示范中心"。自智网络评分全集团第一，建成全国首个覆盖全网的融合边缘云。第二，价值经营持续深化突破。公司个人市场新增份额、净增份额、手机上网流量份额均居全集团第一，5G终端客户份额、登网客户份额、套包客户份额、机套网匹配率均居全集团第一，宽带电视客户规模破千万；家庭融合客户渗透率、固移融合率均居全集团第一。第三，改革创新取得显著进展。公司推行项目管理"四张清单"，完成22个省级"促三融提三力"改革项目。牵头集团公司政企"三级服务支撑体系""'四个一'支撑建设"等改革任务。网络运维体系改革不断深化，5G垂直行业支撑、宽带服务保障、政企业务支撑能力显著提升。第四，组织队伍转型不断加快。公司优化设置信息技术与数据管理部、供应链管理部、智慧家庭运营中心，成立中国移动（浙江）创新研究院，推进多领域集中共享服务。

江苏恒神股份有限公司战略规划

北京市长城企业战略研究所

北京市长城企业战略研究所（以下简称长城战略咨询）是新经济的专业咨询机构，中国知名民间智库。自1993年创立以来，长城战略咨询立足于对中国市场的专业研究，在长期咨询实践的基础上，目前已经形成企业—产业—区域的业务轴心和创新创业咨询、数字经济、国际化咨询、平台化发展等四个特色业务。

长城战略咨询在企业战略与管理、创新政策与决策、科技园区、创业管理、社交化、知识管理咨询等方面凝聚核心能力，关于新经济、区域创新与区域个性、原创性新兴产业等研究成果引起国内外媒体、学术界和产业界的广泛持续关注。

本案例项目组成员

赵放，长城战略咨询高级项目经理，悉尼大学金融学与银行学双硕士。具有五年咨询工作经验，先后主导参与多家大型国有企业、民营企业、新型研发机构的战略规划设计，企业咨询经验丰富。

其他成员：马晴、黄瑶、汪冬妮

导读

碳纤维复合材料是国防建设、经济建设和科技进步等领域不可或缺的主要战略物资，是先进国防武器装备以及新型卫星、飞船等国防高技术重要的基础性原材料，在能源、建筑、交通运输、海洋工程等国民经济重大工程领域有着广泛的应用前景，被誉为新材料之王，但该行业具有明显技术密集与资本密集属性，前期投入大，科研攻关难。

江苏恒神股份有限公司（以下简称恒神）是2017年独角兽企业，具备碳纤维复合材料全产业链协同开发生产能力。恒神成立于2007年，是江苏企业家钱云宝（原恒宝股份有限公司董事长）在"产业报国思想"的感召下，为实现航空航天材料国产化，解决卡脖子问题而投资建设的高新技术企业，但由于前期投入巨大，下游市场迟迟未能打开，存在一定生存危机。

长城战略咨询在独角兽企业研究与发掘工作中结识了恒神，在双方领导的多番沟通后，长城战略咨询决定为恒神量身制订一套发展规划与实施办法，重新明确发展道路，链接高端创新资源。

江苏恒神股份有限公司战略规划

北京市长城企业战略研究所　赵放

一、案例背景

（一）客户背景

碳纤维材料是国防、航天、航空等战略性领域的核心基础材料，长期受到国外先进国家打压，发展艰难。碳纤维复合材料是国防建设、经济建设和科技进步等领域不可或缺的主要战略物资，是先进国防武器装备以及新型卫星、飞船等国防高技术重要的基础性原材料，在能源、建筑、交通运输、海洋工程等国民经济重大工程领域也有着广泛的应用前景。为限制我国碳纤维行业发展，一些发达国家采取高性能碳纤维材料禁运，低性能材料倾销的策略。2007年，我国碳纤维材料产量极低，且基本不具备高性能碳纤维材料生产能力，只能依赖高价进口。

恒神是某企业家在产业报国情怀感召下，投资运营的一家高新技术企业。某企业家原为某上市公司董事长，在产业报国情怀的感召下，为实现航空航天材料国产化，解决卡脖子问题，成立恒神，斥巨资购置碳纤维材料生产、纺织、预浸、复合材料制备与检测设备，在数年内将恒神建设成一家具备碳纤维全产业链研发生产能力的大型材料企业。

截至 2018 年，恒神已经开发出多型号高质量碳纤维材料产品，锻炼了一支成熟研发队伍，成为业内综合实力前三的龙头企业。经过 10 余年发展，恒神已经建设成为年产能 5000 吨的综合企业，拥有较为完善的 T300、T700 与 T800 型碳纤维材料生产技术，可大批量生产，率先研制出国产 T1000 与 M 系列高模量高强度碳纤维材料。同时，公司研发制备了多种上浆剂材料、预浸料与碳纤维复合制件，能够根据客户实际需求在较短时间内拿出材料解决方案，具备碳纤维复合材料全产业链协同开发生产能力。

（二）项目背景

由于行业特殊性及自身对市场研判不足，发展方向不明确，导致恒神市

场迟迟不能突破，企业常年入不敷出。恒神起初专注于军用领域，希望将材料应用在军事装备型号上，获取长期稳定的高收益。但是由于该领域对于碳纤维产品的质量要求标准高、型号验证周期长、资金占压大，整体市场空间不大，体制内竞争对手强势等原因，市场迟迟未能打开，多数产品仍停留在型号验证阶段。2012年后恒神开始向民用工业领域与民用消费领域拓展业务。但是其未找到合适的市场切入点与合适的战略合作伙伴，同时还面临国外材料倾销打压，在民用领域也迟迟未突破市场。因此公司实际常年亏损，只能不断融资运营，以冲抵过高的运营成本与设备折旧摊销费用。截至2019年，公司与关联公司资产已全部抵押，难以通过常规渠道继续融资，公司陷入生存危机。

长城战略咨询在独角兽企业研究工作中结识了恒神，2018年，长城战略咨询在对2017年全国独角兽企业调研走访中，了解到恒神这家硬科技创业企业的报国初衷、十年如一日的技术攻关打磨和面临的难以为继的生存问题，判断出恒神是一家基础十分雄厚的企业，但是由于发展道路不清晰，导致资金链紧张，企业经营面临危机。

双方经过多轮沟通，达成了有别于传统战略咨询的企业咨询服务协议。在发现恒神的问题与需求后，长城战略咨询迅速反馈，由一名合伙人、多名咨询师组成的团队与恒神高层在短时间内进行了多轮密集沟通，明确了"求生存，保发展"的咨询思路，在传统战略咨询基础上，率先引入"资源链接"这一后端服务，让咨询效果在最短时间内发挥作用，保证企业生存发展，从根本上打破战略咨询"形而上，难落地"的咨询现状。

二、分析诊断

恒神属于碳纤维行业，行业具有跨界技术属性，项目组与恒神相关人员共同组成联合工作组，经过充分讨论后双方就项目开展逻辑达成一致意见，首先，对公司所处的碳纤维行业开展大量研究工作，明确公司所处外部发展环境；然后，对国内外领先碳纤维企业开展分析，总结行业成功要素，发现公司可借鉴模式；最后，对公司战略规划、业务运营等进行全面梳理与诊断，深刻把握公司发展基础、长短板，为下一步战略规划的制订打下坚实基础。

（一）外部环境分析

在外部环境方面，项目组通过政策梳理、文献阅读、专家访谈等，对碳纤维国家发展位势、政策导向、技术变革、材料应用领域与市场、国际竞争局势、恒神行业地位评估等进行分析研究，以此发掘行业发展机会与公司面临的系统性挑战。

1. 行业基本特点

碳纤维行业属于资本和技术密集型行业，企业进入壁垒很高，需要长期投入和积累。从技术层面来看，碳纤维属于高技术密集型产业，涉及精馏纯化、高分子合成、化纤纺制高温处理、表面处理及界面科学等多学科交叉，产业发展涉及产、学、研、用各个环节。从资本层面来看，碳纤维技术具有长期耗资的属性，实现国产碳纤维产业化是一项需要经历至少10年的漫长投入、耗费巨资，且得忍受长期亏损的事业。只有具有长远眼光且财力雄厚的企业集团才可能胜任。

2. 行业发展前景

碳纤维行业是国家战略性新兴行业，是国防、航天、航空等战略性领域的核心基础材料，受到国家重点关注和长期扶持。碳纤维复合材料是国防建设、经济建设和科技进步等领域不可或缺的主要战略物资，是先进国防武器装备以及新型卫星、飞船等国防高技术重要的基础性原材料，在能源、建筑、交通运输、海洋工程等国民经济重大工程领域有着广泛应用前景，属于国家战略性新兴产业的范畴。同时，国家已经认定材料工业是国民经济的基础产业，新材料是材料工业的先导，是重要的战略性新兴产业。明确了新材料是国家七大新兴战略之一，要重点发展新型功能材料、高性能结构材料和先进复合材料。

3. 我国碳纤维发展现状

全球碳纤维供应以美日企业为主，我国企业产能相对较小。从全球来看，东丽、三菱丽阳和东邦三家企业占据全球理论产能一半以上，我国产能最大的两家碳纤维企业（中复神鹰、江苏恒神）产能总和仅占全球5%，不及东丽的1/6。

整体来看我国碳纤维行业面临三大机遇、四大挑战。从机遇来看，国家在碳纤维领域坚定不移自主化的决心，将为未来产业的发展，特别是在防务装备和高端装备制造领域带来巨大市场空间：一是国家战略性新兴材料和《中国制造2025》为碳纤维材料发展提供了政策机遇；二是军民融合发展为企业进入传统受垄断的防务市场提供了可能；三是民用市场领域碳纤维逐步为更多的企业所认知，市场的接受度上升。从挑战来看：一是碳纤维行业属于资本和技术密集型行业，进入和退出壁垒远高于其他行业；二是与发达国家相比，我国政府对碳纤维行业支持的精细化水平仍有差距，企业的发展需要更多依靠自己力量；三是我国碳纤维行业发展水平较低，企业、科研机构及下游应用领域较为分散、隔离，甚至在一定程度上提防、竞争，加重了企业发展压力；四是我国碳纤维下游应用领域尚未充分打开，尤其是高附加值领域用户和用量较少，

使企业市场开拓面临巨大挑战。

综上，我国碳纤维行业技术水平低，下游应用市场有限，企业面临的内外部压力和挑战巨大，且短期内难以改变，需要做好长期坚持的准备，对企业而言需要获得支撑持续发展的现金流。

（二）基准案例分析

创新性选择其他行业企业作为基准研究，并从基准研究中探寻出行业发展规律。在基准选择中，项目组最初选择碳纤维行业内巨头东丽、赫克塞尔作为基准企业，但研究中发现，两家企业已步入成熟期，且企业情况、国情与中国现当代企业相差较大，尤其是日本东丽，项目组研究后发现碳纤维业务只是其业务板块的一小部分，东丽集团其他业务板块不断向碳纤维板块输血，关键成功因素借鉴意义不足。项目组通过数次讨论与沟通，决定在原有基础上扩大基准研究范围，选择国内碳纤维行业中已实现盈利、同样是民营企业的光威复材、中简科技作为基准，同时，创造性地选择了面板行业京东方（与碳纤维行业同样是国家战略性行业，也属于资本、技术密集型行业）作为基准，深入剖析行业成功因素、企业成功因素，为恒神未来业务发展与突破寻求经验（见表1）。

表1 基准企业实现盈利时间及成本控制策略

名称	企业起源	起步市场／当前核心市场	成本控制策略	涉足碳纤维时间—碳纤维盈利时间
东丽	纺织企业	体育休闲／民航	通过逐步扩充产能和产业链	50年（1961—2011）
赫氏	复合材料企业	军工／民航	聚焦核心业务	—
阿克萨	腈纶企业	民用工业／民用工业	上游原材料低价优势	—
光威复材	碳纤维钓鱼竿企业	钓鱼竿／航空	缩短产业链，外购碳纤维和以销定产	20年（1992—2012）
中简科技	碳纤维研究团队	航空／航空	小产能（50吨）	8年（2008—2016）
京东方（LCD）	电子管厂			18年（1993—2011）

通过基准研究发现，碳纤维行业内发展较好的企业，均经历了漫长投入期，且各自拥有成本控制策略。如日本东丽，历时50余年实现盈利。在盈利难以保障的情况下，各企业纷纷将成本控制作为重要策略。

综合基准企业定位、业务布局、商业模式等，得出碳纤维企业成功的关键因素有如下三个方面：一是技术的长期积累，包括充足的技术储备、掌握关键技术诀窍、稳定研发团队等；二是长期投入资源能力，包括清晰的发展战略、相对成熟的产品市场、稳固的相关方关系、长期深耕行业的意志等；三是现金流的长期保障，包括现金雄厚、其他业务可提供现金流支持、稳健的融资渠道等。

（三）企业发展诊断

为了更精准地明确恒神股份内部资源能力，厘清其发展长短板，长城战略咨询开展了为期近一个月的深入调研，形成十几万字的会议记录，储备起丰富的一手资料。同时项目组调研行业内碳纤维专家，在深度把握行业发展特征的基础上，了解第三方专家对于恒神股份的客观认知。基于上述材料，项目组分别对公司内部运行进行诊断。

1. 总体运营诊断

从总体运营状况来看，恒神股份整体呈现"高举高打、运营模式过重"的特征，要求企业具备持续、大量投入现金流能力。2007 年恒神创立于产业报国的初衷之下，而非商业目的，因此对碳纤维行业特征、规律及盈利风险等方面商业角度分析不充分，成立之初产能设计 5000 吨、全产业链布局、以民航军工为目标客户，但在实际运行中产能不饱和、设备运营及维护导致企业经营成本较高，运营模式较重，给公司发展带来一定问题。

2. 产品技术诊断

从产品技术状况来看，恒神具备一定技术积累，但与世界先进企业相比积累深度不足，尚未完全掌握高性能产品生产的关键技术诀窍。碳纤维头部企业具有典型的特征，包括充足技术储备、掌握关键技术诀窍、稳定研发团队等，但恒神作为一家由智能卡业务切入碳纤维领域的企业，成立仅 12 年，技术储备不足。公司虽然产品齐全，但在高端型号方面技术还有待提高。此外，内部培养人才仍具流失风险，未能形成高效、稳定的研发团队，势必给项目质量、技术的持续研发带来负面影响，难以形成合力将技术转化为经济效益。

3. 战略与市场诊断

从战略与市场状况来看，恒神在资源长期投入上具备决心和意志，但相应的条件不充分。恒神多年来一直坚持在碳纤维领域发展，持续投入相关产品技术研发，核心团队对碳纤维事业意志坚定，但同时也应看到仍存在一些短板。一是发展战略上，恒神成立之初选择对标学习处于发展成熟期的东丽，发展战略较为激进，导致资源投入过大且分散。二是市场上，恒神虽然确定了明确的产品细分市场，但在相应的市场上尚未形成竞争力，市场培育尚不成熟，多数领域产品处于验证期，缺乏优势产品。三是在相关方关系上，恒神作为民营企业，和主要军工企业联系较弱，尚未建立稳健的合作关系，缺少光环效应，不利于许多关键市场的开拓。

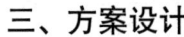

三、方案设计

（一）明确核心问题

公司以做强国产碳纤维产业为初衷，缺乏商业思维，在这种发展初衷下公司整体战略、业务布局存在一定问题。从恒神发展情况来看，其最突出的表面问题是公司尚未实现盈利，在这一问题导向下，项目组以调研访谈、内部诊断等事实为基础，以逻辑树进行层层剥茧，不断透过表面问题找到企业核心问题所在。但在公司核心问题上，最初项目组与客户产生一定分歧，客户认为未来获得融资便能解决公司现存的一切问题，首要问题是寻找投资者，但项目组坚持认为融资只能解一时之急，公司要获得持续、健康发展，需要对公司发展战略、业务布局等进行重新梳理与思考，这也是获得融资的前提，经过数轮沟通与讨论，客户认可了长城所的观点，共同确定公司急需解决的四个方面的问题。

（1）公司未来发展的根本定位是什么？

（2）公司未来业务发展的方向是什么？

（3）公司业务的发展策略是什么？

（4）公司业务发展策略如何最快速度实施，保障生存？

（二）构建设计框架

基于核心问题，长城战略咨询设计了"1+1+N"的战略规划项目开展框架，其中第一个"1"是指战略规划研究，为恒神股份制定明确的顶层规划，指明发展方向；第二个"1"是指商业计划书，以突出公司核心优势，获取投资者青睐；"N"是指多维度资源链接，在战略规划研究的指导下，利用长城战略在多年新经济咨询中积累的研究机构、高新企业、投资机构等创新资源，为恒神股份全面链接合适的合作资源，包括产业基金、企业合作与可承接的政府科技项目等，帮助恒神快速落实业务发展策略，实现市场突破与自我造血。

（三）明确战略定位

项目组通过梳理分析与充分讨论，借鉴赫氏处理危机的方式，认为公司现阶段重点任务在于脱困，而后才能寻求发展和扩张。因此，公司实行"两步走"战略，首先，2019—2021年为第一阶段，采取聚焦战略，以实现盈亏平衡为基础目标；其次，2021年开始为第二阶段，在实现盈亏平衡的基础上，采取扩张战略，以成为国际先进碳纤维材料提供者为目标。

（四）应用领域选择

恒神股份碳纤维产品下游应用领域较多、领域之间学科跨度较大，同时，碳纤维行业虽发展多年，但仍属于战略性新兴产业，多数产品应用市场尚不成熟甚至尚未形成，为市场选择带来较大难度。

项目组在传统 GE 矩阵与大战略矩阵等传统战略与业务发展选择工具基础上，制定了三维业务评估矩阵模型（见图 1），将下游应用领域（外部）吸引力、恒神（内部）竞争力及投入发展周期（投资回报）等因素进行有机结合，判定每一个潜在下游应用领域的进入与发展可行性。在此基础上，以 VRIO 模型（价值、稀缺性、难以模仿性和组织）进行适配性优化创新，对所有潜在下游应用领域进行横向对比分析，综合各下游领域业务开展属性、公司技术与市场基础，进行量化评估，最终选择确定最适合恒神发展的下游应用领域。

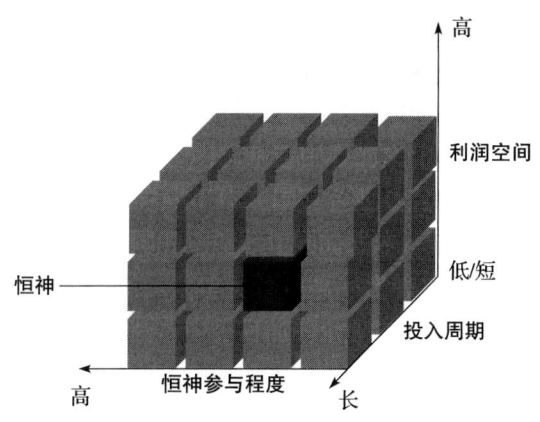

图 1　三维业务矩阵模型分析示意图

基于分析结果，重新梳理业务层次，包括核心业务、重点培育业务、维持型/观望型业务，其中核心业务需要全周期重点投入，将成为公司核心盈利业务；重点培育业务短期内重点投入，尽快形成现金流入；维持型/观望型业务短期内暂停业务，跟踪行业动态以备将来。

横向对比量化评估工具如表 2 所示。

表 2　横向对比量化评估工具

各工业领域业务吸引力综合评测					
业务属性			**技术基础**	**市场基础**	
分析要素	市场前景 （权重××%）	市场打开时间 （权重××%）	材料利润空间 （权重××%）	恒神技术基础 （权重××%）	恒神产品与客户 （权重××%）	综合
民用航空						
风电叶片						
海洋装备						
新能源汽车						
轨道交通						
商业航天						

（五）推进落地举措

在第一阶段聚焦战略下，项目组提出通过战略投资者引入、成本控制、申请政府支持三路并进的措施，提供公司长期发展所需的战略性支持。在引入战略投资者方面，引入具有长期合作意愿的战略投资者，为企业渡过暂时性难关提供现金流，同时带来市场客户方面的新机遇；在成本控制方面，通过聚焦产业链来降低生产成本及运营成本，实现节源；在申请政府支持方面，积极对接各级相关部门，参加重大科研项目，获得资金支持。

1. 引入战略投资者

恒神现阶段缺乏造血能力，仍需持续引入战略投资者，以实现资本注入，并为公司带来业务机会的增加和成本的降低。碳纤维行业具有显著的重资本、重投入特征，无论是高附加值碳纤维关键技术的攻克，还是验证周期长达数年的下游核心市场开拓，均需持续、大量的资金投入，对于现阶段缺乏盈利能力的恒神来说，未来仍要继续引入战略投资者以支撑其长期发展。重点引入处于碳纤维相关行业、资金实力雄厚、有新材料领域战略布局规划或意向的央企国企作为战略投资者，以期降低公司成本、增加市场机会。

2. 成本控制

结合内部诊断情况，项目组提出恒神股份从两方面降低成本：一是降低系统性成本，根据恒神已开展业务情况，将产业链划分为原丝生产、预氧化及碳化、中间材料、复合材料四个生产环节，对每个生产环节中恒神具备的资源与能力、市场竞争情况进行分析，在聚焦战略定位下，提出恒神所应聚焦的产业链环节，降低生产成本；二是降低运营成本，项目组提出多条思路来降低能源成本、财务成本等。

3. 积极申请政府支持

项目组提出，恒神可通过政府支持补贴、参与国家重大专项等途径直接获得资金补助，降低运营压力，同时提升公司研发实力与社会影响力。项目组提出，积极寻求项目中试补助、资质认定补助、省市级政策支持等，同时通过国家重大专项，获得现金与潜在市场，提升整体品牌形象。

（六）开展链接资源

长城战略咨询为恒神提供全方位资源链接服务，有效推动融资进展。结合公司业务发展策略需要联络的合作对象、资金保障、恒神未来发展目标，长城战略咨询为其制订资源对接计划，并编写商业计划书，展示出恒神商业价值，同时依托长城战略咨询多年在高成长企业发展研究与服务所积累的创新资源库，通过座谈会、实地考察的形式，为恒神推荐了多家投资机构及合作单位，链接资本、科技、市场资源，并就如何高效对接投资人给予恒神跟踪式辅导。最终，公司依靠全新的战略定位、业务布局、商业模式等获得某大型国有企业集团青睐，后者为公司业务发展注入活水。

四、项目成效

（一）客户成功获得生存融资，进行业务转型

恒神获得数 10 亿元战略投资，并依照战略规划稳步推进业务转型，逐渐摆脱生存危机。2019 年，恒神与某大型国有企业集团及其他投资机构组成的投资团体达成战略投资协议，通过债转股与新三板定向增发的方式获得投资，其中部分投资为债转股，部分投资为现金投资，极大缓解了公司发展压力，在未来较长一段时间内摆脱了生存危机。同时，恒神对于战略规划中提出的发展方向与业务推进策略表示认可，并以此为参考调整业务布局与资源投入，形成业务聚焦与联动协同。截至目前，公司收入显著增加，收入结构明显改善，收入金额与综合毛利率明显提升。

（二）长城战略探索出平台赋能型咨询业务

恒神战略规划项目坚定了长城战略咨询探索平台型业务的信心，推动长城战略咨询逐步实现平台化转型。作为最早将瞪羚、独角兽企业引入国内的咨询机构，长城战略咨询长期致力于瞪羚、独角兽等新物种企业成长机制及发展态势研究，并支持各区域各级政府开展新物种企业挖掘及培育工作，如何针对这些呈现出非线性成长态势的新物种企业提供咨询服务，也一直是长城战略咨询探索的方向。恒神"战略咨询＋资源链接"式咨询项目恰好为开拓平台赋能型咨询业务打造出样板案例。此后长城战略咨询不断由传统项目思维转向平台运营思维，由与客户间线性供需关系转变为与客户共生共赢、共建创新生态圈的开放性关系，在传统咨询产品之外，开发出政府资源对接、投资机构对接、大企业对接、场景打磨、商业模式打磨等微咨询、微服务。

（三）客户与长城战略咨询建立长期稳定合作关系

通过本次战略规划项目，长城战略咨询与恒神股份建立了较为亲密的合作关系，项目结束后双方在长城战略咨询办公室以及恒神驻北京办事处分别进行了一轮对接，对下一步可能合作的领域进行了深入的沟通，未来双方将在详细业务规划、组织与人力资源优化等更多领域进行合作。

河北电力基于"五六三"
战略的培训体系创新与实践

北京博远嘉信企业管理咨询有限公司

北京博远嘉信企业管理咨询有限公司成立于 2008 年，公司专注于能源行业咨询与培训服务，总部位于北京，设有石家庄、成都、南京、武汉、深圳五家分公司，太原、西安两个办事处。十几年来，公司在创始团队的带领下，业务覆盖全国所有省份，公司业绩增长率、市场份额及人员规模均位于行业前列，并先后获得了咨询、培训行业的多项荣誉和资质认证。公司秉承"聚源为能，百年长青"的愿景、"心系客户，持续突破"的核心价值观，以及不断推动行业进步与发展的情怀，持续聚焦能源产业链企业，鼎力为客户提供系统化、专业化的咨询与培训服务，最终成为服务中国能源行业的具有较高专业性和竞争力的咨询公司。

本案例项目组成员

沈丽丽，法学硕士，人力资源管理师、项目管理师。从事人才发展咨询工作 13 年，主要擅长培训体系搭建、课程开发、学习地图、胜任力模型构建、管理创新课题研究等咨询。多年来专注服务于国网公司、南网公司、华能、中电建、中能建等电网与发电企业。

其他成员：文国民、李桂敏、宁兰、曾志莲、李好

导读

本案例以国网河北省电力有限公司（以下简称河北电力）培训中心为例，研究企业培训体系的构建方法与实施路径，并通过一段时间的应用结果跟踪，检验研究成果并为方法论的改进和优化提供实践参考。案例主要介绍了基于主流的培训体系建设方法论——"殿堂模型"的应用，构建适应于河北电力发展战略的培训体系。在形成统筹协调的培训体系的基础上，研究规划了多项培训工作的具体建设发展方向，制订了"十四五"期间的落地推动计划。经过该项目的实施，帮助培训中心明确了在公司新的发展战略目标下培训中心的建设发展目标，统一了各项具体工作的开展思路，并在资源开发、制度完善、人才队伍建设方面均取得显著成果，为公司发展战略目标的实现提供有力支撑。本案例中培训体系的探索与建设是对"殿堂模型"这一培训体系建设方法论的生动实践，也是一次从"务虚"到"务实"工作路径的具体刻画。通过项目实践，进一步发展了培训体系建设方法论，丰富了其建设内涵。

河北电力基于"五六三"
战略的培训体系创新与实践

北京博远嘉信企业管理咨询有限公司　沈丽丽

一、案例背景

（一）客户背景

国网河北省电力有限公司（以下简称河北电力）是国家电网有限公司的全资子公司，以建设和运营电网为核心业务，是河北省能源领域的核心企业。作为华北电力汇集和输送的枢纽，承担着服务京津冀协同发展、保障首都供电安全、助力能源结构转型的重要职责。国网河北省电力有限公司培训中心（以下简称培训中心）是河北电力培训、党建研究和会议服务业务支撑机构，承担着省公司管理人员培训、生产技术培训、职业技能培训、职业技能鉴定等教育培训任务。

2020年，国家电网有限公司确立把公司建设成为"具有中国特色国际领先能源互联网企业"的战略目标，提出了"五六三"战略体系，即"五个明确""六个领先""三大体系"。"具有中国特色"五个明确，彰显公司政治本色，要求培训工作强化以习近平新时代中国特色社会主义思想为指导，充分发挥党建引领作用，完善党管人才格局，驱动培训工作体系有效运转；"国际领先"六个领先，彰显公司行业特色，要求电网企业干部在经营治理、技术开发、品牌建设等方面都要不断学习进步以达到国际水准；"能源互联网"三大体系，彰显公司发展角色，要求培训工作面向未来，服务企业数字化转型。"五六三"战略的提出，对培训工作提出更高要求。

（二）项目背景

项目组受培训中心委托，在新的战略目标下，以构建更完善的培训体系为抓手，全方位梳理、诊断培训工作中的挑战与不足，从培训资源、培训运营、培训制度三个层面整体谋划发展新格局，科学制订落地计划，贯彻落实国网公司战略部署，促进培训教育与生产实践相融共进，支撑"五六三"战略体系建设，以推动河北电力培训中心建成一流企业党校、一流培训中心（"双一流"）的发展目标。

　　基于公司战略目标，项目组自上而下地统筹规划培训体系建设。一方面从完善的角度，需要帮助培训中心解决培训管理机制不完善、培训文化整合凝练不强、培训资源价值挖掘不够等现实问题；另一方面从发展的角度，需要全面梳理项目体系、培训资源及机制体制建设等优势经验，沉淀组织智慧，协调各专业部室统筹发展，科学规划发展目标与落地计划，在"十四五"期间，整体推动各项工作优化升级，支撑公司战略目标落地、组织目标实现、人才队伍建设、价值效益提升，开创培训中心培训教育工作新局面。

二、项目设计

（一）培训体系建设方法论

　　当前，主流的培训体系建设方法论是殿堂模型（见图1），主要包含四个层面要素：即一个顶层规划、三大体系建设、两支队伍和一个平台。其内涵是：以企业愿景和目标为牵引做好培训体系顶层规划，以合理的组织架构设计支撑起培训体系的顶层设计。在体系的具体落地中，要做好内容资源体系、培训运营体系、质量评估体系三大体系建设，这三大体系是支撑培训体系建设的主体架构。要保障三大培训体系的顺利落地，离不开高质量的"两支队伍"锻造，包括内训师队伍建设和培训管理者队伍建设，这是所有培训在体系运营落地中的人才保障。在"后疫情时代"，基于线上学习技术的数字化学习越来越成为一种趋势和必然选择，数字化学习平台建设将贯穿于整个体系落地过程中。

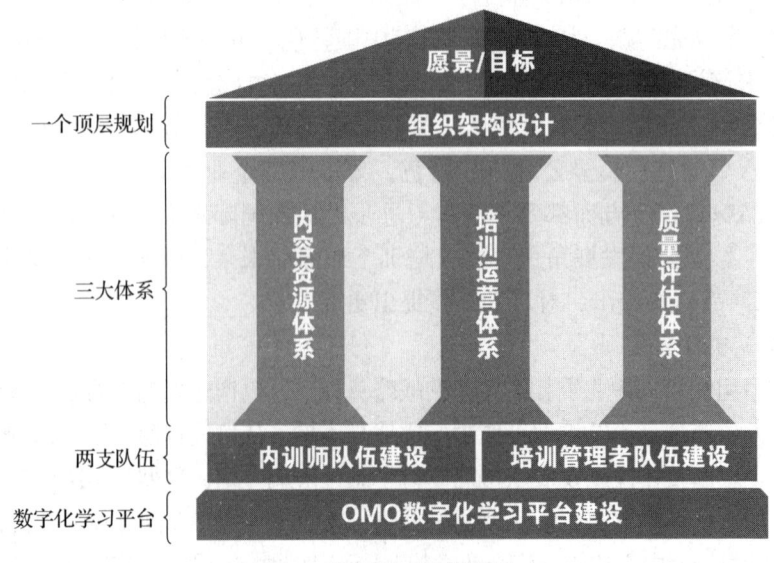

图1　培训体系殿堂模型

基于培训体系建设路径从"务虚"到"务实"的基本规律，结合河北电力公司实际情况，创新性地构建了具有河北电力特色的培训体系——培训堂（见图2）。

图2 "培训堂"示意图

（二）"培训堂"及其内涵

培训中心作为企业人才战略的承接者，逐渐承担起"经验传承、知识传播、专业研究"的复合型功能，凸显其作为电力人才培养"黄埔军校"的战略价值。

"培训堂"的核心由"发展目标、发展定位、发展支撑、发展基石"四个部分组成。发展目标：近期目标为实现"双特色"，即特色企业党校和特色培训中心；远期目标为实现"双一流"，即一流企业党校和一流培训中心。发展定位：建设"三个中心"，即发展成为党员干部教育研究中心、人才培养评价中心和知识共享传承中心。发展支撑分为：研究体系、评价体系、智慧平台、教学体系（包括项目体系、课程体系、师资体系和资源体系）、管理体系和保障体系六个部

分，"六位一体"建设，共同支撑三个中心的发展定位。发展基石：培训文化是培训体系建设的基石，包括培训理念、培训价值观、培训使命、培训宗旨。

三、解决策略

（一）顶层设计，找准目标明定位

培训中心的发展目标和发展定位是对公司战略自上而下的分解，该实施过程分为三个阶段：一是分析公司战略目标；二是明确公司人才"质"和"量"的需求；三是确定培训中心的发展目标。培训中心立足新发展形势、发展任务，从公司实际出发，确立了"双特色"和"双一流"的目标，即特色企业党校和特色培训中心、一流企业党校和一流培训中心。培训中心承担着人才队伍培训研究、开发、实施和管理职能，也承担着人才队伍评价、公司知识沉淀与传承的职能。基于"双特色"和"双一流"的目标，培训中心结合自身职能，提出建设"三个中心"的发展定位，即党员干部教育研究中心、人才培养评价中心、知识传承共享中心。

（二）模块构建，强化研究把方向

项目以培训文化、评价体系、教学体系、管理体系和智慧平台建设为培训体系"务实"重点工作，具体形成以下工作模块，如表1所示。

表1　培训体系工作模块划分表

模块	建设目标
培训文化	优化培训中心的培训宗旨、培训使命、培训价值观、培训理念，形成更加完善、精炼的培训文化体系；升级培训品牌形象
评价体系	围绕评价制度、标准、方式及评价管理服务四个维度促进评价体系的整体优化升级，重点提升技能评价、职称评定、专家评选、员工测评工作质效
教学体系	重点人才培训项目：推进青年员工托举、技能人才队伍建设、复合型员工培养、"三三三"计划等一系列人才培养工作，培育核心人才队伍
	课程体系（规范）：梳理课程体系在河北电力落地应用的统一形式，总结落地应用的方式方法，提出课程体系（规范）应用过程中的管理、资源支撑建议
	专兼职师资队伍：持续激发培训中心师资队伍的活力，打造符合公司战略需要的师资队伍
	资源体系建设：提升教材题库利用率，高效支撑公司培训、技能鉴定、岗位能力评价等工作的开展；建设功能齐全、优势突出的培训基地群体，推进"1+3+N"实训资源建设格局
管理体系	组织与质量管理：培训中心作为培训组织、执行和管理中的枢纽组织，加强组织职能建设与质量提升
	激励与约束机制：建立起健全、科学、系统的量化评估和管理体系，着力提升员工参与培训的积极性、组织学习的积极性以及培训管理水平
智慧平台	以平台资源内容、用户体验、应用质效及平台运营为着力点进行优化升级，深度融合数字技术和培训教育业务

以国网公司新战略、河北电力公司四大人才培养工程、河北电力培训中心发展定位为依据，坚持"体系化、特色化和实效性"的原则，全面构建具有冀电特色的培训项目体系，规划重点项目，打造特色项目，如图3所示。

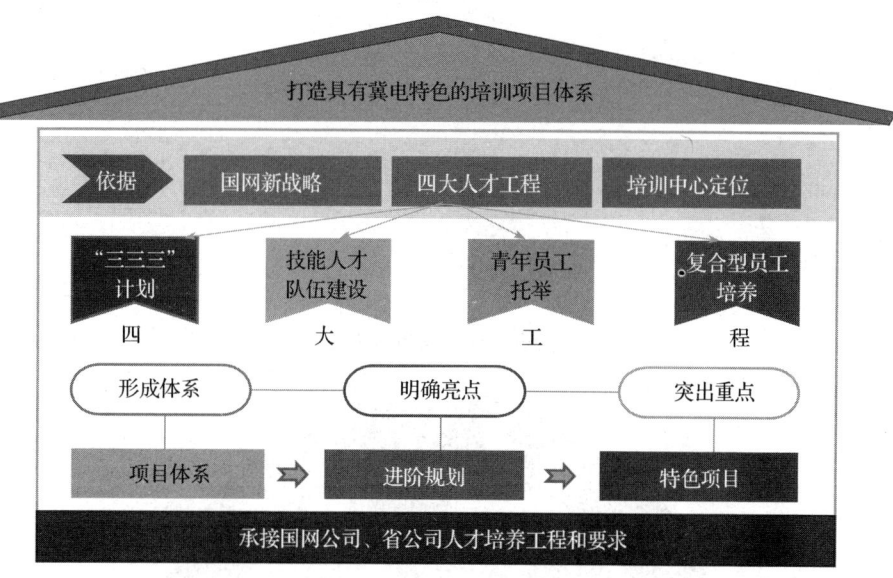

图3 重点人才培训项目思路

在工作落实上，重点落实以下方面。

其一，上接战略，规划特色项目体系。在国网公司"五六三"战略发展目标指导下，以国网公司"三大人才培养工程"精神为指导，以青年骨干、复合型人才、高技能人才队伍、干部人才作为重点培训对象，落实公司人才培养计划、策划开发干部系列、"雄安引领"系列等重点培训项目，形成体系明确，亮点突出的、具有冀电特色的培训项目。

其二，构建梯队，设计进阶培训规划。突出进阶培训，加强重点人才后备梯队培养。建立起冀电青英、冀电精英、冀电卓英、冀电领英四个阶段核心人才的进阶培训规划，支撑人才培养目标的实现，如图4所示。

其三，科学设计，打造冀电特色项目。以"六度"学习设计模型（见图5）为依据，即围绕学习项目的关联度、支持度、匹配度、参与度、实践度和感知度，构建培训项目设计的关键要素和设计原则，为特色培训项目的设计与落地提供科学参考。

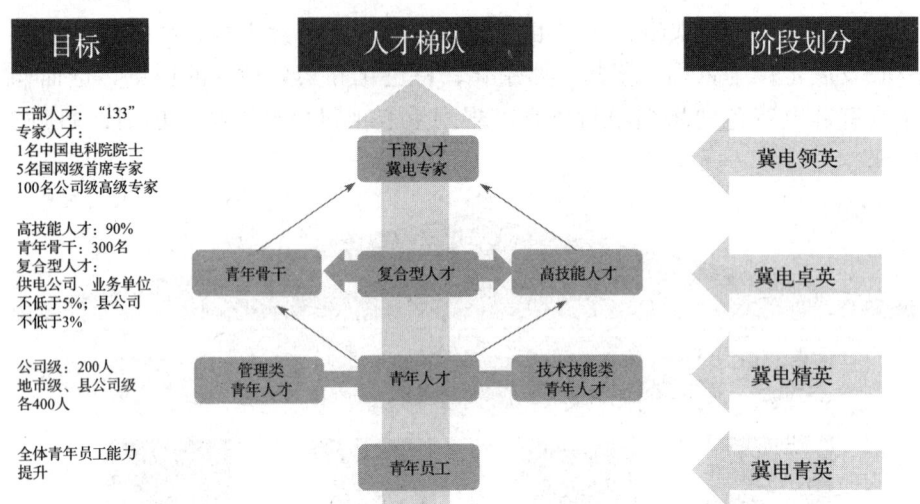

图 4　重点人才培训项目体系设计图

图 5　"六度"学习设计模型

项目组提出"三三三"课程体系研究思路，即围绕三类岗位（党校/经营类、专业管理类、技术技能类），在对课程体系（规范）内容及其构建的内在逻辑分析基础上，结合河北电力实际需求和重点培训项目，构建以培训需求为核心的重点项目课程体系（规范，并按照专业分类形成课程体系（规范）。

在分别对专职、兼职师资开展队伍现状诊断的基础上，以"人才供应链"为研究指导，分别开展专职、兼职师资研究和规划发展思路。在该思路的指导下，一是构建以成果为导向、以协议制为保障的专职师资培养体系；二是设计"以用为导向"的人才使用机制，通过压任务、压责任的方式使师资队伍的价值最大化；三是构建积分量化考核体系，全面优化评价机制；四是明确物质、精神与发展等多种激励方式，深度激活师资发展活力。

针对兼职师资，通过现状盘点、需求预测、模型构建作为工作推进基础，围绕选、育、聘、用、评、留全体系推进兼职师资队伍建设工作，实现以长期目标为牵引，以短期目标助推公司人才发展，全面提升公司业绩的目标。

通过盘点梳理缺失及不适用的教材及题库，严格匹配培训体系战略与项目。一是从重点项目出发，根据资源现状分类确定开发方式，如为高技能人才提供基于本单位实践素材整理形成的相关专业案例集等。二是针对部分工种缺乏主观题题库，分年度自主开发相应主观题。三是针对新型业务或重点建设区域，开发适配的教材及题库，引领业务发展。

通过诊断培训基地的承载能力与管理机制，基地承载力主要存在技能等级评价任务分工有待优化、基地品牌建设有待加强、缺乏对高新技术培训基地的战略谋划等不足，以及管理机制上缺乏统一基地建设标准、管理使用不顺畅、配套设施不完整等问题，制约着培训体系和战略的落实。

在资源建设方面，从塑造精品课程和优质课程、突出课程优势亮点、完善平台内容资源更新管理机制、提升资源内容的丰富性、规划外部采购和自主开发等方面重点规划改进。在应用质效提升方面，从资源架构、重点项目和精品课程的展示、线下智慧教室建设等方面给出优化建议。在平台运营方面，重点从用户运营、平台数字化建设、省市县三级培训服务管理协同机制等方面规划平台运营工作。

（三）导向落地，制订计划促应用

1.培训文化建设计划

培训文化建设围绕培训文化体系建设以及文化推广活动制订工作推进计划，2021—2022年以夯实培训文化体系建设为重点，多渠道、多形式开展培训文化落地宣传活动，实现全面推进、重点突破；2023—2024年则以重大项目为依托，通过深化培训品牌项目建设，开展专项文化交流活动，实现深入文化体系内涵，打造精品培训项目和培训文化活动；2025年则主要推进文化工作总结复盘，梳理形成典型工作经验，同步加强内外部企业培训交流活动，强化对培训文化的亮点与工作建设优势经验的总结交流。

2. 评价体系建设计划

2021—2022 年对涉及"四评"工作的各项制度、评价标准、评价方式及管理服务进行全面盘点，并在统一规划下，革新评价体系，形成人才评价体系意见稿。2023—2024 年，针对形成的各项新制度和方案，挑选部分地市、部门和专业分别开展"四评"工作试点，并就试点情况和结果进行及时复盘和改进，推动人才评价体系相关制度文件的执行。在 2025 年则以"全面施行、引领创新"为关键词，重点根据前期定稿方案，在全省范围内推广实施，持续推进覆盖全员、全专业、全要素的河北电力特色评价资源更新。

3. 教学体系建设计划

（1）重点项目建设。

2021—2022 年，根据重点项目培训规划策划具体可落地的培训策划方案，设计各重点项目 logo、特色视觉化宣传内容，同步开展第一期培训实施活动和重点项目宣传活动；2023—2024 年在复盘总结首期重点项目实施情况与成效的基础上，开展第二期和第三期培训活动，并利用微信公众号、网站、新闻报刊等多种媒介进行宣传报道；2025 年围绕"经验沉淀、特色打造"关键词进行总结提炼，在此基础上规划下一阶段培训项目及策划实施方案。

（2）课程体系建设。

2021 年以"确立原则、统一标准"为工作重点，建设形成课程体系（规范）的方法论以及各类课程体系样例、确定课程体系（规范）应用原则和方法以及各类课程体系应用样例；2022—2024 年以落地应用为导向，循环推进课程体系应用、复盘、改进工作；2025 年在持续将各岗位课程体系（规范）转化形成当年培训课程表，并应用于各类培训项目实施的同时，完成对这一阶段新建课程体系（规范）的盘点与更新。

（3）师资队伍建设。

专职师资队伍建设计划通过 3 年行动计划实现"双师型"发展目标。第一年以"夯基础"和"能教学"为教学目标，聚焦师资职业素养、语言表达、培训实施、安全管理、学员和师资管理等能力项，打牢基础功；同时聚焦课程开发、知识类授课、技能类授课、教学方法等能力项，促使专职师资能讲、敢讲。第二年以"懂培训"为教学目标，聚焦评估与改进、项目开发等能力项，助推专职师资成为一名真正懂培训的专业人士。第三年以"精开发"为教学目标，聚焦实训项目建设、培训教学研究、培训管理研究等能力项，持续提升专职师资的资源开发能力。

兼职师资队伍的发展则强调认证和培养两方面建设工作。一方面，计划在3年内开展兼职师资的认证工作，初、中级同时认证，每年认证工作在年初完成。其中2022年计划认证初级兼职师300人，覆盖检修、营销、运行等主专业；2023年计划认证初级兼职师250人，中级兼职师100人；2024年计划认证初级兼职师250人，中级兼职师100人。另一方面，持续开展兼职师资培养工作，基于兼职师资的能力素质模型，每年组织10期相关的培训（通用技巧），每期大约30人。

（4）培训资源建设。

针对教材的开发及修编，计划在"十四五"期间完成现有18本实训教材的滚动修编工作，2020—2021年全部修编完成实训教材，以支持青工实操项目的开展。2022—2023年则针对党校类教材选择性开发讲义类或党建实务类的工作手册；同时，针对部分新技术、新业务，探索开发讲义类和实训类教材；此外，在盘点现有资源的基础上，外部购买一批管理类教材。2024—2025年则主要对现有教材的标准/规范进行修编，以及组织编写案例集。

针对基地的建设，形成"十四五"时期内培训基地建设三阶段行动计划。在第一阶段，首要任务是完善各级基地的功能定位，基于省公司级、市公司级、县公司级培训基地三级分类方式，在各级培训基地现有基础上，提出改造和新建计划，以满足公司所有技能人员培训评价需要。第二阶段则主要深化对变电运维、继电保护、输电运检和电力营销等专业的建设，对已陈旧落后的设施设备进行更新改造，升级实训场室，为打造国家电网公司星级共享培训基地奠定基础。第三阶段的建设则是在结合公司战略发展和行业发展方向的基础上，向新兴专业、行业前沿技术倾斜，超前布局基地建设规划，为下一阶段基地的发展制订计划。

4. 管理体系建设计划

在组织与质量管理建设上，以培训组织体系建设和培训质量管理体系建设为抓手，在2021—2022年以推动传统的"四级四方"向"一枢纽、三层次"培训组织体系转变为突破，并探索试点内模市场的项目制培训管理机制，同步完善配套的管理机制建设；2023—2024年持续推进新机制建设，基于内模市场对培训项目进行结算，形成市场化导向的培训项目立项、验收机制；2025年计划实现培训项目的市场化管理，将模拟营收作为培训中心考核重要指标。

在完善激励与约束机制方面，2021—2022年以完善培训积分项目、标准、

结果应用机制为重点工作，并广泛收集各单位对积分项目和标准的意见建议，形成科学管理方案；2023—2024年以部分地市公司或部门为试点单位，推行激励与约束机制落地，加强对量化考核结果的应用；2025年则全面推广，使得培训积分成为人力资源激励机制的重要组成部分，并利用智能化培训管理平台，对培训积分实现自动化监控分析、查找问题、优化改进。

5.培训平台建设计划

培训学习平台的建设在2021—2022年第一阶段，主要以硬件资源改造升级、网络设备更新、平台资源更新管理机制建设、完善平台应用界面与功能布局等任务为重点，全面推进平台基础建设；2023—2024年则主要开展资源内容自主开发、搭建数字化教学培训场景、直播功能开发，以及省市县三级培训管理协调机制建设等核心工作；2025年起，则围绕用户运营、平台数字化管理运营升级平台智慧管理和服务功能，包括构建员工数字画像、为开展个性化教育提供决策基础、开展线上社群活动，以及开发员工培训数字档案和培训过程监管等功能。

四、项目成效

（一）培训体系建设成果显著

经过对河北电力培训中心培训体系的系统化构建，项目取得了显著的建设成果。一是"培训堂"建设深入人心，凝心聚力作用明显。培训中心构建完成培训体系后，将培训体系各模块内容录制为视频课件，在公司内外进行宣传推广，同时制作宣传展板，在培训中心设立展位进行展示。通过对"培训堂"的宣贯，使得公司员工深入了解了培训中心未来的发展目标和重点工作任务，起到凝心聚力的作用。二是"培训堂"建设成效显著。通过规划建设，项目策划开发了包括干部系列、"雄安引领"系列、"三青"系列、"三新"系列等在内的16类重点培训项目和课程体系，形成了9个培训基地的建设和优化方案，确定了18本教材滚动修编、4类教材自主开发、两类教材外部采购的计划，明晰了师资队伍建设、培训组织、评价激励、信息化等方面的未来规划，为"双特色"和"双一流"的目标提供了支撑。

（二）人才队伍建设水平提升

结合公司人才队伍建设总体要求，培训中心经过梳理培训体系，进一步明确了人才队伍建设的目标，并提供了清晰的路径。在人才队伍建设目标和路径的指引下，人才队伍建设水平正逐步获得提升。截至当前，公司人才当量密度提升至1.1466，增长3.2%，在高质量的培训体系支撑下，未来人才当量密度将继续提升，并在国网公司保持前十水平。技师、高级技师占生产技能人员比例由 55.8% 提升至 57.4%，高技能人才比例由 85.9% 提升至 91.06%，中级职称及以上占管理技术人员比例由 51.6% 提升至 68.44%。随着培训体系支撑力度的不断加大，人才队伍建设水平也将不断提升。

（三）战略发展支撑力度明显

项目紧密结合国网公司战略目标和河北电力奋斗目标，构建了高质量的培训体系——"培训堂"。重点培训项目明确了人才队伍建设的路径和目标，"培训堂"各模块相互促进、相互支撑，使得公司人才队伍建设水平不断提升。战略目标的实现需要人才的支撑，随着"培训堂"的逐步完善和运营，高质量的人才队伍不断涌现，有力地支撑了公司战略的发展。

（四）培训体系建设模式沉淀

本项目进一步丰富了"殿堂模型"的内涵。第一，培训体系建设是一个动态过程，各项培训工作的统筹协调要求它必然是一个从"务虚"到"务实"的过程，以保障各项工作的建设发展都在统一的战略目标下有序推进。第二，培训体系建设工作的开展，应根据现实需求明确各模块工作的定位，做到重点突出、有的放矢。第三，电力企业培训体系更强调文化建设。河北电力作为民生企业更强调社会责任与价值使命，重视文化的塑造和引领作用。因此，"培训堂"的构建以培训文化作为整个体系的发展基石，并在"务实"的过程中以文化内涵浸润培训体系工作的方方面面为重点进行规划落地行动。

洛阳农发集团战略咨询

北京东方博融管理咨询有限公司

北京东方博融管理咨询有限公司（以下简称东方博融）成立于2004年，前身为国家创新型战略研究院，是由国家政策产业发展研究专家、清华北大知名学者教授、企业实战型精英高管等组成的一流管理咨询公司。

东方博融是以战略为导向，以提供支撑战略实现的"1+N教练式"咨询服务为特色，为客户提供"管理咨询+资本运营+数字信息化"整体解决方案的本土一流咨询公司，为客户提供独立的专业化咨询服务。

自公司成立以来，秉承"帮助项目组的客户实现卓越，走向伟大"的信念，专注国企改革、企业战略及管理提升咨询、政府产业规划及区域经济发展研究等领域，先后为上百家大中型企业集团、上市公司、国家部委及地方政府提供深度咨询、顾问辅导、专题研究等服务，以高品质方案，多层次、定制式教练服务，高效助推企业发展、协助区域经济及产业发展升级，并参与多个国家战略相关课题研究，与多地政府、大中型企业建立长期战略合作关系，受到广大合作伙伴深度好评。近年来，东方博融多次获得行业荣誉：2017年入选由工信部等主管部门评选的"全国企业管理咨询机构推荐名录"；2018年获得由中国企业联合会授予的"2018年值得信赖的中国管理咨询机构"荣誉称号；2020年两项管理咨询成果荣获"2020中国科技咨询协会咨询项目创新奖"。

本案例项目组成员

苏文忠：特邀专家。国家创推委国家战略研究课题组专家，中国权威战略管理专家，国家级智库专家组成员，长期致力于国家战略、中国农业现代化、企业发展战略等方面研究。

徐静：项目负责人。北京东方博融管理咨询有限公司副总经理，10多年企业管理咨询经验和项目管理经验，国际注册咨询师（CMC），中科协注册高级咨询师。擅长战略管理、集团管控、组织设计、人力资源、信息化规划和建设等。

其他成员：叶长松、周芳芳、熊庆福、张行虎

导读

洛阳农发投资集团有限公司（以下简称农发集团）位于河南省洛阳市，成立于2018年11月，注册资本金5亿元，净资产规模达86亿元，集团本部下设10部一会，下辖8家全资二级子公司、27家三级子公司，员工总数达350余人。2019年11月，农发集团新成立一年还未摸索到方向，受农发集团委托，东方博融为其制定集团未来5年的公司发展战略，并实施辅导。

本案例以农发集团为例，研究市级农业投资平台公司在发展区域农业产业过程中，如何抓住乡村振兴的机遇，既能够因地制宜地发展特色产业，又能实现自身的发展，并通过一段时间的结果跟踪，检验咨询方案成果，为未来的改进优化提供参考和借鉴。案例主要介绍了基于东方博融公司自创的企业基因理论、战略制定三个依据、战略问题地图和产业选择模型等独有的战略理论和工具，帮助农发集团制定发展战略并辅导实施，通过寻找集团可持续健康发展方向，明确集团自身的战略定位，设立科学合理的发展目标，确定集团发展重点任务、集团发展路径，掌握好发展节奏，推进农发集团实现高质量发展。

洛阳农发集团战略咨询

北京东方博融管理咨询有限公司　徐静

一、案例背景

(一) 咨询项目需求和目标

2019年11月，农发集团新成立一年还未摸索到方向。受农发集团委托，东方博融为其制定集团未来5年的公司发展战略，并实施辅导。在深入分析农发集团所处的内外部环境的基础上，东方博融基于农发集团的核心资源、能力和核心价值观，紧紧把握国家优先发展农业农村和乡村振兴战略的历史机遇，提出农发集团未来5年的发展思路，帮助农发集团把握正确发展方向，明确了发展路径。通过梳理筛选公司业务，针对不同的业务和差异化的市场，制定出可行的发展策略，提出对应措施来落实战略保障，以达到推进农发集团实现高质量发展的最终目的。

一言以蔽之，正确和有效的战略可以帮助农发集团实现高质量发展，实现如下目标：第一，找到集团持续健康发展的正确方向，防止跑偏；第二，明确集团自身的战略定位，履行市级国有农业投资平台公司的使命和担当；第三，设立科学合理的发展目标，确定集团发展重点任务；第四，明确集团发展路径，使公司发展更有底气；第五，掌握好发展节奏，合理配置各种资源；第六，打造一支专业化干部队伍，培养一批核心骨干员工，实现人才强企。

(二) 客户基本情况和行业特点

农发集团位于河南省洛阳市，成立于2018年11月，注册资本金5亿元，净资产规模达86亿元。拥有完善的法人治理结构和高素质的专业化团队，集团本部下设10部一会，下辖8家全资二级子公司、27家三级子公司，员工总数达350余人。

作为洛阳市唯一的农业领域投融资运营主体，农发集团围绕公司的功能定位，以市场化运营为导向，着重在农业领域发挥投融资、资本运营、资源整合、国资战略重组等综合功能。集团围绕洛阳市委"聚焦主业、紧缩拳头、重

在示范、稳步发展"的要求，坚持以立足"三农"、服务"三农"为宗旨，主动服务脱贫攻坚和乡村振兴，充分发挥国有平台企业的龙头作用。目前农发集团主要有八大业务板块，分别为农业板块、林业板块、黄河流域高质量发展板块、生态建设板块、资源利用板块、商贸实业板块、品牌运营板块、资产管理板块，已基本形成以农业、林业、水利投资为基础，涉农实业投资为延伸，金融服务为抓手，品牌输出为核心的阶梯式发展架构。

二、诊断分析

东方博融主要运用企业基因理论、战略制定三个依据、战略问题地图和产业选择模型等公司自创的理论工具，对农发集团所处的大环境、面临的机遇及挑战进行诊断，分析其发展存在的关键问题，并提出解决方案。

（一）东方博融战略理论和工作方式

1. 企业基因理论

企业基因决定了企业的基本特征，决定了战略的方向，也决定了战略的边界。企业基因由核心资源、核心能力和核心价值观三要素构成，具有较稳定的遗传性和传承性。找到了企业基因，就能随之确定企业的战略。

2. 战略制定三个依据

战略事关企业生死和发展。制定企业战略要有全局性、长远性和前瞻性，要能把握企业的发展根本；企业战略要有高度，正如"不畏浮云遮望眼，自缘身在最高层"的境界。东方博融在制定战略时坚持三个依据，即要用全球化的视野审视企业发展、用国家战略指导企业发展、用行业发展趋势演绎企业的未来。

3. 战略问题地图

制定企业发展战略，需要遵循企业战略问题地图（见图1）：一是找到正确的发展方向；二是选择可行的实现途径；三是明确战略实施具体步骤；四是确定合理的发展速度。

4. 产业选择模型

东方博融针对政府平台类公司，自创"经济效益—辐射带动"两维评估模型，主要对产业进行分析评价，确定工作事项的优先次序，用以平衡政府和市场行为，锁定企业战略落脚点（见图2）。

5. 成立1+1联合工作组，共同努力出成果

战略咨询项目一定是项目组与客户相互配合、高效协作下共同完成的，让客户参与项目，并与之建立良好的合作关系，是提升其收获感的关键。项目

启动之初，公司和客户成立项目联合工作组，使得关键用户深度参与项目，推动工作。项目过程中，和客户逐渐成为朋友，将心比心，以诚相待。

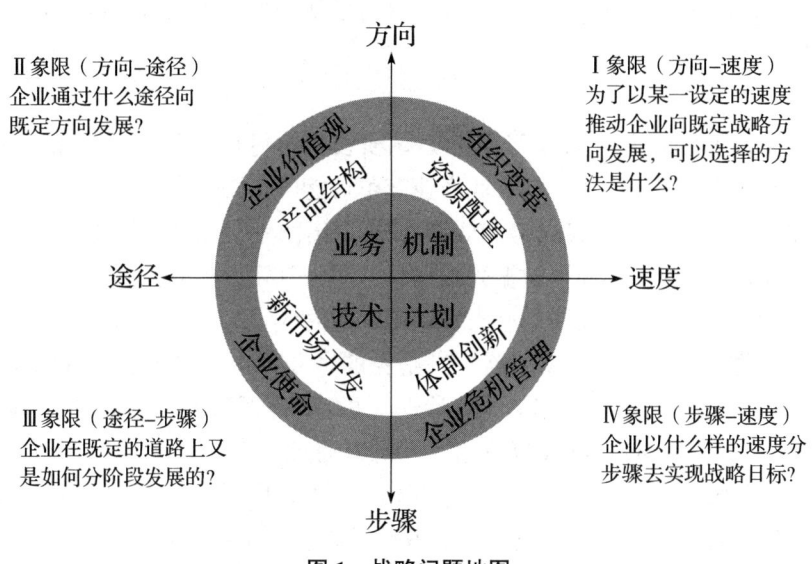

图 1　战略问题地图

经济效益		辐射带动	
	基础	适中	先导
市场	●部分财政资金引导，逐渐增加 ●市场主体运营	●适度财政资金引导 ●市场主体运营	●政策引导 ●市场主体运营
适中	●适度财政投资引导，逐渐增加 ●少量财政资金补贴，先高后低 ●政府与市场主体共建	●财政投资引导 ●适度财政资金补贴，先高后低 ●政府与市场主体共建	●加大财政投资引导，逐渐减少 ●加大财政资金补贴，先高后低 ●政府与市场主体共建
公益	●财政持续投资 ●政府建设与维护	●适度财政投资 ●政府建设与维护	●财政优先投资 ●政府建设与维护

图 2　"经济效益—辐射带动"两维评估模型

（二）诊断的内容、思路及过程

1. 农发集团所处的外部大环境分析

党的十九大报告首次提出实施乡村振兴战略，乡村振兴被第一次提升为国家战略。河南是农业大省，也是农业人口大省，实现农业现代化对推动河南省发展具有重大意义。在此大背景下，农发集团作为洛阳市国有农业投资平台公司，承担市委、市政府的职能延伸，具有支持和促进洛阳市农业农村发展义不容辞的责任和使命。

2. 农发集团面临的机遇

农发集团目前主要面临着乡村振兴和农业农村现代化政策与市场机遇，以及新冠疫情加速我国经济与农业产业变革可能给集团带来窗口机会。

（1）政策机遇。国家战略和省级部署为集团发展带来历史性政策机遇。一是党的十九大提出实施乡村振兴战略，并写入党章，上升为国家战略，明确提出坚持农业农村优先发展，三农发展跨入新时代。二是"黄河流域生态保护和高质量发展"上升为国家战略。三是党的十九大报告提出了推进国企改革"1+6"方案，明确了新时代国有企业治理总方略和全面深化国企改革的时间表和路线图。四是河南省深入推进农业供给侧结构性改革，大力发展优势特色农业。

（2）市场机遇。消费升级与产业融合发展为集团发展提供了市场机遇。首先，食品消费需求升级为农发集团做品质农业，品牌农业带来了发展空间。其次，乡村旅游市场的持续繁荣给农发集团带来了更多商机。最后，康养产业的创新发展为农发集团的发展创造了巨大市场潜力。

（3）窗口机会。结合2020年年初新冠疫情对我国经济和农业的影响，农业产业规模化、生鲜农产品质量安全、仓储流通等环节暴露出来的问题，可以预见，此次疫情对我国的农业产业体系带来变革性的影响。面对变革，先知先行，洛阳农发集团要以产业变革为契机，抢抓农产品流通、农文旅、乡村康养、中医药、品牌农产品等产业的加速发展机遇，重点围绕以上产业提前谋划，整合、集中优势资源，提前布局。

3. 农发集团面临的挑战

挑战与机遇并存，在机遇面前，农发集团作为一家初创企业，同时也面临着产业、人才和体制机制的挑战。

（1）产业挑战。洛阳市农业发展规模化程度较低，优势产业培育不足，经营主体力量不强，社会化服务未成体系，农业产业的市场竞争能力不强。因而做大做强农业优势产业，提升产业竞争力，成为农发集团面临的第一挑战。

（2）人才挑战。农业投资运营需要一批懂农业、擅投资、会运营的专业人才，此类人才原本稀缺。农发集团投资运营农业，将面临集团人力资源建设和农业产业发展人才短缺的双重挑战。

（3）机制体制挑战。作为国有企业，农发集团受制于现行国有企业的体制机制束缚，突出表现在集团的管理体制和激励机制上存在市场化程度不高、激励效果不明显等问题，难以适应改革发展需要，以致不能有效地与市场接轨。

（三）客户存在的关键问题诊断结论

制定战略的前提是研究并解决企业生存和发展的战略问题。基于对农发集团内外部环境分析，项目组认为，当前农发集团存在的战略问题是集团尚未找到能够支撑企业长远发展的投资运营模式（发力点）。

综上所述，农发集团作为一家初创企业，面临的机遇与挑战并存，这既是企业发展的时代背景，也是集团战略制定的出发点，应充分尊重和考虑企业面临的现实，为集团找准企业定位和发展方向，以使集团把握机遇，迎接挑战。

三、设计思路

东方博融提出，农发集团制定集团发展战略，应从五个方面进行通盘考虑。

（一）牢牢抓住国家实施乡村振兴战略、加速发展现代农业、推动黄河流域生态保护的历史机遇

加快实施乡村振兴战略是中国当前最重要、最紧迫的问题，对农发集团来说，这是百年难得的机遇。党的十八大以来，黄河流域生态保护上升为国家战略，河南省确定"建好大平台，郑洛'双引擎'协同发力"，机遇的多层叠加，为农发集团发展注入了强劲动力，必须牢牢把握历史机遇，顺势而动，乘势而上。

（二）紧紧围绕市委、市政府加快农业产业结构调整，突出"特色、高效、生态、融合"的战略意图

近年来，洛阳市持续深化农业供给侧结构性改革，把农业产业结构调整作为一场深刻变革，积极培育新型农业经营主体，重点实施"五个百万亩"计划、富硒农业等现代特色农业；加快推进现代农业产业园的"生产＋加工＋科技＋营销"全产业链开发，走绿色发展和一、二、三产融合发展之路；大力做好沟域经济发展和生态建设等，推动农业高质量发展。农发集团要紧扣市委、市政府加快农业产业结构调整的决策意图，赢得国家、省市政策资金和社会力量的支持。

（三）发挥自身独特优势，聚焦洛阳高效农业、精准农业、设施农业、智慧农业和农业文旅等现代农业新业态的快速发展

农发集团要以"特色、高效、生态、融合"为出发点，把"科技兴农"和

"创新、协调、绿色、开放、共享"的发展理念贯穿始终，发展精准农业、设施农业、智慧农业、生态循环农业等现代农业，通过打造特色农业生产基地来优化产业布局，促进现代农业产业体系的构建，坚定不移地走高质量发展道路。

（四）立足现实，谋划长远，超前布局，主动担当，大胆作为，引人引资引经验，放大政府资源引导功能，撬动和激发市场资源的活力，整合和挖掘县乡农业资源潜力，综合发力，协同发展

农发集团要谋长远、巧布局，充分运用"小支点、大撬动"的思路寻求破局之法。一是借助国有背景优势，吸引省级、撬动市级、引导社会的资本投向洛阳农业；二是整合金融手段，引来金融活水，润泽振兴沃土，解决农业资金不足等现实问题；三是坚持在特色高效的现代农业上下功夫，从"小、特"产业着手，撬动现代农业产业的大发展。

（五）力争六年内把集团发展成为政府倚重、省内知名的现代农业专业投融资运营平台

作为一家国有企业，农发集团肩负着体现政府意图，实现国有资产保值增值的责任，要将政府意图与市场相结合，坚持市场化运作，以开放的理念和姿态，积极主动吸引人才、项目、资金，整合产业资源、技术资源等社会资源，善借机、巧借力、精借势、谋布局，实现共同发展；加强与相关方的合作与协同，专注现代农业领域，打造特有模式，实现共赢，从而把集团发展成为政府倚重、省内知名的现代农业专业投融资运营平台。

四、解决策略

东方博融主要从战略定位、业务主战场、业务选择、战略路径、实施步骤和保障措施六个方面，为农发集团制定出企业发展的解决策略。战略层面，坚持目标导向和问题导向，找到农发集团战略问题，通过战略地图去解决；资源层面，提出通过省市县联动，链接资源；人员层面，建立联合工作机制，辅导农发集团骨干人员快速成长。

（一）运用"三个依据"明确农发集团战略定位

本次农发集团战略制定过程中，主要制定依据有三个方面：一是国家政策；二是城市定位和产业基础；三是公司发展基因和现状。通过战略制定"三个依据"理论工具，东方博融得出农发集团的战略定位主要是三点：一是成为市政府唯一的涉农投资运营公司；二是成为农业产业发展升级的主要推动者；三是成为洛阳市涉农资源的聚合者。

1. 市政府唯一的涉农投资运营公司

作为洛阳市唯一一家市级国有背景的涉农投资运营公司，农发集团要坚决贯彻执行市委市政府关于农业方面的重大规划，积极承接市政府涉农公共资产运营的任务，成为洛阳市现代农业领域当之无愧的标志性投资运营公司、市委市政府最倚重的涉农投资运营平台。

2. 农业产业发展升级的主要推动者

作为市政府唯一的涉农投资运营平台，农发集团要积极服务洛阳市乡村振兴规划，围绕洛阳市发展特色高效农业的大目标，致力于成为推动洛阳市农业发展可信赖、可依靠的重要推动力量，成为洛阳市农业农村经济发展的重器。

3. 洛阳市涉农资源的聚合者

农发集团要聚合涉农资源打造平台：一是金融手段集成平台；二是农业社会化服务平台；三是品牌运营管理平台；四是中央、省、市、县、乡多级联动平台。

（二）运用"产业选择模型"确定农发集团业务主战场

1. 洛阳市乡村振兴"十大行动"梳理

按照"经济效益—辐射带动"两维评估模型，农发集团主要应关注G、A、D、B、E坐标区块内的事项，在该事项范围内确定自己的业务投资运营方向，如图3所示。

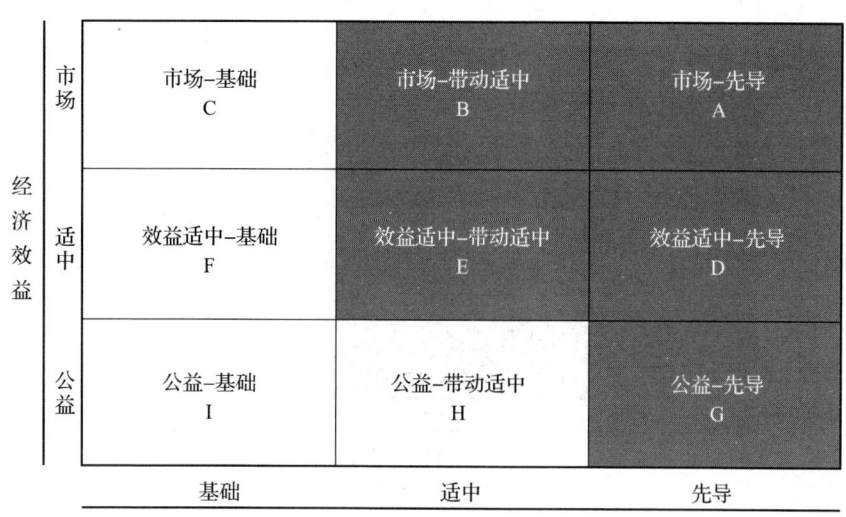

图3　农发集团两维评估选择

东方博融通过对洛阳市乡村振兴战略"十大行动"分析，重点聚焦四大行动任务群，即城乡融合发展行动、产业转型提质行动、生态文明建设行动、基础设施建设行动，涉及乡村振兴20个工程。

2. 确定业务主战场

基于对洛阳市乡村振兴20个工程分析，东方博融得出，农发集团开展业务的主战场初步确定为农业产业投资、农业农村基础设施建设、农业社会化服务能力建设、新型农业经营主体培育和"四新"培育五个方面。

（三）运用"企业基因理论"确定农发集团核心业务与业务组合

通过前述五个主战场的分析，农发集团业务组合可划分为四种业务类型，即现代农业产业投资、农业社会化服务平台投资运营管理、农业（无形）资产投资管理、涉农公共资产投资运营，其中现代农业产业投资为核心业务。

农发集团要围绕主战场中涉及的优势产业进行布局谋划，产业选择上要从政策层面、产业趋势、市场等角度综合考虑。项目组采用"投资条件—投资预期"两维评估模型，对中药材、牡丹、花卉苗木、特色杂粮、现代种业、蔬菜瓜果、苹果、以核桃为主的优质林果、草畜、肉制品、乳制品等11个产业进行分析评价，确定各产业选择的优先次序，如图4所示。

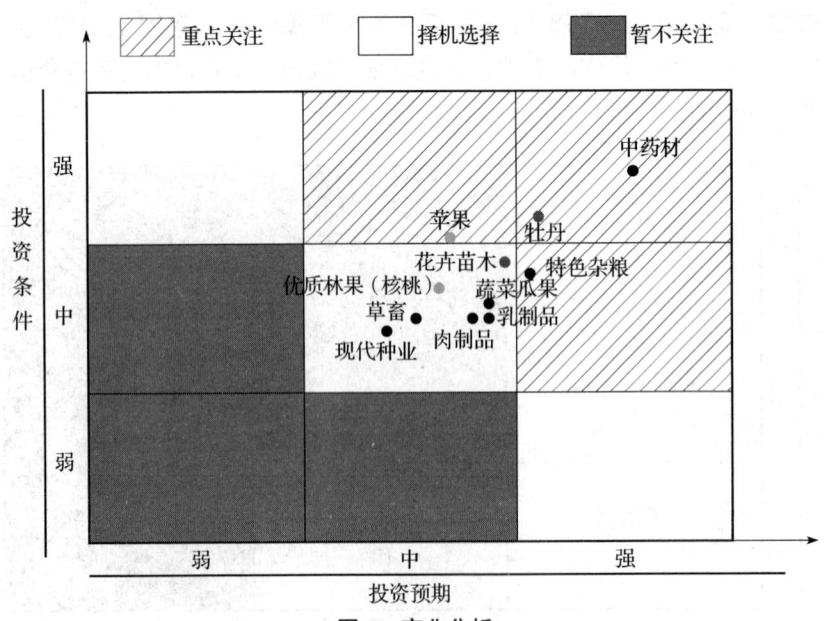

图4　产业分析

（四）按照战略地图选择农发集团战略实现路径

战略实现路径是帮助企业达成战略目标的有效方式，通过设计关键行动路线，带动整体战略的实施。东方博融提出农发集团应通过争取政府支持、撬动整合资源、构建科学决策、提升投运能力、强化组织管理，力争在本战略期内实现集团预期战略目标，助力洛阳农业产业发展。

（五）设计战略实施步骤

本着整体规划，先生存后发展、先易后难、分步实施的原则，战略整体实施分三步走：2020年整体布局，模式试点阶段；2021—2023年完善模式，复制推广阶段；2024—2025年提升模式，品牌带动阶段。

（六）制定战略落地保障措施

为确保实现路径落地，达成集团战略目标，农发集团既要发挥党建引领和党支部战斗堡垒作用，营造风清气正的氛围，为各项改革工作有效开展和实施提供保障；又要解放思想，转变观念，释放人才的创新活力，加强科技与业务的融合，建立全过程风险管控机制，充分发挥企业文化强有力的凝聚作用，提升农发集团全体员工的凝聚力、向心力、战斗力，从而实现集团高质量发展。

五、项目成果

农发集团在发展过程中，积极践行集团发展战略，坚持以资产筹集资金，以资金建设项目，以运营扩张资本，以人才培养为企业发展根基，持续保持较好的发展态势、气势和趋势，在品牌建设、平台打造、特色产业、人才培养等方面也取得了阶段性成果。

（一）整合洛阳水投资产，扩充农业投资平台实力

2020年7月，洛阳市委市政府将洛阳水投集团100%国有股权无偿划转农发集团。洛阳水投集团作为洛阳市水利行业唯一的国有投融资平台公司，聚力水环境治理，技术力量雄厚，治河经验丰富。此次农发集团通过整合洛阳水投集团资产和人员，坚定执行做强做优做大国企战略，打造更具规模优势的洛阳市农业投资平台，扩充了自身在水利板块的资源和实力，为集团下一步发展奠定了更坚实的产业基础。

（二）建设南山牡丹公园，推动洛阳牡丹产业发展

2020年7月，农发集团成立专业子公司，推动洛阳南山牡丹公园建设，支持洛阳市牡丹产业发展。项目依托南山自然山林资源，以洛阳牡丹文化为脉络，是集牡丹观赏、牡丹文化体验、科普研学于一体的大型城市田园综合体。农发集团积极践行"绿水青山就是金山银山"的绿色生态发展理念，助力洛阳市牡丹产业一、二、三产融合发展，积极探索"农文旅"等新产业、新业态深

度融合，彰显其作为洛阳市国资平台的责任和担当。

（三）洛阳源耕正式发布，品牌建设取得初步成果

2020年8月农发集团成立专业子公司，打造洛阳农产品区域品牌"洛阳源耕"，主要运营洛阳特色农副产品，包含洛阳源耕、新安、嵩县、宜阳、栾川等市县的特色农副产品，以及洛阳农业相关的特色文创产品，包含牡丹瓷、牡丹酒、澄泥砚等。"洛阳源耕"品牌的设立，不仅意味着洛阳市农业品牌化发展进入新的阶段，还标志着洛阳市在品牌经济时代的战略转型迈出了巨大的一步，更是农发集团实施乡村振兴战略、推动农业转型升级、推进洛阳农业高质量发展的生动实践。

（四）人才辅导成果显著，项目骨干成长堪当大任

发展是第一要务，人才是第一资源。为保障项目顺利开展，培养锻炼公司骨干员工，项目启动之初，东方博融就和农发集团成立"1+1"联合工作组，将农发集团6名骨干员工吸纳为本次项目组成员。整个项目过程，东方博融积极提供教练式辅导，给予骨干成员重点帮助和指导，充分挖掘其发展潜力，帮助其快速成长。目前这批核心骨干已先后担任农发集团子公司的董事长、总经理、副总经理，在责任重大岗位上奉献自我，走向更广阔的发展舞台。

水发能源集团流程再造和管控体系建设咨询项目

百思特管理咨询有限公司

百思特管理咨询有限公司（以下简称百思特）历经20年发展，一直秉承标杆、价值、创新、多赢的核心价值观，不断研究世界级标杆企业，始终坚持为客户创造价值的咨询信念，为近20个行业的3000多家企业提供了可持续发展的整体管理解决方案，全面提升企业行业地位、可持续竞争力和经营效益，帮助中国企业不断追求行业进步，打造标杆竞争优势。

百思特以深圳为总部，采用全国一体化的运作模式，分支机构覆盖北京、上海、武汉、杭州、青岛、长沙、成都等，形成全国多基地服务范围，并拥有一支来自世界500强及国内外知名企业高管与精英组成的实战型专家顾问团队，能够以丰富的标杆企业研究及咨询服务经验，创新结合全价值链咨询服务体系，深度理解企业变革逻辑，保证"力出一孔、举公司之力"为企业提供咨询服务，帮助客户成功。

未来，百思特将继续坚持"以变革·谋未来"的发展理念，致力于成为全球企业可持续发展的最佳伙伴，帮助中国优秀企业向世界标杆迈进。

本案例项目组成员

景戎：百思特副总裁，集成经营BG（事业群）总经理。主要业务领域：对财务战略、经营分析、财税设计、风险控制、企业战略、集团运营、集团管理、流程管理、供应链建设与数据管理、绩效管理等企业管理全价值链条有深入的研究。从业经历及经验：任职知名通讯集团总经理职务多年，25年来，担任多家上市财务CFO、企业管理CEO。经历过企业从100人向10000人扩张的筹备、治理经验。对战略规划管理，财税体系的设计，财务系统化建设，ERP（企业资源计划系统）/MES（制造企业生产过程执行系统）评估和落地，组织设计及分授权建设，流程管理，体系建设和完善，绩效和成本，柔性产销平衡，精细化生产，财务控制和全面的数据化等方面有深入的研究和实践，擅长为企业深度系统化建设和打造管理竞争力提供支持。

其他成员：邹卿云、傅子安、杨则平、王明阳等

导读

本项目为流程再造和管控体系建设咨询项目，于 2021 年 6 月 1 日启动，为期 4 个月。百思特前后派出 9 名顾问、总共投入 700 多个人·天。覆盖水发能源集团和水发兴业集团总部及 19 家权属公司，走访全国各地 13 家公司，业务涵盖光伏、风能、燃气、人力、绿色建筑、新材料、节能、设计等领域。

对项目访谈、问卷调查、流程设计、风控体系建设等工作累计辅导、检讨、审核 100 多场次；交付主要合同和增值服务 35 大项。其中，辅导流程设计 2376 个，审核、统一、确定流程 754 个；输出现状调研评估报告、价值链、流程架构规划、流程管理机制、流程技术标准、流程设计规范、集团管控方案、部门职责梳理与优化建议、战略解读报告、行业研究报告、制度检视报告、文化梳理报告、主要工作缺陷及整改意见、授权制度建设、授权清单、内控管理系列制度、内控组织设计、内控手册、内控管理文件汇编、内控评价方案与模板、采购体系设计、项目总结报告、客户收益报告等合同内与合同外交付件。

全程践行了百思特"既授人以鱼，也授人以渔""沉浸式、融合式、嵌入式"咨询的特点，不囿于以交付为目的，而是立足于客户现状，着眼于为客户解决痛点难点问题，给客户全面深入赋能。量身定做了大量培训教材，克服新冠疫情管控的困难，先后开展了 22 场次演讲与授课，将"单独赋能"与"集中培训"有机结合起来。发现和培养了一批具有进取心、敬业精神与团队意识的骨干员工，并提供了人员名单。

得益于双方的紧密合作，本项目最终提前完成。为表示对项目组的认可，水发能源集团有限公司（以下简称水发能源）在第一时间给百思特发来感谢信并赠送锦旗。

水发能源集团流程再造和管控体系建设咨询项目

百思特管理咨询有限公司　景戎

一、案例背景描述

（一）客户介绍

水发能源是山东省属国企水发集团专注清洁能源主业的一级平台公司，成立于 2017 年 7 月，致力于风电、光伏等新能源主业，天然气、供热等民生能源产业，氢能、储能、节能等能源新兴产业，重卡换电、新能源组件回收再利用等再生资源产业，以及绿色建筑、新型材料的投资、开发与运营管理。

近年来，水发能源勇担山东新能源投资龙头企业责任，重点围绕整县分布式光伏、高效生态农业光伏、盐碱地综合能源基地、塌陷地综合治理能源基地、国家清洁能源基地五大新能源领域，在中国版图和"一带一路"国家大手笔布局渔光互补、农光互补、风光储一体化、风光荷储多能互补等项目，并在"外电入鲁"、海上风电领域建成具有里程碑意义的大工程。现已拥有港股公司"水发兴业能源""兴业新材料"等权属企业 79 家，2021 年总资产 213.27 亿元，营业收入 100.57 亿元，净利润 6.01 亿元，归属于母公司净利润 4.36 亿元，经营性净现金流 11.79 亿元，被列入"中国能源（集团）500 强"第 281 位、"全球新能源企业 500 强"第 195 位，在中国建筑装饰行业综合数据统计（幕墙类）排名连续 10 年保持前十，ITO 导电膜市场占有率接近 65%，保持行业首位。

水发能源不断做深做实"红色基因＋水发文化"物化、活化、升华大文章，把国企责任写在国资增值、脱贫攻坚、援藏援疆、履行"碳达峰、碳中和"目标使命担当上。先后参加国家、行业、地方 127 项标准制定、获评全国市场质量 AA 级信用称号、山东市场质量信用 AAA 级用户满意标杆级企业，荣获"山东省脱贫攻坚先进集体""省属企业先进基层党组织""山东省青年安全生产示范岗""新时代企业文化建设优秀案例""山东十大财经风云人物"等奖项。连续三年通过省属企业文明单位复审，2021 年被评为省级文明单位，并成功入选由省国资委、省市场监管局联合举办的"山东社会责任企业"。

敏锐感知全球能源革命进程，水发能源将充分发挥在风电、光伏、储能系统应用领域形成的开发、设计、建设、运营全产业链优势，统筹推进母公司水发能源和上市公司水发兴业能源、兴业新材料"一体两翼"协同发展，有效利用香港资本市场融资平台资源，重效益、优内控、强主业、稳增长，在顺应能源产业大变局中担当、作为，稳中求进，建设千亿级清洁能源领军型企业集团。

（二）项目需求和目标

水发能源在快速发展的同时，存在三大主要矛盾与困惑：其一，随着规模不断壮大，其统一管理、规范管理与风险防控的压力越来越大，现有管理能力与公司高速发展态势、市场竞争要求不相匹配；其二，公司大量资产与人员是通过收购兼并而来，原来的管理惯性及过渡期的高度放权与集团化管控的要求存在矛盾；其三，继续做大增量的战略导向与盘活已有存量、形成聚集效应的需求存在矛盾。所以对水发能源来说，在保证合规、控制风险的同时如何实现持续成功，是摆在公司面前的一大课题。针对公司现状，经过项目双方商谈并达成共识：本次项目着眼于公司可持续、高质量发展这一宗旨，着力于流程再造和管控体系建设，着手解决公司面临的三大主要矛盾与困惑。

二、项目运作机制与推进计划

在项目运作方面采取联合项目组的形式，并对联合项目组职责分工和运作机制做出具体的规定，将项目总监、项目经理、项目顾问、项目组成员的职责与分工用文件的方式进行确定，以便甲、乙双方成员各就其位、各司其职。项目运作机制则要对项目计划管理、项目例行管理、项目沟通机制、项目会议管理、项目问题管理、项目文档管理、项目考核管理等做出详细的说明。值得一提的是，项目组成员构成和项目运作机制一定要经过双方的认真讨论和推敲，并达成一致。

在项目启动会上，对甲方项目参与成员进行焕发式培训与动员，即从一开始就要把甲方项目参与人员纳入荣辱与共的同盟者角色进行定位、动员与管理，升级传统的甲、乙方契约关系，成功焕发出甲方项目参与人员对项目的使命感、责任心、荣誉感和工作热情。一旦将广大甲方项目参与人员变成"一荣俱荣，一损俱损"的战友，充分调动起他们的积极性，项目就可谓成功了一半。百思特称之为"基情管理"。

在项目推进计划的制订方面，一般的做法是根据合同进行"串行"，实际上，对一些多模块的项目来说，是可以采取"并联"的，这样能节省时间、提高效率。为了保证项目推进的计划性和执行力，百思特要求各项目组切实制订阶段性项目计划、整体运作计划、双周滚动执行计划与周报。

三、诊断分析

为了准确了解客户的顶层规划与设计，项目组对客户的战略规划及高层领导近年的系列讲话也进行了认真的学习了解，输出专门的解读报告；按照惯例，项目组对客户的组织架构、股权架构等进行了检视，输出更为规范的组织架构图，同时也根据实际情况提出调整建议；对公司的授权管理开展专项调研，并输出相应的报告与建议；对客户的制度进行全面审阅，并提出了专业的梳理建议等，这一系列的规范动作，在百思特内部被称为"调研访谈七板斧"。

在通过综合访谈、问卷、查阅资料等获取的各方面信息的基础之上，百思特对客户的各类管理进行诊断分析，并出具一个包含调研情况概览、调研评估、整体提升方案、本项目建设思路的现状评估报告。现状评估报告中，项目组聚焦核心发现，将核心发现以图表的形式进行高度概括，并逐项向客户展示。对客户各类管理能力进行测评之后，项目组会对公司的整体成熟度出具意见。

在调研访谈之后，项目组除了提供完整的现状评估报告之外，还会提供多个专项调研报告，孜孜不倦地为客户提供增值服务，如，重大制度缺失、制度分类分级不规范、制度的颗粒度（粗细程度）不同、名称不标准、制度汇编里沿用众多上级单位的制度、制度后面遗漏解释权、修改权的对应条款等。

四、项目设计实施

水发能源这一项目，其约定的交付内容主要是集团管控模式和流程再造板块。

（一）集团管控模式设计

针对水发能源现状，项目组提出"战略管控导向"（见图1）的建议。

经过双方讨论决定，集团管控模式明确为战略管控导向，建议总部功能定位体现"抓大放小"的管理思维，集团总部将重点发挥五大功能，重点建设和提升八大职能（党委、纪委等职能根据上级要求设置）（见图2）。

在集团总部功能与职能达成共识之后，项目组接着又梳理明确集团总部、平台公司、下属公司的组织分工与职责，形成规范化的职责描述，为流程和内控体系建设奠定基础。

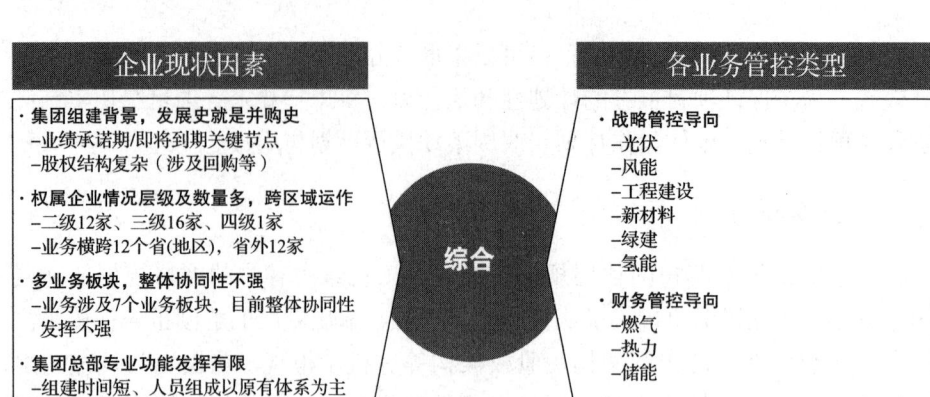

图1 水发能源管控模式建议：战略管控导向

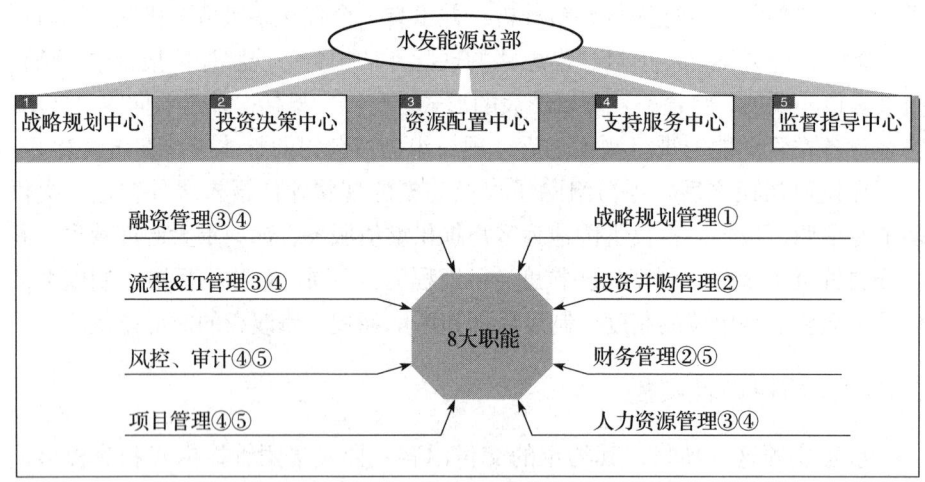

图2 水发能源总部五大功能、八大职能设计

（二）流程再造

调研结果发现，客户企业的流程管理依然停留在传统职能式组织的阶段，其流程建设也大多依附于制度，使流程成为制度的附属和部门管理方便的工具，而不是指向"以客户为中心"。

百思特将流程管理水平设为5级：不稳定级（P0）、职能级（P1）、端到端级（P2）、内部整合级（P3）、卓越级（P4）。每个级别都有具体的标准与要求，流程管理能力评级标准（见图3）。

1 PO不稳定级	2 P1职能级	3 P2端到端级	4 P3内部整合级	5 P4卓越级
· 充程缺失或未落实，业务具随机性 · 执行者不清楚相关流程 · 流程没有明确的负责人 · 基础管理体系和流程彼此独立	· 流程是面向职能或部门进行设计 · 执行者知道流程的存在和关键衡量指标 · 负责人以非正式方式推动流程的改善 · 基础管理体系勉强支撑流程运作 · 流程具备基本的衡量指标	· 面向客户进行端到端的流程设计 · 执行者清晰地知道整个流程，及自己所处的环节 · 具备正式的、有威信的高级管理人员作为负责人 · 流程指导IT和人力资源体系建设 · 根据客户需求制定整个流程的衡量目标，并进行有效衡量	· 流程在企业内部进行整合，并保持企业内部的一致性 · 执行者清楚工作对其他流程和企业绩效的影响 · 负责人将流程作为工作重点并保持与其他负责人的配合 · IT系统在企业内完全集成，人力资源体系基于流程的需求和结果，并与企业需求相平衡 · 根据企业战略目标制定流程衡量指标及跨流程衡量指标	· 流程设计考虑了与客户和供应商流程的匹配 · 执行者善于提出改进方案和实施变革 · 负责人是企业最高决策层人员。根据需要发起跨企业流程再造活动 · IT系统采用模块化架构，符合跨企业沟通的行业标准；人力资源体系注重强化企业内部和跨企业的合作、个人学习和组织变革的重要性 · 根据跨企业流程目标来制定流程的衡量指标，并定期评估，以调整战略

图 3　流程管理能力评级标准

项目组不局限于项目本身，而是从更高的高度来审视和策划，把客户打造成一个流程型组织。打造流程型组织的核心是实现"以客户为中心"这一目标，即以客户为中心——解决所有的问题都是围绕客户价值创造体系进行；以流程为主线——管理理念、管理要求、管理活动和业务开展都要落脚到流程上；组织激活——不断驱动组织资源升级和处于激活状态。

项目组总结出流程型组织建设的关键痛点和问题包括：一是管理层无法对端到端核心业务流程达成共识，管理层甚至连基本的流程名称都不知道；二是整个流程的架构没有建立，流程的体系化不强，散乱且无法串起来；三是效率与控制的关系忽左忽右，流程成了缺乏效率的"责任人"；四是流程无法驱动创新，甚至成了创新无法实现的"替罪羊"；流程的客户角色缺失与被动，关门写流程现象非常严重；五是把例行业务运作通过PMO（项目管理中心）模式去解决，无法通过流程固化运作方式；六是多套管理体系和工具方法无法融合，员工无所适从；七是人的管理与流程管理没有有效结合，流程执行缺乏支撑；八是流程部门的地位低下且资源配置不合理，流程部门的价值大打折扣；九是管理者流程责任不清晰，流程建设与推行是专业部门的事情；十是流程好坏缺乏数据说话，没有证明流程好不好的标准；十一是流程管理机制和标准没有打好，流程管理没有成为企业管理的主线。

依据"业务决定流程"的理念，想要规划和建设好流程，首先需要对业务有全面和深刻的理解，描绘出相互之间的映射关系（见图4）。

百思特流程架构设计"十五步法"（见图5）将流程建设分成三大步骤：价值链梳理与研究、流程架构规划、流程三件套设计（流程图、流程说明文件、流程模板和表单）。在价值链确定的基础上做到业务架构清晰化，包括：保证业务主线清晰；保证业务层次清晰；保证业务接口清晰；保证输入输出的清晰；能够实现主动对流程优化的管理；能够结合流程建设驱动业务体系的完善。

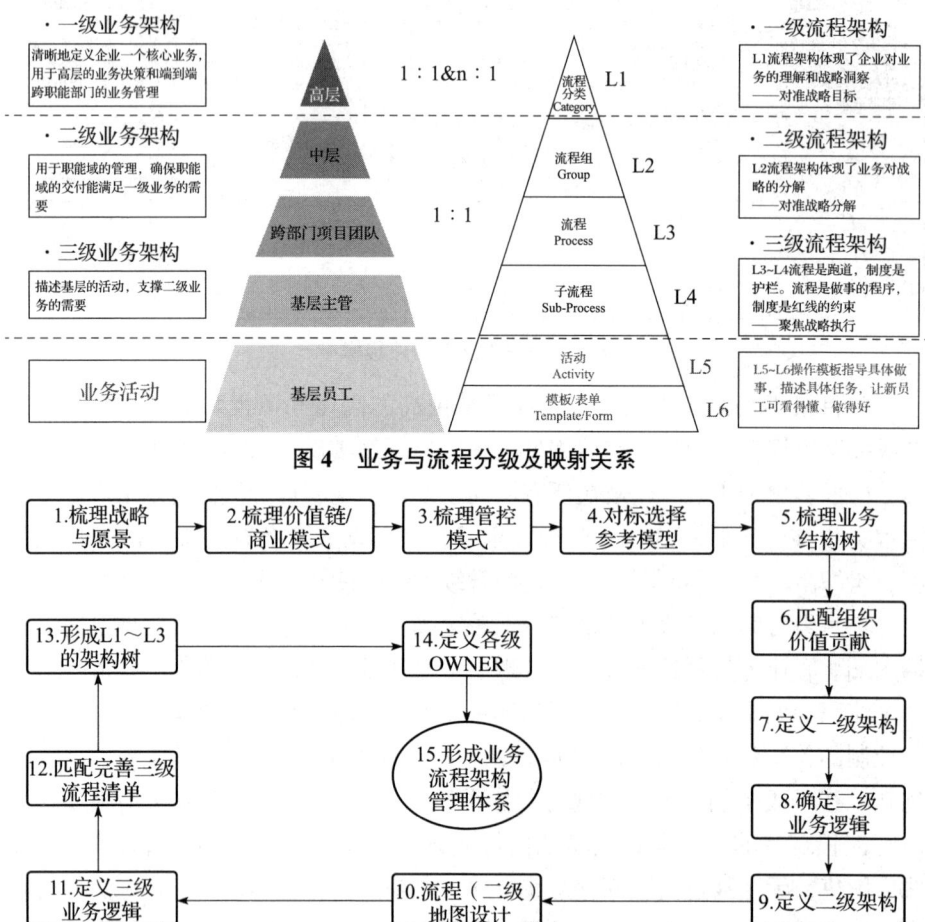

图4 业务与流程分级及映射关系

图5 流程架构设计"十五步法"

项目组积极推动和完成客户的流程管理机制，输出相应的流程技术标准，包括：流程架构标准、流程视图标准、文件分类标准、流程定义技术标准、流程图绘制技术标准、流程文件技术规范等，并从流程目标、业务策略、资源配置、流程绩效、流程过程、流程层次、流程接口、流程模板、流程OWNER、日常管理10个要素通盘考量企业现状。在价值链和流程架构确定的基础上，推动业务流程标准化，制定流程标准模板，如流程图、流程说明文件、工作模板和表单等（即流程三件套）。

在项目实践中,企业流程改善的空间主要体现在:其一,体系性——建立清晰的整个公司的价值链和业务架构,使整个公司的组织、资源配置能够形成清晰的链条;其二,端到端——建立端到端的流程,打通各业务之间的部门墙,改善跨部门的流程接口;其三,集成化——通过业务流程的优化,改善管理效率,特别是将授权、内控、风险管理等落脚到流程的节点中去,使整体效率最大化;其四,数据化——建立一套衡量公司流程的绩效标准,用量化的数据进行有效衡量,并真正意义上能够成为行业标杆;其五,自驱力——建立一套自我驱动不断提升的工具和方法,以评估自我业务发展的状态,找出改善的领域和空间;其六,持续性——建立流程管理的可持续机制,引入跨行业的标杆,建立一套在全行业领先的流程技术、标准和方法论。

五、项目成果反馈

通过本项目建设,水发能源和水发兴业集团发生了明显转变,如,通过集团管控的方向和组织功能的确立,更好地发挥集团的规模效应、协同效应优势;工作流程从审批流转向业务流,实现了对流程理解的观念转变;打破部门墙,实现端到端的流程贯通;通过对价值链的研究、对流程框架的梳理,对业务关系的层次认知和对部门职责的理解;标准化、统一化、简化整个流程体系;固化最佳的实践,降低对人的依赖。将风险管理嵌入流程管理,为业务保驾护航;加强内部控制体系建设,防范内外各种风险,实现可持续发展。

(一)问题调研、诊断与建议

通过为期一个半月的问卷调查、一对一访谈、现场考察等方式,形成了高质量的现状评估报告,提炼出83个访谈问题、56项问卷建议,涵盖战略管理、流程与 IT 管理、内部控制与风险管理、领导力与组织管理、人力资源管理、运营管理等方面。综合访谈、问卷、查阅资料等各方面信息,提炼出关于公司管理上的17个核心发现,总结提炼出公司18项管理缺陷和整改建议。对公司制度开展了专项检视,总结出13类问题、27项具体改进建议。对公司管理成熟度进行了系统评估,形成专业测评结论。对公司"十四五"规划进行了学习研究,形成了专门的解读报告。系统学习与研究了公司近年来的各类重要文件和报告,对公司管理文化进行了系统梳理,输出了专题报告。针对发现的问题,提出了"五个一"的整体提升方案建议,以及本项目的具体建设思路。

(二)流程再造方面

设计出水发能源总部与燃气(东合+启航)、热力(天津盾安)、光伏(综合能源+清洁能源)、节能(青岛能安)、奥翔5个板块、共10家公司的价值链、流程架构、流程清单、流程图、流程说明书。辅导流程水发能源及其权属公司共1176个，最终审核、统一、确定水发能源及其权属公司流程共306个。其中，集团总部流程174个，燃气板块核心流程21个，热力板块核心流程59个，光伏板块核心流程28个，节能板块流程10个，奥翔公司流程14个。应公司要求，额外增加水发兴业流程建设任务，经过集中培训和集中办公，设计出水发兴业集团总部及9家权属公司的价值链、流程架构、流程清单、流程图、流程说明书。

辅导水发兴业集团及其权属公司流程设计共1200个，最终审核、统一、确定流程400余个。其中，兴业集团总部流程200余个，新能源板块核心流程70多个，绿建板块流程10余个，新材料板块流程50余个。

（三）集团管控体系建设方面

对各部职责进行了重新梳理，绘制了水发能源完整的组织架构与股权结构图；参照行业标杆的先进经验，设计了水发能源总部职能优化方案。面向未来和发展战略的需要，为水发能源设计两套组织架构优化建议，并在广泛征求意见和集体讨论的基础上做出决定。推出事业部"做实"的思路，组织讨论研究后达成共识。基于历史与现状，着眼未来，设计水发能源管控整体方案，建立授权管理制度与较为完整的授权清单（参考稿）。应公司要求，从"管得住，管得好"的角度出发，抓住关键控制环节和当前管理漏洞，额外为水发兴业总部设计和提供了组织优化方案。

（四）内控体系建设方面

在流程设计中引入内部控制和风险管理理念，开展相关培训与辅导，在全集团培育起内部控制与风险管理意识。组织完成水发能源、水发兴业集团及其下属总共21家公司流程KCP（关键控制点）风控矩阵的编制。其中，水发能源（含权属公司）KCP 178点，水发兴业集团（含权属公司）KCP 298点。根据《企业内部控制基本规范》《中央企业全面风险管理指引》等法规要求，设计完成了水发能源的内部控制和风险管理体系、管理机制。编制完成水发能源内部控制手册，为公司的内部控制与风险管理提供系统化、可执行的操作指南。为公司设计、编撰了"内控管理文件汇编"，提供了系统的内部制度、控制标准与管理模板。对风险管理部门进行了专门培训与辅导，就内部控制与风险管理体系建设、机制建设提供了具体的指导。

（五）采购管理体系建设方面

针对集团采购管理"分散认证，分散采购"、没有统一管理体系的现状，增加设计了规范化的采购管理体系，并与集团总部有关领导和部门负责人逐个进行交流确认。设计的采购管理体系包括：整体方案、4个流程图及配套说明书等。

（六）培训、赋能与其他方面

给水发能源总部及权属公司先后开展了14课次演讲与授课，并集中进行了8课次的培训，引起强烈反响。整个项目建设期间，项目组主动上门或邀请众多干部职工进行交流与分享，将"单独赋能"与"集中培训"有机结合起来，使赋能培训更接地气、更有针对性。通过项目建设和过程参与，发现和培养了一批具有进取心、敬业精神与团队意识的骨干员工，并向项目组和有关领导提供了人员名单。本项目全程践行百思特"既授人以鱼，也授人以渔""沉浸式、融合式、嵌入式"咨询的特点，即不囿于以交付为目的，而是立足于客户现状，着眼于为客户解决痛点难点问题，给客户全面深入赋能，着力培育、提升客户核心竞争能力。

得益于项目双方的紧密合作，本项目最终提前完成。为表示对项目组的认可，水发能源在第一时间给百思特发来感谢信并赠送锦旗。

在项目回访过程中，项目组获悉：项目建设成果在水发能源、水发兴业集团获得了良好的应用。其中，集团管控模式和组织架构已经参考项目组相关建议进行了调整和优化，设计的流程70%以上开始上线运行，公司自身已经能按照流程管理机制和技术标准开展老流程优化和新流程设计。整个公司的规范化、标准化水平进入了一个新的境界，抵御风险的能力明显增强。此项目获得了上级机构水发集团及山东省有关部门的高度肯定，成了省内一个标杆性项目，不少公司慕名前来调查了解。

企业文化与服务品牌管理咨询项目

北京国研趋势管理咨询中心

北京国研趋势管理咨询中心（以下简称国研趋势）始创于2002年，一直以"为中国企业创造世界一流的产品和服务"为使命，以出众的领导能力、成功决心、专业服务和质量承诺在客户中享有盛誉。国研趋势是中国企业联合会管理咨询委员会副主任委员单位，中国认证认可协会理事单位，工业和信息化部、中国企业联合会和中国中小企业协会推荐管理咨询机构，连续五年入围"中国管理咨询机构50大"榜单。

国研趋势长期服务于多家国内外知名企业、中央直属企业、政府与公用事业单位。核心服务产品涵盖战略咨询、企业文化与服务品牌、集团管控、WCM世界级制造、组织与流程优化、人力资源管理、营销策划、供应链物流、内控与风险管理、资产管理、安全生产管理、整合型管理体系、精益运营与变革转型咨询、数字化转型咨询、产业研究、产业规划等。

国研趋势致力于为客户提供最具价值的管理咨询成果与解决方案，以前瞻性的战略视野和严谨的专业化服务助力管理咨询的创新发展，以咨询智库力量助力中国企业变革创新。

本案例项目组成员

冯国庆，国研趋势企业文化总监，曾在世界500强大型国企党群、宣传、人力资源、生产调度等多部门任职，拥有近10年国企工作经历。2004年投身咨询行业，18年咨询实践经验，在企业文化建设、人力资源管理、战略管理等领域积累了深厚的理论基础与实践经验。2010年起专心关注烟草行业，重点主持了重庆中烟、福建中烟、辽宁省烟草公司、云南烟草机械有限公司、云南中烟新材料公司等10余家企业文化管理咨询项目。

其他成员：潘亦藩、钟潇、聂晖、陈卓、周宗庆、王博文、邵渝阳

导读

重庆中烟工业有限责任公司（以下简称重庆中烟）于2015年11月10日挂牌成立，是国内19家中烟工业公司中最年轻的一个，也是四个直辖市中唯一单独成立的中烟工业公司。2019年，为适应烟草行业软实力建设要求，匹配公司"追赶、集聚、数字化"三大战略，重庆中烟决定以文化为引领，倡导奋力追赶、激情向上、充满正能量、增强凝聚力的企业文化，打造有现代感、有亲和力、有沉淀、有发扬的文化品牌。

在项目进驻伊始，国研趋势项目组（以下简称项目组）确定"把握重庆中烟需求、瞄准重庆中烟痛点、找准重庆中烟定位"的企业文化与服务品牌一体化构建的原则，根据行业"总量控制、稍紧平衡，增速合理、贵在持续"的方针，结合重庆中烟成立时间短、烟草工业企业服务品牌建设开展较少的实际情况，在国研趋势为烟草行业制定的企业文化与服务品牌一体化构建模型基础上，准确诊断"影响重庆中烟发展的关键问题是内部管理问题；重庆中烟正处于文化重塑期，公司实现持续追赶的动力机制尚需建立"的文化现状，准确定位了"追赶者"文化基调，从追赶者基石、追赶者精神、追赶三要素、追赶五导向、经营聚焦、管理升级、追赶者目标、品牌追求八个方面构建起"追赶者"哲学的基本框架，继而搭建起共同愿景、经营文化、管理文化三部文化篇章，形成完整的企业文化架构，彰显出重庆中烟人不屈不挠的拼搏精神，体现了公司与员工不甘人后、奋起直追的诉求，使重庆中烟文化更接山城气质，更具战略特质，更显员工品质。

项目组深谙烟草企业文化与服务品牌一脉相承、息息相关的特点，围绕追赶者文化，以"渝来渝好"命名服务品牌，凸显重庆山城地域文化及与追赶者文化体现的奋斗精神相传承的特点，从品牌口号、品牌价值、品牌驱动（特色驱动、一线驱动、标准驱动、模式驱动）三个方面，形成了"三维四驱"的服务品牌系统，为重庆中烟提升更为优质的服务、打造更为牢固客户关系、获得更为持久的竞争力提供了从理念到行动的有效指导。

企业文化与服务品牌管理咨询项目

北京国研趋势管理咨询中心　冯国庆

一、案例背景

重庆中烟是我国最年轻的一家烟草工业企业，但公司不甘人后，突出"快"、追求"好"、铸就"特"，奋力探索，走出一条特色发展新路子。

重庆中烟 2019 年启动企业文化与服务品牌一体化构建项目，该项目是重庆中烟在行业发展变革中，基于公司追赶、集聚、数字化三大战略，适应公司发展、品牌发展、员工发展需要，因时而变、顺势而生的。自此，项目组与重庆中烟携手共进，通过近三年的努力，构筑起企业文化与服务品牌一体化格局，夯实了企业高质量发展的软实力基础。

（一）企业简况

重庆中烟于 2015 年 11 月 10 日挂牌成立。公司下辖重庆、涪陵、黔江 3 家卷烟厂，内设 18 个部门，现有在岗职工 2756 人，离岗待退职工 173 人，退休人员 2773 人。公司现有资产总额 168.1 亿元，卷烟生产计划 127.4 万箱，主要生产经营"天子""龙凤呈祥"卷烟品牌。公司组建后，特别是 2019 年以来，重庆中烟围绕贯彻落实行业高质量发展要求，紧密联系企业实际，大力实施"追赶、集聚、数字化"三大战略，突出"快"、追求"好"、铸就"特"，奋力探索，走出一条特色发展新路子。

在三大战略引领下，重庆中烟"十三五"时期累计创造工业总产值 770.6 亿元，实现税利 497.1 亿元，财税贡献位居重庆市工业纳税榜单前列。在经济贡献持续提升的同时，企业软实力全面增强，2021 年成功创建"全国文明单位"。

进入"十四五"，重庆中烟步入"加速成长期"新发展阶段，聚焦烟草行业"推动高质量发展、推进高效能治理、造就高素质队伍"战略指向，贯穿高质量发展主题，坚持"双轮驱动"发展，围绕"天子"品牌"两步走、翻两番"和"双打造、双前十"发展目标，坚定不移实施"追赶、集聚、数字化"三大战略，满怀信心踏上高质量特色发展新征程。

（二）咨询需求

1.行业高质量发展要求：文化引领高质量发展

提高公司上下对高质量发展的认识，根本途径就是加强高质量发展与企业文化的融入，重庆中烟以行业"两个至上"为核心价值观，打造强势企业文化，为增强企业的向心力、凝聚力和核心竞争力提供文化支撑和精神动力，不断引领企业高质量发展。

2.公司战略诉求：文化推动三大战略落地

为适应"追赶、集聚、数字化"三大战略的发展要求，新一届党组提出要以文化为引领，倡导奋力追赶、激情向上、充满正能量、增强凝聚力的企业文化，打造有现代感、有亲和力、有沉淀、有发扬的文化品牌。

3.品牌发展渴求：文化促进品牌"两步走，翻两番"

通过企业文化与服务品牌一体化构建，树立公司新形象，提升品牌形象、知名度和美誉度，提升产品影响力、竞争力，加快实现"天子"品牌"两步走、翻两番"目标，努力跻身行业重点品牌一类烟销量前十强。

4.员工幸福追求：文化打造幸福重庆中烟

通过企业文化与服务品牌一体化构建，提升团队创业劲头、拼搏精神，提升员工幸福感，共同致力打造幸福重庆中烟。

二、诊断分析

（一）特色调研

本项目在调研阶段访谈公司高层领导6人，访谈副处级以上领导22人，科级干部32人，科级及以下员工140人，涵盖了重庆中烟各职能部室、各中心，以及各卷烟厂的主要领导、部门管理者和骨干员工。此外，项目组还访谈了80余位卷烟零售商户代表。在深度挖掘的基础上，本次访谈共形成35万4千余字记录。

除一对一访谈外，项目组还组织了7场座谈会。其中，总部管理人员座谈1场，各卷烟厂管理者座谈1场；总部员工座谈2场，3家卷烟厂员工各进行员工座谈1场，共有100余人参与其中，极大地提升了员工的参与度，启发了员工的参与意识。

第一，在设计员工调查问卷上，项目组从企业文化现状认知、公司管理体系的科学性、领导者水平、员工个人工作满意度、服务品牌打造和企业文化期望六个方面设计问卷，深度了解重庆中烟企业文化和客户服务现状，准确把握员工对企业文化和服务品牌建设期望，精准分析重庆中烟管理中存在的问题。本次问卷调研共回收有效问卷 1605 份，涵盖重庆中烟总部各职能部门、专业管理部门、各卷烟厂的各级干部和员工。

第二，在设计消费者调查问卷上，从消费者对烟草行业的看法、品牌选择方式、与烟草企业的沟通方式、服务需求、天子品牌在重庆当地的影响力和知名度等方面设计问卷，深度了解重庆中烟、天子品牌、服务水平在当地消费者的印象。调研共发放问卷 215 份，回收有效问卷 206 份，有效率高达 96%。为保证烟民问卷调研质量，烟民的每份问卷都在调研人员监督下完成，随时向烟民解释在填写问卷时遇见的各种问题。

（二）聚焦关键

作为一家国内最年轻的烟草工业公司，在行业"总量控制、稍紧平衡，增速合理、贵在持续"的方针下，在各卷烟工业企业之间的竞争日趋激烈的环境下，重庆中烟的发展之路注定坎坷不平，也注定了其发展之路不同凡响。因此，项目实施过程中，项目组充分聚焦项目"331"关键点，探索追赶背后的哲学逻辑。

（1）聚焦 3 个传承：行业传承、历史传承、地域传承。聚焦行业"两个至上"的文化传承并融入文化体系，聚焦重庆烟草百年发展历史传承，聚焦重庆吃苦耐劳、豪爽耿直的地域文化传承。

（2）聚焦 3 个挑战：思想理念挑战、基础条件挑战、竞争优势挑战。聚焦重庆中烟固有思想理念带来的挑战，聚焦各卷烟厂制造力水平参差不齐的基础条件挑战，聚焦对标行业先进单位竞争优势挑战。

（3）聚焦 1 个定位："追赶者"文化定位。清醒认识重庆中烟所处的时空方位，聚焦"追赶者"文化定位，把"加速追赶"主旋律贯穿公司发展全过程，千方百计缩差补短，全力以赴强基固本，谱写高质量特色发展新篇章。

（三）核心思路

利用国研趋势开发的"三维驱动"模型，层层剖析重庆中烟战略需求、员工诉求、消费者期待，站在不同视角分别研究其对文化的企望，从而明确企业文化与服务品牌一体化构建的思路，如图 1 所示。

重庆中烟自觉践行行业"两个至上"，自觉从"两个大局"中找准定位，坚持"从全局谋划一域、以一域服务全局"，牢固树立"全国一盘棋"思想，准确把握、全面落实行业各项政策，有机衔接、扎实推进高质量发展政策体系，加强前瞻性思考、全局性谋划、战略性布局、整体性推进，在完善现代化烟草经济体系推动行业高质量发展全局中推动公司高质量特色发展，争做行业高质量发展的忠实践行者。

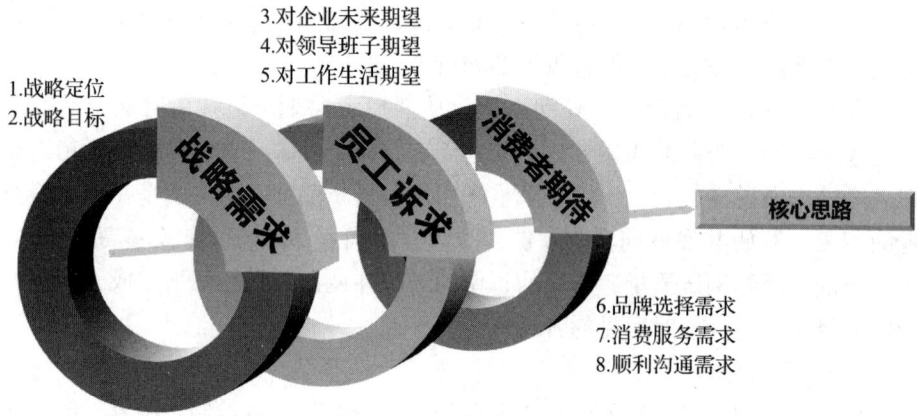

图 1　国研趋势"三维驱动"模型

公司运行体现"快"、突出"好"、彰显"特"，以需求捕捉力、产品创新力、智能制造力、快速响应力为主的核心竞争力显著增强，三家卷烟厂特色定位、特色发展如期实现，中支烟技术优势、品牌优势、市场优势充分彰显，"天子"品牌成长为行业中支烟标志性、代表性品牌。坚持"双打造"定位，瞄准"双前十"目标，推进中支烟"形象高端化、风格特色化、产品系列化、形态多样化"。坚持自主发展，稳定合作生产，保证低价烟供给，加快走出去发展步伐，产销规模协调增长，生产布局、市场布局和品牌布局持续优化。

通过对重庆中烟战略定位与战略目标的分析，项目组认为公司以"追赶者"文化定位为引领，初步实现了战略与文化定位相匹配，如图2所示。

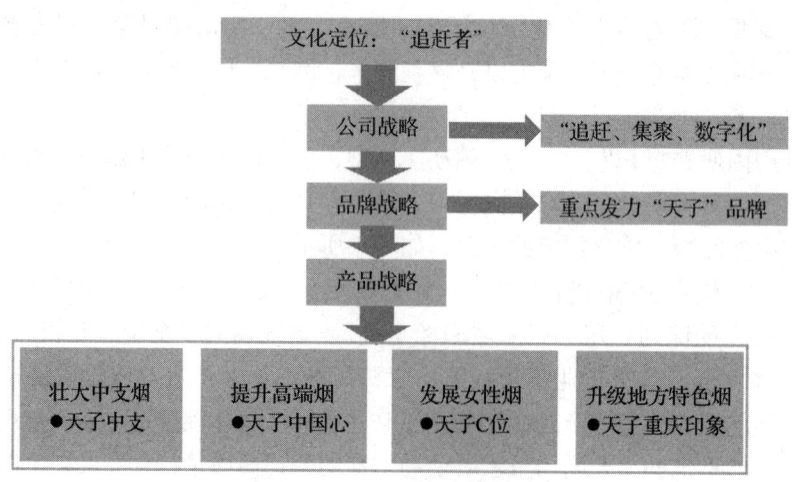

图 2　战略与文化定位相匹配

三、设计与实施

（一）一体化构建总体设计

1. 以软实力提升为目的

从行业文化软实力建设要求出发，重庆中烟正确处理硬件建设与软实力提升的关系，系统推进软实力建设工程，把提升公司软实力置于公司全局工作中一起谋划、一起思考、一起实践，加强价值引领，加快企业文化与服务品牌一体化构建，大力提升治理能力、队伍素质、企业形象，以软实力全面提升公司整体实力。

（1）行业文化软实力建设要求。

主要目标：凝聚力有效激发、吸引力全面增强、综合治理能力持续提高。

文化建设主要举措：倡导行业共同理念、加强烟草文化建设、加强宣贯落地。

文化价值取向：共同发展意识；创新创业、协同高效的经营理念；全国烟草一盘棋、产业链条一条龙意识；专业敬业、廉洁规范的行为理念；创优争先、遵规守纪意识。

（2）重庆中烟软实力建设。

重庆中烟拟订了《系统推进软实力建设工程实施方案》。深入结合行业特色和公司实际，学习积淀，创新思考，围绕公司党组确定的"四个提升"目标，拟订了十个方面的 38 项工作措施、58 项建设任务。

文化价值取向：直面差距、奋起直追、迎接挑战。

2. 以三大战略为引导

（1）追赶战略。

目标：加快从追赶速度向追赶质量转进。

举措：构建高素质"追赶者"团队、丰富追赶者活动载体等。

价值取向：信心、决心、勇气、创新精神。

（2）集聚战略。

目标：品牌集聚发展、市场集聚拓展、客户集聚吸附、资源集聚利用。

举措：整合力量、集聚共识、共生共成。

价值取向：合作意识、团队精神。

（3）数字化战略。

目标：通过研发数字化转型，供销研一体化、数字化转型，制造数字化，质量管控数字化等，着力提升数字化运营能力。

举措：高起点规划、高标准建设、高水平运营。

价值取向：服务意识、系统意识、数字思维。

3.平衡员工诉求与消费者期待

结合前期调研诊断相应结论，进行本项目总体设计时，项目组综合平衡重庆中烟员工诉求与消费者期待，聚焦当前内外部服务、沟通方式与效果等问题，综合得出服务价值取向：责任、创新、共享、卓越。

（二）企业文化与服务品牌设计架构

1.追赶者文化设计架构

在总体架构下，项目组系统思考了追赶者哲学体系构建的问题。

（1）追赶以什么为基石？

思考：作为一家国有企业，重庆中烟自然应担当起自身的政治责任，明方向、顾大局、担责任；作为烟草行业一员，践行行业"两个至上"共同价值观，重庆中烟的经济责任责无旁贷；作为社会一分子，重庆中烟主动融入社会，回馈社会，构建良好、和谐的社会关系。

理念因子：以责任为基石，具体体现为政治责任、经济责任、社会责任。

（2）追赶者应具备什么精神？

思考：企业是每位员工的家园，没有人会不爱护自己的家园；爱护家园外在的表现是自信的风采、自尊的风骨；爱护家园的行动是苦干、实干，努力追赶。

理念因子：爱企业、有自信、有自尊、能实干。

（3）追赶者以什么为导向？

思考：追赶要有追赶的方向，没有方向就是无的放矢；追赶要有重点地追赶，激烈的竞争中，市场无疑就是这个重点；追赶要排除一切障碍，解决一切问题，而后轻装上阵；追赶要有结果，假如没有结果，之前一切努力都将付之东流。

理念因子：战略、市场、问题、目标、结果。

（4）追赶者以什么为要素？

思考：就像赛跑一样，既然要追赶就要有速度、有力度；只有速度和力量而缺乏敏捷的思想也是不能够达到追赶的目的的。

理念因子：速度、力度、聪明才智。

（5）追赶者要实现什么？

思考：通过更为聚焦的经营和管理的升级，实现重庆中烟"双打造、双前十"的战略目标。

理念架构：在共同愿景之下（含使命、愿景、价值观），形成重庆中烟的经营文化、管理文化。

（6）追赶者要达到什么境界？

思考：追赶者要具备什么胸襟？追赶者要具备什么胆识？追赶者要具备什么眼光？追赶者要具备什么行为？追赶者要具备什么追求？

理念因子：博大、豪爽、深邃、笃定、恒久。

通过以上对追赶者哲学的思考，项目组形成了追赶者文化哲学体系（见图3）。

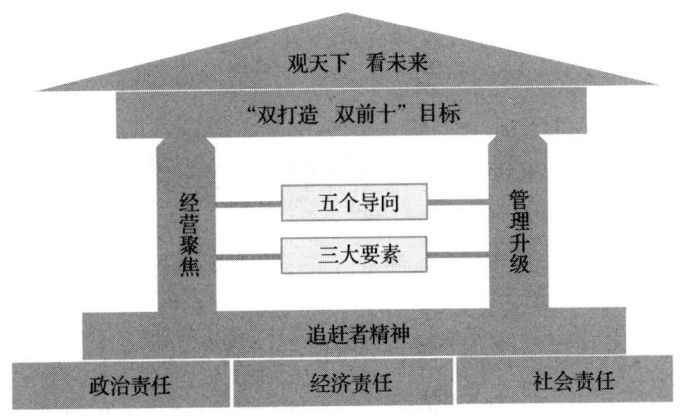

图3　追赶者文化哲学体系

2. "渝来渝好"服务品牌设计架构

（1）烟草工业企业服务品牌打造要点与难点。

①准确把握品牌与服务品牌的概念。

②充分认识服务品牌创建的意义和价值。

③准确把握烟草服务品牌塑造的重要性与必要性。

④烟草服务品牌应用成功案例（目前烟草工业企业成功案例很少，商业企业较多）。

⑤不断摸索进行烟草工业企业服务品牌的建构。

（2）"三维四驱"服务品牌架构思考。

①品牌命名。如前期调研诊断结论，重庆中烟在内部、外部服务方面还有较大提升空间，服务提升和高标准则应不断追求"越来越好"，服务品牌命名为"渝来渝好"。

②品牌口号。与追赶者文化相契合，重庆中烟的服务与过去相比，应当

越来越好，与同行业兄弟单位相比，则应该努力向服务水平高的企业靠拢，服务力争早日追赶成功。

③品牌价值。与追赶者文化相契合，服务同样是责任的体现，更要求不断创新方可提升服务水平；服务需要主客体间良性的互动，实现服务生态系统的和谐共生；服务最终的境界将使服务水平变得更卓越。

④品牌驱动。特色服务是驱动服务提升的关键；一线服务是服务的主体；标准服务是服务的标尺；服务模式是服务的形式。

通过以上对重庆中烟服务品牌关键所在的思考，项目组形成了"三维四驱"服务品牌架构（见图4）。

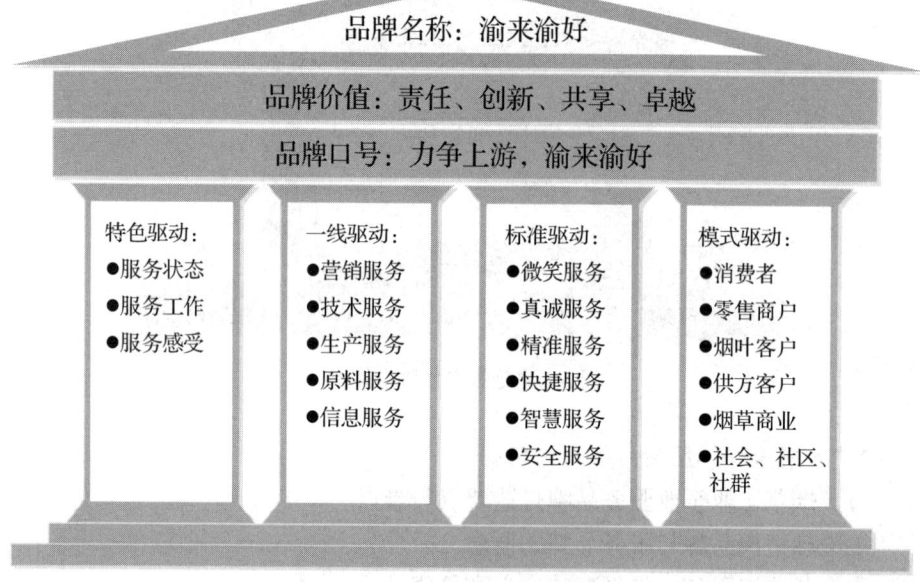

图4 "三维四驱"服务品牌架构

（三）企业文化与服务品牌传播体系

结合"追赶者"文化哲学体系与"渝来渝好"服务品牌体系的形成，为了更好地使受众理解、接受，项目组从七个方面设计了相应的传播体系。

（1）企业文化故事集：共收录80篇与重庆中烟企业文化、服务品牌相关的身边故事。

（2）活动策划：形成重庆中烟《2019—2020年企业文化活动策划方案》《2020—2021年企业文化活动策划方案》。

（3）宣贯规划：形成重庆中烟《企业文化宣贯实施方案》（3年），从目标、任务、措施、要求等方面系统地策划企业文化与服务品牌的宣贯。

（4）视觉优化设计：规范了重庆中烟各厂工作服的样式、标识，以及相应的使用规范。

（5）文化展厅设计：形成文化展厅设计方案。

（6）海报创意设计：形成了各尺寸、各样式海报设计方案。

（7）微视频媒体作品：拍摄了6部微视频媒体作品。

（四）企业文化建设规划

从企业文化建设原则、建设目标、管理机制、八大工程、建设计划、建设评价等方面，形成了重庆中烟《企业文化建设五年规划》，厘清了未来五年企业文化建设的思路，明确了未来企业文化与服务品牌建设的方向、重点，策划出相应的举措。

四、绩效评估

（一）项目特点

1. 一体化构建，落地更有力

（1）企业文化与服务品牌一体化构建，将两个本来同属文化范畴，又相互关联的工作更加紧密地联系到一起。

（2）企业文化与服务品牌一体化构建，更有效地将"追赶"理念落实到内外部服务中，全面提升服务水平、员工精神面貌。

（3）企业文化与服务品牌一体化构建，通过企业内部价值的外部化，借助服务品牌的传播实现与外部的沟通。

（4）企业文化与服务品牌一体化构建，省却了客户分别构建的麻烦，同时又能够通盘系统考虑，共同建设。

2. 客我互动，沟通更坦诚

本次项目能够成功，在很大程度上得益于重庆中烟领导的大力支持，对企业文化与服务品牌高瞻远瞩的见解，同时也得益于党建工作部牵头组织各部门鼎力配合我们访谈、沟通等工作，使我们获得了极为翔实的一手信息与数据、资料，为我们圆满完成本项目奠定了非常好的基础。

在双方坦诚沟通的基础上，客我双方建立了互信、互诚、互助的良好关系。重庆中烟曾多次邀请我方人员参加公司举办的大型活动，如2019年、2021年分别隆重邀请国研趋势董事长兼总经理王博文先生参加天子新品发布会、服务品牌发布会，使我们能够切身体会到重庆中烟独特的领导风格和优秀的文化氛围。

3. 项目拓展，延伸更深邃

通过本项目的开展，双方彼此信赖，建立了良好的合作基础。凭借追赶者文化的落地，重庆中烟及所属各卷烟厂与我方开展了多次管理咨询合作，如重庆中烟产品营销活动常规策划设计项目、重庆中烟管理咨询服务项目、重庆卷烟厂的精益管理项目（2021—2023 年度）、黔江卷烟厂党建品牌创建服务项目等，为追赶者文化圆满落地和服务品牌成功打造增加了不少胜算。

（二）项目成效

1. 形象成效

2021 年 1 月 27 日，重庆中烟成功创建"全国文明单位"。2021 年，在重庆市 2021 年质量管理小组与质量信得过班组成果发表交流赛上，由公司推荐的 23 个成果均获得相应奖项，其中一等奖 12 项。2021 年，在全国 QC 小组成果发表赛上，由公司推荐的 14 个成果均获得相应奖项，其中《研制成品烟包精准追溯系统》《叶丝"柔选＋精选"除杂装置的研制》获得此次大赛最高级别奖项——"示范级"。

近年来，重庆中烟积极履行社会责任，助力乡村振兴，累计投入资金 2000 余万元。仅 2020 年，重庆中烟通过新华社烟草资讯网、重庆日报、中国烟草杂志、东方烟草报、糖烟酒杂志等网络媒体平台，发布 253 篇专题报道，传播人次超过千万。

2. 品牌与经济成效

2021 年，在自有产品商业批发收入增幅跑赢全国大盘的基础上，"天子"品牌商业销量突破 35 万箱、增量 5.9 万箱、增长 20.4%，位居"双十五"以外一类烟品牌销量第 2 位，比 2018 年的 14.6 万箱净增超过 20 万箱，对自有品牌的销量贡献度、收入贡献度分别达到 40%、62%，分别提高 20 个、22 个百分点。以"天子（中支）"为代表的中支系列产品在全国市场快速成长，全年实现商业销量 11.1 万箱、增量 2.8 万箱、增长 34.1%，位列行业重点品牌中支烟第 7 位、重点品牌一类中支烟第 4 位。

到 2021 年年末，川渝以外培育形成了 9 个万箱级、若干个准万箱级的梯次化市场格局，川渝以外市场商业销量和批发收入占比分别达到 28%、35%，"天子"品牌商业销量占比达到 50%。

3. 文化成效

将"家国天下"与个人抱负、集体寄托、民族理想融为一体，在个体梦想和国家梦想中相互交融，彰显中国特有的文明架构，进一步完善"观天下 看未来"的"天子"品牌文化内涵，打造"高雅香 方显天子本色"的品牌风格，凸显中正大气、高瞻远瞩的品牌特色，输出格局观、视野观、战略观、号召力、引领力、远见力的品牌主张。

2021 年，成功举办"中支看重庆高端研讨年会暨天子观察家圆桌会"等 3 场大型会议、6 场"天子（观天下）"高端形象产品上市推介会，积极推进 60 余场"双走进"互动体验活动、20 余场线上直播互动，沉淀积累 6 万余名线上终端会员、14 万余名平台消费会员，并通过打造"天子空间"旗舰店、"天子"品牌文化展示廊，集中输出品牌新形象、新气象。

4. 有力推动公司高质量发展

通过企业文化与服务品牌一体化打造，重庆中烟上下形成了浓厚"追赶"氛围，服务意识较之前有了明显改观，追赶者文化与"渝来渝好"服务品牌相互辉映，互为支撑，有效地促进了公司软实力提升，有力地推动了公司高质量发展目标的实现。

5. 其他成效

重庆中烟充分发挥党建引领优势，在企业文化与服务品牌一体化构建下，各项工作蓬勃开展，取得丰硕成果。一是司厂两级上下联动，办成实事 143 项。二是深入开展"党建与业务融合发展年"活动，探索建立了闭环管理的融合机制，创新搭建了一套务实有效的融合载体，实践形成了一批独具特色的融合成果。三是积极开展"一支部一品牌"创建活动，验收发布 36 个党建品牌。四是持续发力，打造"幸福重庆中烟"，切实增强广大干部职工的归属感、获得感和幸福感。五是建成"追赶者"文化展厅、文化长廊，成立了烟草行业第一家企业文联，组织撰写政研论文 55 篇。

生产制造中心企业文化建设咨询项目
——构建以党建为特色的制造文化

北京捷盟管理咨询有限公司

北京捷盟管理咨询有限公司（以下简称捷盟咨询）成立于 1999 年，由著名经济学家魏杰教授发起，清华大学 MBA 团队创立运营。历经 24 年成长，捷盟咨询已成为中国本土领先的集团化大型管理咨询机构，成立以来被连续评为"全国十佳管理咨询机构"，连续 10 年稳居"中国管理咨询机构 50 大"榜单前列。

捷盟咨询以"塑造最受尊敬和可信赖的咨询公司"为公司愿景，长期致力于企业研究、咨询、培训一体化服务，努力实践前沿的企业管理思想和务实的清华大学作风，为企业管理提供一揽子系统解决方案，已成功地为众多国内大中型企业，包括世界 500 强企业提供了满意的咨询服务。

本案例项目组成员

付立红，捷盟咨询总裁，创始人之一；24 年企业咨询实战经验；10 年国家部委工作经验；国际注册管理咨询师，高级工程师，高级经济师；清华大学经管学院 MBA 面试评委、清华大学经管学院 MBA 校友导师；中国企业文化促进会特聘专家，中国安全生产协会专家委员会专家。提出独特的企业文化生长理论，并著有企业文化专著《生·长》，在企业文化权威刊物《中外企业文化》开辟专栏，入选"中国企业文化咨询专家"名录。把管理思想、品牌与文化建设方法具体落地于实体企业，助推企业管理水平升级，主持多家世界 500 强、大型央企的企业文化建设项目。

捷盟咨询其他成员：李亚、韩锦轩、高菲

生产制造中心成员：赵亮、柳旭萌、贾丹、白建超、范晓丽、李琦璠、孟士新、步笠

导读

　　河南中烟工业有限责任公司黄金叶生产制造中心（以下简称制造中心）于2014年由郑州卷烟厂和新郑卷烟厂合并重组而成后，在以党建引领企业发展、党建融入生产经营等方面进行了有益探索，同时在河南中烟的企业文化指导下开展了特色文化实践。本项目主要以新时代国企党建工作的总体要求为指导，基于制造中心的党建工作的特色和文化建设的特点，打造党建特色的制造文化，实现制造中心党建工作和企业文化建设的有机融合、互促提升。

　　项目组针对制造中心的党建工作和企业文化建设现状进行深入调研，研究当前党建工作模式与机制，同时锁定了在建设"行业一流先进工厂"总体战略目标下，"四个工厂"建设思路下，制造中心鲜明的制造文化特色，明确了建设具有党建特色制造文化的整体方向。基于调研，项目组构建了以"扛红旗"为定位的制造中心党建特色制造文化体系，确立了制造中心党建文化和企业文化融合的思想体系。随后，通过系统规划，分阶段、分重点，深入推进制造中心党建特色制造文化的落地，并实现党建工作与企业文化建设的载体同构。同时，以促进文化理念的具象化、生动化为方向，通过文化产品的打造、文化活动的开展，全面推进制造中心党建特色制造文化的传播，营造浓厚的文化氛围，激励广大党员和员工积极践行制造中心文化。

　　本项目帮助制造中心找到了促进党建工作和企业文化融合的有效路径，充分激活了各级党组织和党员队伍的奋斗力量，凝聚了强大的文化向心力，促进了党建绩效与经营绩效的双提升。

生产制造中心企业文化建设咨询项目
——构建以党建为特色的制造文化

北京捷盟管理咨询有限公司　付立红

河南中烟工业有限责任公司黄金叶生产制造中心，是长江以北最大的卷烟生产工厂。启动企业文化建设项目，是制造中心实践国家局高质量发展要求的需要，是助力河南中烟"金叶梦"的需要，是落实新时代国企党建的需要，是传承自身发展壮大优秀基因的需要，对制造中心的创新发展、转型发展意义重大。

一、项目背景

制造中心企业文化建设咨询项目于 2021 年 7 月下旬正式启动。该项目是制造中心根据新时代国企党建工作要求，以及制造中心整合成立后，推进行业一流先进工厂建设的战略需要，和河南中烟企业文化建设要求，而进行的具有探索性的党建工作与企业文化相结合的创新性项目。

（一）企业简况

2014 年 8 月，为进一步整合优势资源，河南中烟工业有限责任公司推动省内工业企业合并重组，将始建于 1948 年的新郑卷烟厂与始建于 1949 年的郑州卷烟厂合并为新的黄金叶生产制造中心，现有在岗职工 2200 余人，主要生产黄金叶（天叶、天叶细支、天香细支、爱尚、小目标）等中高端产品。制造中心自成立之初，就提出建设一流工厂的战略目标，着力打造"四个工厂"，注重以文化支撑管理升级，在党建引领、文化建设等方面做出了有益的探索，形成了独具特色的企业文化。

2021 年，制造中心生产卷烟 116.02 万箱，增长 0.68%；税收突破百亿元大关，达到 100.41 亿元，增长 8.18%；工业总产值 288.91 亿元，增长 8.8%。制造中心先后被授予"全国五一劳动奖状""全国设备管理优秀单位""全国安全文化建设示范企业""全国六西格玛推进优秀企业""行业先进集体""行业'精益十佳'标兵单位""行业抗击新冠疫情先进集体"等荣誉，被河南省直机

关党校确定为"党建参观学习基地"，是烟草行业基层党支部标准化、规范化建设试点，被河南省委授予"全省先进基层党组织"称号。

（二）项目需求

在项目前期沟通过程中，项目组通过现场交流、资料查阅及研究分析，明确了制造中心的咨询需求。

1. 导入新的发展理念，以文化实践贯彻国家局高质量发展的要求

中国烟草历来注重行业文化建设，推行"两个至上"的价值观，提出了"推动高质量发展、推进高效能治理、造就高素质队伍"总要求，并将打好品牌培育持久战、打好结构优化持久战、打好精益管理持久战、促进配套产业协调发展作为行业改革发展的主基调。

制造中心要以新发展理念引领行业高质量发展，以建设现代化烟草经济体系促进行业高质量发展。制造中心要将践行行业文化与高质量发展要求、工匠精神、精益思想和制造文化等相结合，开展高站位、高标准的企业文化建设，进行有特色、有活力的文化实践。

2. 打造"金叶制造"名片，以制造文化描绘河南中烟"黄金叶"品牌发展新蓝图

2011年以来，河南中烟大力实施"黄金叶"品牌"中原突破"战略，实施易地技改，成立黄金叶生产制造中心，打造了优质、高效、低耗的生产制造"金字招牌"。从2010年到2022年，"黄金叶"销量、销售额进位迅猛，品牌地位大幅提升。河南中烟立足适度竞争新机制，提出了"千亿工程"的战略、黄金叶品牌升级进位的梦想。

在这个过程中，制造中心倡导的"品牌好、企业好、员工好""事事精工、支支精品"等理念深入人心。将品质与品牌作为文化建设的着力点之一，既符合制造企业的特点，又凝聚了全员的共识，同时也体现了作为河南中烟长子的担当作为。

3. 传承"扛红旗"奋斗精神，用党建特色的文化引领企业转型升级新征程

制造中心成立之初面临着文化差异大、管理融合难与自信心不足等问题，提出"挑大梁、走前头、做标杆、扛红旗"的发展思路。接下来，更是将党建特色坚持到底，大力叫响"扛红旗"精神，用党建引领各项工作创先争优，走出了一条以党建凝思想、聚能量、促发展的路子。

新时代党建要求全面推进党的政治建设、思想建设、组织建设、作风建设、纪律建设，以伟大自我革命引领伟大社会革命。挖掘党建引领的好思路与做法，传承全体员工在"扛红旗"过程中的精神力量，更能激励制造中心的员

工逐梦前行；明确团队执行风格与标准，能更好地促进现场主动、协同配合，以自身能力的提升推动中心的能力升级。

本项目旨在梳理党建带动企业发展特殊历程中的优秀文化，总结精益制造背后的管理智慧，进一步明确"扛红旗"背后的精神内涵与价值体系，并围绕文化的落地，搭建特色载体，规划文化实施，营造文化氛围，开展文化实践，以上下认同、知行合一的文化助力中心实现跨越式、超常规发展的战略目标。

（三）项目目标

1. 体系构建——传承创新，深度融合

通过系统调研、诊断，对接河南中烟发展战略和高质量发展要求，深刻理解"扛红旗"的精神内涵、"金叶制造"的管理思想，梳理中心发展脉络与管理思想，挖掘原两厂优秀文化基因，探索党建工作融入文化建设的路径，明确核心价值理念，构建党建特色制造文化体系，制定行为规范，打造具有制造中心特色的文化名片。

2. 实施规划——系统设计，有序推进

针对当前企业文化建设的长板与短板，系统规划企业文化的建设目标与路径，明确各阶段的深植任务，搭建深植载体，建立工作机制，完善保障机制；围绕首年任务进行细化，形成统筹指导各部门主动创新的企业文化建设实施方案。

3. 氛围营造——多维立体，突出有感

对制造中心的室内文化环境、室外文化景观进行整体布局和创意设计，分主题、分区域，打造一体化的文化展示系统和文化景观；创造企业歌曲，收集、编辑企业文化故事集，通过视、听、体验等多维传播载体的建设，营造鲜活多彩、感染力强的文化氛围。

二、项目调研与诊断分析

针对制造中心的文化现状，收集相关的资料进行研究，针对制造中心高层、职能部门进行访谈、座谈，对生产部门及班组实地调研、访谈与座谈，并在此基础上，设计针对性调查问卷，由制造中心的员工进行作答。

通过以上调研工作，对中心的企业管理、原两厂优秀文化基因进行诊断，对未来期望文化和建设重点进行调研，对发展战略对中心文化提出的要求等进行研究，锁定决定未来发展的文化基因，明确制造中心未来文化建设方向。

（一）现状文化和期望文化分析

1. 制造中心发展历程

（1）独立发展期（20世纪40年代—2014年）：厚植中原，自强不息。

原新郑卷烟厂始建于 1949 年，原郑州卷烟厂始建于 1948 年。两厂根植于中原大地，相同的行业背景，相似的发展历程，对豫烟崛起的使命感、对企业的深厚感情、对发展的美好憧憬，烙下了共性的文化基因，成为融合成功的内在基础：艰苦创业、自强不息、务实敬业、创新开拓。

（2）整合发展期（2014—2021 年）：强强联合，红旗引路。

制造中心成立后，公司党组将制造中心的发展目标确定为"打造行业一流先进工厂"，倾力将其打造成"六个基地"，描绘了"让人一想到烟草企业就想到黄金叶生产制造中心，一想到烟草制造就想到黄金叶生产制造中心"的愿景。

面对两厂合并之初磨合过程中存在的文化差异、现场管理难度大等问题，制造中心提出"挑大梁、走前头、做标杆、扛红旗"的思路，奠定了制造中心在全国卷烟工业的重要地位。在此基础上，制造中心进一步提出了"红旗工厂、智慧工厂、精益工厂、创新工厂"四个工厂建设，在更高层次和更高水平上建设一流工厂，中心呈现了"进中有为"的良好态势。

在这个过程中，制造中心形成了"同发展"的愿望，"扛红旗"的精神；"有担当"的气度，"重执行"的风格，积淀了精益制造、勇争第一、团结协作、创新引领的文化特质。

2. 优良传统、文化期望与建设重点

（1）优良传统：艰苦奋斗、爱岗敬业、奋进向上、创新争先。

综合问卷和访谈：制造中心成立 8 年，积淀 70 余载，自强不息、艰苦奋斗精神值得传承；爱岗敬业说明员工对企业有较强的归属感；奋进向上是两厂经历行业重组大潮依然勇立潮头的真实写照；敢于创新与敢争第一的创领精神，是在制造中心成立后逐步培育形成的，如图 1 所示。

您认为制造中心有哪些优良传统？

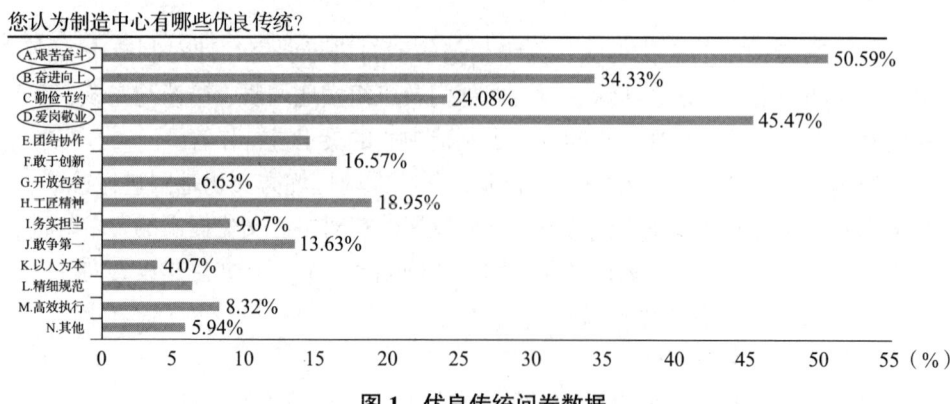

图 1　优良传统问卷数据

（2）未来文化特质：党建引领、市场导向、精益制造、以人为本。

综合问卷和访谈：在管理上以党建为引领，在发展思路上以市场为导向，在生产上突出精益制造，在氛围上强调以人为本，打造员工快乐工作和幸福生活示范基地，是制造中心应该塑造的未来文化特质，如图2所示。

您认为未来制造中心的企业文化应该突出哪些特质？

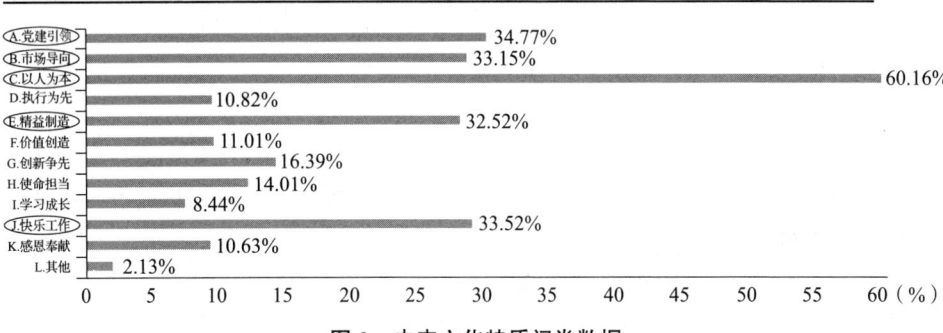

图 2 未来文化特质问卷数据

（3）文化建设重点：加强文化融合，形成统一文化，融会中烟思想，强化党建引领。

综合问卷和访谈："加强文化融合，形成统一文化"作为未来文化建设重点排名第一，说明员工认识到虽然两厂融合良好，但仍然存在提升空间。下一步需以河南中烟的管理思想为指导，明确制造中心共同的价值理念和行为要求，强化党建对企业文化的引领，丰富文化实践载体，如图3所示。

您认为制造中心企业文化建设需要着重在哪些方面下功夫？

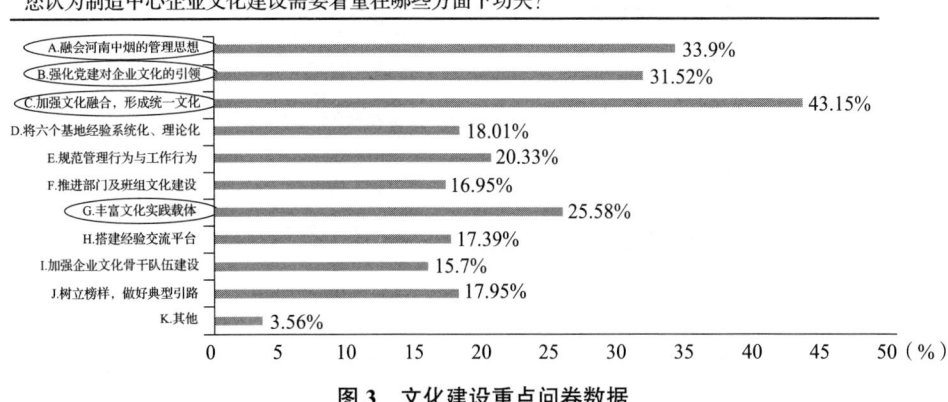

图 3 文化建设重点问卷数据

（二）企业战略发展对文化的影响

制造中心按照中央和上级组织高质量发展的要求，提出了"一流工厂"建设的目标和"四个工厂"思路。"一流工厂"和"四个工厂"建设，既是贯彻落实高质量发展要求的现实需要和有效支撑，也是打造高质量一流工厂的有效载体和突破口，统一于公司党组赋予一流工厂的战略定位。

一流工厂的事业靠强制执行是无法实现的，必须依靠全员的主动，依靠一个个强有力的团队。制造中心提出的"扛红旗"发展思路，唤醒了员工干事创业、奋勇争先的热情，"扛红旗"精神深入人心，形成了"扛红旗、争第一"的工作氛围。

（三）价值观测评及文化类型分析

1. 价值观测评

根据分值，企业价值观的共享度较高，对比发现，员工对现状和未来的把握比较准确。

现状价值观与期望价值观的得分相对较高，且现状与期望重合度很高，说明制造中心文化建设基础良好，已经形成相对稳定的价值观。从现状价值观和期望价值观排名前十比较（见图4）来看，员工对制造中心定位有非常清醒的认识，非常看重基础工作和团队建设。"团队协作""公平"等进入期望前十，与文化类型向团队支持型转变的期望相一致。"勇争第一"现状排名第三，期望排名第十一位（未进前十），说明员工对"扛红旗"精神认同度较高，同时呈现周期性特点。因而下一步如何让"扛红旗"更持久、更科学，值得思考。

现状价值观		VS	期望价值观	
质量	8.34		质量	9.02
安全	8.33		安全	8.95
勇争第一	8.06		诚信	8.86
效益	7.96		品牌	8.85
品牌	7.92		市场	8.78
市场	7.90		效益	8.71
效率	7.89		团队协作	8.69
诚信	7.85		效率	8.68
成本	7.84		公平	8.68
规范	7.84		廉洁自律	8.66

图4　现状价值观与期望价值观排名前十比较

2. 文化类型分析

制造中心整体现状文化类型：现状文化各维度比较均衡，市场绩效导向最为突出，其次为层级规范导向。制造中心整体期望文化类型：期望文化较为理想，各个导向分布相对均衡，略倾向于团队支持导向和层级规范导向文化。现状文化与期望文化基本一致，表明企业已经形成较为稳定的价值观，且员工的认同度较高。

今后的文化需要在现有基础上，向团队支持和灵活变革导向倾斜，这与"扛红旗"奋斗精神体现出的团队型文化相符合。同时，类型变化更多的是一种平移而非转变，这意味着员工对团队支持导向期待的同时，也没有放弃对其他导向的坚持。因而员工期待是在现有基础上的改进，而非较大的变革。

（四）诊断结论

基于以上的系统分析总结，明确制造中心的文化建设方向——塑造具有党建特色的制造文化：新时代党建工作在国有企业具有重要地位；党建工作和企业文化有着相同的对象、相同的功能、相同的载体；"扛红旗"的发展思路有力促进了文化融合与创新发展；党建引领是第一优势，党建文化为"一流工厂"战略的实施提供精神力量；制造中心目前的企业文化具有鲜明的制造文化特征。

三、捷盟咨询的整体解决方案

以解决制造中心的需求为方向，基于前期的诊断分析结论，提出了探索适合制造中心的以党建为引领的企业文化建设路径的解决方案，主要包含三个任务：一是要科学构建制造中心的党建特色制造文化理念体系，为制造中心的文化建设确立明确的思想指导系统；二是要具体规划制造中心的文化深植路径，确保制造中心文化建设的有序、深入推进；三是要全面打造特色突出的文化环境，营造制造中心浓厚的文化建设氛围。

（一）构建文化体系

在明确制造中心文化建设方向和重点的基础上，通过多因素分析，明确文化定位，搭建体系框架，构建黄金叶生产制造中心"扛红旗"党建特色制造文化体系。

体系主要包含"文化定位·旗号、核心价值·旗魂、管理原则·旗章、行为准则·旗语"四大部分内容。在体系具体内容的构建过程中，突出党建思想的引领作用，作为主线贯穿始终。

1. 文化定位：找准价值共鸣点

明确制造中心的文化定位是"扛红旗"文化，是先进制造文化，是对河南中烟公司企业文化的特色践行。制造中心坚持党的领导，加强党的建设，发挥党建的领航力，突出党建价值创造力，将党建文化与制造文化有机融合，形成了"扛红旗"党建特色制造文化。

2. 核心价值：凝聚制造中心发展共识

主要明确制造中心的发展目标、"扛红旗"宗旨、"扛红旗"精神、政治品格和工作理念。

（1）发展目标为"打造生产制造高地，建设一流先进工厂"，主要明确了制造中心要在河南中烟黄金叶品牌发展梦想指引下，发挥党建领航力量，最终将制造中心打造成为生态更美丽、生产更智慧、生活更人本的行业一流烟草制造企业。

（2）"扛红旗"宗旨为"党旗红，企业兴"，描述了制造中心的使命所在，要主动担当新时代国企改革责任，坚持以高质量党建推动企业高质量发展的思想，围绕生产经营的重点和难点，积极探索实践，以党建带业务，以业务促党建，推动党建与生产经营深度融合、相互促进。

（3）"扛红旗"精神为"勇争第一，永扛红旗"，主要强调了制造中心人在发展过程中，要始终勇争第一，就是勇于接受挑战、自觉担当使命；要始终永扛红旗，就是永葆奋斗激情、追求领先卓越。

（4）政治品格为"忠诚担当，创新超越"，从政治责任和发展责任的角度，对制造中心的各级党组织和员工，提出了明确要求。

（5）工作理念为"做好每支烟，做好每件事"，明确了"品牌好，企业好，员工才好"，要坚持"做本岗位专家，一次把事情做对；上下目标一致，共创一流业绩"的思想。

3. 管理原则：明晰"四个工厂"建设路径

主要针对"四个工厂"建设，提出了明确的管理理念，作为思想指导。其中红旗工厂理念为"点燃红色引擎"，强调"红色"是企业的底色、产品的基色、员工的本色；智慧工厂理念为"智造时代好烟"，强调促进生产的智能、致力产品的智造、激发员工的智慧；精益工厂理念为"锻造黄金品质"，强调创品质企业、制品质好烟、做品质员工；创新工厂理念为"成就人本价值"，强调优化企业创新环境、探索产品服务创新、激发全员创新热情。

4. 行为准则：明确各层级关键行为要求

分层分类，对各层级员工的行为提出规范性要求。全体员工行为准则为"尚严、尚实、尚绩、尚精"，全体党员行为准则为"重大局、重示范、重纪律、重和谐"，厂级领导行为准则为"有情怀、有方略、有作为、有品格"，中层干部行为准则为"能当、能同、能创、能成"。

通过黄金叶生产制造中心"扛红旗"党建特色制造文化体系的构建，明确了制造中心党建文化和企业文化融合的思想体系，为制造中心实现以党建文化为引领的企业文化建设，提供了思想基础。

（二）规划文化落地

主要以促进"扛红旗"党建特色制造文化深植为方向，通过系统规划，分阶段、分重点地推进文化落地工作，并在落地过程中，突出各级党组织的作用，实现党建工作与企业文化建设的载体同构。

1. 导入期重宣贯认同

策划"五个一"宣贯活动。一场微视频发布会，制作"扛红旗"文化宣贯视频；一次文化大讨论，开展中高层文化共识营，形成"扛红旗"具体行动计划；一个故事征集活动，开展"讲中心故事、做金叶员工"有奖故事征集活动；一个氛围营造工程，开展厂区环境文化建设，创意设计，规划布局，打造亮点突出的文化景观；一支文化建设骨干队伍的打造，选拔企业文化大使，提升文化宣讲能力。

2. 深化期重特色实践

开展"三个特色"实践。一是企业文化特色宣讲。举办"金叶论坛"主题活动，领导与员工作为宣讲者，以讲促学、以学促行。二是专项文化特色实践，以质量文化、创新文化、安全文化、班组文化、支部品牌等为抓手，创新实践载体。三是特色工作法总结，鼓励各部门各车间，以问题为导向，聚焦制约自身发展的关键问题，提出问题解决的机制、方法，进行总结、交流。

3. 提升期重品牌打造

系统总结专项文化品牌、支部品牌、班组品牌、工匠品牌等经验，形成案例及文化成果，借助外部主流媒体和行业现场会进行推广，提升"扛红旗"文化的影响力。

（三）推进文化传播

在文化传播过程中，通过文化产品的打造、文化活动的开展，凸显其中的党建文化元素，使抽象的理念转化为具体和可感知的事物，促进党员干部、基层员工的文化认同。

1. 打造高传唱度的企业歌曲

制造中心以"扛红旗"精神为主题，创作了歌曲《制造高地红旗扬》，唱出了爱企业、爱品牌的热情与党旗红、企业兴的追求。优美的歌声通过制造中心的广播定时播出，早晨、傍晚，每一个人行走在厂区的员工都沉浸其中，

"扛红旗"的激情油然而生。

2. 设计高辨识度的文化环境

对厂区环境进行整体规划，厂前区，因地制宜，围绕中心广场，打造党建文化园。同时结合党建文化展厅、企业文化长廊、车间文化空间、支部文化园地等进行统一设计，营造昂扬向上的文化氛围。

3. 规范高统一性的 VI 标识

对标识应用的现状进行梳理，针对中国烟草标识与黄金叶标识在组合方式、字体、色彩等方面不规范的问题，出台了 VI 规范应用手册，明确了标识的组合规范，并对在什么场景使用的标识进行了统一规范。通过标识规范的宣讲，让各部门了解目前标识使用中的问题，学会结合应用场景正确使用不同的标识组合，提升企业整体的品牌形象。

4. 整理高践行度的故事集

为促进员工对"扛红旗"文化的理解与践行，公司开展了企业文化故事征集活动，以支部为单位报送优秀故事。故事集挖掘了"四个工厂"建设过程中，敢于担当、勇于争先、敬业奉献、创新创效等方面的典型，体现了个人的成长、团队的活力和企业的魅力。

四、案例项目评估与绩效说明

（一）项目创新点

1. 树立大党建思路，为企业发展提供组织保障

红旗引路是制造中心的底色。大党建思路就是不就党建论党建，而是树立"抓党建就是抓管理"的思想，让党建工作融入中心、进入管理、服务主业、突出实效、虚功实做；企业文化建设过程中，注重发挥党政工团纪五位一体作用，形成了主动负责、齐抓共管的良好态势。

2. 抓住了制造中心的文化特色——制造文化

智慧赋能、精益生产是制造中心的亮色。制造中心立足自身的优势，结合未来发展需要，提出了"打造生产制造高地、建设一流先进工厂"的发展目标，"做好每支烟、做好每件事"的工作理念、"智造时代好烟"的智慧工厂理念、"锻造黄金品质"的精益工厂理念，具有鲜明的制造文化特色，为技术的升级、管理的提升指明了方向。

3. 侧重文化实践和文化氛围营造

在文化建设过程中，侧重文化实践和文化氛围的营造。一方面从文化实践入手，通过"学理念、找问题、改行为、创品牌"，从深入人心、植入行为、

融入管理的角度来践行制造中心文化，形成文化建设自我提升的闭环机制；另一方面从文化氛围切入，打造主线突出、特色鲜明的文化景观，从可视可闻可感的角度来传播党建特色制造文化，实现抽象理念的具象化、生动化。

（二）项目成效

1. 强化了党建引领，提升了管理效能

突出"党旗红、企业兴"这一核心，作为党建和文化融合的关键点，强化"扛红旗"精神引路，强化党建引领，以红旗工厂建设带动精益工厂、智慧工厂、创新工厂建设的思路。借助"一支部一品牌"特色党建、专项文化建设、案例故事征集、企业文化大讨论等项目的推进，凝实了党支部的文化组织力。同时，在责任考核方面，做到党建与文化同考核，党建与业务同考核。制造中心党委荣获"全省先进基层党组织"荣誉称号，党支部标准化规范化试点建设经验入选行业《党支部标准化规范化建设工作30例》，并获得公司管理创新成果特等奖。

2. 激发了员工热情，培养了优秀人才

在"扛红旗"文化的引领下，全方位推动工厂管理上水平，员工"扛红旗"的热情高涨，锻造了一支工匠型人才队伍，涌现出行业"技术能手""精益改善达人""最美物流人"等一批高层次优秀人才。王建忠劳模创新工作室获得"郑州市第四批示范性劳模和工匠人才创新工作室"称号；制造中心两人获"河南省五一劳动奖章"，四人获"郑州市五一劳动奖章"。在行业和公司举办的各类重大技能竞赛中，成绩名列全省前茅。

3. 发挥了党员先锋作用，彰显了国企担当

"扛红旗"党建特色制造文化实践，进一步强化了党员干部的先锋模范作用，凝聚了员工队伍与中心共发展的合力。在抓好生产经营的同时，制造中心全力做好新冠疫情防控、防汛救灾等工作，在大考和"硬仗"中，激励广大党员干部特别是领导干部勇当先锋、主动担当、积极作为，全力以赴做好生产保供，体现国企的责任担当。2022年新冠疫情最严峻的阶段，创造中心启动封闭式生产，广大干部职工勇当志愿者、坚守责任区，冲锋在前、夙夜坚守，凝聚起团结奋进、共克时艰的精神力量。

淮沪煤电田集发电厂企业文化咨询

北京利河知业管理咨询有限公司

北京利河知业管理咨询有限公司（以下简称利河知业）成立于 2010 年 1 月。利河知业以组织软实力咨询为核心提供四大咨询模块服务，分别是：组织文化与战略咨询、组织心理咨询、人力资源咨询和组织形象策划与咨询。利河知业致力于提升组织的员工工作状态、精神面貌、工作氛围、心理资本及文化形象，以优秀的组织人文资本经营带动组织的高质量发展。利河知业的核心成员均是在各自咨询专业领域里具有超过 10 年的实战经验、对理论与实务具有深刻认识的专业顾问。

本案例项目组成员

黄河，2002 年 4 月开始从事管理咨询事业，至今一直专注于企业文化、品牌与领导力等软实力管理领域的咨询，主持过 70 多家企事业单位的管理咨询项目，为上百家企业提供企业文化与组织心理相关培训；熟悉企业文化管理学，组织行为学、组织心理管理、战略管理学、领导力学等；综合管理能力较强，擅长组织文化管理、内部整合管理与变革管理。

其他成员：孙晓伟、于立锋、何志辉

导读

淮沪煤电有限公司田集发电厂（以下简称田集电厂）是中国电力行业首家"煤电一体化"模式的电力企业，由上海电力和淮南矿业合资建设，是首个"皖电东送"项目。

2022年5月，因企业战略变革，利河知业受邀为田集电厂进行一轮文化的升级和优化，推动安全文化和企业文化的落地建设。2022年受新冠疫情影响，项目过程多以线上辅导为主，但文化升级和优化的落点在员工行为方面，即从MI（理念识别）体系向BI（行为识别）体系进行发展，让员工不仅了解企业文化，更知道如何去行动。核心成果为《安全伙伴文化行为准则》《实新之道行为规范》。同时为田集电厂提供了企业文化墙、安全文化符号、线上文化展示等立体覆盖的VI（视觉识别）设计。

2022年年底，由于前两期咨询服务的质量深受客户认可，目前正在设计2023年的咨询服务方案，按照咨询方建议及客户需要，2023年将以"以安全文化与企业文化到班组"为课题，以班组为阵地，深入制度和流程管理，去打造一个新的"田集文化管理模式"。

本咨询项目是企业文化咨询的一种发展，严格地说不是一个项目而是逐步深化的项目系列，融合了项目咨询和过程咨询两种方式，做得细、实且慢，既提升了咨询公司方法论的落地品质，也让客户真正通过自己的努力去创造获得感。另外，从子文化入手带动整体文化的发展，也是一种比较少见的做法，它以一种需要立竿见影效果的压力促进了整个项目的发展，弱化了文化落地的阻碍。

淮沪煤电田集发电厂企业文化咨询

北京利河知业管理咨询有限公司　黄河

一、案例背景

淮沪煤电有限公司田集发电厂由国家电力投资集团有限公司上海电力股份有限公司和淮南矿业（集团）有限责任公司双方均股投资建设，采用"煤电一体化"模式经营，是"皖电东送"的首选项目，4 台机组所发电量全部通过淮南至上海 1000 千伏特高压交流输电线路送往华东地区。规划容量 4×600 兆瓦燃煤机组并预留扩建场地，配套建设一对设计年产 600 万吨的丁集煤矿。

田集一期建设容量 2×630 兆瓦国产超临界燃煤发电机组，1 号、2 号机组分别于 2007 年 7 月 26 日和 10 月 15 日投产。自投产以来，先后荣膺了中国建设工程质量最高荣誉奖——"鲁班奖""改革开放 35 周年百项经典暨精品工程"奖。在全国火电 600 兆瓦级机组能效对标及竞赛中，田集电厂 1 号、2 号机组连续多年荣获一等奖、二等奖。现运行供电煤耗在 296 克 / 千瓦时左右，达到国产超临界机组煤耗先进水平。

田集二期建设容量 2×700 兆瓦国产超超临界燃煤发电机组，3 号、4 号机组分别于 2013 年 12 月 22 日和 2014 年 4 月 28 日投产。二期工程采用先进的 27 兆帕 /600 摄氏度 /620 摄氏度的装机方案，是当期国内乃至世界首次采用再热蒸汽温度达到 623 摄氏度的 60 万千瓦级超超临界 π 型燃煤锅炉。先后获得了工程建设质量最高荣誉——国家优质工程金质奖；工程被评为"2014—2015 年度国家优质投资项目"；3 号、4 号机组连续多年蝉联全国火电 600 兆瓦级超超临界机组能效对标竞赛一等奖、AAAAA 级。2015 年，3 号、4 号机组包揽了一等奖的第 1 名和第 2 名。2018 年，首次 4 台机组全部参赛，并全部获奖。"620 摄氏度再热汽温发电技术研究及工程项目应用"分别获得 2014 年度"中国电力创新奖""中国电力科学技术进步二等奖"。

2017 年，田集电厂 4 台机组在实现达标排放的基础上，实现超低排放，且改造后各项环保排放指标均优于国家燃机排放标准。田集电厂利用扩建场地

建设5.9兆瓦农光互补分布式光伏项目，5月23日首次并网发电，6月1日整体投产发电。

目前，田集电厂总装机容量达266万千瓦，加之风电、光伏，其以绿色驱动，切实贯彻"创新、协调、绿色、开放、共享"的发展理念，对促进地区经济共同发展做出了突出贡献，也开创了煤电建设的新局面。

2021年4月田集电厂面临安全管理升"四钻"评比的挑战，这也是电力行业在安全管理方面比较高标准的评比，其中有一类测评为"安全文化体系"建设，以此为契机，利河知业受邀为田集电厂设计并推行以安全文化体系建设为引领，推动全厂企业文化建设的咨询服务，并逐步拉开企业文化系列咨询的序幕。

二、企业文化与安全文化诊断分析

企业诊断以重点人群的定性访谈和全覆盖的问卷调研为主，除使用安全管理和企业文化评估专业工具之外，也遵照《国家电力投资集团有限公司安全健康环境管理体系建设指南（通用篇）》（2021年1月发）、《国家能源局关于印发〈电力安全文化建设指导意见〉的通知》（国能发安全〔2020〕36号）等相关文件的指示精神对企业进行对标测评，并落实集团安全理念：任何风险都可以控制，任何违章都可以预防，任何事故都可以避免。

（一）企业文化与安全文化诊断框架

1. 企业文化与安全文化的关系

利河知业认为企业文化体系主要解决三个层次的命题。第一层次是使命、愿景、核心价值观、企业精神四大命题，这是企业文化面对的终极问题。第二层次是在四个命题指引下，企业需要明晰对外的经营体系（经营理念、发展理念、服务理念、产品理念、销售理念等），这方面解答了企业如何与外部发生联系的理念和原则；同时，企业需要明确对内管理的管理体系（管理理念、安全理念、人才理念、质量理念、廉洁理念等）。第三层次是对外形成的企业形象，这一层次基本属于与外部品牌管理相互衔接的范畴。

2. 企业文化中理念与行为的关系

企业文化中有关行为描述均源于企业文化理念，均是企业文化理念的场景化外在表现，并且在执行中应体现二者的一致性和必备性。其中，一致性，即与企业文化理念及关键行为准则一脉相承，两者不能各说各话；必备性，即大多为企业要求员工应当共同遵守的基础且必要的内容。

3. 企业文化宣贯推进的试点模型

利河知业认为企业文化实施的主体是由组织、部门和岗位构成的，而组织、部门和岗位并行实施企业文化相关措施的本质在于三者举措的协调一致和观点行为上达成共识，促进同心同向同频共振，减少无效消耗。三者在单向行进不可逆的时间轴上被区分为现状和期望两种状态，并在三者推进过程中会呈现略有差异的波动振幅，而企业文化管理的核心工作就是发觉正向因素予以及时放大和激励，预防和控制负向因素的波及范围，并最终消弭现状与期望的差距，从而推动企业的持续成长。

（二）安全文化诊断

1. 定量问卷示例

定量问卷分析如图1所示。

贵司已经建立起系统、明确的安全生产操作规程,且我的同事都能够按照相关安全规程进行操作

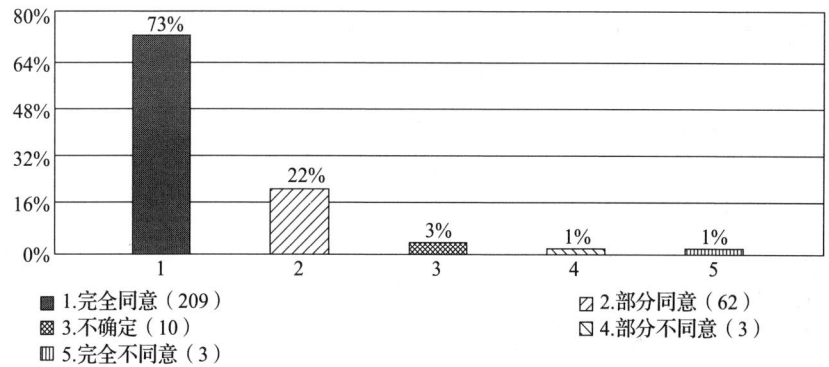

图1　定量问卷分析

2. 安全文化诊断结论

对照安全管理"四钻"评比标准，田集电厂还有很大的提升空间：一是田集电厂有着扎实的安全管理工作基础，希望百尺竿头，更进一步；二是通过安全文化体系的建立，在安全管理上能与国际、国内先进的安全管理理念、管理体系相结合，在国内发电企业安全管理上起到引领、示范作用。

虽然我们在安全生产管理上有足够的投入，但部分员工认为还不够充足。通过访谈我们得出：一是田集电厂没有形成有自己特色的安全文化；二是宣传贯彻的不全面，员工没有在理念、意识上与自己的安全工作行为建立全面对接。田集电厂有着很好的安全物质文化、安全管理文化，安全行为文化，但安全理念文化亟须总结、提炼、升华。

（三）企业文化诊断

1. 定量问卷示例

（1）调研诊断方法。

主要为访谈调研和问卷调研，这属于定性和定量分析，对于两条脉络的

信息最终还要通过专家检视和项目小组研讨来进行更深入的分析与诊断。

（2）信息调研流程。

信息调研→资料总结→系统分析→总结假设→验证成果。

（3）文化发展脉络及历史积淀的文化。

①创新文化：煤电联营的模式创新；从零起步干事业的情怀；注重师带徒的学习成长；生产技术一线人员考试通过即可调整薪酬。

②务实文化：没有安全什么都没用；员工不让领导操心自己的工作，不应付；领导尊重专业，让专业的人干专业的事；结合自身条件定政策，不搞花架子；有问题只说自己的，不对其他专业指手画脚；立足长远，调配使用人才；将废旧材料改装成教学设备；规范操作。

③融合文化：传承行业及股东方传统、不拘一格引入外部人才、不同人群经验技术的融合、不同部门和专业配合度高；不怕急难险重，共同攻坚克难。

④卓越文化：干工作要超出领导和上级期望，绝不应付；各种竞赛获奖；90后员工的技术比其他厂干了20多年的老师傅都强。

（4）访谈中比较聚焦的管理问题。

从战略、组织、制度、流程、文化等管理模块切入，探讨访谈中集中度比较高的信息，并进行归纳。如企业文化方面：优势反馈——一方面，沿袭了上海电力文化，并在此基础上强调了融合这一文化基因；另一方面，企业文化宣贯和视觉传播方面具有较好的基础。不足反馈——一方面，需要梳理能够传承历史、应对未来发展、富有田集特色的企业文化管理体系；另一方面，能干、会干的多，总结沉淀的少，外界能感知的更少。

（5）问题背后的问题。

在本次调研中，咨询方能感受到田集电厂员工对于田集煤电联营模式的尊崇、对田集股东方友好默契的认可、对田集电厂人性化管理的认同、对田集电厂发自内心的热爱，对自身生产运行技术的自信、对田集电厂在火力发电行业地位的自信、对田集电厂未来发展的高度关切和些许焦虑。这些实际上源自组织文化深处的一种"自信"，虽然这种自信遇到火电地位下降、向市场客户要电量的挑战，与此同时也发挥了一些消极作用，产生了"问题背后的问题"——突破力不足，受专业和格局限制，继续选择做专业的事情，而非符合趋势的事情，具体表现在：过于期待"上三期"，从而忽略了其他的可能方案，比如大举进入新能源等，在思维上进入了火电行业的内卷之中。这种问题背后的问题会影响我们对问题的认识与判断，它表现为一种我们依然很棒的心态，遇到外部环境变化就会选择习惯性回归到自己擅长的领域或专业，而非大踏步地开拓新格局、干出新局面、取得新进展、立下新功业。导入或弘扬一种积极的、富有新生力量的企业文化，既能够帮助员工去重新审视自我与不足，又能找到更好的解决之道，让员工在自强中建立真正的自信。

（6）敬业度得分。

①总体结论：田集电厂敬业度专项测试数据是优秀的，这与访谈反馈及前述定量问卷反馈的信息是一致的，这充分说明田集电厂拥有一支爱岗敬业的职工队伍。

②大本营（No.1～2）：说明田集电厂对岗位职责具有清晰的界定，并对岗位的资源配置较好；同时，说明被调研员工对田集电厂的岗位要求及资源支持拥有高的认同度。

③一号营地（No.3～6）：No.3"有机会做擅长的事"得分说明被调研员工与自身岗位匹配较好；No.4"工作出色受表扬"得分一方面说明被调研直接上级受到传统文化的影响，不善表扬或不善言辞，另一方面也说明田集电厂工作标准规则不太精准；No.5"领导或同事关心我"得分说明被调研员工的上下级关系或同事关系较好，说明田集电厂氛围良好；No.6"有人鼓励我发展"得分说明田集电厂氛围很上进。

④二号营地（No.7～10）：No.7"我的意见受重视"得分说明田集电厂非常重视员工需求，访谈调研中有员工反映"只要员工提的建议合理，就会迅速接纳并解决"；No.8"使命目标对我很重要"得分说明田集电厂战略定位和使命目标较为清晰，且员工认知度和认同度较高；No.9"同事们致力于高质量工作"得分较高，说明被调研员工对同事的工作的高度认可；No.10"有最要好的朋友"得分说明田集电厂员工关系较好。

⑤三号营地（No.11～12）：No.11"谈及进步"得分与No.4"受表扬"分值相近，这与传统文化的保守相关，一方面反映了田集电厂在绩效管理工作中绩效沟通环节中有可以改善的空间，另一方面也说明了田集电厂的非正式沟通有改善的空间；No.12"有机会学习和成长"得分说明被调研员工对田集电厂的培训工作的认可。

（7）现状与期望文化倾向（见图2）。

①现状：田集电厂是一个关注外部环境、注重灵活变通的企业，具体呈现了较强的灵活变革（创新）文化导向，同时，注重层级规范导向和团队支持导向文化，可以说以灵活变革（创新）为主要文化已成为目前全厂的普遍共识。

②期望：田集电厂未来的文化需求是关注内部环境、注重灵活变通的企业，具体呈现出期望倡导灵活变革（创新）文化与团队支持导向文化并重。

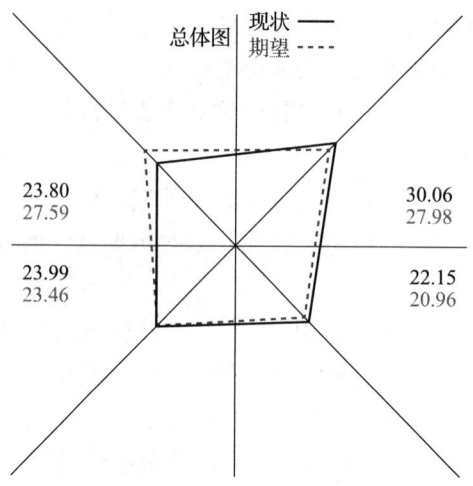

图2 现状与期望文化倾向

综上所述，灵活变革（创新）是田集电厂文化不变的主题，团队支持文化则是员工一致的心声，但组织持续运行的基础必然是层级规范导向；同时，并不说明田集电厂不关注市场和业绩的实现，恰恰相反，关注外部环境更是我们的传统优势所在。这里隐藏了一个关键的挑战：田集电厂能否将在生产运行积累的创新模式和创新能力复制到市场、客户层面，从而从根本上满足市场、客户及上级单位的要求。

（8）三圆锁定核心价值观倾向（见图3）。

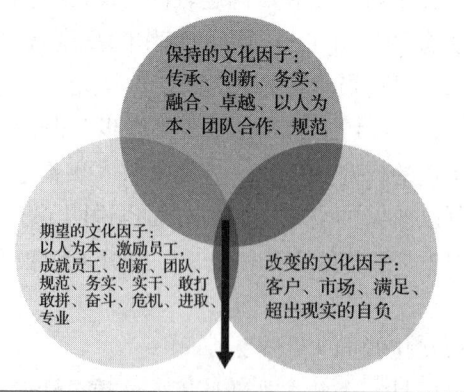

图3 三圆锁定核心价值观倾向

2.企业文化结论

（1）关于企业文化建设。

这次为企业文化与安全文化咨询服务对于田集电厂而言，实质上并不是一个单纯地总结提炼安全文化的项目，而是企业发展转型期的一次自我辨识和系统变革，旨在帮助田集电厂通过科学的文化管理手段及发自内心地关爱，赋予大家目标和希望，赋能员工，点燃组织内创新和变革的火种，激发豪情壮志，去创造辉煌未来。因此，除了清晰新文化的倡导之外，以下工作也是非常重要的。

①建立队伍：在文化落地过程中，建立并培训一批田集电厂的文化队伍，作为文化落地的种子，将在后期文化宣贯和文化活动中发挥价值。

②环境塑造：在厂区内推动环境美化建设，并鼓励员工参与，通过仪式感的活动，逐步传播新的文化价值主张。

③文化宣贯：跨部门文化活动及规范化的文化宣贯是必要的，这种活动的组队必须打破各种壁垒，促进大家交流，让不同年龄、不同身份、不同专业、不同背景的员工感受田集电厂的文化真相。

④持续机制：通过宣传机制持续发布田集电厂转型新进展、新成果，为员工鼓劲打气，不断增强员工自信心、归属感和自豪感，让集团和社会外部看到田集电厂转型发展的新成果，获得集团和外部的新评价。

（2）田集电厂组织管理的建议。

田集电厂正处于从聚焦火力发电到火力与新能源并行、上三期、面向市场发展的转型期，这时做企业文化建设，不仅是对过往的智慧经验总结，更是对未来的思考。本项目希望给田集电厂带来一次"沉静沉淀"的思考。

①重塑战略持续向上公关：根据产业价值链条，依据田集电厂现有核心竞争能力及可重点塑造的能力项目，探讨可能性和可行性，持续公关上级单位及集团，争取新的战略定位和政策、资源支持，让田集电厂从"国内一流、国际领先"的火力发电品牌向新品牌过渡。

②全员分享发展战略上下同欲：定期组织由高层、部门管理层和一线员工参与的战略分享会，针对战略定位、战略目标、发展举措进行讨论和分享，这有助于提升员工的站位意识和大局意识。

③"面向客户、面向市场、面向竞争、面向效益"的思维养成集训：田集电厂核心员工基本都有电力企业从业经验，对电力市场有所了解，但是如何面向客户要订单、面向市场赢得竞争，如何使用市场手段获得规模化效益，是我们全体员工思考的问题，甚至需要学习市场充分竞争行业的先进经验，用跨界的方式寻

求外向型发展，并从中找到田集电厂面向客户、面向市场的突破点和解决方案。

④人力资源变革：在企业缺失法人资质、管理人员晋升遇到天花板效应、企业转型发展的当下，应该基于田集电厂发展战略实施人力资源规划，从年龄结构、学历结构、能力结构、晋级晋升规则、职业发展途径等方面进行全面盘点，制定与集团赋予定位、与战略匹配的人力资源发展规划及激励机制，为员工成长提供空间和机会。

三、解决方案的设计框架

（一）安全文化体系

1. 安全文化体系的结构和层次

安全理念文化遵从于公司的战略目标与企业文化，是安全文化的核心；安全理念文化是建立员工安全行文化的基础，继而规范组织与员工的行为；安全行为文化是制定安全管理文化的出发点，安全管理文化是对安全行为的法理性规范，有制度的刚性；安全管理文化也决定了安全物质文化的范围与边界，安全物质文化是对安全管理文化、安全行为文化、安全理念文化的物质化保证。

2. 安全文化体系内容（节选）

（1）安全文化主旨（见图4）。

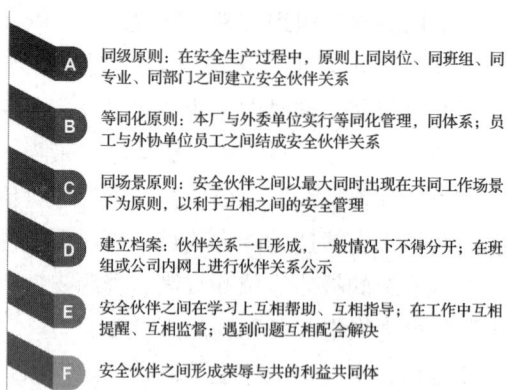

图4　安全文化主旨

（2）安全文化体系核心内容（节选）。

①安全理念（安全哲学/终极目标）：任何风险可以控制，任何违章都可以预防，任何事故都可以避免。

②安全使命：守望相助，且行且远。

安全管理行为的建立与习惯的保持除了靠自身的认知、能力、意志力以外，实际上更多地来自工作伙伴的提醒、帮助、支持与监督。田集电厂的员工来自祖国各地，鉴于特殊的工作地理环境，员工以厂为家，以同事为最紧密的关系伙伴，在安全管理上理应互相结为安全伙伴，在工作上、生活上（厂区）互相指导、互相支持、互相监督，互保安全，只有这样才能共同成长、共同前进，建成百年田集。

③安全愿景：安全管理永远在路上。

安全管理工作对企业来说永远是一个不过时的命题。生产工艺的提高，管理手段的进步，管理理念的提升，会不断地给安全管理工作带来新的挑战，我们要时刻绷紧安全的神经，安全管理只有起点，没有终点。

④安全核心价值观：安全铸友情 安全寄亲情。

田集电厂是一个整体，员工以安全生产为荣，视发生事故为耻。员工之间互相结合成为安全伙伴，伙伴之间一荣俱荣、一损俱损，安全的结果就是最大的友情，友情就像被熔炉锻造过一般，经过不断安全生产前行，越来越牢固；工作的最直接成果就是给家人带来幸福，而幸福来自我们自身的安全、健康，安全的工作就是最大的亲情寄托。

⑤安全管理方针。

安全管理"三支柱"：田集电厂根据自身生产模式，建立起从最高管理层到基层班组的安全管理"三支柱"模式。"三支柱"为：安委会、安全管理部和安全指导员。"三支柱"在安全管理上互相配合、支持，形成从企业高层、中层、基层的安全管理全方位覆盖。设置班组安全指导员，提升了其岗位的地位与权限，可以最大限度地对一线的安全生产活动进行掌控。

建立安全伙伴：在一线生产单位建立安全伙伴。建立原则与要求如下。

同级原则：在一线生产班组，原则上以同岗位、同班组、同机组的员工之间，如操作岗位与操作岗位，班长与班长之间建立安全伙伴。

等同化原则：特别鼓励员工与外协单位员工之间结成安全伙伴关系。

同场景原则：安全伙伴之间以最大同时出现在共同工作场景下为原则，以利于互相之间的安全管理；在班组建立安全伙伴档案，伙伴关系一旦形成，一般情况下不得分开。在班组或公司内网上进行伙伴关系公示；安全伙伴之间在学习上互相帮助、互相指导；在工作中互相提醒、互相监督；遇到问题互相配合解决；安全伙伴之间形成一荣俱荣、一损俱损的利益共同体。

⑥安全管理承诺。

安全承诺可作为安全责任书，要求各级安全管理者、作业员工在工作责任明确、上岗之前认真理会、签署并宣誓（员工安全承诺书、班组长安全承诺书、安全管理理论、安全管理心理、安全文化践行活动、安全管理信息化、工余安健环、安全操作行为指引内容省略）。

（二）企业文化

1. 企业文化理念体系

（1）前言：坚实，向新。

（2）使命：皖电东送，成就卓越，绿色发展，共享美好。

（3）愿景：成为"国内领先、国际一流"的卓越电厂。

（4）核心价值观：传承，创新，融合，卓越。

（5）组织精神：一直在奋斗，一直在超越。

（6）经营理念：尊重市场，赢得客户。

（7）管理理念：人本团队，规范高效。

（8）发展理念：居安思危，目标导向。

（9）人才理念：想学想做，敢打敢拼，有为有位。

（10）质量理念：精益求精，创造价值。

（11）环保理念：生态优先，环境友好。

（12）廉洁理念：清白做人，干净做事。

（13）后记：实新，向前。

2. 企业文化行为体系

（1）相信田集，热爱田集。

（2）持续奋斗，致力卓越。

（3）牢记"三个任何"，打造安全伙伴。

（4）力出一孔，优质高效工作。

（5）尊重伙伴，以客户为中心。

（6）创造价值。

（7）按制度流程办事。

（8）协作支持一公里。

（9）像钉钉子一样落实。

（10）终身学习，持续提升自我。

（11）传播正能量。

（12）守住底线。

四、案例项目评估和绩效说明

（一）安全文化咨询

田集电厂安全运行2000多天，在安全文化伙伴关系目视化、理念宣贯等常规文化建设的基础上，升级为用制度的方式确立安全文化合作伙伴关系的正式合法地位，并用书面签字形式确立安全伙伴关系的生效，全厂上下的上百名员工都有明确且唯一的安全伙伴，并且伙伴间进行了安全方面隐患、漏洞的讨论和输出。这一系列措施应用于每个员工的工作、生活、交往等各种场景之中，真正做到了安全就在每个人的身边。安全伙伴文化让田集电厂上下真正做到了"出入相友，守望相助"，在季度安全文化测评当中，全场职工对安全伙伴文化、安全伙伴、安全文化举措及效果给予了极高的认同和支持。

（二）企业文化建设

企业文化的梳理，明晰了田集电厂发展的历史、现状和未来，结合必要的战略分解动作，让田集电厂领导和核心骨干达成了对田集电厂未来发展的共识、聚焦了田集电厂的战略定位和价值输出具体为何物的深度认知，并明确了田集电厂需要倡导的理念和与之匹配的关键行为。通过宣贯和实施三主体层面的一致性比对，全员上下对"实新"之道的认知度、认同度、践行度、传播度都有显著提升，并且与自身工作相结合，主动寻找现状与期望的差距，与田集电厂的目标、部门目标、岗位目标相结合，针对现状制定行之有效的改善措施，通过持续滚动践行，让文化真正与工作融合，让文化持续对田集电厂业务正向发展从而产生势能和效能。

（三）综合评价

安全伙伴关系的确立，让全员心理上有了保障，工作中有了依靠，生活中多了帮手。企业文化体系的确立，让田集电厂进一步明确了初心，确立了战略方向，清晰了行为准则。

本项目不是简单地将原本一个项目切分为四个两年期的项目，而是咨询方和客户一起务实地去思考解决文化咨询中最难的挑战——让文化理念不至于难以落地，让文化观点有的放矢、有效落实。这需要时间，既不能仅仅交方案或者教客户方法，也不能单纯地靠培训去保障过程咨询的质量；而是需要咨询师在客户认可和授权之下，承担起半个内部人的角色，言传身教，渐次过渡。这样才有利于发现真正的内部问题，感受内部阻碍，精准找到抓手，从而实现咨询服务的价值。

厦门兴卓科技有限公司薪酬体系
设计管理咨询项目

金谋士（厦门）管理咨询有限公司

金谋士（厦门）管理咨询有限公司（以下简称金谋士）成立于2016年，注册资金500万元，是一家开展国内外管理咨询的专业服务商，也是福建省人力资源管理协会的理事单位，主营业务包括：企业人力资源管理咨询服务和人力资源管理培训等。金谋士秉承服务好每一个客户的宗旨，坚持落地性的驻场咨询服务方式，帮助企业完成管理变革和蜕变成长，先后为众志达集团、一阳生集团、龙鼎鑫集团、日越股份集团、致学教育集团、元能科技等多家行业区域性龙头企业提供优质服务，帮助客户实现了人力资源管理体系的搭建或质的飞跃，客户好评率高达100%。

本案例项目组成员

项目经理：赖志煌，管理学、哲学双博士研究生（在读）、工商管理硕士学历、CMC国际注册管理咨询师、CCMC认证高级职业经理人、国家人力资源管理师、国家劳动关系协调师、福建省人力资源管理师协会理事、厦门市同安区人社局顾问，在工程项目类和制造类企业的人力资源管理咨询上有较高的知名度。

其他成员：谭鑫、林丽婷

导读

厦门兴卓科技有限公司（以下简称兴卓科技）成立于2014年，注册资金1000万元，是一家专业从事电源开关、DC-DC模块等高性能电源产品设计开发、生产销售、技术支持的国家级高新技术企业。兴卓科技在中小功率电源、数字电源、开关电源、车载电源、电源板及定制开关电源等方面拥有十分丰富的开发经验，可提供理想的供电方案和产品选择。兴卓产品销往世界各地，与诸多知名国内外客户建立了长期战略合作伙伴关系。

兴卓科技近几年业绩飞速发展，团队迅速扩大，但同时也面临着员工团队激励等人力资源管理的问题。咨询团队在承接项目后，深入企业，对股东层、高管层、基层管理、基层员工等不同层级员工进行了充分地面谈调研，同时对公司的人力资源管理体系进行了三年数据的盘点分析。在此基础上，咨询团队使用了海氏评价法对岗位价值进行评估，结合岗位工作分析特点，对岗位进行薪酬结构设计、薪酬激励方案设计、晋升标准设计等。

通过对岗位价值分析，薪酬等级的晋升设计，岗位薪酬激励方案的拉动等多维度的薪酬体系优化，公司员工的离职率迅速下降，有力地支撑了公司的业务发展。同时薪酬激励方案均针对岗位特性进行量体裁衣，极大地激发了员工的工作积极性，因此公司的年度薪酬业绩比也同步得到了优化，最后达到了公司业绩增长和员工个人薪酬增收的双赢效果。

厦门兴卓科技有限公司薪酬体系设计管理咨询项目

金谋士（厦门）管理咨询有限公司　赖志煌

一、案例背景描述

（一）案例企业介绍

兴卓科技成立于 2014 年，注册资金 1000 万元，企业面积达 5000 平方米，是一家专业从事电源开关、DC-DC 模块等高性能电源产品设计开发、生产销售、技术支持的高新技术企业。公司在中小功率电源、数字电源、开关电源、车载电源、电源板及定制开关电源等方面拥有十分丰富的开发经验，可提供理想的供电方案和产品选择。兴卓产品销往世界各地，与诸多知名国内外客户建立了长期战略合作伙伴关系。兴卓科技实施 ISO9001 质量管理体系，以安全、可靠、高效、可持续的方式管理生产。公司技术实力雄厚，研发团队中拥有多位长期从事电源设计与开发的资深工程师，充分保证了公司产品的设计质量。产品设计符合 CQC（中国质量认证中心）、CCC（中国强制认证）、FCC（美国联邦通讯委员会）、VDE（德国电子协会）、SAA（澳大利亚国际标准公司）等安规认证标准，可广泛适用于电动工具、工业医疗、家用电器、健身按摩器材、资讯 / 通信类设备、手机充电器、机顶盒等领域，赢得了业界同行与客户的高度认可。

兴卓科技研发团队为开发全套全流程电源电子产品解决方案提供了强有力的科技支撑。截至 2020 年 8 月，研发团队已经拥有 12 项专利认证，成熟稳定产品达几十款，能够为客户提供多种电源产品解决方案。所研发的电源电子产品得到了广大客户的高度赞赏及认可，强大的研发实力使公司先后被认定为福建省科技小巨人领军企业、福建省厦门高新技术企业、厦门高新技术发展协会会员单位。

（二）管理咨询需求和服务范围

公司人力资源基本情况调研和盘点；优化公司组织架构和部门职责；设计并推动薪酬管理体系落地，包括：薪酬结构、薪酬激励机制、晋升和降级机制、员工福利体系；设计公司配套的薪酬管理相关的制度和表单。

（三）管理咨询目标

（1）建立科学合理的岗位绩效结构工资体系。结合公司薪酬体系规划目标，调整工资结构，建立多种维度的岗位柔性工资体系。以经济手段保目标、促经济、提效益。

（2）建立科学有效的绩效考核办法。制定科学、细化、量化的绩效考核办法，实现全员工资与公司经济指标、经济效益、个人业绩挂钩考核，通过考核挂钩，使员工收入能增能减，发挥薪酬激励作用。

（3）实施岗位绩效奖励工资，构建安全和效益的压力与责任传导机制，以达到安全风险全员共担、经济效益全员共享的目的。

二、诊断分析

（一）人力资源基本情况调研

根据现场人员访谈法和资料文献分析法对公司人力资源进行现状描述与分析，主要包括人员构成状况分析〔包括教育水平、服务年资、员工年龄结构、直接人员（项目部）与间接人员（其他部门）等〕，人员变动状况分析（新员工离职情况，老员工离职情况等）。

（二）人力资源问题情况诊断

1. 问题汇总分析

通过对项目企业的访谈、问卷、查阅资料等调研，我们看到公司存在以下现状和问题。

（1）员工缺乏价值贡献观念，按资历取酬的思想根深蒂固，管理层中老好人主义盛行。按绩取酬，按能取酬的思想没有在公司员工的薪酬观念上占主导地位。

（2）没有系统的绩效管理制度。薪酬体系的非市场化导致集团在不同行业的子公司之间没有明确的差异化业绩衡量标准，公司总体薪酬水平的确定无明确依据，导致员工士气不振，关键人才稳定性不强，而低效员工沉淀。

（3）薪酬级别设置一直沿用行政管理级别，不是按照岗位在企业当中的相对重要性设置的，没有与岗位的工作业绩相联系，导致了岗位差异的弱化，关键岗位的重要性得不到突出，出现同工不同酬和同酬不同工的现象，引起内部不公平现象的发生。

（4）公司薪酬政策的实施没有实现市场化，各级人员的薪酬收入与行政管理级别相联系，而不是与具体的工作岗位和对企业贡献的大小与重要性相联系；资历而不是能力成为衡量人才的重要标准，导致各类人才不能够向企业最需要的岗位流动。同时，薪酬水平与个人的工作业绩体现不出直接的联系。

（5）缺乏有效的激励机制，员工干活没劲，缺乏动力；每次发年终奖金，总是有员工抱怨不公平；公司发了不少奖金和提成，但是员工还是没动力做事。

2. 公司薪酬管理系统存在的问题原因分析及诊断

（1）薪酬战略规划缺失。

企业战略其实就是企业谋略，是对企业整体性、长期性、基本性问题的规划，就是以未来为基点，为适应环境变化、赢得竞争优势和取得经营业绩而做出的事关全局的选择和行动。所要解决的是回答"我们经营什么及如何在经营中获胜"的问题。人力资源战略是对企业战略的一个有效支撑，所要回答的是"人力资源对我们取胜有何作用"的问题。而企业的薪酬战略是公司人力资源战略的分解和细化，薪酬战略的中心是以一系列薪酬选择帮助企业赢得并保持竞争优势，所要回答的是"整体薪酬制度如何帮助我们取胜"的问题。在企业中，制定有切实可行的企业战略的公司很少，拥有符合企业战略和企业现状的人力资源战略、薪酬战略的更是凤毛麟角。领先、跟随、滞后的薪酬战略，分别适应于企业的不同阶段和不同类型，公司的管理层不知道如何在企业发展的不同阶段运用不同的薪酬战略。

（2）全面薪酬管理的理念缺乏。

薪酬理念明确了企业在薪酬管理方面所倡导的价值导向，是薪酬体系的灵魂。它指明了公司到底为什么样的行为和什么样的业绩进行付酬。在大多数民营企业中，不知道应该对何种价值付酬，薪酬理念缺乏。通常的做法是按照行政级别、学历和在企业的工作年限来进行价值分配，而对职位所承担的责任和风险、员工的技能水平、员工的能力等产生绩效的真正关键因素，没有引起应有的重视。

（3）缺乏合理的薪酬体系。

企业没有一套合理的薪酬体系的原因有很多，但是最重要的原因，也是案例企业中出现的，有两个。第一个是企业意识方面的原因，对企业需要一套合理的薪酬体系没有引起足够的重视。第二个原因可能是企业自身能力的不足，企业从事人力资源管理的人员，往往不是专业的人力资源人员，专业能力不足，想做也做不了。没有这样一套合理的薪酬体系，结果使得企业人力资源相关的体系不能很好地配合起来，甚至有时形成冲突，因而降低了公司的人力资源管理效果。更加严重的是，员工的薪资标准仅仅由老板根据当时具体情况和凭经验与应聘人员谈判来确定，随意性较大，很难保持前后的一致性，结果导致企业内部员工薪资标准的混乱，导致大部分员工都是谈判工资，薪酬决策的随意性强。

（4）薪酬与绩效管理脱节。

这是公司目前较为突出且亟须解决的问题。主要表现为：首先，绩效薪酬差距过小，反映不出个人的努力程度和贡献大小；其次，奖金更多地反映了等级和年资，浮而不动，使奖金成为形式主义，形成新一轮的平均主义，失去其设立的意义。

（5）绩效和奖金的考核制度不合理。

公司现行的考核制度基本上属于传统形式的考核。考核内容以德、能、勤、绩等定性指标为主，没有根据考核职位的不同对考核内容进行细分，内容基本上是整齐划一，违背了考核的客观性原则。

三、方案的设计框架

根据对公司的人力资源背景情况诊断和原因分析，我们项目组制定了一套多维度的薪酬管理体系方案。因双方服务合同的保密性约定，对以下部分数据进行了优化和改动。

（一）薪酬管理体系框架

1.方案目的

制定本方案的目的是建立统一的薪酬平台，实现按价值付酬，促进内部公平，起到激励、吸引、留住人才的作用。

2.原则

薪酬作为分配价值形式之一，应遵循公平性、竞争性、激励性、经济性、合法性的原则。

3.薪酬分配依据

分配依据包括：员工的工作量、职务、技术和能力水平、工作条件、工龄、企业负担能力、地区和行业的薪酬水平、劳动力市场的供求状况、生活费用与物价水平。

4.薪酬体系

公司员工薪酬体系分别采取三种不同类别：第一种是与企业年度经营业绩相关的年薪制；第二种是与年度绩效、月度绩效相关的岗位绩效工资制；第三种是与岗位相关的市场工资加绩效制。适用本薪酬体系的人员为公司常设在编员工。临时工、小时工、企业顾问、特聘律师等均不纳入其中。享受年薪制的员工，其工作特征是以年度为周期对经营工作业绩进行评估并发放相应的薪酬。实行岗位绩效工资制的员工目前包括除了助理职系外的所有员工。对于助理职系则采用市场工资加绩效制，其特征是按地区劳动力市场行业指导价格和公司实际情况确定工资加绩效水平，按月支付。特聘人员的薪酬参见工资特区的有关规定。

5.薪酬结构

薪酬结构如表1所示。

表1　薪酬结构表

岗位	基本月薪	岗位补贴	绩效奖金	提成	年终奖金	利润分红
总经理	√	√	√			√
副总经理	√	√	√			√
销售主管	√	√	√	√		√
运营助理	√	√	√	√		
业务员	√	√	√	√		
研发部经理	√	√	√		√	
软件工程师	√	√	√		√	
硬件工程师	√	√	√		√	
……						
财务经理	√	√	√		√	
出纳	√	√	√			

公司所采用岗位价值评估方法为海氏评估法，基本工资与绩效工资分配比例（见表2）。

表2　基本工资与绩效工资分配比例

职务类别	基本工资比例/%	绩效工资比例/%
上山型岗位（销售、市场等岗位）	40	60
平路型岗位（职能管理等岗位）	60	40
下山型岗位（研发技术等岗位）	80	20

6.工资的用途

基本工资作为各种假别工资、社会保险等的计算基数；绩效工资与每月度的考核结果挂钩，作为各种假别工资、年底奖金、外派受训人员工资等的计算基数。

7.岗位工资原则

以岗定薪，薪随岗变，实现薪酬与岗位价值挂钩；以岗位价值为主、能力因素为辅，岗位与能力相结合；参考企业实际的盈利状况确定薪酬水平，实现平稳过渡。

8.岗位工资等级

薪酬宽带：公司分为P1-P12级职务职级序列宽带薪酬。薪酬层级：每个岗位分为五档薪酬，由低至高分别为D档（欠资格）、C档（期望）、B档（合格）、A档（胜任）、S档（超胜任）。

9. 浮动工资

年底奖金与年度考核结果和公司年度经营情况挂钩，是在公司整体经营效益的基础上对员工的一种激励。年底奖金于下年年初支付。特殊奖励设立特殊贡献奖、优秀部门奖。

10. 职位补贴

职位补贴指与工作环境、工作场所、工作要求相关的补贴。员工应按照补贴项目用于相应的用途。

11. 关于兼职人员工资的规定

对一人兼多岗的人员设立兼职工资，按照兼职岗位的工作量时薪等价换算成工资组成部分即可。

（二）岗位绩效工资制

岗位绩效工资制的适用范围包括助理职系外的所有正式在册员工。岗位绩效工资制的工资结构为：岗位绩效工资制年收入＝基本工资＋绩效工资＋浮动工资＋附加工资。绩效工资与员工每月度的工作努力程度、工作结果相关，反映了员工在当前的岗位水平上的绩效产出。绩效工资按月度计算，下一月度初发放。具体计算办法：当月绩效工资＝绩效工资基数 × 对应考核系数得分。综合评定个人等级与考核系数对应如表3所示。

表3　综合评定个人等级与考核系数对应表（月度、年度）

综合评定等级	S卓越	A优秀	B良好	C一般	D合格	E差
个人考核系数	1.2	1.1	1.0	0.8	0.6	0

员工年底奖金主要取决于公司当年度效益、岗位年底奖金基数，管理人员再乘以相应的管理系数。员工年底奖金＝员工年底奖金基数 × 个人考核系数 × 公司效益系数 × 出勤率。

（三）市场工资加绩效制

1. 适用条件

首先，市场化程度高，劳动力价格能够客观、公正、合理地反映工作付出和工作要求状况；其次，劳动力供应充足，且竞争较充分，如果不能胜任本工作，容易替代；最后，人员流动局限性小，企业有权淘汰不能胜任工作的员工，受政策、成本等方面阻碍小。

2. 适用范围

市场工资加绩效制适用于助理职系的后勤服务工人，包括助理、保安、保洁员、普工、前台接待等基础岗位。

3. 收入结构和工资水平

$$收入整体构成 = 岗位工资 + 绩效奖金$$

按地区劳动力市场行业指导价格和公司实际情况确定工资加绩效水平，每月支付岗位工资和绩效奖金。工资水平由人力资源部根据当年度市场调查水平提出建议方案，经薪酬委员会审议批准后实施。

（四）工资特区

1. 工资特区发放范围

企业急需的特殊人才。其中包括：做出较大贡献者、稀缺人才、顾问、特聘人才等。其目的是激励和吸引优秀人才，使企业与外部人才市场接轨，从而提高企业对关键人才的吸引力，以增强公司在市场上的竞争力。

2. 特殊人才协议工资制适用

本行业关键性的高级专业人才和管理人才。如生存源头人才：对企业利润影响极大的人才或依据企业战略规划，目前急需提升的业务短板所对应的阶段性急需人才；关键性岗位人才：企业业务链中关键环节岗位，对未来发展有重要影响的岗位；不可替代性人才：市场总量偏少，行业市场上普遍稀缺的管理或技术人才。

根据企业经营目标和人力资源规划，可根据实际需要提出特殊人才协议工资制的申请，经总经理审批后确定。实行特殊人才协议工资制的岗位以外聘员工为主。实行特区工资的人才需签订《特区工资协议书》，岗位转换应当转换薪酬。特殊情况，经总经理批准，符合条件的内部培养的核心骨干人才可适用特殊人才协议工资制。

3. 薪酬水平的确定

特殊人才的具体薪酬水平，由企业依据薪酬调查的市场价格、个人能力、过去的业绩和经验等经过谈判协商确定。原则上特殊人才的薪酬水平不超过同类岗位薪酬水平的 3～5 倍，特殊情况须经公司薪酬委员会审核批准。

（五）工资调整

1. 年度薪酬回顾调薪

（1）年度薪酬回顾前提：公司年度的经营业绩目标和净利润总额比上一年度增长超过 20% 方可执行薪酬回顾调整。

（2）公司年度薪酬回顾日期为每年 3 月 15 日，在此日期之前，各部门应将年度薪酬回顾材料提交到人力行政部，否则视为放弃本年度的薪酬调整权利。

（3）薪酬回顾调整流程：用人部门主管根据提报材料，制定本部门的薪酬调整方案，经人力行政部审核无误后提交总经理审批，根据总经理审批结果执行调薪。

（4）调薪人员范围。（略）

（5）薪酬回顾调整幅度：调整后的薪酬水平应在公司的职等职级薪酬范围之内。

2. 职务晋升薪酬调整

用人部门提交职务晋升申请（附该岗位入职近一年的工作成果和绩效数据材料）；人力行政部审核材料真实性；总经理审批晋升材料；人力行政部组织晋升述职；根据晋升述职情况，人力行政部颁布人事试岗通知；试岗结束后，颁布正式人事任命通知，调整员工档案资料和薪酬。

3. 试用结束，转正薪酬调整

试用期满后，员工提交转正申请（附加试用期工作成果数据和关键事件行动成果）；用人部门主管审批；人力行政部审核；总经理审批（部门经理以上人员）转正；人力行政部办理转正手续，依据 OFFER 约定调整薪酬。

4. 岗位变动的薪酬调整

调出部门提出申请；调入部门审批；人力行政部审批；总经理审批（部门经理以上人员）调动；人力行政部办理调岗手续，依据新岗位的薪酬标准执行。

5. 岗位兼职调薪

某个岗位临时性承接其他岗位工作时，兼职期间给予临时性调薪，调薪标准单独约定。

（六）其他薪酬管理规定

实行新的工资体系后，若员工的月总收入水平低于原总收入水平，则在其所在薪酬宽带内适当提高岗位工资级别，达到不低于原工资水平的最低的级别。以前的所有特殊薪酬可进行薪酬制度改革，以做到价值回归。

若员工的月总收入水平高于原总收入水平，则依据该员工的历史工作业绩、工作能力、工作态度等，在该员工所在的薪酬宽带的原工资对应工资等级和新的岗位工资等级之间，由其部门负责人建议合适级别，由该部门的直接上级或薪酬委员会最终审核确定。

（1）新入职员工工资等级的确定。新入职员工初入职时，根据面试情况和履历分析，综合个人的学历水平、工作经验、执业资格证书水平、面试表现、入职专业测试等因素确定入职的职级工资。

（2）试用期工资标准。试用期员工工资一般按照转正后薪酬的 80% 标准发放，转正时参考试用期综合绩效进行定薪。

（3）各种休假的支付标准：参照国家法律法规和地方规定执行。

（4）副职代正职的情况，其岗位工资按正职岗位的等级下调一级处理。

（5）对于公司外派培训的员工，原则上按照原薪发放。

（七）岗位价值评估表

根据岗位价值因素评估，对各岗位的评价，如表4所示。

表4　岗位价值评估表

岗位名称	对组织的影响	管理	职责范围	职责范围加分	沟通	任职资格	问题解决	环境条件	总分值
董事长	268	55	150	40	90	165	130	30	928
总经理	244	55	140	40	80	150	110	30	849
业务副总	198	30	120	25	90	135	100	30	728
人事行政副总	175	30	90	10	60	120	100	10	595
……									

（八）各岗位年底奖金及月薪表

根据岗位价值评估的结果，对公司不同类型岗位进行薪酬评估，设计出各层次的职务职级序列宽带薪酬。

四、案例项目评估和绩效说明

（一）企业生产经营方面

通过前期公司人力资源管理基础的优化，兴卓科技公司的薪酬体系做了较大幅度的修正和调整，根据实施前后的数据对比和系统运行一年后的持续跟踪，公司的经营指标情况良好，效果非常显著。

1. 薪酬体系实施前后员工稳定性情况对比分析

薪酬体系改革前，公司的平均年度离职率都高达 50%～60%，薪酬体系改革完成后，年度离职率有了大幅度的下降，数据对比，如表5所示。

表5　薪酬体系实施前后离职率对比分析

	2019 年	2020 年	2021 年	2022 年
离职率 /%	63.5	67.7	54.6	25.2

2. 薪酬体系实施前后人均产值对比分析

薪酬体系改革前，公司的人均产值在 70 万～80 万元 / 人，但改革完成后，人均产值突破了 100 万元／人，达到了历史最高点，如表 6 所示。

表 6 历年人均产值分析表

年度	2019 年	2020 年	2021 年	2022 年
人均产值（万元／人）	77	75	87	103

（二）综合效益提高的指标性与综合评价

通过有效组织职位评估体系、绩效考核体系、薪酬体系（薪酬结构设计、薪酬激励机制设计、薪酬管理制度设计等）的健全与实施，充分完善了兴卓公司的人力资源体系，稳定了人才队伍，提高了员工的工作积极性，大幅度提升了企业的人均效益，强有力地支撑了企业的业绩成长。

江苏鸿泽不锈钢公司薪酬体系优化设计咨询

南京尚德企业管理有限公司

南京尚德企业管理有限公司（以下简称尚德管理）成立于 2011 年，由 8 名实践经验极为丰富的企业高级职业经理人发起成立，专业从事管理咨询和培训。尚德管理以"致力于成为企业管理贴心伙伴"为宗旨，旨在成为制造业精益生产与智能制造助推者。公司成立 10 多年来，为很多行业的近 200 家客户提供过各类咨询服务。

尚德管理奉行"咨询就是解决问题，客户的成功才是我们的成功"之理念，倡导"专业、专心、专注"的企业精神，把为客户提供最大化的价值作为自己的工作目标。

本案例项目组成员

包红刚，早期服务于央企，从事生产运营管理 10 多年；中期从事企业人资管理、投资管理、综合管理，曾担任国内民企百强企业的 CHO、产业总经理等，担任过多项收购业务项目负责人；近期从事企业管理咨询，主要方向为产业战略及集团管控、企业治理及商业模式、组织流程及薪酬绩效、精益运营管理、信息化及智能化管理等。

其他成员：陈钧、丁艳

导读

  中小企业普遍存在的问题有四个：一是任务布置系统混乱；二是薪酬普遍以谈判工资为准；三是没有内部的晋升晋职系统；四是业绩评价全靠感觉。针对这些通病，尚德管理创造性地提出了"三维薪酬模型"的概念，并在实践中加以运用。江苏鸿泽不锈钢丝绳有限公司（以下简称鸿泽不锈钢）正是本理论运用的典范，通过任务机制的明确，把薪酬与任务（含对任务的评估）挂钩，并把绩效与增值分享（EVA）进行挂钩，体现出薪酬公平性与动态化，也体现了绩效的激励作用。

江苏鸿泽不锈钢公司薪酬体系优化设计咨询

南京尚德企业管理有限公司　包红刚

一、案例背景

鸿泽不锈钢成立于1994年，位于江苏戴南镇——不锈钢材料产业集群区，公司当下拥有两个厂区，占地面积两万多平方米，厂房面积14500平方米，拥有员工160多人，2021年度销售额18000多万元；产品出口到欧美等60多个国家与地区。

经过多年的创业，鸿泽不锈钢已成为国内不锈钢丝绳专业生产商，主要生产渔业捕捞、电力、家居、医疗、建筑、矿山等不锈钢丝绳等产品，目前产品85%销往全球60多个国家与地区，与世界各不锈钢丝绳经销商和用户建立了紧密的合作关系。在戴南镇不锈钢产业聚集区内，公司在不锈钢丝绳产业领域排名前三。

企业的发展不会总是一帆风顺，多年的发展中，因为公司经营层更关注于业务的发展，而忽略了企业内部运营管理的同步提升，近年营业规模渐渐处于停滞状态。究其原因，是内部的生产产能发挥不如意，设计产能1500吨/月，但实际产能每月仅有800吨左右，引起了订单交付率的下降，吨平成本的上升，吨平能耗的上升，吨平材料占用的上升；这些因素也影响到了业务线，导致了一些客户的抱怨。如果不能及时处理这些抱怨，鸿泽不锈钢未来可能会出现问题。

经营层意识到这种情况，决定寻找咨询机构合作，来提升企业内部的运营管理水平。正是在这一前提下，经过前期的多次沟通，2021年10月，尚德管理达成了与鸿泽不锈钢的咨询合作。

二、三维薪酬模型介绍及客户诊断解析

针对客户的内部运营管理的现状，项目组决定采用尚德管理自行研发的三维薪酬模型作为本次咨询服务的方法论，来解决鸿泽不锈钢当下遇到的问题。

（一）三维薪酬模型介绍

尚德管理中小企业的三维薪酬模型如图1所示。

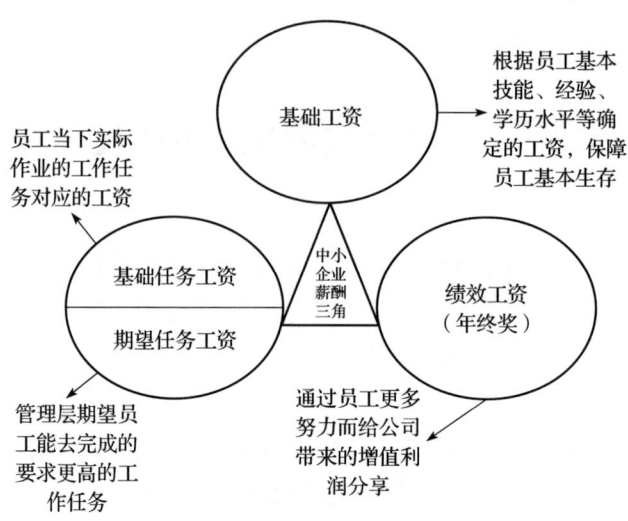

图1 尚德管理中小微企业三维薪酬模型

1.基础工资

基础工资跟个人岗位、技能、知识水平、工作经验、学历等关联，还可把司龄工资包含在里面。从某种程度上看，基础工资也可以设定为基本工资。基础工资对应岗位的基础要求及个人与岗位的匹配度。

在中小型制造业企业，将基础工资分成3～5级来使用。同时，根据公司当下的工资现状，根据个人的业绩表现等，每一级细分为三档或五档，用于员工个人的成长及涨薪的基准。

在实操中，建议企业设立的基础工资部分，占员工工资总额的40%～80%，不同的管理层级，比例不相同；因为更高的层级，意味着更大的责任，基础工资比例就越低，他们更需要业绩贡献来获得更多的工资收入。

而新员工入职的时候可以从最低档开始，这取决于对员工入职时的技能评估——中小企业因为HR体系的不完善，仍然会采用谈判工资，但可以按薪酬标准体系来进行谈判。同时，在试用期也可以完成对新入职员工的评价，再决定后续是否需要调整。

2.任务工资

任务工资就是员工以完成日常工作任务及任务完成情况来获取的劳动收入。前面的基础工资代表了基础能力带来的工资收入，而任务工资则是基础能力体现在工作任务中，完成了这些工作任务而获得的劳动收入。但这里面临的最大问题是，一般的中小型企业任务标准的要求会相对模糊，所以在实操中，有必要来澄清各类任务，一般来说，可以把任务分成两大类。

第一类任务叫基础任务，也就是比较固定的工作任务，企业都会固定成某员工的职责，同时，也是目前员工日常正在去做的工作任务。当然，这类任务中，个别任务因为管理层的原因，会布置给不同的岗位，这个时候，需要把这些任务明确到具体对应的岗位上去。所以，基础任务也可以在实操中进行再次分类。

第二类任务叫期望任务，也就是最高管理层总是感觉下属员工不能达到期望的工作任务，一方面没有标准，另一方面或者是员工能力不足，或者因为总是临时性布置而准备不足，最终任务结果达不到管理者的要求；或者索性就是管理者期望员工能达到的更高高度的任务。

对应这两类任务，把任务工资也分成了两个部分。

第一部分叫基础任务工资。也就是当下员工的日常工作任务及完成的标准作为标准。这项工资，基本上可以当成固定的工资标准，只要员工完成当下的日常所做的工作任务，这部分基础任务工资就会拿齐，当然这部分任务因为重新制定了标准，考核也很容易。

在实操中，建议一般占员工工资总额的20%～30%的比例，职位越高，比例越低。所以，从这样的薪酬设计可以看出，最基层的员工的工资，是由基础工资＋基础任务工资组成，而基础任务因为制定了标准，明确了任务本身，即使对任务进行考核也比较容易，同时员工也知道要做什么，也能很好地接受这样的薪酬设计。

第二部分叫期望任务工资，也就是最高管理者期望员工能做到的，但当下的员工普遍没有去做，或者达不到期望高度的任务。这部分工资，一般设计时考虑占员工工资总额的20%左右。在实操中，建议明确这些期望，并标明每项期望做到后获得的工资收益。同时，每一项做到后就成了常规任务，每年在进行薪酬调整的时候，就会重新划定，纳入基础任务工资里，最终达到逐步提高企业管理水平的目的。

这样一来，对于普通员工来说，想涨工资，就可以自己来决定，在努力完成期望任务的时候，就会有意外的工资涨幅，而不再是管理者来涨工资。而且在实操中，可以自己给自己提期望任务目标，管理层进行审核后纳入期望任务工资中。

中小企业普遍存在一人多岗，会出现任务布置不清晰的现象。一般会有这样两类企业：第一类企业，内部管理比较混乱，最高管理者对于员工的职责任务定位偶尔会模糊，也就是会随意指派员工去完成某一项任务；第二类企业，职责会相对明确，日常任务都基本明确在某位员工身上，内部管理也意味着管理水平相对第一类企业会高一些。这个时候，对于某些任务经常性变动的

岗位，可以把基础任务列出来，把期望任务也列出来，直接对应到任务工资上去，谁做，谁拿这一份任务工资。

当然，这里的最大难题就是，谁来确定这些任务？这就需要管理层有一定的管理意识，需要逐步固化任务到具体岗位上去。这也是未来企业规模逐步扩大后所需要做的。

3. 绩效工资

这里定义的绩效工资，与常见的企业绩效考核会有比较大的区别。这里的绩效工资属于真正的正激励范围的内容。绩效工资主要来自两个部分：一个是企业的经营提升；一个是管理提升。经营提升是企业营业额利润这些指标的提升，管理提升是内部的劳动生产率的提升。

这里的绩效工资的理论基础来自经济学概念 EVA，称之为增值分享机制，这也是许多企业实际上在采用的一项工具。所以，可以根据增值分享理论，来提取成立绩效奖金池。比如，某小型制造业，去年平均每个月销售额是 150 万元，在这个基础上，规定达到 150 万元时，提取 1% 的金额纳入奖金池，超过部分，提取 2% 的金额纳入奖金池。

同时，该企业去年体现劳动生产率的万元销售额的工人工资是 520 元，公司规定，劳动生产率工资部分，在原有基础上，每节省 1 元，提 0.5 元纳入制造现场管理人员的奖金池。

纳入奖金池后，一部分是按月度发放，一部分放到年终作为年终奖来发放。当然，这个时候，年终奖的发放方案也显得更为容易制定，可根据任务工资的情况做一个测评考核，到年终的时候，最高管理者把每个月的任务状态统计出来做公告。

介绍完了三维薪酬模型，接着来看看鸿泽公司的现场诊断情况。

（二）项目诊断解析

鸿泽不锈钢自 1994 年成立以来，深耕不锈钢丝绳领域，拥有不错的市场声誉。但是内部的运营管理却始终不能得到提升，管理团队绝大部分都是做实际操作的，管理理念滞后，甚至许多管理者对自己所在的职位需要做的管理工作都不理解，比如，设备部长是公司最好的设备维修员，却不懂得设备的管理，不知道要怎么去做设备分析，所以设备部的工作始终就是应急式抢修。

项目组自 2021 年 10 月入驻后，第一件事就是详细调研当下的管理现状。项目组采用访谈、资料研读、现场观摩的方式来进行调研诊断，经过近 10 天的现场调研，项目组认为，鸿泽不锈钢的主要问题如下。

1. 公司职责不明，任务无标准

绝大部分岗位都处于应急式任务机制下，没有明确的岗位职责与任务要

求，基本上依赖于自己的经验来决定自己的日常工作任务。同时，公司在一些
职责上，并没有合适的手段来保证职责任务的落地，这也同样说明公司的职责
体系不明、任务无标准的问题。没有标准也就意味着无法进行真正的绩效管理
工作。

2. 公司没有成体系的薪酬机制

生产运营体系的员工工资都是入职的时候通过谈判确定的。同一个岗
位，有的人虽然业绩不错，但工资反而更低；而有的人虽然业绩一般，但
因为能说会道，反而工资更高。这种内部的不公平，带来的是员工工作的
惰性。

3. 公司没有建立绩效管理机制

多年来，公司也曾推行过几次绩效考核办法，但因为内部各个岗位职责
不清，任务不明，每次都没有坚持下去。

4. 其他存在的问题

本次咨询服务中，重点关注的就是薪酬绩效机制，而组织是薪酬绩效机
制的保证，所以重点分析了这三个方面的问题。同时，公司还存在着许多其他
问题，比如计划管理问题、会议管理问题、工艺技术管理问题。其实核心在于
基础管理，也就是组织体系建设中"职责—任务—标准"体系建设。

为此，尚德管理通过下述管理逻辑模型的分析与研讨，帮助鸿泽不锈钢的
最高经营层坚定了通过组织与薪酬绩效管理来解决问题的决定，如图2所示。

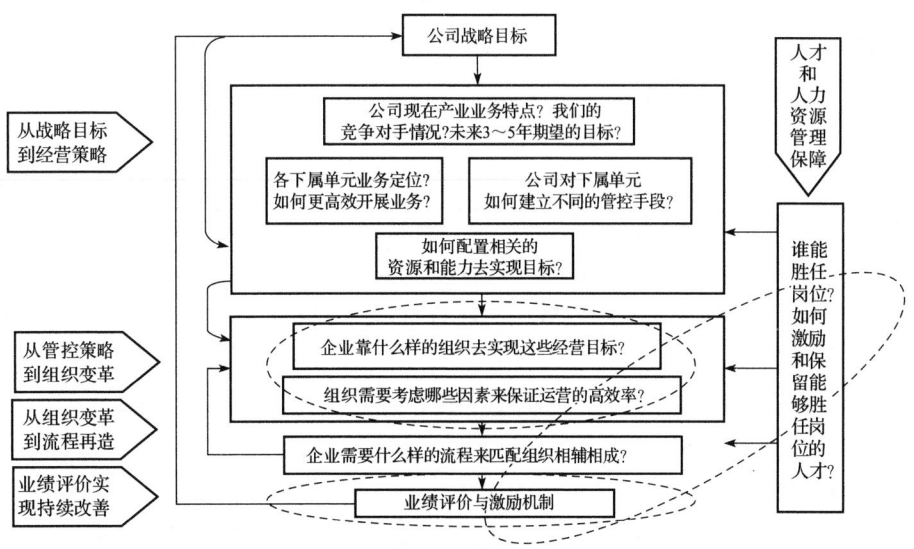

图2 公司内部运营逻辑模型

三、鸿泽不锈钢的三维薪酬模型咨询实践

由上述问题，以及三维薪酬模型的介绍，项目组认为，鸿泽不锈钢本次咨询服务最终关注的是薪酬与绩效机制，但项目的基础在于"职责—任务—标准"体系。所以，项目组决定按三步走的方式来设计方案，辅导落地。

（一）"职责—任务—标准"体系建设

通过前期的调研，结合过去其他企业的咨询经验，基于鸿泽不锈钢组织结构下的各个核心与骨干岗位的职责，项目组有了一个基本的认识，也有了初步的设计思路。

1. 进行工作分析调研

尚德管理鸿泽项目组通过三条线来进行工作分析调研。

（1）调查表。

本次调查表，着重于调查岗位的职责任务以及工作时间方面。在进行调查表调查前，项目组给所有接受调查的员工进行了培训。

（2）工作研讨。

在完成前期调查表调查以后，项目组梳理各个岗位的职责，与每个涉及的员工进行了工作内容的研讨，着重于梳理岗位职责，通过岗位矩阵的形式明确各个岗位职责。具体的岗位职责矩阵如表1所示。

表1　岗位职责矩阵

职责＼岗位	岗位1		岗位2		岗位3		……
	角色	职责	角色	职责	角色	职责	
职责1							
职责2							
职责3							
……							

岗位职责矩阵，主要用来把各个职责清晰化，比如，安全的职责，安全管理岗的主要职责是组织与监督，而现场的职责是执行。这在矩阵上，很容易形成同一职责不同岗位的角色与任务。

通过上述两个方法，项目组把各个岗位的"职责—任务"梳理了出来，形成了岗位职责的初稿。

（3）现场跟踪观摩。

项目组在前两步的基础上，对部分岗位进行了现场跟踪观摩，进一步确认工作的具体内容，正式提交了讨论稿。

在咨询实践中，咨询师提交的实发稿，不管有多么科学合理，最终企业也不一定能真正去执行。项目组深知，只有最适合企业的，才是企业需要的。所以，项目组在此基础上，开始了深度研讨。

2. 通过研讨确认各个岗位的"职责—任务—标准"

项目组深知，项目落地最需要的就是这一个步骤，前期提交的实发稿里的方案，虽然说也是通过不断的调查研讨得到的，但也可以说是项目组设计的方案。只有通过深度研讨，让各个岗位能清晰自己的职责，并且没有疑义，这个职责任务标准体系才有可能真正落地。

所以，项目组把初稿拿出来后，分发给了各个相关岗位，请他们仔细研阅，然后组织了研讨。每一个岗位前后研讨了三轮，个别岗位研讨甚至超过八次。因为项目组要求每个岗位最终要在职责任务标准上签字，以示确认，并表明自己未来可以执行。

3. 任务的分级分类

对于各岗位认同的任务工作，项目组根据前期调研，根据经营层的要求，对任务进行了分类分级，也就是设计常规任务、要求任务、期望任务三个等级。

所谓常规任务，就是当下正在执行或是可以执行的任务；所谓要求任务，就是当下技能欠缺或是不太明确但需要执行的任务；所谓期望任务，就是当下没有能力或是不具备执行条件的任务。

通过任务分级分类，为未来薪酬设计打下基础；任务标准的制定，又为任务的绩效考核埋下了伏笔；同时，从任务及公司的经营目标中，提取相关的指标，又为业绩奖金池的设计埋下了伏笔。

任务的分级分类也同步于第二步骤的研讨当中。这样，通过这三个步骤，项目组完成了各个岗位的"职责—任务—标准"的建设。

(二) 薪酬体系建设

在完成了上述组织的基础设计以后，项目组开始着手设计薪酬体系。

鸿泽不锈钢经营层明确，本次设计不涉及涨工资，只是完成薪酬的体系优化与完善工作。经过项目组与最高经营层沟通后，最高经营层认同了项目组提出的增值共享模式。区别于其他项目的薪酬设计步骤，本次薪酬设计跳过了岗位评估阶段，直接进入了薪酬结构设计阶段，项目组默认了当下的工资与当下员工的工作是对等的关系。这在中小型企业来看，其实并不少见。中小型企业需要的是基于现实基础上的薪酬优化。

其实在项目开始前的沟通中，以及访谈调研的诊断中，经过与最高经营层沟通，已经把薪酬的规划确定下来了。下面就是按部就班地进行优化设计工作了。

1. 薪酬结构设计

通过与最高经营层沟通，鸿泽不锈钢的员工薪酬采用了以下结构：即"员工薪酬＝基础工资＋基础任务工资＋期望任务工资＋绩效工资＋司龄工资＋学历工资"。

同时，对照当下的工资水平，明确了各人的基础工资占当下实发工资的70%左右，基础任务工资占30%左右。

2. 薪酬水平设计

薪酬水平虽然已经明确不予变化，但也涉及需要把薪酬水平按职级职等来规范，以利于未来引入其他人才的时候，在同行业市场的对比中能更有吸引力。所以本次薪酬水平设计的时候，整个薪酬的基础工资及基础任务工资部分，都采用了宽带薪酬设计模式。

前期已与各岗位沟通了岗位的期望任务，通过与最高经营层沟通，对每项期望任务明确300元的期望任务工资标准。也就是每个岗位只要完成了期望任务，并通过审核，就自动获得工资的涨升。并明确规定，连续六个月完成期望任务，期望任务工资将纳入个人的基础任务工资中，期望任务也将成为基础任务。同时，每年度公司将发布期望任务项。

这里需要说明的是，任务工资与任务的考核挂钩，每个月由上级直接对下属进行任务考核，原则上不予扣分，每次扣分则必须有依据。这种简化设计，对于操作来说就会容易很多，而且在咨询过程中，项目组协助各个岗位优化设计了很多现场的表单。而绩效工资则采用了增值共享（EVA）模式。项目组设计了奖金池，奖金池来自两大类、四小项。

（1）产量奖。

以上一年度产量的80%作为基数，以累进的方法，提取不同的比例。

（2）劳动生产率提升奖。

根据公司的管理现状，本次设计了三个劳动生产率指标：万元产值工资额、万元产值能耗、万元产值物料（包括公司原材料＋现场物料＋成品）占用比。直接规定提升部分拿出一半作为奖金池金额。

奖金池的分配，跟各个岗位的绩效考核指标挂钩。项目组简化设计了奖金的分配模式，即采用分级分档分系数的方式来完成最后的奖金分配。

每个岗位的绩效工资依据各个岗位的绩效考核表得到个人的绩效系数。具体的测算公式如下：每个岗位的绩效工资＝（个人基础绩效系数＊绩效考核得分百分值）/（∑各人基础绩效系数＊绩效考核得分百分值）＊奖金池总额。

3. 薪酬套改

多年的薪酬咨询实践告诉我们，薪酬的设计其实相对较为容易一些，只要做好了薪酬规划，按步骤一步一步地进行设计就行。薪酬设计完成不代表新的薪酬制度就可以采用，需要通过薪酬测算，协助企业完成薪酬套改工作。项目组协助公司进行的薪酬套改分成两部分工作。

（1）薪酬对应。

前面，在诊断调研时，项目组发现了同类岗位，工资差异还比较大，所以协助企业把不同员工的薪酬一一对应到相关的职级职档里面。一方面，对于不太合适的，采用的红圈蓝圈模式，保证了员工工资水平不变；另一方面，就这些红圈蓝圈给经营层提交了未来调整建议，请他们在未来三年逐步进行解决。

（2）绩效工资的测算。

项目组针对这个薪酬方案，测算出预测产量为当下的50%。通过测算，二次调整了绩效工资奖金池分配模式，设计了防火墙机制，即低于或高于某种情况下公司的工资应急方案。

4. 薪酬制度的完善

在完成了前述设计后，最后提交了完整的薪酬管理办法，让鸿泽不锈钢的薪酬管理形成规范。

（三）绩效管理体系建设

从前述薪酬设计过程中可以看到，项目组把鸿泽不锈钢的薪酬管理与绩效管理完整地融合到了一起。项目组把考核分成了如下两部分。

1. 岗位基础任务的考核

对任务进行考核就是检查任务是否执行，所以，任务的标准就是考核的依据。同时，由于采用的是个体的考核，也就是上司对下属进行直接考核，其考核扣分必有依据的模式，要求管理者在日常管理中，需要收集足够依据。这也在一定程度上推动了管理者管理能力的提升。

2. 岗位绩效的考核

根据公司的经营目标，同时，根据岗位职责任务要求，岗位的绩效考核涉及薪酬结构里的考核工资。项目组提取了各个岗位的绩效指标值。至此，项目的方案设计阶段全部结束。

四、项目效果

自2022年4月完成整个设计后，项目组跟踪现场，辅导落地。整个薪酬体系经过三个月的运营，给生产运营系统带来了极大帮助。先来看一组2022

年4月的相关生产数据（见表2）。

表2　2022年4月相关生产数据

生产计划完成率/%	1. 生产一部发货	77.60
	2. 生产二部发货	69.70
	3. 精加工	68.20
	4. 一部绳机	94.80
	5. 二部绳机	80.20
	6. 倒盘车间	81.20
开机时间/小时	1. 生产一部	12.3
	2. 生产二部	13.1
	3. 一部绳机	12.3
	4. 二部绳机	13.1

这是在项目正式推动当月的具体数据，从这些数据来看，也能理解为什么公司当月产量发货量不高，更多的是变成了库存，主要原因是生产计划完成率太低。尤其是订单的齐套率，在过去没有人去关心。再来看看2022年6月生产数据（见表3）。

表3　2022年6月生产数据

生产计划完成率/%	1. 生产一部发货	84.12
	2. 生产二部发货	76.52
	3. 精加工	81.28
	4. 一部绳机	96.10
	5. 二部绳机	84.17
	6. 倒盘车间	88.32
开机时间/小时	1. 生产一部	15.1
	2. 生产二部	16.4
	3. 一部绳机	15.1
	4. 二部绳机	16.4

从上述数据对比，可以发现，薪酬与绩效的调整，带来了公司员工的积极性的提升。公司的发货量从700吨上升到850吨。同时，当月生产量的发货量从过去的51%提升到了72%，这个比例提升，意味着公司万元产值物料占比的下降，也即是成本的下降。同时，开机率的提升，也带来劳动生产率的提升。公司的万元产值工资从原来的642元，下降到618元。

五、项目结束后的思考

项目组在项目设计结束后，跟踪了近半年时间，在这个过程中，项目组再次前往鸿泽不锈钢，进行了方案调整。这次调整花费了很多精力，虽然前期要求各个岗位对自己的职责任务进行确认，对自己的绩效指标进行确认，但尽管员工个人签了字，却没有意识到对自己的工资的影响，所以，其实并不完善。但通过自2022年4月起实施，员工开始频频向项目组反应需要调整。员工从心里的不重视变成了真正的重视。

在刚开始实施的第一个月，尽管分数打出来不太理想，但员工并没有关心，在这个情况下，项目组跟公司经营层进行了沟通，强调一定要实施，打消了经营层对于分值不理想、工资发放可能会出现不良影响的顾虑。同时，建议经营层对于没有配合而不得分的项目，允许各个岗位重新提交相关的依据，设定一段过渡期，以消除方案实施带来的不良影响。

因为项目的绩效工资设计采用的是奖金池及正激励的形式，所以不管是员工还是管理层，享受的都是管理提升带来的红利，极大地推动了员工的积极性。尤其是第一个月对绩效工资的公示发放，引起了员工真正的重视。此外，项目组建议，把公司享受的红利拿一部分出来，变成公司的改善资金，每年进行各类技术的改善，形成公司新的管理机制。在项目正式结束的时候，项目组向公司提交了未来的管理改善建议，以避免上述问题的发生。

中国中化下属某公司 OKR^① 及绩效管理咨询项目

中化创新（北京）科技研究院有限公司

中化创新（北京）科技研究院有限公司（以下简称中化创新研究院），成立于 2020 年 4 月，隶属于中化环境控股有限公司。中化创新研究院重点围绕中化环境主业，为地方政府、各级产业投资者提供园区运营、孵化器运营、产业规划咨询、会议会展、行业组织发展、培训与管理咨询、数字化与智慧化能力输出、碳中和研究等各项服务。中化创新研究院是国家级高新技术企业，已通过"双软认证"，是中国投资协会新基建投资专业委员会副会长单位、中国企业联合会管理咨询委员会副主任委员单位、北京软件和信息服务业协会会员单位，入选"全国企业管理咨询机构推荐名录"（第三批），入围 2020 "中国管理咨询机构 50 大"榜单。中化创新研究院致力于持续打造自身"软服务"能力，积极整合协同各方资源，成为中化环境产业发展综合服务平台，为做强做优中化环境主产业提供支持，共同服务区域经济，助推产业发展。

本案例项目组成员

陈凌卉，清华大学化学系博士，曾于奥美广告、麦肯锡、普华永道思略特、北大纵横等多家咨询公司实习，参与公司重组战略整合、外企入驻中国企业战略制定、消费者调研等多个咨询项目，现就职于中化创新研究院培训业务部，任职项目经理，参与多项企业管理咨询项目，包括某高速公司"三项制度"改革项目、中化河北 OKR 及绩效管理改革项目，以及多家企业年中／终研讨会项目等。

其他成员：李薇、张毅

注 ① OKR：Objectives and Key Results，目标与关键成果法，是一套明确和跟踪目标及其完成情况的管理工具和方法。

导读

绩效管理的本质，是对员工创造的价值进行评价和反馈。这本身就是个复杂问题。一个人的工作产出怎样，努力程度如何，不存在一个标准的评判公式。这是复杂问题的核心矛盾。如何解决这个核心矛盾？丰富的信息输入很重要。无论是员工自评，还是绩效校准的矩阵，工具把信息直观地呈现给管理者，其实是想潜移默化地影响他们，做好每一份评估，写好每一份反馈。因此，通过OKR这样的管理工具，让管理者有效做管理，让员工有收获，进而让组织获得持续成长。

中国中化集团有限公司从1998年便开始进行绩效改革，以往的方式是全体员工制订本年度绩效计划，等到绩效评估的时候，根据业绩达成情况和行为价值观两大维度进行打分。从实际执行来看，有几项不够完美的地方：边界受限、周期较长、淡化复盘、标准不一。为了激发全员再创业激情，在此前的绩效管理模式近30年未调整的情况下，急需实施目标管理及绩效管理改革，以实现追求卓越、聚焦关键、协同作战等目标，进而实现公司战略落地、目标达成。

本案例通过引入OKR，并使公司各层级OKR通过飞书OKR系统实现透明化，增进员工和团队之间的了解，消除信息孤岛、打破部门藩篱，使公司上下高度协同。通过打造"OKR目标管理＋绩效管理"联动机制，OKR与KPI（关键绩效指标考核法）并行，进一步提升各级组织和员工的绩效，实现价值创造、价值评价、价值分配的良性循环，进而促进高业绩、高产出，促进公司整体目标高效达成。

中国中化下属某公司OKR及绩效管理咨询项目

中化创新（北京）科技研究院有限公司　陈凌卉

一、项目背景

（一）客户背景

2021年3月31日，经国务院批准，中国中化集团有限公司（以下简称中化集团）与中国化工集团有限公司（以下简称中国化工）实施联合重组；5月8日，中国中化控股有限责任公司（以下简称中国中化）正式揭牌成立。集团深入贯彻创新驱动发展战略，秉承"科学至上"理念，坚持"以生命科学和材料科学为引领，以基础化工为支撑，以环境科学为保障，科学技术驱动的世界一流综合性化工企业"的总体战略定位，形成生命科学、材料科学、基础化工、环境科学、橡胶轮胎、机械装备、城市运营、产业金融八大业务板块，打造若干个具有全球影响力的行业龙头企业。2022年位列世界财富500强第31位。

中国中化下属某公司（以下简称A公司）是中国中化所属中化国际（控股）股份有限公司（以下简称中化国际）的全资子公司，注册资本4.75亿元，总资产20亿元，年营业收入近30亿元。作为中化国际在河北区域的总部企业，承接"新功能材料"与"锂电基础材料"战略规划，对所属研产销平台实施专业化、一体化管理。

A公司秉承中国中化"科学至上"理念，积极布局新材料、新能源领域，以邯郸磁县、石家庄产业基地为基础，打造功能性生命材料、芴系功能材料、特种树脂材料、功能性中间体、硼素功能材料等5条专业产业链，多种产品位居全球产销量前列，部分产品具有全球独家供应商地位；退役动力锂电池实现全组分资源再生利用，工艺技术业内领先，列入工业和信息化部"白名单"。

面向未来，A公司将致力打造创新型、专业化、绿色环保的功能性材料细分领域一流企业，不断提升企业科技创新能力、核心竞争能力和可持续发展能力，为社会、客户、股东、员工创造更大价值，为助力中国中化打造科技驱动的创新型企业和世界一流的综合性化工企业贡献积极力量。

（二）行业现状

近年来，危险废物非法转移倾倒案件时有发生，对生态环境和人民群众生命安全造成严重影响，暴露出危险废物监管能力和利用处置能力仍存在突出短板。危险化学品领域重特大事故多发，安全生产仍处于爬坡过坎、攻坚克难的关键时期。推动工业互联网、大数据、人工智能（AI）等新一代信息技术与安全管理深度融合，是推进危险化学品安全治理体系和治理能力现代化的重要战略选择，对于推进危险化学品安全管理数字化、网络化、智能化，高效推动质量变革、效率变革、动力变革，具有十分积极的意义。

（三）咨询需求

2022年是A公司"十四五"规划的关键之年，为积极响应集团、事业部"线上中化"战略和数字化转型，在新形势下重塑组织优势，高效匹配公司经营目标和员工个人发展目标，进一步打造自驱向上的文化，公司引入OKR管理，公司各层级OKR将通过飞书OKR系统实现透明化，通过对各层级OKR的分解找到发展最关键的方向，在最重要的地方取得突破，实现从任务导向到目标导向的变革，以数字化方式赋能公司高质量发展。主要目标是：通过打造"OKR目标管理＋绩效管理"联动机制，实现OKR与KPI并行，进一步提升各级组织和员工的绩效，实现价值创造、价值评价、价值分配的良性循环，促进高业绩、高产出，高效达成公司整体目标。

（四）项目目标

1. 核心服务

（1）为客户提供一套行之有效的OKR目标管理改革方案。

（2）帮助客户制定员工绩效管理及配套薪酬管理改革方案。

（3）提供不少于3个月的OKR及绩效系统落地陪跑服务。

2. 落地价值

（1）战略落地：使公司员工通过系统学习OKR及参与共创会，从高层、中层到员工都能清晰认知公司战略，达成统一的目标共识，并结合各自的岗位工作明确不同层级的战略定位。

（2）高效执行：管理层应深刻地了解系统理论，全面地把握OKR思维框架，全体人员应能够灵活地运用OKR工具，安排日、周、月、季度工作，从要我做到我要做，自驱做事，提升效率。

（3）成长沉淀：通过实操OKR工具，帮助企业掌握一套深度复盘流程，让团队在工作中成长。

二、诊断分析

（一）客户调研

中化集团从 1998 年便开始进行绩效改革，高绩效文化已深入骨髓，不仅在制定组织绩效或个人绩效目标时要有挑战性、高追求，而且年底考核时要兑现承诺，并争取高目标完成。基于中化集团长期形成的高绩效文化基因，中化集团被称作"国企里面的民企、央企里面的外企"。

以往，A 公司的绩效考核方式是"员工自评—直属上级打分—隔级校准"。年初，全体员工制订本年度绩效计划，等到绩效评估的时候，根据业绩达成情况和行为价值观两大维度进行打分。从实际执行来看，有四项不够完美的地方。

（1）边界受限：KPI 是自上而下分解，是考核目标完成率而不是实际贡献度，"要我做"缺乏自发思考和创造性，员工仍存在被充分激发、点燃、释放潜力的空间。

（2）周期较长：年初 KPI 目标分解后，在工作过程中缺少进展的追踪、记录，事后纠偏不如过程中尽早纠偏效果好。

（3）淡化复盘：员工和管理者在绩效评估中，更关注绩效结果，缺乏对工作的系统性总结和复盘。

（4）标准不一：有的管理者普遍打低分，也有管理者是"老好人"，给谁都打高分，绩效评价的标准不统一，影响了结果的可信度。

（二）问题诊断

根据项目组调研反馈和对客户企业生产经营现状的分析，企业面临的两个问题为：第一个是转型中的传统（大中型）企业，谋求存量到增量的变革，需要有"上下同欲"的整体配合；第二个是成长型 & 创业型公司，所面临的是战略目标不清晰，需要不停地探索来确认企业发展战略。

OKR 可以有效地解决这两个问题。第一，OKR 针对转型中的传统企业要做的是透明目标，让员工的目标与企业战略相一致，不断引发思考，带动整体资源实现变革。第二，OKR 的引入对成长性的公司而言，将目标和结果相关联，保障大方向的正确性，同时将资源聚焦在重要事项，以减少创业资源的内耗。

要做好 OKR 还要对自己发出两个灵魂拷问。第一个是自己为什么要

用 OKR，能不能把 OKR 的价值真正发挥出来？第二个是我的组织适合推行 OKR 吗？

项目组认为，在推行 OKR 的过程当中有几个要件是必不可少的。首先是企业高层，尤其是一号位的全力支持投入。要有相对适合的"土壤"，或者说企业文化能够有所变化，这样的"土壤"（文化）对新工具和理念会有更好的包容性。OKR 最大的优势在于，企业自上至下地对其目标协同工作，所有人朝着一个目标前进，劲往一处使，心往一处想。此外，在 OKR 引入、落地、实施的过程中，还需要系统的思维培训和落地工具，打造好在线 OKR 管理平台和工具，实时同步获取企业组织人员角色，支持移动多终端使用，实现目标对齐、任务管理和数据分析。

（三）对 OKR 的理解

OKR 即目标与关键成果法，是一套明确和跟踪目标及其完成情况的管理工具和方法。OKR 的历史可以追溯到 1954 年，当时彼得·德鲁克发明了MBO（目标管理）。1968 年，安迪·格鲁夫与他人共同创立了英特尔，而在担任英特尔首席执行官期间，他将 MBO 开发为我们今天使用的 OKR 模型。1974 年，约翰·杜尔（John Doerr）加入英特尔，并在那里学习 OKR，后将其带入了谷歌并且发扬光大，在 Facebook、Linked in 等企业广泛使用。

OKR 的主要目标是明确公司和团队的"目标"，以及明确每个目标达成的可衡量的"关键结果"。OKR 是一套严密的思考框架和持续的纪律要求，在确保员工紧密协作，把精力聚焦在能促进组织成长的可衡量的贡献上。

从宏观上讲，OKR 是一套企业战略执行工具、目标管理工具，通过把组织战略具体化，让组织中的每个人围绕大目标持续发力，上下对齐、左右协作，朝着一致的方向高效前进。从微观上讲，OKR 是一套高效沟通工具、思维工作方式，公开透明、共创共享，引发深度思考、触达问题本质，寻求更优解决方案，有逻辑有闭环，实现挑战性目标。OKR 金字塔模型见图 1。

（四）为什么引入 OKR

"十四五"期间，A 公司进入新发展阶段，如何贯彻新发展理念，如何更好协作，如何帮助管理者聚焦关键并提高团队的总体产出，都是呕须解决的难题。"追求卓越""聚焦关键""协同拉齐"的管理诉求与 OKR 的理念不谋而合。OKR 实际上是确保整个组织的力量都聚焦于组织的同一个大目标，所有人都铆足劲、使劲干的一种管理方法，让组织朝着一致方向前进。A 公司的高速发展与弯道超车，需要大家都能够被激发、被点燃。OKR 其实和党建的核心一样，引领人、解放人、发展人，把员工从思想的牢笼里、从能力的牢笼里、从自我封闭的状态里解放出来。经过这样的反复实践，大家每年都能够超越自己的目标，自信心就会越来越强，内驱力也越来越强，整个公司就会越来越强。

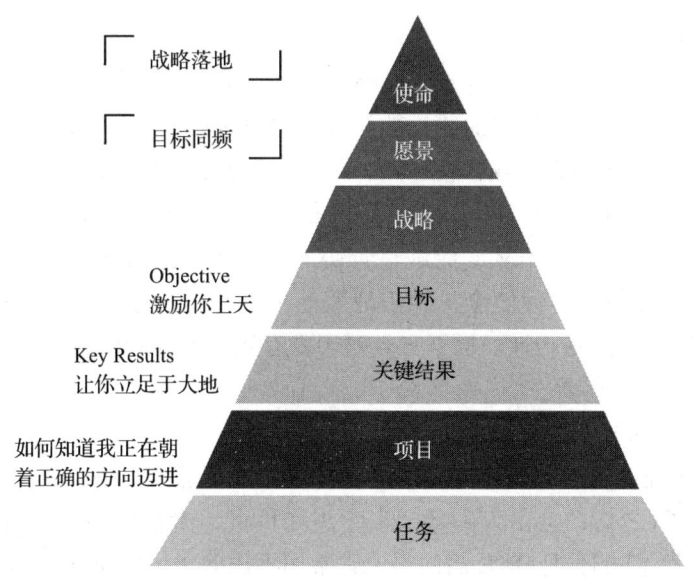

图 1　OKR 金字塔模型

"取其上者得其中"。OKR 鼓励大家挑战自我、不设边界、持续创新，大家在报预算目标时，可以选择报稳妥的、能完成的数字，但如果别人在高速增长，而你选择原地踏步，可能就会面临被调整的压力，所以其实 OKR 也是在选拔干部。

OKR 的关键是做战略性的思考。对战略达成的关键性任务是什么？领导团队要站在公司整体角度进行思考、看待工作。学会抓关键、抓重点、抓主要矛盾。工作开展不局限于所分管部门的几个人，一定是与公司相关部门发生连接，OKR 站在什么位置、什么视野，也决定了 OKR 的横向拉齐什么水平。视野开阔了、信息源丰富了，队伍水平自然也就会提高了。

OKR 的要义之一是协同。有的项目做不好是因为职责不清晰，互相不了解、不支持，协同不够。通过推行 OKR 并使用系统后，大家把自己的进度放

在 OKR 里，规则机制透明，其他成员随时都能看到，随时支持、随时跟进，这样公司的效率才能提升。OKR 看起来是一个工具，但实际上可以重新塑造、强化企业文化。我们不仅是推动一种新的工具，而是要让员工用心体会协同所创造的巨大价值。

三、解决方案及实施

（一）方案设计

站在"两化"整合的新起点，战略、业务、资源、信息、客户等都发生了变化，A 公司能否拉出第二曲线，甚至持续拉出新的增长曲线，在于一把手及全体人员能否持续刷新自我，在认知、胸怀、眼界、专业领域、管理方式、思维模式等方面不断突破"舒适区"、不断挑战，保持一如既往的干劲和冲劲。而 OKR 恰恰可以激发团队、促进整合协同。OKR 上承战略、下接任务，通过公司 OKR 的制定，促使全员聚焦战略达成共识；可通过部门 OKR、个人 OKR 的制定实现战略传递。以下三点对于更有效地实现 OKR 推动企业战略落地（见图 2）非常重要。

1. 需要公司领导层的全力支持和深度参与

OKR 想要在全公司正常推进，不是任何一个职能部门能独立完成的。很多企业在推行之初，会由人力部门来牵头和负责，而管理层的参与程度并不深，导致员工们并不把 OKR 当回事，常常用不出效果。殊不知，OKR 是一把手工程，它需要公司管理层甚至是老板的深度参与，只有管理层真正用起来了，员工们才会重视，从而认可 OKR。到后面会发现，大家已经在潜移默化中离不开 OKR 了。

2. 所有人建立共识

OKR 强调横向、纵向的共识对齐。一个有目标感、有凝聚力和指导意义的 OKR，一定是共识、共创的结果。共识有三个方面：一是对目标的共识；二是对实现路径的共识；三是对资源配置的共识。这些共识都需要高效坦诚的沟通来实现。

3. 要有正确的方法和趁手的工具

在实践中，可以用变革的思维去指导 OKR 的落地工作。通过解冻、变革、冻结的过程，真正做到 OKR 理念到位、管理到位、执行到位、工具到位。

在解冻的过程当中，要建立更多的共识，找好那片我们想要埋入这颗种子的土壤；在变革过程中做好管理，让 OKR 与绩效管理等机制衔接起来。OKR 推广实践周期表见表 1。

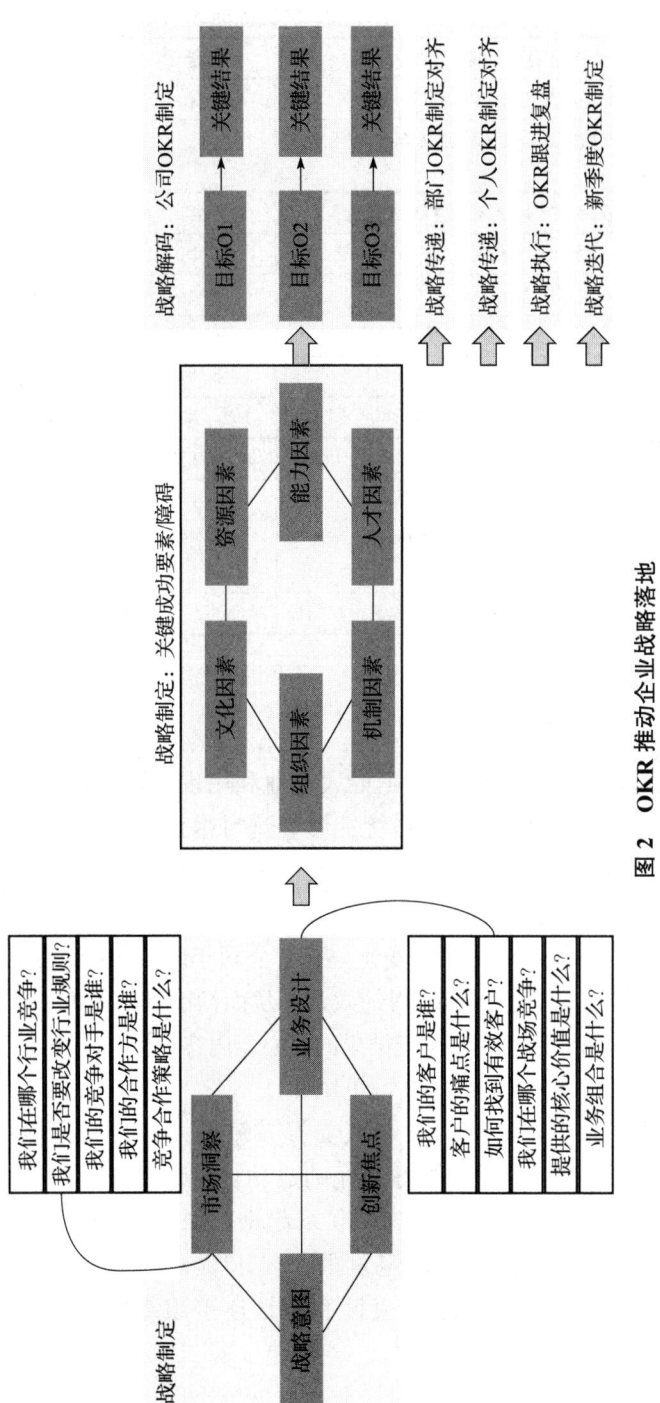

图 2　OKR 推动企业战略落地

表 1　OKR 推广实践周期表

解冻期	OKR 系统激活及上线	1 套	OKR 周期启动首日
	试点启用飞书 OKR 内部宣贯	1 套	OKR 周期启动前半个月
	OKR 理念及实战工作坊（含中化环境落地实践）	1 场 /2 天	OKR 周期启动前半个月
	晨间 60 秒 OKR 专题分享活动策划	1 套	OKR 周期启动后一周
	OKR 文化理念宣传推广	1 套	OKR 周期启动后一周
	字节跳动高层参访活动	1 次	OKR 周期启动前三周
变革期	A 公司 OKR 对齐会（二季度）	1 场 / 半天	OKR 周期启动后一周
	A 公司 OKR 周会实践辅导	1 场 / 半天	OKR 周期启动后一个月
	A 公司 OKR 复盘会（二季度）	1 场 / 半天	OKR 周期启动后三个月
	绩效理念及实践宣贯与辅导	3 场 /1 天	年中绩效考核启动前两周
	绩效系统激活及上线	1 场 /1 天	年中绩效考核启动前一周
	关于 OKR 试点人员启动年中绩效考核通知发文	1 套	年中绩效考核启动首日
冻结期	OKR 对齐会、周会、复盘会线上跟踪指导		OKR 周期启动后三个月

（二）方案实施

1. 制定 OKR

少即是多。成功的组织往往是最大化地利用现有资源，集中精力去打造顶级产品的组织。透明的 OKR 系统能够促进自由合作，"整个组织的人都能看到正在发生的事情"。

（1）如何制定目标"O"（见图 3）。

描述公司或团队希望看到的变化，了解公司年度 / 季度战略规划，描述可能遇到的挑战或机遇，描述能取得的效益，从而帮助其他人理解"是什么"和"为什么"。定性而非定量——关键结果的核心，内容积极又鼓舞人心。

（2）如何编写关键结果"KR"（见图 4）。

KR 不是待办事项，必须对 O 有支撑。每个人都想知道他们所做的工作能帮助他们的团队和公司取得怎样的成功，这就是制定严谨的关键结果的目的，将正在发生的工作与结果联系起来。KR 是我们为了达成 O 所需要完成的关键结果，它通常是定量的，要求符合 SMART（目标管理）原则。除此之外，一个好的 KR 还应该有效地连接组织内部，实现上下左右对齐。

聚焦高优	激进且长远	内容明确	透明且对齐
• 3~5条 • 不可书写常规性质的业务内容 • 重点领域有超常投入	• O的制定应当激进且长远，在可行范围内寻找最优解 • 蹦一蹦够得着	• O应当清晰明确，不要使用单一名词，以免引起歧义	• CEO目标与公司战略对齐 • 部门Leader目标与CEO目标对齐 • 个人目标与部门Leader目标对齐 • 跨部门对齐
O：按计划完成行业研究月报 ✕	O：提升产品性能 ✕	O：绩效管理 ✕	公司O：提升某产品市场份额至市场第二大幅提升客户数量
O：追踪行业动态，发掘新商机 ✓	O：提升产品性能至业内领先水平 ✓	O：变革绩效管理模式，增强区分度 ✓	部门专员O：加速实施部门方案 ✓

图 3 如何制定"O"

具体性 Specific	可衡量 Measurable	可实现 Attainable	相关性 Relevant
KR：加强渠道 ✕	KR：提升用户活跃度 ✕	KR：重点职位收集简历1000份	O：提高销售收入 KR1：举办10场线下活动 KR2：完成用户分析 KR3：开展1场促销活动 ✕
KR：通过商务拓展方式，新增10个渠道供应商 ✓	KR：提升产品每日的活跃用户数量至xx万人 ✓	KR：通过在线平台收集重点职位简历1000份 ✓	O：提高销售收入 KR1：（加大宣传）提升日流量至xx人 KR2：（完成用户分析）提升转化率至xx% KR3：（完成促销活动）提升客单价至xx元 ✓

图 4 如何编写关键结果"KR"

（3）OKR 撰写示例——公司 CEO。

【主营业务达标】公司现有各单位实现收入 ××× 万元，净利润 ××× 万元；整合单位在原管理条线报送目标（收入 ××× 万元、净利润 ××× 万元）基础上，确定并努力实现更高奋斗目标。

KR1：×× 公司实现营业收入 ××× 万元（不含内部抵消收入），净利润 ××× 万元，同比增长达 ××%，全员劳动生产率提高 ××% 以上 @×× 公司一把手。

KR2：同上（按业务线分解）。

【业务整合】全面推动各项业务板块整合工作，完成整合后公司整体的"十四五"规划。

KR1：按照集团整体要求，制定整合工作方案 @ 总负责人深入了解整合单位经营管理情况，开展各条线管理对接，高质量完成管理整合工作 @ 分管职能部门的公司领导 @ 总部各部门负责人。

KR2：组织制定业务重组方案并按计划推进，建设有效的业务协同机制，促进各业务单元深度协同 @ 创战 @ 市场协同中心 @ 各业务条线负责人。

KR3：按照整合后的业务范围，进一步升级优化"十四五"规划并通过上级单位质询，公司各主要业务板块确定细分领域"十四五"规划，高质量完成规划的宣贯、解码及推进工作 @ 创战 @ 各业务条线负责人。

【新业务开发】全面加强投资及市场开发，高质量推进重点战略议题。

KR1：以核心技术为驱动，全面加强市场开发，现有业务单位新签合同额×××万元以上 @ 各业务条线负责人。

KR2：完成集团内部市场需求调研并形成服务主业方案，与集团其他主业进行深入业务对接，推动相关业务实现突破 @ 各业务条线负责人 @ 创战 @ 市场协同中心。

KR3：加速主营业务布局，扩大产品产能××%。

KR4：发展并拓展××产业链，促进园区影响力、资源利用率和社会效益共同提升，技术分公司等创新型业务取得实质性突破，打造行业示范项目 @ 各业务条线。

（4）OKR 常见误区。

一是目标过多不聚焦；二是目标缺乏挑战性；三是目标只是简单的名词；四是关键结果不可衡量；五是把关键结果写成待办事项。

2. 对齐 OKR

管理者在季度之初深思熟虑制定了目标，需要把目标落实到团队，团队成员要达成目标，需要和其他成员密切配合，相互之间高效协同。很多人在不了解 OKR 的前提下制定对齐的 OKR 往往直接沿用上级的，这是一个错误的方式。

正确的方式应该是分解上级 KR，找到核心和精髓，再根据自己的情况，分析自己能做的范围、要做哪些事、通过哪些手段、哪些途径、在什么时间内，做出什么样的成果，达到什么样的目标，最后再总结提炼出自己的目标。组织中的每个层面，都有自身的定位，应发挥各自的价值。它们的 O，绝非仅仅上级 OKR 一个来源，还有自身的工作策略、职责定位等来源。换句话说，上级 O 不是下级 O 的全部，下级 O 也不仅仅是上级 O 的绝对附庸。下级应该有自身的主动思考，能够主动地规划自身的目标，对上级目标形成更加有机的承接。

3. OKR 跟进 & 复盘

OKR 制定之后，不能长期不闻不问，更重要的是过程跟进：通过飞阅会开 OKR 双周跟进会、季度复盘会，实现通过 OKR 指导工作开展，将 OKR 与日常例会管理、财务预算、经营分析会结合，避免两张皮。通过复盘，实现战略落地，把事干成。

4. OKR 与绩效管理

OKR 是目标管理，不是绩效考核，那么应该如何做考核？低挑战性目标，1 个亿，完成 120%，实际产出为 1.2 亿；高挑战性目标，2 个亿，完成 70%，实际产出为 1.4 亿。是要高完成率还是高实际产出？ KPI 视角下，按照完成率兑现，而在 OKR 视角下，发生了变化……重新构想"目标 + 绩效管理"，实现价值创造、价值评价、价值分配良性循环。OKR 即价值创造，为了更好地产出结果，鼓励设定挑战性目标，通过制定、对齐、跟进、复盘等进行闭环管理。

绩效管理即价值评价，为了识别真正的价值产出，不唯预算论，而是关注实际产出对组织的贡献。价值分配从薪酬端匹配增量激励，低挑战性 OKR 完成率 100%，薪酬不一定多；高挑战性 OKR 完成率 70%，薪酬不一定少。

5. 实施周期

OKR 采用"季度 + 年度"周期，分为"制定、对齐、跟进、复盘"四步，实行常态化的管理机制。绩效评估周期为半年，6 月和 12 月分别开展一次评估。

四、案例评估及推广体会

（一）打通目标管理，助力系统性思考和总结

一边回顾半年度的 OKR，一边撰写重点工作。A 公司员工解锁了绩效自评的新方式。飞书绩效将 OKR 和工作总结放在一个界面，本质上是打通了目标管理与绩效管理。员工在做工作总结时，可以通过 OKR 来梳理半年来的工作产出，非常直观、清晰。

（二）打通目标管理，总结工作产出

飞书绩效也支持员工自评。员工写完工作总结，再评价自己的工作产出，包括业绩评分、做得好的部分、待改进的部分。在自评环节，员工能沉淀优秀经验和迭代方向，同时也为上级提供绩效打分的参考。在飞书绩效的助力下，大家对绩效评估的态度也更认真了。在打分的基础上，管理者和员工都会多走一步，给出更具体、更鲜活的反馈。比如，在管理者的评估页面，除了业绩打

分外，管理者还需要点评下级"做得好的""待改进的"。"相比打分，这样的反馈才是更务实的，才是把管理真正交给了管理者"。

（三）管理者评估下级绩效

在绩效校准环节，飞书绩效通过报表和矩阵，为校准人提供了一个管理驾驶舱。管理者能够查看同部门、同职级、同序列的绩效分布情况，还能对比员工自评和360度打分，发现种种绩效评估的异常情况，最终做好通盘校准。

C 农商银行人才画像与人才管理数字化实践项目

上海华益企业管理咨询有限公司

上海华益企业管理咨询有限公司（以下简称上海华益或华益）为中小银行服务领域的高新技术企业，专注于中小银行数字化与零售银行转型，目前已经成为垂直行业内领先的经营管理一站式解决方案服务商。华益以"赋能中小银行，引领高质发展"为使命，聚焦中小银行的管理变革咨询、金融科技、实战培训，在战略顶层设计、业务营销与场景建设、组织机制建设、数字化转型、人才管理与发展等五大领域为中小银行提供全局化的建设思路及"咨询＋科技＋培训"一体化的解决方案。

上海华益获得高新技术企业、国家科技型中小企业、ISO 9000 等多项认证；取得了"多维度人才测评系统"等多项专利，以及"华益银行数字化效能提升平台软件"等 30 多项软件著作权。华益位列第三批"全国企业管理咨询机构推荐名录"，参与管理咨询行业标准制定。

丰富的经验是华益为银行客户提供专业化服务的保障，目前华益团队的项目合作范围涉及了 10 余个省市，项目合作客户 200 余家，培训客户超过800 家，服务项目影响银行从业人员超过 8 万人。目前在全国标杆农信系统的浙江农商银行系统中已经达到 60% 的市场占有率。项目落地性好，客户认可度高，服务项目平均续单率超过 70%，部分客户连续合作 10 年以上，服务客户转型成效好，荣获多项全省考核奖项。

本案例项目组成员

陈清民，鲁东大学产业教授、武汉大学博士、高级经济师，上海华益创始合伙人，浙江苍南和武义两家银行独立董事，《中国农村信用合作报》智库专家，《中华合作时报·农村金融》课题组专家，中国中小企业管理咨询服务专家信息库入库专家，专注于中小银行数字化与零售银行转型。陈博士有超过20 年管理实践与咨询经验，超 10 年中小银行管理咨询与实战经验，擅长银行战略规划、数字化与零售银行转型建设、银行人力资源体系建设、银行人才画像与人才管理等领域，为近 100 家金融企业提供咨询服务。

其他成员：姜晓卉、唐道远、范俊杰、朱浩

导读

随着云计算、大数据、人工智能等信息技术的应用，金融机构数字化建设已成为发展的重要引擎。中小银行开展人力资源管理数字化，构建员工数字资产，实现员工端的数字化转型将是银行转型与数字化建设的关键。C农商银行原有的一些人力资源管理模式也已不适应数字化转型要求，亟须开展人力资源数字化转型工作。上海华益自与C农商银行建立合作以来，致力于为其提供"咨询＋IT"一体化解决方案，通过流程驱动和信息化建设，积极探索适应本土特色的转型道路，本项目的主要亮点如下。

（1）以员工职业生涯发展理论为基础，结合"I-P-O"（Input投入-Process过程-Output结果）理论创新性地设计了员工画像模型，构建了"基本素养、成长发展、行为表现和业绩成果"的指标体系，并进行多维度、全方位的员工画像。

（2）基于人才管理的应用场景进行模型设计，形成了人岗匹配度、人才后备、员工行为风险预警、员工职级管理、员工福利激励等多个人才管理应用场景。

（3）人才管理数字化系统形成银行员工数字资产，将人才画像与应用场景系统化，实现银行对员工的动态化、可视化的全职业生涯周期管理。

C农商银行通过上线部署数字化人才管理服务系统，健全了全行员工的全职业生涯信息，形成了员工数字化档案；同时，将人力资源部各项流程工作效率提高了30%，减少了人力资源部两人工作量。最后，通过搭建人才画像应用场景，实现全流程数字化管理，提高了全行人力资源管理的服务效率与质量，将全行人均产能提升了20%，为C农商银行的"十四五"战略落地提供了有力保障。

C 农商银行人才画像与人才管理数字化实践项目

上海华益企业管理咨询有限公司　陈清民

一、案例背景

（一）客户企业简介

C 农商银行位于浙江省 H 市，是一家以服务三农和小微企业为主营业务的县域独立法人机构银行。截至 2022 年 6 月初，存贷款余额分别为 165.92 亿元和 139.63 亿元，辖内共有 16 家金融机构，其中，C 农商银行存款市场份额 39.97%，贷款市场份额 31.34%，存贷款占有率稳居市场第一。C 农商银行所在县作为浙江省 H 市共同富裕示范区，正在以"生态美富、深绿兴富、民生安富、改革增富"的方式加快推进全县高质量发展和共同富裕。C 农商银行作为该县金融机构的主力军和排头兵，积极响应政府和社会需要，围绕"构建以人为核心的全方位普惠金融"发展愿景，以金融科技创新为引领，切实推动融资成本稳步下降，金融服务全县共同富裕示范区试点建设的能力和水平不断增强，金融支持共同富裕体制机制不断健全。

（二）项目需求和目标

近年来，以互联网、大数据应用为代表的现代信息技术从根本上改变了金融行业的市场竞争环境和服务模式，为了实现可持续发展，必须与时俱进，通过科技引领转型升级，而 C 农商银行原有的一些人力资源管理模式也已不适应数字化转型要求，亟须开展人力资源数字化转型工作，重塑农商银行人力资源业务管理模式，再造内部关键流程和决策管理能力，使之符合时代变革要求，并以新的模式和服务方式满足数字化时代的员工体验。

基于华益在中小银行多年的人才管理咨询实践和 C 农商银行人力资源管理现状，我们发现该银行人才管理存在以下五个突出问题。

（1）该行人才发展规划滞后于全行业务发展，不能有效地支撑全行的数字化转型与零售银行转型。

（2）该行并没有真正将员工作为重要资源，无法实现人岗高匹配性，导致人力资源效能不高。

（3）该行缺乏人才评价技术与人才管理体系，不能及时准确地进行人才盘点，出现人才不足与人才埋没并存现象，关键岗位的后备梯队严重不足。

（4）该行由于自身的特殊性，大部分员工从入职到退休都在该银行，但是总行并没有建立有效的多序列职业发展通道，严重影响了员工的工作积极性。

（5）该行更重视业务发展的数字化，而忽视了人才管理数字化建设，尚未建立起完善的员工数字资产，不能实现员工全职业生涯周期的管理。

C农商银行人才管理数字化是贯彻C农商银行大零售转型、数字化转型的两大发展主线，人力资源管理将由经验驱动向数据驱动转变，实现员工职业生涯全生命周期管理。本次项目目标有如下三个方面。

（1）构建农商银行特色化人才画像与盘点模型，对人才进行精准画像，以提高银行人岗匹配性。

（2）建立农商银行PM双序列的职业发展通道，形成全行关键岗位的后备人才梯队，以提高员工工作积极性，实现后备人才储备。

（3）完善员工数字资产，打造员工画像的应用场景，搭建员工全职业生涯周期管理的人才管理数字化系统。

二、调研诊断分析

（一）调研诊断分析方法

本次项目调研方式包括深度访谈、问卷调查、制度研读、数据收集分析及同业对标等多种方法。

（1）深度访谈：根据访谈提纲，对总行领导、中层干部、员工代表进行深度访谈，人均用时约为70分钟，总计访谈100余人次，深入挖掘该行目前存在的主要问题并进行交叉访谈验证。

（2）问卷调查：华益通过银行项目经验及深度访谈获得的有效信息设计了调研问卷并下发至全行员工，共计收集有效问卷400余份，覆盖面达95%以上。

（3）制度研读：收集C农商银行400余份电子材料及纸质材料，并分析该行各项制度存在的缺陷和问题。

（4）数据收集分析及同业对标：通过对C农商银行业务经营数据、薪酬数据、财务报表数据、人均效能数据等的分析及同业对标行的数据对比，找出该行的问题及发现和对标行之间的差距。

（二）调研诊断分析结论

华益通过以上调研诊断方法，全面了解了C农商银行的经营及管理现状，形成了包括战略管理、运营管理、组织架构、薪酬管理、绩效管理和人才管理等模块的经营管理诊断分析报告，并初步得出以下五条结论。

（1）人力资源效能：C 农商银行与标杆银行相比，整体人力资源效能仍然不高。C 农商银行人均考核利润为 43.8 万元，相比对标行 K 农商银行少 12 万元，相比对标行 W 农商银行少 29.4 万元；C 农商银行人均创收为 60.0 万元，相比对标行 K 农商银行少 12.6 万元，相比对标行 W 农商银行少 25.2 万元。

（2）人岗匹配与人员设置：C 农商银行整体人员结构也不是非常合理，与省联社提出的 433 人员结构比例有差距。C 农商银行部室人员占比为 27.4%，与对标行相比，部室人员占比相对合理，部室效能相对较高。客户经理占比为 20.7%，低于对标银行 Q 银行的 34.7% 和 J 银行的 27.5%，客户经理人数不足，不利于整体零售银行转型的推进。该行除了整体人员结构不够合理外，人岗匹配度也不强，存在关键岗位人员不足的现象。

（3）人才任用与职业发展机制：C 农商银行缺乏畅通的职业发展通道，导致员工晋升的空间和机会很少。同时，该行还没有建立科学合理的用人机制，客户经理、部室人员选拔机制不合理，存在随意性。

（4）人才培养与人才发展：该行在员工培训方面已经投入了较大的资源，并取得了一定的成效，但是存在人才培养碎片化，培训针对性不强，培训效果不够明显等问题。

（5）员工数字资产管理：该行员工档案主要还是依靠 Excel 的阶段，并且有很多员工信息采用纸质档案保存。这使得很多员工的信息尚未形成有价值的数字资产，缺乏科技手段对员工进行有效监管，无法通过大数据进行人才管理决策。

基于上述调研结果，华益立足该行战略经营目标，以提高人力资源效能为核心，为该银行构建了员工全职业生涯周期的人才管理数字一体化解决方案。

三、银行人才画像与人才管理数字化的设计思路

上海华益以员工职业生涯发展理论为基础，结合"I-P-O"理论创新性地设计了员工画像模型，构建了"基本素养、成长发展、行为表现和业绩成果"的指标体系，并进行多维度、全方位的员工画像。基于人才管理的应用场景进行积分设计，形成了人岗匹配度、人才后备、员工行为风险预警、员工职级管理、员工福利激励等多个人才管理应用场景，实现了从人才画像的模型设计、人才盘点的工具使用到最后以积分为形式的人才管理应用场景的闭环，并配套上线数字化人才管理系统。该系统以员工为核心形成银行员工数字资产，将人才画像与应用场景系统化，实现银行对员工的动态化、可视化的全职业生涯周期管理。中小银行数字化人才管理如图 1 所示。

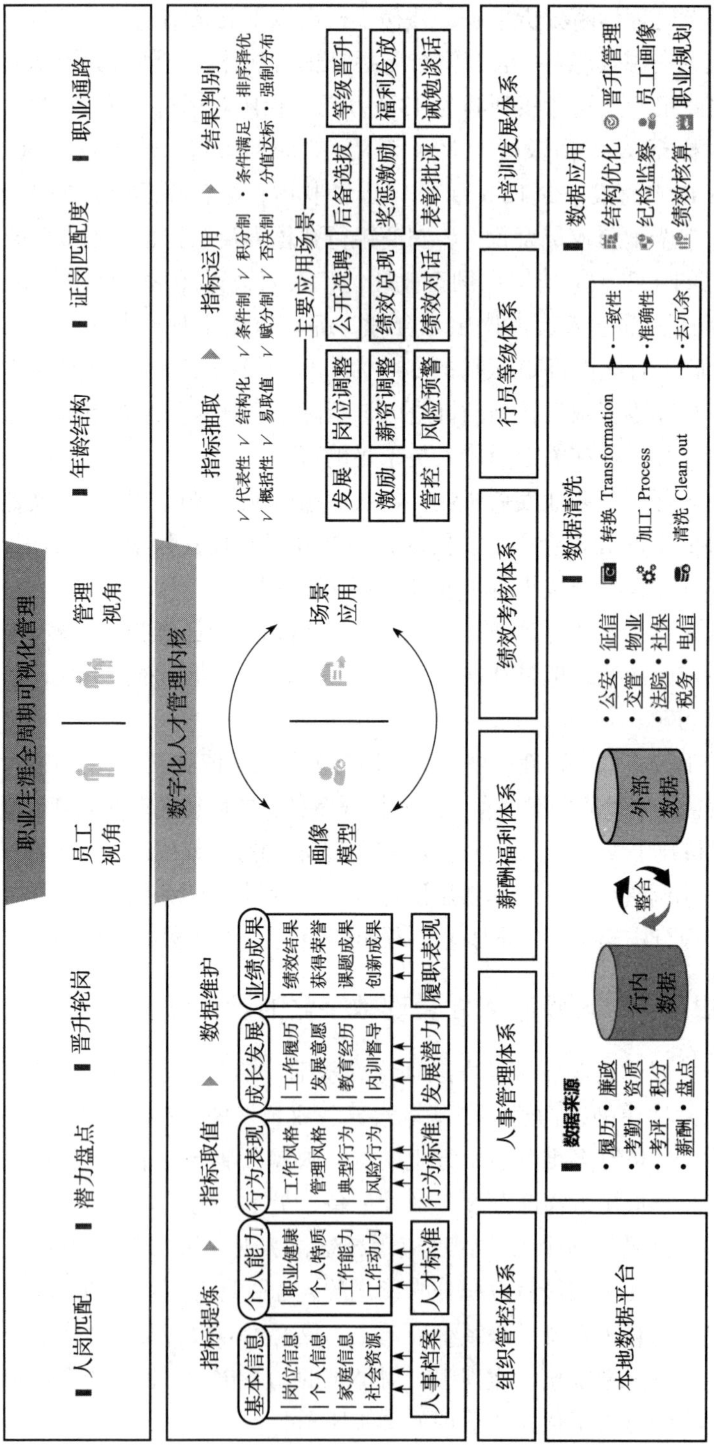

图 1 中小银行数字化人才管理全景图

（一）人才画像模型设计

上海华益基于人才管理实践，创新性地将"I-P-O"理论引入员工画像的模型设计，构建了"基本素养、成长发展、行为表现和业绩成果"四个类别的画像指标体系，如图2所示。

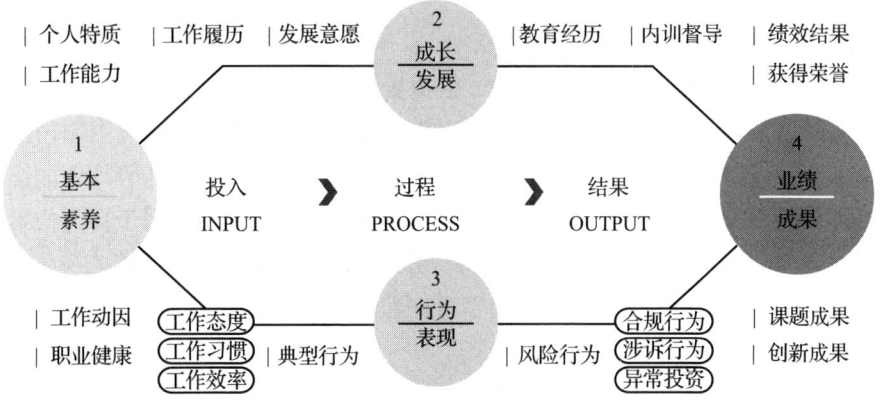

图2　中小银行人才画像指标体系

画像模型的四大类指标体系细分了14个二级指标，如基本素养维度细分个人特质、工作能力、工作动因、职业健康等二级指标。二级指标再细化成近80个三级指标，以便能够多维度、全方位地形成员工画像。

（二）基于画像应用的人才盘点

华益从画像应用的结果出发，基于应用场景来开展人才盘点工作。根据前期调研结果，确定C农商银行人才画像的应用重点在于人岗匹配性、后备人才选拔与培养、员工职级建设及员工行为风险预警这四个方面。

1. 人才盘点方案设计与实施

C农商银行人才盘点基于前面设定的人才画像模型，以岗位任职标准为核心确定人才盘点的评价指标，细分为通用能力和序列特性指标。通用指标主要包括计划执行、责任意识、学习创新和团队合作。序列指标主要包括营销能力、沟通能力、分析能力、全局意识、风险意识等指标。

针对各序列所需不同能力素质的评估方法，本次人才盘点采用员工自评、上级评价、心理测评、结构化面试相结合的方式。由于不同的测评方式所依赖的主客观程度不同，为保证最终评估结果的可靠性及科学性，不同测评方式在各项能力素质指标计算过程中所占的权重也不同。

此外，针对C农商银行员工职业发展通道不明确、选人用人机制不灵活、后备人才机制建设不健全等问题，上海华益还对职业发展通道、职业发展路

径、职业满意等方面展开盘点。

本次盘点对象为全行管理人员以及 35 岁以下且入行 2 年及以上的青年员工。整个盘点工作采用员工自评、上级评价、心理测评、结构化面谈等多种测评方法进行交叉验证分析，累计评价员工达 967 人次。

2. 人才盘点关键结论

（1）人岗匹配性分析。

上海华益采用九宫格分析模型，依据员工的能力与业绩两个维度进行员工人岗匹配性分析，通过绩效—潜力九宫格来预测员工个人与未来发展岗位的适配度、评估员工各项素质，发掘个人优势与亟须补足的短板，让管理者能够清晰地了解每一位员工的工作能力。位于方格 9、8、7 内的员工属于晋升的第一梯队，此部分员工共 87 人，占比 38%，方格 6、5、2 属于晋升的第二梯队，共 95 人，占比 42%。方格 4、3、1 为不适宜晋升的员工，共 46 人，占比 20%。

（2）职业路径分析结论。

华益还对该银行中层管理者的职业发展路径进行分析，从结果来看，C 农商银行仍然有超 30% 的管理人员没有信贷从业经历。管理人员没有经过客户经理岗位的锻炼，比较容易出现对风险的把控不足等问题，整体业务拓展也容易受到限制。同时，项目组对管理人员晋升前的职业发展周期进行分析，37%的管理人员晋升前在基层岗位的时间在 10 年以上，反映了普通员工晋升管理岗位的职业发展周期较长，说明该银行人才培养缺乏完善的体系与机制，容易出现管理层断档和年轻员工职业发展空间受限的两难境地。

（3）员工满意度分析结论。

华益在人才盘点过程中进行了员工满意度的分析。该银行不满意人数占比较少，仅有 2.68%。不满意的员工主要为操作序列员工，在不满意的员工人数中占比为 50%。通过对员工不满意的原因进一步分析可以看出，员工不满意的因素中职业发展远高于其他因素，这说明该银行的职业发展通道并不是非常通畅。

除了以上三个方面外，上海华益还对员工的职业压力、职业健康等方面进行盘点分析。

（三）人才画像场景应用建设

本项目采用的是针对画像应用场景进行配套积分模型设计，一个场景一个积分模型。这样可以大大提升人才画像的应用效果。

1. 员工职级场景应用建设

本次项目实现从"h"的职业发展通道向"H"的职业发展通道转变，形成了总行管理、支行管理、营销、专业管理、业务操作、柜面操作等多序列发展通道。每个员工既可以在通道内向上发展，也可以根据自身优势以及全行发展需要进行跨通道发展。华益基于以往经验及数据测算分析进行职等职级划分，确定 C 农商银行的职业发展通道及岗位序列等级矩阵，将每个职业序列划分为四个职等，每个职等又细分 2 ～ 4 个职级。

职等职级最终需要与岗位等级挂钩才能发挥多序列通道的价值。华益结合行业实践创新了符合银行业的岗级评估工具——将岗位、能力和业绩融合为一体的评价工具。其中，岗位分分为基础分和重点岗位分；能力分分为基础能力分和专业能力分；业绩分按照年度考评结果进行赋分。基于岗位价值积分模型，对所有员工进行员工职级的积分计算并最终转换为员工职级，并且将员工职级与薪酬水平相关联。中小银行工岗级积分指标体系见表 1。

表 1　中小银行员工岗级积分指标体系

岗位分		基础分	按岗位系数、支行、分理处等级确定
		重点岗位	关键岗位、对公柜、有证书要求、特殊任职资格要求
能力分	基础能力	学历	根据不同学历赋分
		职称	根据不同职称赋分
		资格证书	根据不同资格证书赋分
	专业能力	专业年限	不同序列不同方式（客户经理信贷从业年限，专业管理部室从业年限）
		专业评价	柜员、客户经理星级评价结果赋分；其他人员根据上级评价结果赋分
		专业荣誉	省联社内训师，省联社抽调参加检查、认定专业专家
业绩分		年度考核	年度考核优秀加分
		活动奖励	个人获奖成果
		违规积分	违规积分扣分

2. 员工风险行为预警场景应用建设

上海华益构建了包括合规行为、涉诉行为、异常投资行为的员工行为风险预警模型。合规行为主要是指员工日常工作过程中出现的违规积分，包括银行内部的合规行为信息和外部社会公民履职的合规行为；涉诉行为主要是指员工被法院、纪律查处的违法违纪的行为；异常投资主要是指员工银行账号与客户资金往来、信用卡套现等非正常的投资行业。本项目中通过建设系统收集员工行为相关信息，形成了员工信息、资产负债、风险行为、关系图谱等完整画像，并进行动态的监测，并在异常行为指标临近警戒线时自动发出预警提醒。员工风险行为预警模型与对应画像模型指标体系如表 2 所示。

表 2　员工风险行为预警模型与对应画像模型指标体系

序号	指标大类	指标小类	画像指标	场景适用指标	指标类型	标准分值	有效类型	取数规则
	画像模型指标体系					员工风险预警场景模型		
1	基本信息	个人情况	婚姻状况	√	考查类	已婚0分；未婚1分；离异2分	永久有效	系统取数
2	基本信息	家庭信息	家庭人员情况	√	关注类	—	—	—
3			亲属关系	√	关注类	—	—	—
4		社会资源	重要社会关系	√	关注类	—	—	—
5		职业健康	心理健康	√	测评类	根据人才盘点综合得分排名按照百分位赋分	1年有效	系统取数
6			生理健康	√	测评类		1年有效	系统取数
7			职业压力	√	关注类		1年有效	系统取数
8	个人能力	个人特质	兴趣爱好	√	关注类	—	—	—
9			个人特长	√	关注类	—	—	—
10		工作动力	性格倾向	√	测评类	根据心理测评得分排名按照百分位赋分	1年有效	系统取数
11			内驱力	√	测评类	根据心理测评得分排名按照百分位赋分	1年有效	系统取数
12			外驱力	√	测评类	根据心理测评得分排名按照百分位赋分	1年有效	系统取数
13	行为表现		合规行为	√	考查类	违规积分按比例折算	1年有效	人工上报
14		风险行为	涉诉行为	√	考查类	涉案涉诉5分/起	3年有效	人工上报
15			异常投资	√	考查类	视情节严重程度赋分，10分封顶	3年有效	人工上报
16	成长发展	职业发展	发展意愿	√	关注类	—	—	—
17	业绩成果		履职评价	√	考查类	不称职2分	当年有效	人工上报
18		绩效结果	考核结果	√	考查类	不合格2分	当年有效	人工上报

3. 后备人才选拔场景应用建设

通过前期的盘点，上海华益为该银行建立了管理、营销及专业后备人才库。本次盘点人员中，管理序列有16人被推荐为优秀管理干部/中层正职后备；专业管理序列有6人被推荐为中层副职后备；营销序列有13人被推荐为中层副职后备/专业管理后备；操作序列有32人被推荐为营销后备/专业后备。同时，该项目也进一步完善了后备人员的进入与退出、动态管理、后备培养等机制政策，并通过人力资源数字化系统进行全流程管控。

（四）人才管理数字化系统建设

本次项目是基于华益"CPS"的数字化转型模型来构建人才管理的数字化平台，首先对C农商银行员工基础数据进行整合，形成员工数字资产，然后通过建立数字化人才管理系统，将人才画像具体化、直观化地应用到人力资源管理中，为组织发展提供精准而前瞻的用人决策支持，实现无感而高效的过程管理。

1. 员工数字资产建设

此次项目基于画像模型，对C农商银行员工近80个指标的数据进行收集与沉淀，系统开发考虑到全方位的基础数据的获取、沉淀与应用，形成了银行员工非常重要的数据资产。数字化人才管理系统开放多种渠道获取员工数据，包括其他系统衔接、相关部门人员批量导入、员工主动填报以及外部员工社会行为的数据获取等。系统数据的广泛性和齐全性为后续画像应用奠定了非常坚实的基础。

2. 人才管理数字化系统

系统建设不仅要考虑系统本身的开发技术进行性，还要考虑系统的兼容性、开放性和使用的便捷性、智能化。本项目系统架构充分考虑人才管理数字化与人力资源管理、其他业务经营与管理系统的兼容性。同时，结合人才画像的应用场景模型和算法优化，大大提高了该银行在人岗匹配性、员工行为风险预警等方面的决策分析效果。本系统功能主要涉及员工基本数据、员工盘点、员工画像应用场景统计报表管理等模块，核心功能如下。

（1）员工基本数据管理。

①部门管理：可以新增、编辑、删除部门、中心、支行、网点等内容。

②岗位管理：可以配置岗位说明书，包括但不限于岗位名称、所属部门、岗位序列、岗位标签、岗位职责、工作权限、任职资格、工作环境等内容。

③员工管理：可以配置员工基本档案、员工合同档案、社会关系档案、员工工作档案、员工廉政档案等内容；同时，可以将各类档案形成员工职业生涯视图。

④重大事项管理：可以上报资产事项报告、负债事项报告和社会关系事项报告。

（2）员工盘点管理。

①人才测评：可以进行员工测评，包括员工职业健康、能力素质以及个性特质等内容。

②业绩测评：可以进行业绩评价，包括履职评价、业绩考核等内容；可以进行上级综合评价；可以进行同级和下级评价。

③专业笔试：可以进行专业笔试。

（3）员工画像应用管理。

①人岗匹配度：可以计算员工能力素质指标实际值与各岗位任职模型指标标准值的匹配程度，并根据匹配度高度展现岗位推荐清单。

②后备管理：可以计算员工在不同序列的后备分值，并根据分值标准推荐各序列人员建议名单。

③职级管理：可以计算员工职级岗位分、能力分和业绩分，并根据分数结果计算岗级结果。

④员工行为风险预警：可以计算员工各类风险指标，并根据风险积分及预警模型进行预警提示。

（4）统计报表管理。

①基础报表：可以进行各类画像指标信息的统计分析，并支持台账的批量导入、编辑、导出、打印等操作。

②可视化看板：可以将人才画像关键指标以图表形式呈现到可视化大屏上。

四、实施效果评估与绩效说明

上海华益秉持"以员工为根本"的发展理念，聚焦员工职业生涯全生命周期管理，人力资源管理由经验驱动向数据驱动转变，通过标签画像让每个人才的优势显现出来，通过员工画像让每个人才的"选、育、用、留"更具有针对性。银行在利差收窄的大背景下，推进人才管理数字化，可以大大提高银行人才使用效率和人力资源效能。

本次项目中，华益共提取员工画像模型共性指标74个，个性指标（各个序列）96个，通过完善所有画像指标数据，为总行选人用人提供了科学的参考；梳理员工行为事件231项，运用激励和约束体系，充分调动员工主观能动性。为C农商银行梳理制定各岗位说明书92份，胜任力模型通用胜任力及专业胜任力指标共计132个，为人力资源工作分析、招聘、选拔、培训与开发以及绩效管理奠定基础，也为各岗位层级人岗匹配度分析提供依据。华益为C

农商银行定制建设人才管理数字化系统，除人力资源日常管理流程、人事档案、统计报表外，员工画像指标、员工积分事件库、员工职业生涯视图等均嵌入在内，可通过手机 App 随时查询画像积分结果及应用场景达标进程。一系列转型措施极大地改变了 C 农商银行的人力资源管理模式，实现了人事档案及人力资源数据的信息化管理，为该银行内部数字化转型提供了有力保障。从工作效率来看，人力资源部原先需要手工处理的常态化报表通过系统统计减少了 25 张，相关人力资源管理流程办结时效提高了 30%；从经营效果角度来看，全行存款市场份额从项目进场时的 33.21%（2019 年年末）提升到 39.97%（2022 年 6 月末），贷款市场份额从 30.76%（2019 年年末）提升到 31.34%（2022 年 6 月末）；从人均产能角度来看，全行人均净利润从 28 万元（2019 年年末）提升到了 33 万元（2021 年年末）。

哈尔滨电气集团有限公司总部和直属单位"三定"咨询项目

中智管理咨询有限公司

中智管理咨询有限公司（以下简称中智咨询）是中智集团的重要子企业。公司长期深耕管理咨询，为国务院国资委、地方国资委、世界500强、中国500强、中央企业、地方国有企业、上市公司等提供专业服务。在为政府科学决策提供智力支持的同时，帮助企业在战略转型、组织变革管理、人力资源管理升级、数字化转型等方面长期赋能。

中智咨询成立于2003年，总部位于上海，并在上海、北京、广州、深圳、成都、武汉、西安、青岛等全国城市设立分公司／办事处，建立了覆盖华东、华南、华中、华北、西南五大区域的全国性管理咨询服务网络。经过10多年持续发展和不断变革，公司获得业内数10项顶级奖项和权威机构资质认证，是国内具有龙头地位的管理咨询机构。

中智咨询拥有一个管理咨询研究院，并建有国内领先的人力资源数据库和数字化管理平台，凭借强大的自研实力、精干专业的顾问团队和庞大的数据库优势，深耕制造、科技、金融、能源、建筑、汽车、医药等行业，为企业实现高质量发展提供智力支持。

本案例项目组成员

陈烈华，中智咨询高级咨询经理，拥有17年大型企业（多个行业）管理实践及企业中高层管理工作经历。在咨询工作中，参与企业"三项制度改革""双百企业改革""科改示范行动"等国企改革。曾为多家大型央企集团、地方国企、非国有企业提供大量组织、薪酬福利、绩效等相关咨询服务。服务客户如哈电集团、东风集团、中材国际、中铁十一局集团、黄冈高新区管委会、湖北长天通信、山东新能泰山、黑龙江省建设投资集团、港中旅（登封）嵩山少林文化等。

其他成员：卢松坡

导读

哈尔滨电气集团有限公司（以下简称哈电集团）为深入贯彻落实党的十九届四中全会精神，落实国务院国资委"总部机关化"专项整改要求，进一步全面深化三项制度改革，努力实现具有全球竞争力的世界一流装备制造企业发展目标，破冰前行，集团总部率先垂范，大力高效推进机构优化调整和"三定"工作。

一是确定集团机关单位总体编制，并建立了动态定编的长效机制。选取资产总额与人均资产管理量的比值和总部人数占集团在册人数的比值，作为动态定编的核心要素，权重各占50%。此外，还建立动态定编流程，每年第三季度末，人力资源部根据动态定编机制提出调整方案，履行公司决策程序。通过动态定编的机制与流程的确定，为今后集团科学定编提供有力依据。

二是确定岗位及岗位编制。建立以岗位价值为基础的微观定编策略，通过"突出强化核心岗位，合并精简一般岗位，彻底取消辅助类岗位"，公司总部将原有的176个岗位压减到120个，压减56个，压缩31.8%；原有编制234个，本次确定编制139个，压缩95个，压缩40.6%。将公司总部车队司机及办公室辅助岗位人员安排到实业公司系统，公司办公室委托实业公司系统提供服务，并支付服务费及相关税费，彻底地取消了公司总部的辅助类岗位。

三是解决人岗匹配、人员落座问题。采取全员竞聘上岗的定员方式，激发企业活力，调动员工积极性。

本次"定员"工作，坚持"有进有出、优胜劣汰"，实现人力资源的市场化改革，从而激发企业内生动力和活力，充分调动了全体员工的积极性、主动性和创造性。

哈尔滨电气集团有限公司总部和直属单位"三定"咨询项目

中智管理咨询有限公司　陈烈华

一、案例背景

（一）企业简介

1. 企业介绍

哈电集团是党中央管理的关系国家安全和国民经济命脉的国有重要骨干企业之一。由国家"一五"期间苏联援建的156项重点建设项目的6项沿革发展而来，是为适应成套开发、成套设计、成套制造和成套服务的市场发展要求，最早组建而成的我国最大的发电设备、舰船动力装置、电力驱动设备研究制造基地和成套设备出口基地。

哈电集团肩负起了"承载民族工业希望，彰显中国动力风采"的历史使命。几十年来，哈电集团恪守使命，模范地履行着中央企业的政治责任、经济责任和社会责任，紧紧依靠科技创新不断提升核心竞争力，很好地发挥了中央企业的带动力和影响力，走出了一条独具特色的"引进、消化、吸收、再创新"的成功之路，实现了我国发电设备制造水平和自主创新能力的新跨越，实现了发电设备由中国制造向中国创造的转变，为国家电力建设做出了重大贡献。

截至2016年年末，哈电集团注册资本19.9亿元，资产总额720亿元；从业人员2.55万人，其中专业技术人员1万余名（院士1人、享受政府特贴122人）。累计生产发电设备3.9亿千瓦，装备了海内外500余座电站，出口到亚洲、非洲、欧洲及南美等40多个国家和地区。

目前，拥有1个国家级企业技术中心，3个国家工程（技术）研究中心（国家水力发电设备工程技术研究中心、发电设备国家工程研究中心、国家防爆电机工程技术研究中心）、2个国家重点实验室（水力发电设备国家重点实验室、高效清洁燃煤电站锅炉国家重点实验室），以及4个博士后工作站和2个院士工作站。

2. 主营业务

哈电集团一直致力于中国装备制造业的振兴与发展，已形成核电、水电、煤电、气电、舰船动力装置、电气驱动装置、电站交钥匙工程等主导产品，核心技术能力达到世界先进水平。

3. 业务分析

（1）发电设备：核电、水电、煤电、气电、风电、其他新能源。

（2）驱动及控制设备：舰船动力装置、交直流电机、燃压机电、自动化继电保护、电工绝缘材料。

（3）通用及环保设备：辅机产品、石化容器、阀门、泵、风机、脱硫设备、节能及再生能源、海水淡化。

（4）现代制造服务：电站工程总承包、电站服务、贸易服务、综合服务、财务金融服务。

（二）项目背景

哈电集团为深入贯彻落实党的十九届四中全会精神，落实国务院国资委"总部机关化"专项整改要求，进一步全面深化三项制度改革，以及集团总部薪酬改革落地，需要人员配置准确性和人才效率提升，努力实现具有全球竞争力的世界一流装备制造企业发展目标，哈电集团破冰前行，集团总部率先垂范，大力高效推进"三定"工作。

（三）项目目标

通过深化三项制度改革，加强公司总部建设，打造一流的公司总部。全面贯彻落实公司"战略规划中心、经营决策中心、投融资中心、资源配置中心、风险管控中心"五个中心的功能定位和战略运营型管控模式要求。全面加强公司"经济竞争力、创新力、控制力、影响力、抗风险能力"的"五力"建设，完成集团总部"三定"工作，即"定岗、定编、定员"工作。

（1）核心目标是总部职能部门的人员定编，总部人员编制达到行业先进水平。

（2）确定岗位及各个岗位具体编制，拟定岗位说明书。

（3）建立激励与约束并重的动态编制调整机制。

（4）辅导定员工作，协助完成总部部门定员实施方案

二、诊断分析

（一）调研诊断

项目组采用岗位及工作量调查分析、现场访谈、联合项目小组讨论、问

卷法及工作写实法等相结合的方法，分析岗位工作特点和工作饱和度，综合各类因素确定岗位的编制、岗位及岗位说明书。

（1）访谈高管9人，部门负责人20人，处室36人，员工15人，实际访谈80人，访谈方式全部采用面谈。

（2）岗位及工作量分析调查表。对所有部门及岗位人员发放岗位及工作量分析调查表，共回收158份。

（3）资料调研。下发资料调研清单，共收到相关集团相关人力资源制度及相关企业信息资料231份。

（4）通过调研对标分析结果表明，哈电在其对标央企中目前人均资产管理量水平在25～50分位之间，总部与集团总人数占比50～75分位之间，总部人数在50～75分位之间。根据努力实现具有全球竞争力的世界一流装备制造企业发展目标，并同集团高管访谈，结合前面岗位及工作量分析，最终要实现综合达到对标企业75分位的先进水平。

（二）问题分析及优化措施

通过调研诊断，给出结论并提出优化措施。问题分析及优化措施见表1。

表1　问题分析及优化措施

问题	模块	问题分析	优化措施
1	总编制优化	总部职能机关有一定冗员现象存在	1. 定总部编制（宏观定编） （1）对标 （2）确定总编制 （3）建立动态定编机制和动态定编流程的长效机制 2. 定部门参考编制 以职能部门总编制数为基础，部门同比缩放为参考
2	岗位及岗位编制优化	1. 岗位名称机关化色彩较浓。 2. 总部集团辅助性岗位及人员较多。 3. 以前的岗位划分过细，编制难以控制，需对岗位进行调整	3. 定岗位及岗位编制（微观定编） （1）定编原则 （2）岗位名称调整（去机构色彩的岗位名称），合并岗位，减少岗位数量 （3）总部机关及直属单位不再设辅助类岗位 （4）定部门岗位及岗位编制 （5）优化岗位说明书及建立岗位管理的机制
3	人岗匹配	编制核减后，需解决人员落座问题	4. 人岗匹配 （1）协助人力资源部门做好人岗匹配问题，由客户来制定相关定员实施方案 （2）向客户提供岗位胜任力模型示例 （3）协助客户，采取全员竞聘上岗的定员方式，激发企业活力，调动员工积极性

三、方案设计与实施

（一）确定"三定"工作范围

本次"三定"项目范围，包括集团总部部门。

（二）确定定岗定编总体原则

（1）坚持精简、高效、满负荷、高标准、高要求的原则。

（2）坚持压缩精干管理部门，充实强化业务职能的原则。

（3）坚持大岗位理念，突出强化核心岗位，合并精简一般岗位。

（4）坚持总部部门不设置辅助岗位和编制的原则。

（三）咨询方案的整体设计思路

咨询方案整体设计思路如图1所示。

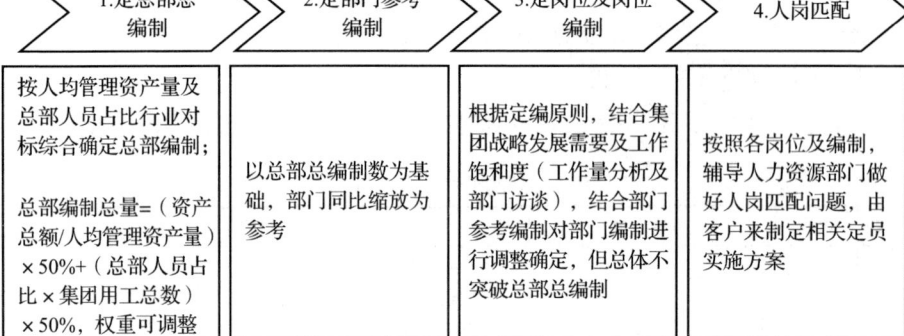

图1 咨询方案整体设计思路

1.定总部机关总编制

（1）对标：通过效能对标＋结构对标的方式确定参考总编制。

①效能对标：企业资产总额与选取对标企业人均资产管理量的比值。

②结构对标：对标总部人数占集团在册人数的比值。

③选取对标企业：根据四同原则，选取对标企业作为为参考。

（2）通过宏观定编，确定哈电集团参考总编制。

$$总部编制总量 = \frac{资产总额}{人均资产管理量} \times 50\% + (总部人员占集团在册人数比值 \times 集团在册人数) \times 50\%$$

（3）建立动态定编机制和动态定编流程的长效机制。

①确定动态定编公式：$= \dfrac{资产总额}{人均资产管理量} \times 50\% + (总部人员占集团在册$

人数比值 × 集团在册人数）×50%。

②通过建立动态长效定编机制，为未来哈电集团总部随着资产总量及集团总人数的变化，动态确定总部的用工总量提供依据。

③确定动态定编流程：每年第三季度末，人力资源部根据动态定编机制提出调整方案，履行公司决策程序。对于新设立机构及其他特殊情况需要定岗定编的，由人力资源部根据部门职责及有关情况，提出岗位和编制的设置建议，履行公司决策程序。

2. 定部门参考编制

以总部总编制数为基础，部门同比缩放，作为部门参考编制。

3. 定岗位及岗位编制

（1）定编原则：结合集团战略发展需要及工作饱和度（工作量分析及部门访谈），结合部门参考编制，对部门编制进行调整确定，但总体不突破初步确定的总编制。

①部门负责人岗位。

总部部门负责人岗位编制原则上设1正1副。部门总编制7个及以下的，按1个职数核定；部门总编制在8个及以上的，按1正1副核定。

总部职能部门正副职岗位名称分别为总经理和副总经理；党群部门正副职岗位名称分别为主任和副主任。

②处室负责人岗位。

处室负责人原则上设1职。总编制在7个及以上的，按1正1副核定。

总部职能部门处室负责人岗位名称分别为经理和副经理；党群部门处室负责人岗位名称分别为室主任和室副主任。

（2）定岗原则：树立大岗位理念，突出强化核心岗位，合并精简一般岗位（如：科技管理、科技创新、科技产权管理合并为科技事务岗；辅助岗位不设编制。）

①核心岗位：承接部门核心职能，牵头抓总部重要职能的岗位，且非事务性工作为主的岗位。

②一般岗位：可复制标准作业的岗位且在部门中从事事务性为主；

③辅助岗位：辅助性、操作类可替代的操作类岗位（如司机、打字员等）。其中辅助类岗位中对社会化程度较高、可替代性较强的岗位（如司机、打字员等），采用服务外包的方式予以实现。

（3）岗位名称调整（去机关化色彩的岗位称谓，如表2所示），合并岗位，减少岗位数量。

表 2　去机关化色彩的岗位称谓

去机关化要求	类别	哈电集团原来名称	其他央企业称谓	哈电集团改革后
建立市场化职级名称体系，规范总部机构名称和职务称谓	机构名称	办公厅	办公室、公司办公室等	公司办公室
	职务称谓	部门正职的岗位名称：部长	部长、部门总经理、主任等	职能部门改"部长"为"总经理"党群类改"部长"为"主任"
		处室正职的岗位名称：处长	处长、经理等	职能部门改"处长"为"经理"党群类改"处长"为"室主任"
部门内一般岗位要本着"专业突出，适度综合"的原则设岗	岗位名称	岗位＋职务；岗位没有统一岗位名称	岗位、岗位＋职务、职务	XXX岗，树立大岗位理念，合并精简一般岗位。例如，科技处保留核心岗位科技规划，其他科技管理、科技专利等事务性的工作合并为科技事务岗

（4）总部机关及直属单位不再设辅助类岗位。

①指导原则：坚持总部部门不设置辅助岗位和编制的原则。

②指导意见：公司办公室负责与实业公司对接，牵头落实辅助岗位人员服务外包工作，人力资源部、战略发展部、党建工作部等有关部门做好配合工作。

③落地实施：将公司总部车队司机及办公室辅助岗位人员安排到实业公司系统。公司办公室委托实业公司系统提供服务，支付服务费及相关税费，彻底取消公司总部辅助类岗位。

④协助人力资源部，制定《公司办公室辅助业务分立与移交实施方案》。

（5）定各个部门的岗位及编制。

通过进行岗位及工作量调查分析、现场访谈、联合项目小组讨论、人力资源部部长确认、分管领导意见、上会确定的流程，确定各个部岗位及编制。

（6）职能部门岗位与编制调整。

①各部门岗位变动情况：通过总部岗位梳理、调整岗位数。

②各部门编制变动情况：同比压缩的方式，压缩41%。

（7）优化岗位说明书及建立岗位管理机制。

①参照调研诊断岗位及工作量调查表分析。

岗位及工作量调查表分析：包括岗位名称、岗位汇报上、下级、岗位主要职能、部门及岗位在组织架构中处的位置、岗位权限、岗位职责及具体岗位的工作量大小等。

②确定岗位及岗位核心职能。

③优化岗位说明书。

④建立岗位管理制度。

为规范哈尔滨电气集团有限公司岗位管理，特制定岗位管理制度。适用范围：凡涉及公司范围内岗位的设立、合并、分立、撤销以及相关职责分工调整、定编的增减等均适用于本办法

岗位管理制度主要内容包括岗位设置与调整、岗位目录与定编等。

4. 协助人力资源部开展人岗匹配

根据公司总部"三定"工作的总体安排和部署，为积极稳妥做好定员工作，科学合理配置人力资源，激发广大干部员工工作的积极性、主动性和创造性，打造一流的公司总部，推动公司实现高质量发展，开展人岗匹配工作。

（1）基本原则。

①坚持党管干部、党管人才的原则。

②坚持岗位需求公开、聘用标准公开、竞聘程序公开、竞聘结果公开。

③坚持竞争性选任与组织选任相结合的原则。

④坚持竞争上岗、择优选任、人岗匹配的原则。

（2）程序步骤。

第一步，按照总部部门和直属单位新的岗位编制，在集团系统内发布招聘公告，公告1天。

第二步，党建工作部汇总各岗位报名情况，同一岗位有3人及以上符合任职资格条件的，通过竞争性选任程序确定人选；少于3人的岗位，采取组织选任方式，由领导小组按照人岗相适的原则确定人选。

第三步，总部部门负责人岗位的竞争性选任综合测试工作由党建工作部负责组织实施，按照先正职后副职的次序进行。召开集团党委常委会议，研究确定总部部门负责人。

第四步，竞聘未上岗的领导人员，可参加下一职务层次的岗位竞聘。

其他安排：本轮定员仍空缺的总部部门负责人岗位，由集团党委动议提名小组提出建议，确定岗位，进行公开招聘。

（3）协助制定方案：《公司总部部门定员实施方案》《关于竞争性选任公司总部部门领导人员的实施方案》《公司总部普通员工竞聘上岗指导意见》。

（4）实施原则：岗位需求公开、聘用标准公开、竞聘程序公开、竞聘结果公开；遵守程序、注重业绩、择优聘用；坚持标准、宁缺毋滥、人岗匹配；用人部门与员工双向选择。

（5）实施结果：总部通过与每位竞聘上岗员工签订能够胜任岗位绩效要求的承诺书，并通过"全体起立，全员竞聘上岗"方式按期完成定员工作。

（6）公司总部对所有竞聘上岗人员推行契约化管理，签订劳动合同与岗位聘用双合同。

四、绩效评估

哈电集团破冰前行，集团总部率先垂范，大力高效推进"三定"工作，总部岗位压缩33%，总部人员编制压缩了41%，取消了级别称谓，改"处"为"室"，建立了干部能上能下、人员能进能出机制。

（一）确定以宏观对标为依据的动态定编机制

集团建立了动态定编的长效机制，选取资产总额与人均资产管理量的比值和总部人数占集团在册人数的比值，作为动态定编的核心要素，权重各占50%。此外，还建立动态定编流程，每年第三季度末，人力资源部根据动态定编机制提出调整方案，履行公司决策程序。通过动态定编的机制与流程的确定，为今后集团科学定编提供有力依据。

（二）建立以岗位价值为基础的微观定编策略

通过"突出强化核心岗位，合并精简一般岗位，彻底取消辅助类岗位"，压减公司总部岗位数和编制数。同时，将公司总部车队司机及办公室辅助岗位人员安排到实业公司系统，公司办公室委托实业公司系统提供服务，并支付服务费及相关税费，彻底取消了公司总部的辅助类岗位。

（三）采取全员竞聘上岗的定员方式，激发企业活力，调动员工积极性

公司下发《公司总部"三定"工作实施意见》《公司总部部门定员实施方案》《关于竞争性选任公司总部部门领导人员的实施方案》《公司总部普通员工竞聘上岗指导意见》等系列文件，公司统一安排和部署，坚持岗位需求公开、聘用标准公开、竞聘程序公开、竞聘结果公开的原则，坚持遵守程序、注重业绩、择优聘用的原则；坚持标准、宁缺毋滥、人岗匹配的原则；坚持用人部门与员工双向选择的原则，并与每位竞聘上岗员工签订能够胜任岗位绩效要求的承诺书，最终总部通过"全体起立，全员竞聘上岗"方式按期完成定员工作。本次"定员"工作，坚持"有进有出、优胜劣汰"实现人力资源的市场化改革，从而激发企业内生动力和活力，充分调动了全体员工的积极性、主动性和创造性。

（四）实行契约化管理，建立了干部能上能下、员工能进能出的机制

公司总部对所有竞聘上岗人员推行契约化管理，签订劳动合同与岗位聘用双合同。通过岗位聘用合同确定公司和个人的聘用关系，以法律的形式明确双方责任、义务和权力，起到约束竞聘上岗人员的工作行为，激励人才更好地

发挥作用的效果。

（五）坚持考虑全、节奏快、落地稳，确保改革落实落地

（1）考虑全。

集团公司领导直接参与前期策划及方案制定的各个环节，甚至各个细节，开展了深入广泛的调研，对改革的每一项具体措施都进行了深入研究、反复论证和充分征求意见，以确保改革措施都能够落地实施。在改革方案策划和实施全过程，主要领导始终坚持一身正气、整体把控、实时跟进、及时协调、有力推动。

（2）节奏快。

从整个总部机构优化调整到"三定"工作改革再到人员安置，整体工作推进在两个月内紧张、有序、圆满地完成。

（3）落地稳。

按照公司下发的《公司总部富余人员分流安置办法（暂行）》文件，对未上岗的员工通过协商解除劳动合同，以内部退养、离岗歇工、内部转岗等方式进行妥善安置。

回顾这段时间工作，哈电集团总部领导及员工"思想统一，大局意识强，政治站位高"，改革取得实实在在成果，真正做到让党中央放心，让职工群众满意。通过本次全面深化改革工作，一个精简、高效、充满活力的集团总部，以崭新的精神面貌继续坚定不移地深化国有企业改革，全面推动质量变革、效率变革、动力变革，激发内部活力、动力，实现企业高质量发展，为推动我国经济持续健康发展增添新动力。

云南能投资本投资有限公司市场化薪酬及激励机制改革项目

中智管理咨询有限公司

中智管理咨询有限公司（以下简称中智咨询），是中智集团的重要子企业。公司长期深耕管理咨询，为国务院国资委、地方国资委、世界 500 强、中国 500 强、中央企业、地方国有企业、上市公司等提供专业服务。在为政府科学决策提供智力支持的同时，帮助企业在战略转型、组织变革管理、人力资源管理升级、数字化转型等方面长期赋能。

中智咨询成立于 2003 年，总部位于上海，并在北京、广州、深圳、成都、武汉、西安、青岛等全国城市设立分公司／办事处，建立了覆盖华东、华南、华中、华北、西南五大区域的全国性管理咨询服务网络。经过 10 多年持续发展和不断变革，公司获得业内数 10 项顶级奖项和权威机构资质认证，是国内具有龙头地位的管理咨询机构。

中智咨询拥有一个管理咨询研究院，并建有国内领先的人力资源数据库和数字化管理平台，凭借强大的自研实力、精干专业的顾问团队和庞大的数据库优势，深耕制造、科技、金融、能源、建筑、汽车、医药等行业，为企业实现高质量发展提供智力支持。

本案例项目组成员

刘君，现任中智咨询咨询总监。拥有 10 年以上管理咨询工作经验，多年来致力于国资国企改革咨询及人力资源管理咨询工作。

其他成员：徐瑶

导读

云南能投资本投资有限公司（以下简称云能资本）是隶属于云南省能源投资集团有限公司（以下简称云能集团）的二级全资子公司，是集团金融业务的主要承载者。为贯彻落实云南省国资委国企改革要求，响应集团"双百行动"改革工作，解决公司在市场化选人用人和市场化激励约束方面存在的核心问题，激发公司员工活力，在集团"三项制度"改革专项工作组和云能资本党委机制改革工作领导小组的工作指导下，云能资本作为集团市场化改革试点，聘请中智咨询共同开展了岗位价值体系设计、员工薪酬激励体系优化、员工绩效体系优化和职业经理人机制建设四个方面改革工作。

项目方案设计阶段为期近四个月，后期方案内部确认以及向集团汇报累计近一个月。项目有多项机制创新，特别是在业务人员层面，采用市场人均能效指导薪酬对标，以锚点薪酬法构建了动态管理的员工业绩年薪制，同时在员工绩效体系和职业经理人管理体系方面也做了多项新方法的尝试。项目也成了云南省国资国企市场化薪酬激励机制改革的标杆案例。

云南能投资本投资有限公司市场化
薪酬及激励机制改革项目

中智管理咨询有限公司　　刘君

一、案例背景

（一）客户情况

云能资本成立于 2013 年 7 月，是由云能集团全资设立的专业投资公司，注册资本 56.725 亿元。公司经营范围涵盖股权、债权投资及管理，受托资产管理，经济信息咨询服务等。公司成立以来，专注于各类金融投资业务，以昆明总部为管理核心，重点布局北京、上海、深圳等金融中心，相继在北京设立业务分部，在上海设立融资租赁公司、商业保理公司、在深圳设立基金管理公司，战略入股三峡资本控股有限公司、华能资本服务有限公司、国家电投集团资本控股有限公司、国核资本控股有限公司、曲靖市商业银行等。这几年，公司坚持价值投资为先导，在行业周期中不断发展成长，逐步建立起优质的资产底仓，资产配置和主动管理能力不断加强。

（二）咨询需求

云能资本成立以来，公司定位和业务规划持续动态调整，公司金融人才一直存在结构性缺员问题，资深金融投资从业人员较为缺乏，特别是供应链金融业务人才储备单薄，导致公司业务拓展能力、活力低于预期。虽然公司也就个别岗位试点了职业经理人和协议工资制的市场化激励机制，但只能起到局部激励作用，公司现有薪酬绩效管理机制仍不能系统性地解决公司人才激励发展与公司业务快速推进不平衡的问题。

为进一步深化人事制度、劳动用工制度和分配制度改革，吸引中高端金融投资人才，激发全体员工的积极性和主动性，增强公司经营活力和创造力，云能资本积极配合和支持集团工作安排，履行好"双百行动"试点单位的责任和职责，全面落实三项制度改革，在公司内部推行经营层职业经理人改革及全部中基层员工市场化薪酬激励体系改革，进一步完善了市场化经营机制，提升

了现代企业管理水平。

二、诊断分析

（一）调研诊断方法

项目采用了内部资料研读、员工访谈调研和外部资料调研三种调研诊断方法。

1. 内部资料研读

项目组共搜集了集团制度体系、集团/公司战略规划、经营管理数据、行业分析报告、组织机构、人员信息、职业发展体系、薪酬管理体系、绩效管理体系9个大项合计30余个小项的管理资料，并分类进行了研读，综合了解公司当前管理现状，初步定位市场化薪酬激励机制存在的问题，并进行原因分析预判。

2. 员工访谈调研

项目组针对公司所有中层和高层管理人员及部分基层员工代表开展了一对一的现场访谈调研，实际访谈超过50人。通过访谈补充当前公司管理现状和意见建议，同时对之前发现的管理问题和原因进行印证。

3. 外部资料调研

项目组开展了外部标杆案例分析和行业业绩薪酬数据调研。通过内部案例库和行业标杆案例分析项目成功经验，同时通过中智咨询调研中心，提取获得同行业、同区域、同类型、同规模的行业样本企业业绩薪酬数据库，为市场化薪酬激励机制设计提供了数据参考。

（二）调研诊断结论

1. 组织职位体系问题

（1）公司业务团队划分标准多样。近3年公司组织结构频繁调整，主要是因为业务团队逐渐成形，团队数量逐步增加，业务团队分工从全业务到细分业务类型，发展到目前的"业务类型+区域"分工模式。业务团队管理层级也未统一规范，各区域团队管理层级数量和管理角色不同，影响内部公平性。

（2）公司部分职能分工不尽合理。近3年公司职能部门进一步整合重组，战略规划、经营管理、产权管理等职能分工尚未明确。职能部门岗位设置与职位职衔概念混淆，人岗匹配度不高。

（3）人员结构不尽合理。管理人员数量偏多，占比近30%；业务人员数量较少，占比不足40%，管理幅度低，行政化色彩浓厚。

（4）公司岗位价值体系陈旧落后，职位发展通道设计一刀切，缺乏级别角色定位和人力资源管理要求，典型的唯资历论，通道只能上不能下。

2. 薪酬体系问题

（1）公司人均薪酬水平已位于行业 50 分位值左右，人均薪酬有一定竞争力，但内部分配结构不公平。

（2）公司人工成本利润率超过行业 70 分位值水平，与人事费用率的 30 分位值和人均薪酬的 50 分位值相比，公司工资总额仍有一定增长空间。

（3）公司不同层级员工收入分配结构不合理，专员一级的人均薪酬市场对标超过 60 分位值，部门经理级员工人均薪酬市场对标不足 30 分位值。内部分配导向出现本末倒置。

（4）业务类岗位人均收入水平外部竞争力不足且内部分配失衡。业务专员超过 50 分位值，业务经理总监均不超过 10 分位值，且同级别协议薪酬制员工薪酬对标皆超过市场 70 分位值。同时，不同细分业务条线业务收入差距大。部分成熟业务的业务专员薪酬水平超过市场 70 分位值，远高于培育业务同级别岗位的 30 分位值。

（5）员工现有宽带薪酬水平起薪低、宽度不足，各级间交叉重叠过多，同序列不同层级及不同序列同一层级间薪酬差距拉不开，存在典型的平均主义问题。

（6）中基层员工薪酬激励模式一刀切，普遍采用岗薪制，针对性不强。

3. 绩效体系问题

（1）公司绩效考核方案一年一定，缺乏长效机制，变动频繁，以致员工产生不安全感。

（2）员工绩效目标层层分解与管控，但未形成系统化的绩效目标和指标管理体系。

（3）业务部门考核指标针对性和导向性不强，且绩效工资发放延迟，无法及时激励。

4. 职业经理人激励考核问题

（1）经营层薪酬竞争力不足且内部未拉开差距，总经理低于 40 分位值，副总经理低于 10 分位值，且按传统国企方式定薪，未考虑岗位价值差异。

（2）集团现行的班子考核未与业绩建立足够的关联挂钩，激励约束力度不足。

（3）现有班子部分岗位实行职业经理人协议薪酬，与集团委任制干部薪酬差距过大，但考核却未明确切分，内部责权利不对等。

三、方案设计与实施

（一）职业经理人体系设计方案

1. 总体设计思路

为进一步提升公司经营管理人员专业化、职业化、市场化水平，通过市场化机制选聘职业经理人员担任公司高级经营管理人员，建立市场化选聘与契约化管理相衔接、有效激励与严格约束相统一的职业经理人管理机制；同时，提高职业经理人市场化管理程度，明确公司与职业经理人之间的权利义务关系，充分激发职业经理人团队的活力和积极性。

2. 具体设计方案

（1）完善职业经理人选拔、聘用和退出机制。对于职业经理人的选拔、聘用和退出，在党管干部的原则下，以公司党委为领导和组织机构，董事会为决策机构，融合审查、考察等方式，坚持民主集中制，建立完善的职业经理人选聘流程，公开发布选聘公告，进行集团内部选聘。建立劳动合同和聘用合同的契约化管理方式，明确责、权、利，约束退出条件和退出机制，建立负面清单，保障职业经理人和公司双方利益。

（2）建立市场化的职业经理人薪酬管理机制。为合理确定职业经理人的市场化薪酬水平，由中智咨询选取了21家全国及西南地区能源投资行业资本投资平台公司，参考行业经验，构建了以净资产、ROE（净资产收益率）和发展阶段三个维度为主要指标，权重分配分别为10%、60%和30%的综合对标定位模型，同时结合云能资本2019年和2020年经营业绩指标情况，计算出公司业绩对标分位值为P56.25和P57.79，用于指导职业经理人薪酬定位。由此，云能资本总经理、业务副总经理、非业务副总经理年薪总额分别确定为a万元、b万元和c万元（含15%的任期激励，任期激励于任期结束时根据考核结果兑现）；年度薪酬标准分别确定为A万元、B万元和C万元，按35：65的比例进行基本年薪和绩效年薪的比例划分。

（3）建立工效联动的职业经理人考核机制。以利润总额、ROE、经营性净现金流、国有资产保值增值率为主要经营业绩考核指标，以2019年预算相关指标扣除非经常性损益后确定基数；之后，按每年8%～15%的增长明确集团对公司的经营班子三年任期的经营业绩要求。同时，建立严格的职业经理人绩效管理机制，以业绩贡献为导向，计提绩效年薪的30%用于项目跟投，充分提高职业经理人的绩效考核力度和风险绑定。实施超额利润奖励，综合运用总结述职、业绩评定、调查核实和综合分析等方法开展评价，根据不同岗位设计不同考核指标，区分岗位职责，同时实行报告检查、重大事项及时报告、预警提醒等机制。

（二）中基层员工市场化薪酬绩效体系设计方案

1.总体设计思路

建立与市场接轨的云能资本员工市场化薪酬管理方案，建立以业绩为导向的绩效考核体系，使所聘用人员的薪酬与岗位价值、个人能力、个人业绩贡献及公司整体业绩要求紧密结合，突出以能力换业绩、以业绩换收入的市场化激励考核导向，更加注重聘用人员履职能力和工作业绩的考核，奖优罚劣，依据考核结果合理拉开收入分配差距，进行有效激励，吸纳和留住优秀人才，推动公司业务快速健康发展。

2.薪酬体系具体设计方案

（1）优化岗位价值评估体系。采用因素赋分法对公司岗位进行量化价值评价，合理拉开岗位价值差异、设计了职位发展的管理和专业双通道，划分了3个岗位序列及11个岗位类别，构建了基于岗位类别的差异化的职位发展通道，满足了员工职业发展和薪酬增长的双重发展需求。同时设立了职级缓冲区，用于人才见习及再培养专用职级。

（2）以能效对标结果指导人均薪酬对标结果，适当提高人均薪酬水平。为保证市场化薪酬绩效改革方案的顺利落地实施，中智咨询选取了21家全国及西南地区能源投资行业资本投资平台公司及30家供应链投资平台公司人均能效指标对标数据、投资行业及金融投资细分行业业务岗位年度薪酬对标数据作为对标样本，对公司各级各类岗位薪酬水平进行市场对标分析，并按如下原则进行薪酬标准的优化与调整。

①以匹配公司2019年人工成本利润率在市场上的分位值（P68）为依据，调整公司工资总额预算。

②优先解决业务人员与非业务人员收入分配结构不合理问题，提升业务人员收入水平到市场合理价位。

③适当提高风控法务及监督人员收入水平，为强化公司风控法务和监督人才队伍建设奠定基础。

④解决非业务部门内部不同层级间分配结构不合理问题，适当提升中层管理人员收入水平。

（3）分级分类建立差异化的薪酬激励模式。

①以岗位价值评估为基础，以岗位类别为依据，针对业务部门、职能部门和特殊人才分别建立业绩年薪制、岗位绩效工资制和协议薪酬制三种薪酬管

理模式，分岗位、分层级设定年度薪酬中固定薪酬及绩效薪酬的占比（业务类岗位绩效薪酬占年度薪酬总额 50%～65%，职能类岗位薪酬绩效占年度薪酬总额 20%～35%），突出业务部门业绩导向、职能部门绩效导向、特殊人才贡献导向，将岗位薪酬水平、薪酬结构与岗位价值、人员胜任力和绩效表现充分挂钩。

②在针对业务序列岗位的薪酬确定方式上采用基于人工成本利润率计算工资水平与利润目标之间关联的方式，形成锚点薪酬表，用于确定标准配置业务团队的薪酬水平及业绩目标值。当团队业绩目标不变时，按"增人不增资、减人不减资"的原则确定团队薪酬水平，以实现市场化薪酬机制的保健性和激励性的有效统一，从而提高内部公平性。

（4）优化超额利润奖励和其他专项奖励。

①优化公司及团队超额利润奖励，确定公司超额完成公司年度利润目标的，按超额利润的 5%～10% 计提超额利润奖励。业务团队超额完成团队年度利润目标的，经公司审议，可提取超额利润的 5% 用于团队超额利润奖励，充分认可公司及团队全员的贡献和付出。

②增设战略项目投成奖，剥离战略项目利润目标考核的重大影响。由公司根据项目分类和贡献情况，按项目投资规模一定比例确定奖励金额，体现项目承揽、投放的价值贡献，同时投成奖全部用于投成项目的跟投（具体办法另文规范）。

③增设业务团队人工能效奖，按照"减人不减资"的原则，业务团队业绩目标达成后，业务团队因人员缩编或低配，团队工资总额与标准团队配置工资总额相比有结余的，将业务团队结余工资总额的 60% 作为人工能效提升奖，奖励缩编或减配后仍完成业绩目标的业务团队（见图1）。

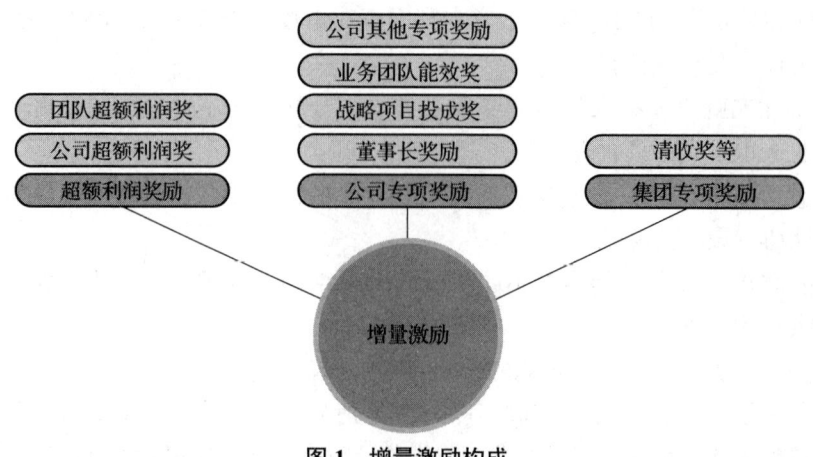

图1 增量激励构成

3.绩效体系具体设计方案

（1）优化考核内容分类，实行部门、个人分级考核和季度、年度多周期考核的有机整合。基于对业绩、能力、行为态度等考核因素，将考核内容分为经营业绩考核（经营业绩指标、重点工作目标、约束指标）和综合评价（行为、能力、态度评价）两个方面，建立指标库，优化指标和目标考核办法，并结合不同层级、不同周期进行差异化的考核内容和结构设计，以体现差异化和针对性。

（2）调整战略项目考核方式。把战略性投资或承接的投资项目（如华能股权投资等项目）按项目投资规模分段计提管理绩效，计入业务团队利润目标，同时保证管理绩效目标不超过团队年度利润目标的30%，有效控制战略性项目对业务团队业绩完成情况的影响，让业务团队将主要精力转移到新增项目和新增利润上，强化绩效考核的导向作用。

（3）完善绩效考核结果的应用方式。使部门（团队）和个人考核结果应用层次更为清晰。公司员工个人考核结果转化为调节系数，直接应用于其绩效薪酬的核发。同时，公司员工的个人年度绩效考核结果将作为薪酬标准调整、岗位调整、晋升降级和是否聘任的重要依据，如员工年度考核结果不理想，公司可通过调岗、培训、降级、降薪、退出等多种方式进行相关处理，以实现员工"能上能下、能进能出"的管理机制。

（4）持续优化跟投管理机制。为解决原跟投机制的跟投通道及资金来源的限制问题，公司在推进市场化薪酬激励体制改革工作的同时，优化了跟投管理办法，明确了公司领导班子和确定跟投部门的员工，以上年度应发绩效薪酬30%和所获得的投成奖励作为本年度跟投资金，统一参与投资项目的模拟跟投。同时后台员工也可以自有资金在年度应发绩效薪酬30%的额度自主选择参加公司投资项目的模拟跟投，从而实现了业务风险共担与利益共享机制（云能资本跟投管理办法另行文报集团审批）。

（三）模拟跟投机制设计

为解决原跟投机制的跟投通道及资金来源的限制问题，公司在推进市场化薪酬激励体制改革工作的同时，优化了跟投管理办法，要点有如下五个方面。

（1）适用对象：公司领导班子和前中台部门员工。

（2）资金来源：一是上年度应发绩效年薪的30%；二是所获得的投成奖励。

（3）跟投项目：战略性股权投资项目。

（4）跟投方式：模拟跟投或实时跟投。

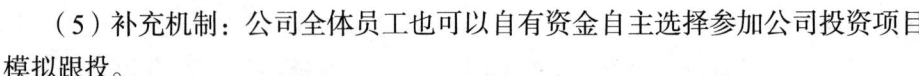

（5）补充机制：公司全体员工也可以自有资金自主选择参加公司投资项目模拟跟投。

（四）市场化薪酬激励体系落地实施

1. 套改原则

（1）兼顾公平。总体按照岗位市场对标的薪酬水平进行套改，适当拉开业务岗位与非业务岗位员工之间的薪酬差距，适当拉开中层管理岗位与一般管理岗位员工之间的薪酬差距。

（2）平稳过渡。充分兼顾职能部门一般管理岗位员工历史薪酬水平，在其岗位宽带薪酬水平覆盖得了的前提下，尽量平稳套入新的薪酬体系，使薪酬水平不产生大的波动，以保证人员的相对稳定性和安全感。

（3）动态调整。薪酬的晋降和调整与岗位发展通道、任职资格体系、绩效管理体系联动，以确保未来薪酬能升能降，公平合理。

2. 薪酬套改结果测算

为解决云能资本长期以来人均薪酬水平低于市场薪酬合理水平的问题，充分提高公司薪酬的外部竞争力，按照设计方案，云能资本进行了公司2019年及2020年员工工资总额模拟套改测算对比分析。具体变化情况如表1所示。

表1　云能资本各类人员改革前后工资情况变化表

序号	部门（业务组）（含北京、深圳）	人数	工资总额 / 万元		人均工资 / 万元		增长率 /%	平均市场分位值
			改革前	改革后	改革前	改革后		
1	领导班子	—	—	—	—	—	64.04	P48.97
2	昆明业务部	—	—	—	—	—	104.52	
3	原供应链业务组	—	—	—	—	—	64.79	P61.02
4	新增供应链业务组	—	—	—	—	—	0	
5	北京 / 深圳业务分部	—	—	—	—	—	0	
6	职能部门	—	—	—	—	—	9.69	P59.75
7	监督部门	—	—	—	—	—	13.87	
	合计	—	—	—	—	—	28.12	

本次模拟套改工资总额基数增加，人均工资增幅为28.12%。领导班子人均工资增幅为64.04%，套改后工资对标市场的平均分位值为P48.97；业务人员人均工资平均增幅（全口径）为57.20%，套改后工资对标市场的平均分位值为P61.02；非业务人员人均工资平均增幅为11.4%，套改后工资对标市场的平均分位值为P59.75，其中职能部门人均工资平均涨幅为9.69%，监督部门人均

工资涨幅为 13.87%。领导班子和业务人员人均工资增幅明显高于非业务人员增幅，风控法务及监督人员人均工资增幅高于其他职能人员增幅，且大部分增长用于绩效工资部分的增长，符合市场化薪酬激励导向，同时也在一定程度上带来了工资总额的增长。

3. 改革方案落地中特殊情况的处理

为保证市场化薪酬改革的平稳落地，保持公司核心骨干人员的相对稳定性，公司在改革方案落地中的几个特殊情况按以下原则处理。

（1）异地业务分部聘用人员继续实行协议薪酬制，维持其原有薪酬标准不变；异地业务分部工资总额等相关事宜，继续采用一事一议报集团备案的形式执行。

（2）为保证非业务人员平稳过渡，针对现有人员薪酬水平在市场对标中出现分位值较高的情况，即考虑历史薪酬水平套入较高薪档的员工，进行绩效考核结果晋档冻结，冻结期为 2 年，解冻后根据晋降级评定周期重新定级入档，但因绩效考核结果降薪的不予限制。

（3）体制内转身的职业经理人的处理原则如下。

①未参加选聘或选聘后落选的人员，由集团统筹安排（保留职级）。

②集团内选聘的职业经理人，与集团或原所在公司解除《劳动合同》后，与云能资本签订《劳动合同》，其在集团内的工作年限视为云能资本工作年限。

③任期内退出的职业经理人，建议依次按如下三个原则进行安排：一是纳入集团职业经理人库管理，由集团进行统筹安排；二是由云能资本提出申请，集团做统筹安排（不保留职级）；三是由云能资本在公司内进行调岗安排。

④根据《云南省国有企业违规经营投资资产损失责任追究办法（试行）》（云政办发〔2017〕11 号）、《省属企业违规经营投资资产损失标准》（云国资规划〔2019〕111 号）相关文件，公司对该事项在聘用人员聘用协议中予以明确。

4. 落地实施计划

（1）按照授权，职业经理人选聘及后续工作应由集团统筹安排。

（2）成立云能资本市场化薪酬绩效改革实施工作领导小组，以上方案待集团审议通过后，牵头组织员工薪酬绩效改革工作的落地实施，相关配套制度自 2020 年 1 月开始试运行。

5. 需集团支持的事项

（1）申请集团同意云能资本市场化薪酬绩效改革整体方案及相关配套制度。

（2）申请集团同意云能资本当年调整工资总额预算。

（3）申请集团同意云能资本市场化薪酬绩效改革落地实施计划。

四、绩效评估

1. 案例总结评估说明

（1）项目合规。云能资本此次市场化薪酬激励体系改革以市场能效对标指导市场薪酬对标后，公司人工成本利润对标分位值与套改后各类岗位工资对标的平均分位值趋近，且公司工资总额的增长率低于公司利润总额增长率，工资总额的变动可与公司效益紧密挂钩。云能资本此次改革中利润和工资总额的核定原则符合省国资委对三项制度改革和工资总额管理的总体要求。

（2）项目创新。业务类岗位采用业绩年薪制，根据人均能效和薪酬水平对标情况，在锚点薪酬表中谈判确定人员薪酬，使得相应薪酬水平对应的人工成本利润率不下降。

2. 案例项目实施效果

为匹配公司薪酬水平，按照经营业绩与工资总额增长的关系，根据云能资本 2019—2020 年利润总额预计值进行测算，公司利润总额、工资总额、人工成本利润率相关指标规划如表 2 所示。

表 2　云能资本三年经营业绩目标规划

各年度指标	2019 年预算值	2019 年模拟套改测算	2020 年预算值	增长率 /%（2020 年目标值与 2019 年模拟套改值相比）
利润总额 / 亿元（剔除三峡）	/	/	/	8.16
工资总额 / 万元	/	/	/	5.18
人工成本总额 / 万元	/	/	/	5.18
人工成本利润率	/	/	/	
人工成本利润率对标分位值	P68	P61	P62	

从上表可以看出，公司 2020 年利润与 2019 年相比，增长率为 8.16%，2020 年工资总额（含领导班子任期激励）与 2019 年模拟套改后相比增长率为 5.18%，核心经营业绩目标呈现显著的增长。这是市场化薪酬激励机制带来的明显效果。

此外，在项目方案主体设计阶段之后，公司持续补充招聘人员，同时开始与业绩年薪制团队进行目标和团队人员结构调整的协商谈判。项目经理人制度体系获得集团和省国资委批复以后，省国资委协助发布了经营层职业经理人后备人选招聘通知，目前人员已到岗。

F 公司预算管控模式优化咨询

北京英大长安风险管理咨询有限公司

北京英大长安风险管理咨询有限公司（以下简称风险咨询公司）于 2009 年注资成立，属于英大长安公司控股子公司，目前持股 90%，国网英大集团公司持股 10%。作为国网公司旗下的专业风险管理咨询机构，风险咨询公司自成立以来，持续为国网公司系统各单位提供风控、内控及合规管理等技术支持服务，累计承担实施咨询项目近千个。目前，公司下设两个职能部门和 6 个区域业务部门，全口径从业人员 95 人，公司是中国企业联合会第七届管理咨询委员会副主任委员单位，2012 年以来每年均入选"中国管理咨询机构 50 大"榜单，先后两次被评为"最值得依赖的中国管理咨询机构"，入选工业和信息化部首批"全国企业管理咨询机构推荐名录"，入围国网公司"首批服务国网风控工作的管理咨询机构"。承担的咨询案例两次获得国际管理咨询协会"君士坦丁奖"提名奖，多次获得国网公司管理创新成果奖、软科学成果奖、中企联"中国管理咨询优秀案例"等多个荣誉称号。

本案例项目组成员

尚常凯，多年电网行业风险管理咨询经验，熟悉电网业务预算管理模式、熟悉电网企业成本效益分析相关课题研究模式。具备注册会计师、中级会计师等证书，精通企业风控、内控、税务、审计、成本与预算管理等业务流程及相关政策法规与实务知识。

其他成员：杨琴、周敬萱、杨玉涵

导读

　　为准确预测经营成果，动态跟踪经营指标，做到措施有效，目标可控，F公司开展多变经营环境下预算管控模式优化研究，通过研究和探索各种经营不确定影响因素，以及企业经营内在机理和规律，在统筹平衡多元经营目标的基础上，结合当前滚动预算、零基预算模式，研究符合公司经营环境的预算管理模式、方法和模型，增加各项经营目标和外部环境变化之间的联动反应，以便能更有效地应对外部环境变化的动态性与复杂性，从而进一步发挥预算价值引领和资源配置功能，助力公司保持稳健经营。

　　通过分析公司预算管控模式现状，完成预算管控模式优化方法、模型和配套机制研究探索；通过研究公司经营不确定影响因素，利用支持向量机回归、随机森林、弹性网络等技术手段，完成总体经营目标和售电量、售电价等影响因子之间关联关系梳理；通过将电量、电价等业财数据整合、清理、变换，并融合回归子模型、时间序列子模型，构建适应多变经营环境下的公司年度经营预测模型以及月度滚动预测模型，并设计配套经营预测表样，优化了预算编制模式，为科学制订经营目标和发展规划提供量化支撑。

F公司预算管控模式优化咨询

北京英大长安风险管理咨询有限公司　尚常凯

一、案例背景

(一) 公司简介

F公司是国网公司所属大型地市供电企业，经营范围包括电力供应、电网规划、建设管理、经营管理、电网调度等，服务客户409万户。F公司共设本部职能部门12个、业务支撑和实施机构18个、县公司8家，党组织机构287个，共有职工7867人，党员3368名。供电区域有500千伏、220千伏两个电压等级主干电网，220千伏电网形成"沿江双环、南北两翼"结构，110千伏电网形成以单链、"T、π"混合接线为主的合理分区网架结构；地区电网拥有220千伏、110千伏及35千伏变电站共241座、线路6513千米。近年来，F公司相继获评"全国文明单位""全国五一劳动奖状""全国安康杯竞赛优胜单位""国网公司先进集体"等荣誉，公司党委获评国网公司红旗党委、党建工作专业标杆。

(二) 研究背景

当前，国内外经济形势复杂多变，公司经营仍面临较大不确定性。一是受新冠疫情反复影响，世界经济复苏面临不确定性，不平衡局面仍将持续，全球产业链供应链受到冲击，大宗商品价格高企，增大了通胀压力。二是在宏观政策跨周期调节下，我国经济保持复苏态势，逐步回归增长常态，同时也出现新的下行压力，在高基数的基础上保持平稳运行将面临诸多挑战。三是售电量预测是电网企业发展规划和经营计划的基础，准确的售电量预测能够使电网企业通过预算收入合理安排支出，但受煤价气价高企、燃煤核电等机组检修、风水光电有效出力不足等多种因素叠加影响，当前公司电量增长面临不确定性，这对公司中长期售电量预测的精准度及总体经营目标的实现提出了更高要求。

(三) 需求目标

为准确预测经营成果，动态跟踪经营指标，做到措施有效，目标可控，F公司结合内外部发展多变形势及公司内部发展要求，开展多变经营环境下预算管控模式优化研究：结合公司目前已有预算管理模式及手段，通过研究和探索各种经营不确定影响因素，以及公司经营内在机理和规律，在统筹平衡多元经营目标的基础上，结合当前滚动预算、零基预算模式，研究符合公司经营环境的预算管理模式、方法和模型，增加各项经营目标和外部环境变化之间的联动反应，以便能更有效地应对外部环境变化的动态性与复杂性，从而进一步发挥预算价值引领和资源配置功能，助力公司保持稳健经营。

二、公司经营预测现状分析

（一）经营预测存在问题

一是售电量预测方面。现有模型只是实现了售电量年度预测，且售电量预测的计算逻辑更多基于专家估计，较难挖掘售电量增长变化潜在的多种影响因素，难以确保预测模型效果的可靠性，且模型并未全面分析售电量及对应的敏感性因素之间的影响程度和敏感性程度。

二是经营预测周期方面。现有测算模型可以实现对公司的中长期经营预测，但是无法实现短期月度滚动预测，模型的预测周期维度不全面，无法实现短期预测与中长期预测衔接。

三是预测模型适用性方面。各供电公司在经营目标与主要不确定性影响因素及影响机理、指标与因子关联性关联强度、取值逻辑口径等方面不完全相同，比如所辖区县的电量用户类型、各辖区县各类用户用电量的增减幅度、各公司经营目标主要影响因素都不尽相同，如果只建立适用于某一供电公司的一套预测模型，那么在同类型供电公司推广时模型预测的准确度可能会降低。

四是预测标准方面。基于专家估计的财务预测方面，现有预测模型针对财务口径各明细因素的预测带有较大的人为判断因素，不同人针对同一变量的假设参数预测可能口径不一，主观性较强，未形成统一的标准。

（二）经营预测分析总结

为解决现有模型在经营预测周期、经营预测模型适用性等方面存在的问题，同时为更好地反映各供电公司的实际经营情况，有必要在公司现有经营预测模型基础上结合各供电公司业务实际进行本地化改造，以建立适用于各供电公司经营目标的经营预测模型，提高预测的针对性、适用性、准确性。此外，公司外受新冠疫情、双碳政策等经济形势影响，内受电量增速放缓、电价空间受限、成本刚性上升、改革任务繁重等多重因素影响，公司经营环境更加复杂多变，开展多变经营环境下的预算管控模式优化研究，对于实现公司经营目标非常必要且意义重大。

三、构建经营预测模型

通过构建售电量预测模型，系统梳理经营目标主要影响因素及关联度变化特征，实现月度、年度售电量滚动预测；通过设计年度及月度总体经营预测表样，在完成现有经营预测模型本地化改造的基础上，因地制宜地实现公司未来年度及月度收入、成本、利润总额等主要财务指标的预测，进一步发挥预算价值引领和资源配置功能。

（一）构建售电量预测模型

针对长期以来影响售电量预测精准度的影响因素多、电量增长波动大、现有预测模型准确度低等难点、痛点，F 公司通过研究售电量相关特征变量，包括疫情、节假日、人口规模等外部影响因素，电量环比、用户用电类型等内部影响因素，基于回归预测子模型与时间序列自回归子模型组合，构建月度、年度售电量预测模型，实现对未来月度及年度售电量波动时序的科学预测。

1. 模型设计思路

考虑到预测目标电量的复杂性及历史样本数据积累较少的小样本特点，本文将应用模型组合预测的思路，采用包含回归算法、时间序列算法的组合预测方法进行建模：分别构造回归预测子模型与时间序列子模型，并将两类子模型预测结果进行加权，最终输出电量预测值。组合预测方法综合了回归算法预测过程简单、时间序列算法自回归、所需样本数据少、方法简单易行等优点，克服了回归算法所需样本数据多、考虑因素不全将影响预测精度等缺点，对月度、中长期电量具有较强的预测能力，且预测精度比单一预测方法要高。

2. 模型理论方法

（1）回归类子模型。

月度售电量预测模型利用支持向量机回归、随机森林、弹性网络、极端梯度提升、LightGBM、神经网络模型六种算法模型，对每个模型采取网格搜索等寻优方法寻找最优参数，并综合比较模型效果，舍弃神经网络等对样本量要求较高的模型，选定支持向量机回归、随机森林、弹性网络、极端梯度提升、LightGBM 作为月度售电量预测回归子模型算法。

（2）时间序列子模型。

通过尝试行业内主流时间序列方法如 ARIMA 模型（自回归积分滑动平均模型）、季节调整 SARIMA 模型（季节性差分自回归滑动平均模型）、基于深度学习的 Autoformer 模型进行电量数据时间序列自回归拟合，基于训练集对上述算法的模型进行参数寻优，并结合模型在测试集上的表现效果对比来看，选取了 SARIMA 模型作为月度售电量时间序列子模型算法。

（3）构建模型组合。

利用多模型进行组合预测是通过寻找和确定各子模型适当的权重，将对

各单一子模型的预测结果进行加权求和并输出为最终预测值。在子模型权重设计方面，通过对比算术平均法、最优权数法、方差倒数法等方法产生的模型效果，确定以最优权数思想的广义线性回归模型进行各子模型权重求解，即将多个算法构建的回归子模型和时间序列子模型预测值作为特征项输入，通过构建多元线性回归模型求解各子模型的权重系数。多元线性回归模型是指模型由多个特征作为自变量 x，构成最优组合，共同预测或估计因变量 y，其中权重值 w 是每个特征的回归系数。

$$y=w_1 \times x_1 + w_2 \times x_2 + \cdots + w_n \times x_n + b$$

利用上述方法，得出各个子模型的权重系数。

①月度电量各子模型的权重系数及多元回归模型如下。

y=8462.90−0.02758× 弹性网络子模型 −0.2762× 随机森林子模型 +0.2989× LightGBM 子模型 +0.9735× 极端梯度提升子模型 +0.0265×SARIMA 子模型。

②年度电量各子模型的权重系数及多元回归模型如下。

y=−3165641.58+0.0386× 支持向量机子模型 −0.2405× 弹性网络子模型 +1.0097× 随机森林子模型 +0.4810× 极端梯度提升子模型 +0.1119×SARIMA 子模型。

3. 特征变量分析

（1）特征变量构造。

根据大工业用电、居民生活用电、商业用电、非居民照明用电、农业生产用电、非普工业用电、趸售用电和售给外省电量八大板块，对影响各板块的共性因素和个性因素按内外部两个维度分别进行详细特征梳理和汇集。

（2）特征变量筛选。

以当前时点去滚动预测未来多个月度和年度的售电量时，特征选取不仅要考虑到其与售电量的相关性，也要从数据可得性、可获取性、可操作性等方面综合考虑，避免实际使用模型时因选入未来穿越变量而无法预测的情况。

未来穿越变量是指经过数据分析，发现某变量与目标预测任务售电量高度相关，但在对未来目标任务预测时，此变量却无法获得真实值，如以 4 月为当前时点，预测年底 12 月的售电量，变量"温度""月度工业生产总值"具有高度相关性，但其在 12 月的值却未知，导致用此变量预测 12 月售电量变得不可能，此变量即为未来穿越变量。

目前，识别出的未来穿越变量包括未来月份的 GDP、工业生产总值、规模以上工业增加值、第三产业生产总值、社会消费品零售总额、商品零售价格指数、常住人口规模、城镇化率、居民人均可支配收入、平均温度等，因此不将其纳入模型。

识别出的非未来穿越变量，即当前时点能够知晓未来取值的变量将纳入模型，包括是否为假期月份（五一、国庆和春节）、未来该月天数、未来该月所属季节、未来该月是否为春节月份等数据，也包括各用电板块电量环比、电量同比和环比几个月电量规模情况等与目标变量总售电量具有极强相关性的数据信息。

综上，影响电量预测的相关特征变量如表 1 所示。

表 1　影响电量预测的相关特征变量

变量是否入模	分类	特征变量	与售电量相关性趋势	特征变量对模型的重要性排序
入模变量	总售电量	环比 1 总售电量	正向	1
		环比 2 总售电量	正向	2
		环比 3 总售电量	正向	3
		同比总售电量	正向	4
	板块同比历史售电量	同比非居民照明用电量	正向	5
		同比商业用电量	正向	6
		同比大工业用电量	正向	7
		同比居民生活用电量	正向	8
		同比非普工业用电量	正向	9
		同比农业生产用电量	正向	18
	板块同比历史平均电价	同比非普工业用电平均电价	负向	11
		同比大工业用电平均电价	负向	12
		同比非居民照明用电平均电价	负向	13
		同比农业生产用电平均电价	负向	21
		同比商业用电平均电价	正向	17
		同比居民生活用电平均电价	正向	19
	突发事件	是否有疫情	负向	14
	周期性事件	所属月份	波动	10
		是否为春节月份	负向	15
		该月天数	正向	16
		所属年份	波动	20
非入模变量	周期性事件	该月节假日天数（除春节外其他节假日）	—	—
	板块内部数据	大工业检修计划	—	—
	宏观经济数据	GDP、工业生产总值、规模以上工业增加值、第三产业生产总值、社会消费品零售总额、商品零售价格指数	—	—
	人口情况	常住人口规模、城镇化率、居民人均可支配收入	—	—
	气候环境	月平均温度	—	—

4. 构建预测模型

（1）月度售电量预测模型总体思路。

月度售电量预测模型总体思路框架如图 1 所示。

图1 月度售电量预测模型总体思路框架

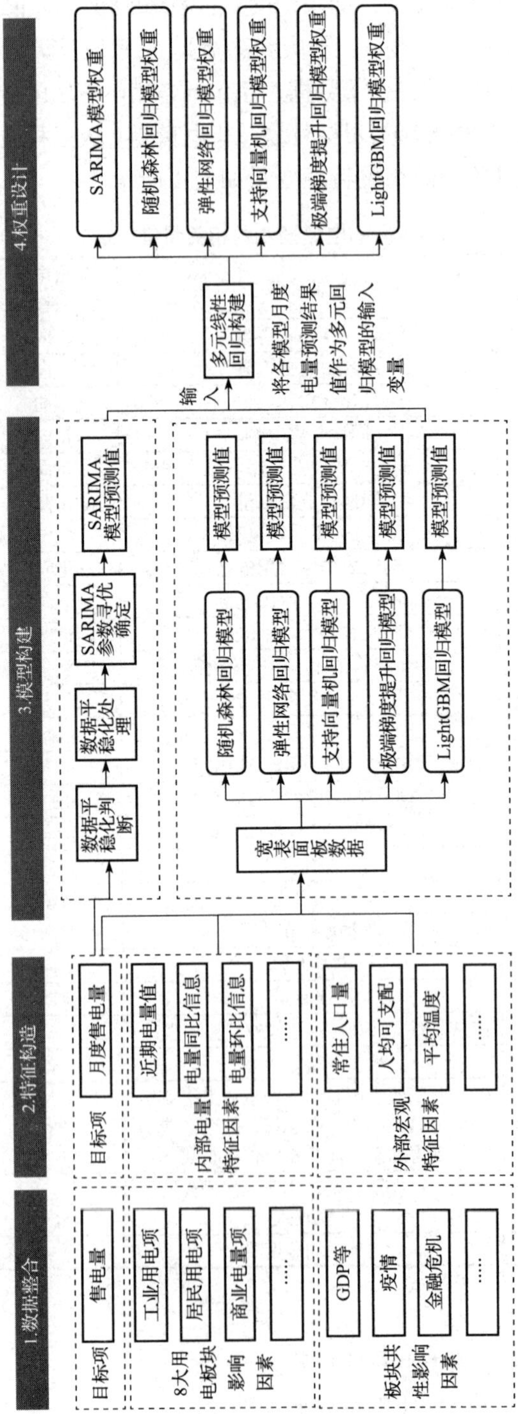

根据算法对数据的要求特点，利用内部电量和外部宏观特征及月度售电量分别构建随机森林、弹性网络、支持向量机、极端梯度提升和 LightGBM 等回归类子模型，利用月度售电量自身信息构建时间序列 SARIMA 子模型，将各子模型预测结果作为输入特征，利用月度售电量数据作为目标项，构建多元线性回归模型，以获得各子模型权重，从而融合各算法的预测结果，提升模型整体预测精度。

（2）年度售电量预测模型总体思路。

本次年度售电量预测模型总体思路框架如图 2 所示。

年度售电量模型同月度售电量模型框架的设计思路基本一致，由于年度历史电量数据样本量偏少，采用变换的思想对年度售电量模型进行构建，即以季度售电量信息为目标任务，利用各算法模型进行训练和精准预测，然后将年度内季度售电量预测值加总为该年度的年度售电量，并基于年度售电量实际值和预测值进行模型效果评估和验证。

（二）设计年度总体经营预测表样

1. 设计经营预测表样

（1）总体思路。

按照电力、发电、其他三大板块对公司现有预测模型基础数据、假设参数、电网财务主表等表样重新进行设计，打通数据取数、数据加工、数据输出到指标评价全过程。其中，电力板块指公司供电功能板块，包含供电公司及支撑单位；发电板块指公司发电功能板块；其他板块指公司除供电、发电之外的其他功能板块。三大板块均按照"数据录入—数据复核—设定假设参数—数据处理—数据输出"条线进行预测表样设计。

（2）操作步骤。

年度总体经营预测表样设计好之后，具体使用过程中主要包括如下五个操作步骤。

①数据录入。

将电力、发电、其他板块基础数据分版块进行加工、整理并录入。

②数据复核。

复核表内及表间勾稽关系，主要包括资产负债表是否平衡、科目数据是否合理、营业收入与营业成本构成是否合理、电量电价结构是否合理等。

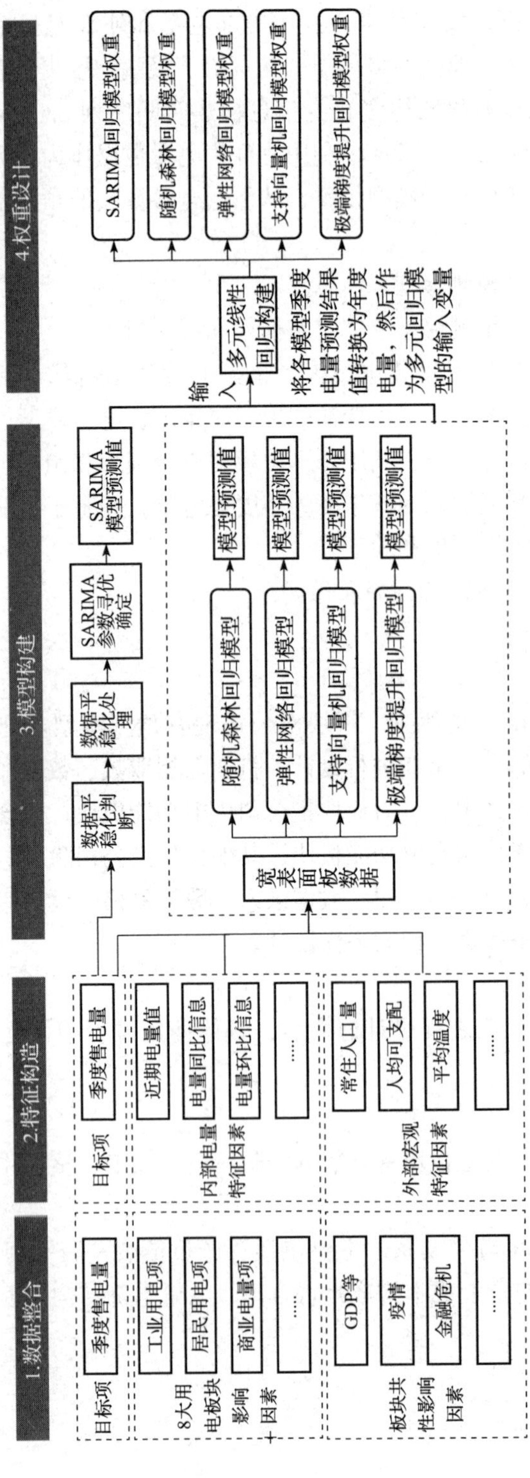

图 2　年度售电量预测模型总体思路框架

③设定假设参数。

电量等假设参数依赖建模输出结果；绝大多数财务假设参数依据专家经验法，通过分析历史数据找出参数变化规律及趋势，并根据表内及表间公式计算得出，如成本费用占收入比重、固定资产年折旧率等；部分参数需专业部门提供。

④数据处理。

通过数据录入、数据复核、设定假设参数之后，根据经营预测计算逻辑设定好各报表各科目的计算公式，按电力、发电、其他三大版块自动输出对应数据过程表格。

⑤数据输出。

根据数据过程表及配套表格，自动输出资产负债表、利润表等财务主表，以及评价指标表、投资能力分析等表。

2. 制定经营预测计算逻辑

（1）总体思路。

针对年度总体经营预测表样，逐项梳理表内表间计算逻辑编制操作说明，详细梳理利润表、资产负债表、现金流量表三大报表各明细项目计算逻辑，明确数据填报口径，统一业财各口径假设参数的预测标准。

（2）具体思路。

①利润预测。

购售电量依靠建模预测，购售电价通过设计预测表样并依据历史数据变动规律进行预测；销售百分比法，将利润表中部分数据与营业收入建立关联，通过对比分析历史数据，找到成本费用随营业收入变动的趋势，进而对相关费用进行预测，比如其他业务收入、税金及附加、销售及管理费；部分费用增幅假定与售电量增幅保持一致，比如高可靠性供电收入、受托运行维护收入、可再生能源附加收入（含成本）、研发费用；部分费用根据表内公式计算得出，比如财务费用，根据当年现金缺口、长短期融资安排、偿债计划安排等计算填报，比如输配电成本—折旧，根据固定资产投资、逾龄资产、在建工程转资等计算填报，其他还包括输配电成本—运行维护费、其他运营费、所得税费用；部分费用发生无规律需手动填报，比如投资收益、营业外收支、其他损益，根据企业历史及未来发展计划进行填报。

②资产负债表预测。

部分科目根据表内公式计算得出，比如货币资金，根据上期末货币资金、本期净现金流计算填报；其他流动资产，根据上期末其他流动资产、非现金投资收益影响金额计算填报，其他还包括固定资产、在建工程、长期股权投资、带息负债、其他应付款、其他流动负债、其他非流动负债、资本公积、盈余公积、未分配利润等；销售百分比法，将资产负债表中部分科目与营业收入建立关联，找到该部分资产随收入变动趋势，进而进行预测，比如应收账款；部分科目金额小且近几年波动不大，比如存货（金额占比小）、股本等，维持不变状态；部分科目发生金额无规律需手动填报，比如应付账款等。

③现金流预测。

根据资产负债表和利润表的预测结果通过表内及表间公式计算得出。

（三）设计月度总体经营预测表样

1. 总体思路

通过设计月度预测数据输入、数据处理、数据输出表样，以获取的月度快报、年度预算等数据作为基础数据，通过归集月度预测所需的月度利润表、月度购售电情况表、月度成本费用表等关键数据资料，对月度损益预算表、累计成本暂估金额统计表各项历史数据及相关影响动因进行关联分析，总结归纳数据变动规律，编制月度经营预测样表，从而生成月度经营预测数据，实现月度损益预算表、月度累计成本暂估金额统计表的输出。

2. 操作步骤

（1）梳理入模数据：通过将历史期月度数据与决算、营销等口径数据进行比较分析，确定月度预测入模数据口径，并判断入模数据的科学性、合理性、可操作性。

（2）梳理计算逻辑。结合公司预算管理现状，分别梳理月度损益预算表与月度累计成本暂估金额统计表的明细项目的预测计算逻辑。

（3）设计预测表样：区分基础数据、数据输入、数据处理、数据输出四个维度设计月度经营预测表样。其中，基础数据包含2022年利润预算、检修及其他运营费用预算、农村电网维护费预算、售电收入预算等预算数据；数据输入包含2022年各月利润表、成本费用表、购售电情况表等快报数据；数据处理包含输配电成本—管理费用分摊表、售电量月度执行分布情况表等；数据输出包括月度损益预算表、累计成本暂估金额统计表两张报表。

（4）录入基础数据。通过将历史期月度数据与决算、营销等口径数据进行比较分析，确定月度预测入模数据口径。确定数据填报口径后，根据预测月份对应填报月度利润表、成本费用表、购售电情况表等快报数据。

（5）自动测算。根据基础数据及设定的表内及表间计算公式进行自动计算，输出数据过程表格。

（6）结果输出。根据数据过程表及设定的表间计算公式，自动计算输出月度损益预算表、月度累计成本暂估金额统计表。

四、实施效果

（一）售电量预测方面

1. 预测结果

（1）年度售电量预测。

选取 2017—2022 年共 6 年的年度售电量数据作为验证集，验证各年售电量实际值与售电量预测值的偏差率，偏差率 =（预测值 – 实际值）/ 实际值。其中，2017—2021 年偏差率指售电量决算值与预测值的偏差率，2022 年偏差率指售电量预算值与预测值的偏差率。可以看出，各年度售电量数据波动较小，偏差率基本维持在 5% 以内，售电量预测模型能够很好地拟合预测出年度售电量波动规律，如图 3 所示。

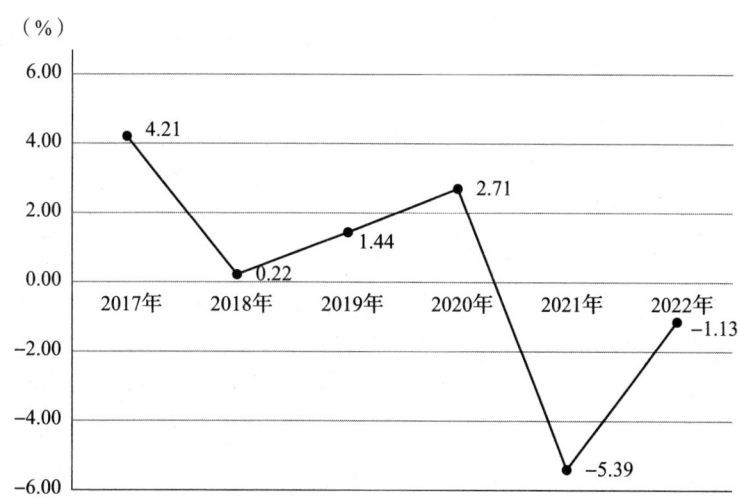

图 3　2017—2022 年各年售电量偏差率分布图

（2）月度售电量预测。

选取 2021 年 1 月—2022 年 5 月共 17 个月的月度售电量数据作为验证集，验证各月售电量实际值与售电量预测值的偏差率，其中，偏差率指售电量快报值与预测值的偏差率。可以发现，除个别月份偏差率波动较大外，绝大部分月份售电量数据波动较小，售电量预测模型能够很好地拟合预测出月度售电量波动规律，如图 4 所示。

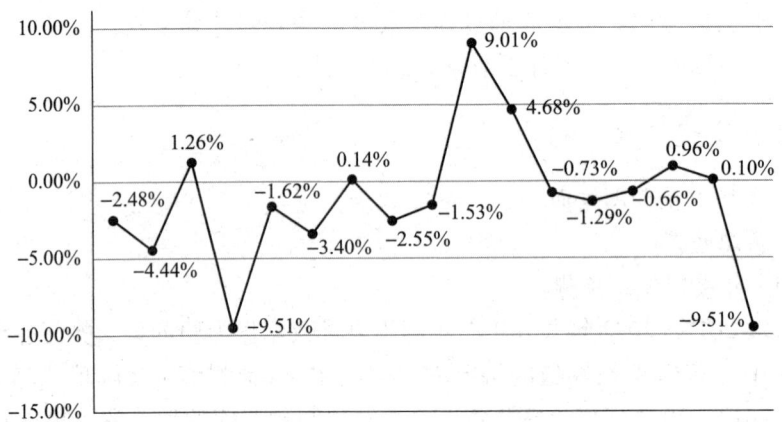

图4　2021年1月—2022年5月各月售电量偏差率分布图

2.总体评估

MAPE通过计算实际值与预测值之间的误差百分比程度，可用于横向比较不同模型的预测效果。售电量模型通过利用多元线性回归对月度、年度电量子模型结果进行融合，得到年度及月度预测模型的MAPE均小于5%，也即模型准确度达到90%及以上，且相关性系数均为0.95及以上，表示模型预测效果较为理想。

（二）总体经营预测方面

1.年度经营预测

以2022年度作为预测年度，将2022年经营预测结果与2022年财务预算数进行比较，得出2022年利润总额实际值与预测值偏差率为−4.23%，2022年净利润实际值与预测值偏差率仅为−1.36%。总体来看，年度经营预测效果比较理想。

2.月度经营预测

以2022年5月份作为预测月份，将2022年5月份经营预测结果与2022年财务快报数进行比较。从单个月份看，2022年5月份利润总额快报值与预测值偏差率为−24.32%，偏差较大；但从月份累计看，2022年1—5月累计利润总额快报值与预测值偏差率为3.88%。总体来看，月度经营预测效果比较理想。

（三）总结评估

通过分析F公司经营目标预测现状及存在问题，系统梳理经营目标主要影响因素及关联度变化特征，构建供电公司层面的售电量预测模型，并创新应用模型组合的方法，综合模型组合的优点，摒弃单一模型的缺点，实现月度、年度售电量的精准预测，有效解决了目前经营预测周期维度不全面、无法实现短期预测等问题，且月度及年度售电量预测模型的 MAPE 均小于 5%，模型预测效果比较理想。通过优化设计总体经营预测表样，完成当前经营预测的本地化改造，实现公司未来年度及月度收入、成本等主要财务指标的预测，有效解决了当前经营预测模型适用性差的问题；同时，通过制定经营预测计算逻辑，统一了假设参数的预测标准，减少了财务指标预测的主观性，且经营预测的总体偏差率控制在 5% 以内，总体经营预测效果较为理想。

通过构建售电量预测模型及设计总体经营预测表样，增加了预算的"高效性"，可以测算在任何电量水平下的输配电成本等营业成本，为各级单位在事前严格控制费用提供了依据，也有利于事后分析费用节约或超支原因；同时，实现一定程度的预算执行动态监控，提高了预算"精准性"，可以检验经营跟踪测算，对重大差异保持提前关注，动态跟踪经营情况，增强经营预测的准确性，有效支撑预算管理决策。

A 公司重大投资项目专项风险量化评估机制研究实践

北京英大长安风险管理咨询有限公司

北京英大长安风险管理咨询有限公司（以下简称风险咨询公司）于 2009 年注资成立，属于英大长安公司控股子公司，目前持股 90%，国网英大集团公司持股 10%。作为国网公司旗下的专业风险管理咨询机构，风险咨询公司自成立以来，持续为国网公司系统各单位提供风控、内控及合规管理等技术支持服务，累计承担实施咨询项目近千个。目前，公司下设两个职能部门和 6 个区域业务部门，全口径从业人员 95 人，公司是中国企业联合会第七届管理咨询委员会副主任委员单位，2012 年以来每年均入选"中国管理咨询机构 50 大"榜单，先后两次被评为"最值得依赖的中国管理咨询机构"，入选工业和信息化部首批"全国企业管理咨询机构推荐名录"，入围国网公司"首批服务国网风控工作的管理咨询机构"。承担的咨询案例两次获得国际管理咨询协会"君士坦丁奖"提名奖，多次获得国网公司管理创新成果奖、软科学成果奖，中国企联"中国管理咨询优秀案例"等多个荣誉称号。

本案例项目组成员

王超升，现任风险咨询公司总经理，毕业于华北电力大学电力系统及其自动化专业，具有高级工程师职称。从事管理咨询工作多年，在全面风险管理、内部控制、合规管理领域具备丰富的管理咨询经验，主持完成国家电网、英大集团、国网福建电力、国网青海电力等公司风险与内控管理、股权项目经济性预测分析及后评价应用、法律风险防控等咨询项目百余个，相关项目多次获得管理创新优秀成果奖。

其他成员：胡学军、杨泽、戎云雷、闫晓晨

导读

近年来，国务院国资委先后印发《关于加强中央企业内部控制体系建设与监督工作的实施意见》《中央企业投资监督管理办法》等文件，要求中央企业强化投资前期风险评估和风控方案制定，在投资并购、改革改制重组等重大经营事项决策前开展专项风险评估。

本项目基于 A 公司电网基建项目投资及新兴业务领域的股权投资，研究构建重大投资项目专项风险量化评估机制，进一步加强重大投资项目风险管理，提升投资风险防控能力，助力经营管理绩效稳步提升。项目主要包括以下研究内容。

（1）搭建重大投资项目风险评估指标框架。运用文献资料调研法、风险清单法，有效识别重大投资项目全生命周期面临的风险，并在此基础上构建重大投资项目风险指标库，确定具体指标维度、指标含义。

（2）构建重大投资项目风险评估模型。运用层次分析法和熵权法相结合的方式，确定风险指标库的指标权重及评分标准，并通过建立模糊综合评价模型，明确风险评估计算公式。

（3）建立重大投资项目风险评估机制。将重大投资项目基础得分、失分及风险分布情况抽取形成相应的表单及图表，以可视化的形式将项目风险情况进行罗列，同时确定风险评估工作的具体实施流程节点，将风险评估报告作为可行性研究报告的合理补充纳入项目评审。

A 公司重大投资项目专项风险量化评估机制研究实践

北京英大长安风险管理咨询有限公司　王超升

一、案例背景

（一）客户基本情况

A 公司成立于 2002 年，是国家电网有限公司的全资子公司，企业性质为国有独资公司，注册资本 155.91 亿元。A 公司主要负责省内电网规划、建设、运营和电力供应，承担着为地方经济发展提供安全、可靠、优质电力供应的任务。

2021 年，A 公司资产总额达 572.81 亿元，职工总数 8564 人，省内年销售电量 797.69 亿千瓦时。供电区域 72.1 万平方千米，供电人口 607.82 万人。拥有 ±800 千伏、±400 千伏变电站各 1 座，750 千伏变电站 11 座，330 千伏变电站 42 座，110 千伏变电站 369 座，电网主变容量 7804 万千伏安。全省总装机 4285.8 万千瓦，其中清洁能源装机 3892.9 万千瓦、新能源装机 2630 千瓦、光伏装机 1676.8 万千瓦，占比均为全国最高。近年来，公司荣获"全国脱贫攻坚先进集体"荣誉称号、"助力'碳达峰、碳中和'能源行业领军企业"称号、国家电网公司"提质增效特殊贡献奖"等。

（二）行业特点分析

（1）国家持续强化央企重大投资风险防控，外部监管带来挑战。

近年来，国务院国资委连续印发《关于加强中央企业内部控制体系建设与监督工作的实施意见》《中央企业投资监督管理办法》等文件，要求中央企业将投资风险管理作为企业实施全面风险管理的重要内容，强化投资前期风险评估和风控方案制定，在投资并购、改革改制重组等重大经营事项决策前开展专项风险评估，并将风险评估报告（含风险应对措施和处置预案）作为重大经营事项决策的必备支撑材料。

（2）电力行业投资规模持续增长，投资风险防控亟须加强。

2021 年国家电网有限公司投资计划超额完成，新型电力系统建设任务稳步推进，实现电网投资 4882 亿元，较 2021 年年初计划投资额超额完成 152 亿元，同比增长 6.0%。A公司近年来电网投资规模不断增长，2021年发展总投入82.7亿元，固定资产投资77.27亿元，电网基建投资66.21亿元，随着投资规模的持续增长，伴随而来的投资风险逐渐显现。

（3）A公司对于重大投资项目风险管理仍较为薄弱。

近年来，A公司持续加大电网投资，构建结构坚强、布局合理、安全可靠的网架。重大投资项目存在规模大、投资多、技术难的情况，影响项目建设的政治政策因素、社会自然因素、基础设施和技术水平因素等各种内外部因素存在诸多的不确定性。目前，公司针对重大投资项目的风险评估体系尚不健全，在电网基建项目投资及新兴业务领域的股权投资领域整体风险管控能力相对薄弱。

（三）项目需求和目标

（1）项目需求。

A公司近年来电网投资不断加大，但是针对重大基建项目投资和新兴领域的股权投资，尚未建立体系化的风险评估机制，投资风险整体管控能力相对薄弱。基于此，为满足外部监管和内部经营需要，亟须组织实施重大投资项目专项风险量化评估机制研究，根据风险分类重构重大项目风险指标库，建立重大项目风险评估指标框架，构建重大投资项目风险评估模型，并形成重大投资项目常态化风险管理运行及评估机制。

（2）项目目标。

建立健全重大投资全过程风险管理体系，将投资风险管理作为企业实施全面风险管理、加强廉洁风险防控的重要内容，搭建形成重大投资项目领域风险评估体系，建立重大投资项目领域风险评估指标库，构建重大投资项目风险评估模型，明确风险评估程序，有效支撑和服务电网建设，推动公司战略目标落地实施，保障公司高质量发展。

二、诊断分析

本案例的研究思路建立在风险管理四步法之上，即首先进行风险识别，其次是模型建立，然后是实例研究，最后探讨风险应对。具体过程如下：在分析电网企业投资项目自身特点的基础上，研究并识别项目各项风险来源，并分析导致风险存在的各个因素，建立定量和定性相结合的电网企业项目投资风险评估模型，设计定量指标计算表格，实现基础数据录入后自动输出结果。接着，总结电网企业投资项目的风险评价方法，如常见的层次分析法、蒙特卡罗分析法、敏感性分析法、熵权法、TOPSIS（优劣解距离）法、模糊综合评价法等，区别各类方法适用阶段与优缺点。最后，针对电网投资项目的风险管理研究提出相应的风险防范策略，形成相应的风险评估报告，将风险评估报告纳入党委会前置审议事项，为公司党委会提供决策依据。重大投资项目专项风险量化评估机制研究案例技术路线见图 1。

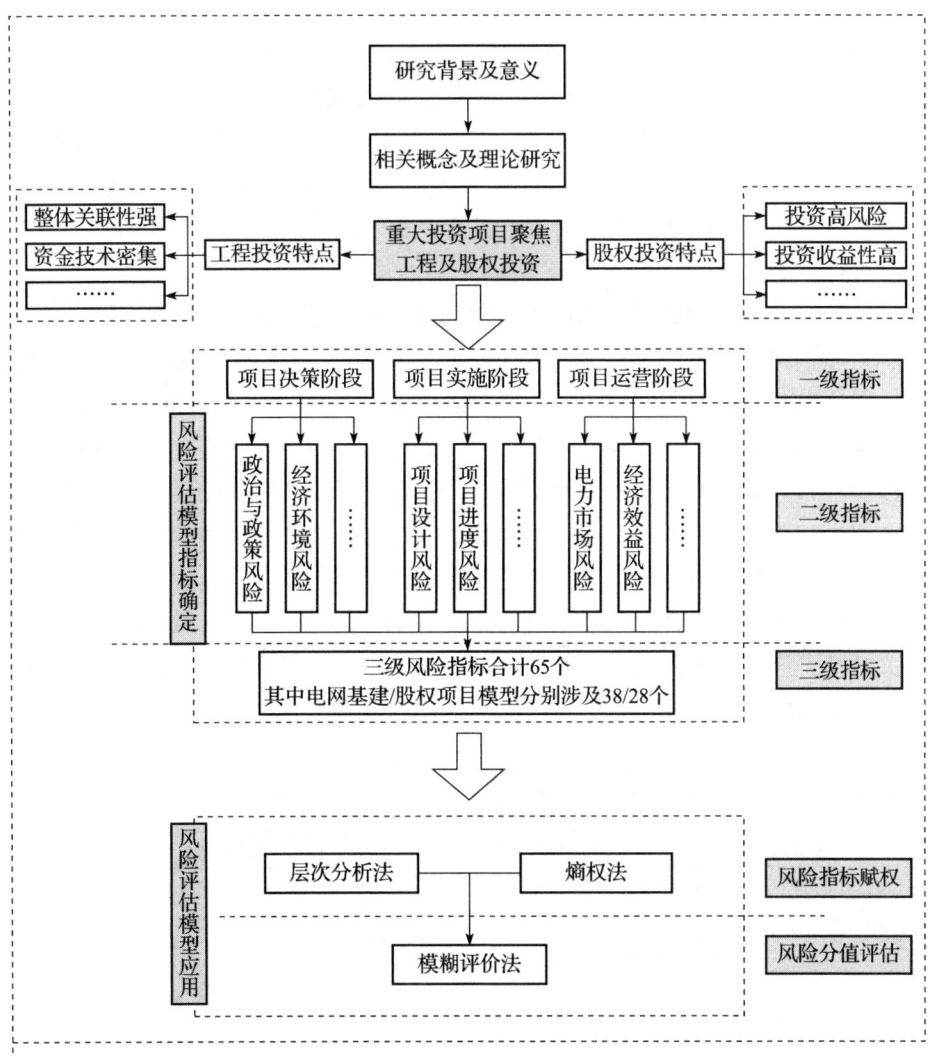

图 1　重大投资项目专项风险量化评估机制研究案例技术路线

三、重大投资项目风险识别及风险体系设计

（一）电网基建投资项目风险识别及指标设计

对于电网基建投资项目来说，风险因素识别常常是一个复杂的工程，受

到许多因素影响，这些因素有直接作用和间接作用，有影响大的和影响小的，并且它们之间也常常互相影响。在进行风险分析时，如果遗漏了影响大的主要风险因素就会导致分析结果错误，但是要将所有因素都加以考虑又将使问题复杂化。

因此结合各种风险识别方法的优缺点及现有实际资源情况、研究目的和需求，拟采用文献资料调研法、风险清单法和德尔菲法相结合对风险进行识别，通过研究分析投资风险、决策分析、电网工程建设等领域的国内外专家与学者的大量探索与研究成果，查阅 A 公司"十四五"规划文件及统计年鉴，并利用体系内丰富的专家资源将风险进行调查确定，以风险清单的形式将所有风险进行罗列。

从整个业务循环的角度出发，电网基建项目共包括投资规划、可行性研究、初步设计、招标设计、施工管理、竣工验收决算、建成运行七项业务流程；但从生命周期的角度出发，其可归纳划分为决策阶段、实施阶段、运营阶段。投资决策阶段主要业务有投资规划、项目立项和可行性研究。该过程中主要涉及外部风险评估与研究，因此采取 PEST 分析方法从政治、经济、社会、技术四个方面对电网基建项目开展风险识别。项目准备与实施阶段主要业务包括设计、招投标、施工过程管理。工程验收是工程项目由建设阶段转入生产和使用阶段的标志。结合《PPP 项目物有所值评价指引》中项目风险识别与分配相关内容，该阶段主要风险表现在：电力市场风险、经济效益风险、社会效益风险、组织与管理风险。具体如下（见表 1）。

表 1　电网基建项目风险评估指标

指标级次		
一级指标	二级指标	三级指标
项目决策阶段	政治与政策	行业与地区发展政策
		投资规划
		项目核准
	经济环境	融资风险
		区域 GDP 平均增长速度
		电力消费弹性系数
	社会与自然	社会稳定情况
		自然灾害影响
		生态环境影响
	技术风险	技术四新指标
		技术成熟度

续表

指标级次		
一级指标	二级指标	三级指标
项目实施阶段	项目设计	设计方案完善度
		辅助决策管理
	项目进度	逾期、违规开工
		施工进度延迟
		现金流情况
	项目质量	质量管理体系
		设备物资质量
	项目安全	人身安全管理
		施工分包管理
		施工安全风险管理
		安全质量事故管理
	项目成本	招标采购
		成本上涨
		造价管理
		工程结决算
项目运营（退出）阶段	市场风险	市场供求
		市场竞争
	经济效益	内部收益率
		投资回收期
		净现值
	社会效益	投资效率
		对区域经济发展影响
		上游产业产能拉动增长值
		化石能源替代（绿电）
	组织与管理	组织管理
		项目管理者水平
		运维管理

（二）股权投资项目风险识别及指标设计

在电力体制改革的背景下，电网企业股权投资主要聚焦在新能源、综合能源服务、能源综合利用、电能替代、储能、客户设备代维、电动汽车产业服务等新兴业务领域。投资方在股权投资过程需要经历多个阶段，在各投资阶段有效识别分析投资风险将能极大程度地降低风险发生概率。

按照投资时间顺序及周期将股权投资分为投资决策阶段、投资实施阶段和投资运营（退出）阶段。股权投资决策阶段需要综合考虑内外部多种因素，

对股权投资项目进行遴选和决策，选择确定合适的投资项目。该过程中主要涉及外部风险评估与研究，因此本阶段可按照 PESTEL 理论从政治与政策、经济环境、社会与自然、技术风险、法律和合规五个方面对股权投资项目开展风险识别。股权投资实施与运营阶段最重要的工作有两个方面：一是对标的项目开展尽职调查、设计投资方案并签订投资合同；二是在项目运营时进行动态跟踪监控和提供增值服务。投资处置阶段即如有投资项目发生重大变化，预期将产生重大不利影响，或者随着经营环境的改变，该投资项目不再符合股权投资方的战略目标，可对投资项目选择恰当的方式选择退出。该阶段主要评估投资处置的时机和方案的选择，同时需要评价投资收益。具体如下（见表 2）。

表 2　股权投资项目风险评估指标

指标级次		
一级指标	二级指标	三级指标
投资决策阶段	政治与政策	行业与地区发展政策
		投资规划
		项目遴选及核准
	经济环境	经济环境影响
		融资风险
	社会与自然	资源禀赋
		自然环境影响
	技术风险	技术先进成熟度
		产品工艺质量
	法律和合规	外部法律环境
		投资监管规则
投资实施与运营阶段	项目前期	投资方案制定与审批
		估值风险
		中介机构选择
		股权投资尽职调查
		谈判风险
		投资合同管理
	组织与管理	股权投资方案实施
		治理结构设置
		项目管理者水平
		股权投资持有管理
		股权投资监控评价
投资处置阶段	投资处置	股权投资处置
		股权投资后评估
	财务评价	投资回收期
		投资回报率
		内含报酬率
		净现值

四、重大投资项目风险评估体系构建

（一）重大投资项目风险评估方法

由于重大投资项目有别于一般的投资项目，它具有风险因素多、层次结构复杂、参建单位多、涉及范围广、技术难度大、投资金额大等特征，并且由于重大投资项目中除了部分宏观经济、财务指标等可以采用简单的数字进行测算或抓取外，绝大多数风险因素则很难以确定的风险值进行描述。因此我们需要进行定性和定量的分析，而层次分析法、熵权法恰恰是具备定量和定性分析相结合的多目标决策方法。但由于传统的确定权重的方法（如层次分析法）主观性较强，而熵权法确定的指标权重能够综合主、客观信息，是一种较为有效的确权方法。因此本文组合应用一种客观性强的基于熵权法确权和主观性强的AHP（层次分析）法确权相结合的赋权方法。

模糊综合评价方法既可用于主观因素的综合评价，又可用于客观因素的综合评价。对于含有主观因素的管理学问题进行模糊化处理，确定各个单因素针对评语集各等级的模糊隶属度，使得定性指标向定量指标转化具有一定的优势。

本文将层次分析法与熵权法结合确定风险权重，通过引入级别特征值，改进单一运用最大隶属度原则判定风险等级的模糊评价方法，层次分析法和熵权法将定量与定性结合，能够有效地分析各层次、各指标之间的关系，模糊综合评价法能够有效处理模糊的不确定性的问题。以下为四种方法的介绍。

1. 层次分析法

在工程项目风险评价工作中，AHP通过构建层次结构模型，确定不同风险因素的权重系统，从而将无法量化的风险按照大小顺序进行排列，帮助风险管理者依据风险的重要程度来开展风险管理工作。层次结构模型的构建，可帮助风险管理者对项目的风险概况有一个全面、清晰的认识，并对风险有更加准确的判断。

运用层次分析法开展风险评价一般可分为五个步骤。

（1）构建递阶层次结构模型。

根据目标问题建立递阶层次结构模型，一般采用三层递阶形式，即目标层、准则层、方案层。

（2）构造层次判断矩阵。

在确定各层次各因素之间的权重时，如果只是定性的结果，则常常不容易被别人接受，因而 Saaty 等人提出一致矩阵法，即不把所有因素放在一起比较，而是两两相互比较。对比时采用相对尺度，以尽可能减少性质不同因素相互比较的困难，从而提高准确度。

Saaty 等人提出 1—9 尺度——a_{ij} 取值 1,2,$\cdots$,9 及其互反数 1,1/2,$\cdots$,1/9 便于定性到定量的转化，对两变量 C_i,C_j 进行重要性比较，进而构造判断矩阵，也称成对比较阵，具体公式如下：

$$C_i : C_j = a_{ij} \tag{1}$$

$$\mathrm{A} = (a_{ij})_{n \times n}, a_{ij} > 0 \tag{2}$$

$$a_{ji} = \frac{1}{a_{ij}} \tag{3}$$

构造的 1—9 尺度如表 3 所示。

表 3　1—9 尺度表

尺度 a_{ij}	1	2	3	4	5	6	7	8	9
$c_i : c_j$ 的重要性	相同		稍强		强		明显强		绝对强

同理，a_{ij} =1,1/2,$\cdots$,1/9 的重要性与上面相反，用 1—3，1—5 等 27 种比较尺度对若干实例构造判断矩阵，算出权向量，与实际对比发现，1—9 尺度较优。

（3）一致性检验及计算权重。

对每一判断矩阵计算最大特征根和特征向量 pi，作一致性检验，若通过，则特征向量为权向量。权向量可作为计算变量权重的定量依据。

所谓一致性，是指判断思维的逻辑一致性。如当甲比丙是强烈重要，而乙比丙是略重要时，显然甲一定比乙重要。这就是判断思维的逻辑一致性，否则判断就会有矛盾。

判断矩阵一致性检验步骤如下：

已知 n 阶一致阵的唯一非零特征根为 n，即 n 阶正互反阵最大特征根 $\lambda \geq n$，且 $\lambda = n$ 时为一致阵，定义一致性变量 $\mathrm{CI} = \frac{\lambda - n}{n - 1}$，CI 越大，不一致越严重。

为衡量 CI 的大小，引入平均随机一致性变量 RI——随机模拟得到 a_{ij}，计算得 RI（见表 4）。

表 4　RI 得分表

n	1	2	3	4	5	6	7	8	9
RI	0	0	0.58	0.90	1.12	1.24	1.32	1.41	1.45

定义一致性比率 $CR = CI / RI$，当 $CR < 0.1$ 时，即判断矩阵通过一致性检验，否则没通过。

通过一致性检验后，判断矩阵的权向量 $s_1, s_2, ..., s_j$ 可作为变量的主观权重。

（4）确定风险因素相对重要度的顺序。

经过一致性检验后，将各风险因素按照相对重要度进行排序，得出各风险因素重要程度排序。

（5）风险综合评价。

结合目标层和方案层各风险因素权重数值相乘，可计算出各风险因素的综合权重数值，并由此得出各风险因素的重要性综合排名，完成项目风险的总体评价。

层次分析法将定性分析和定量分析有效结合在一起，通过建立层次结构模型，较为清晰地反映出各风险因素之间的层次结构关系，具有结构清晰、操作简便、计算结果可靠等特征，适用于风险因素众多、关系复杂的工程项目风险评价。

2. 熵权法

在信息论中，熵是对不确定性的一种度量。不确定性越大，熵就越大，包含的信息量则越大，根据熵的特性，可以用熵值来判断某个变量的离散程度，变量的离散程度越大，该变量对综合评价的影响（权重）越大。具体计算过程如下。

（1）本文以 x_{ij} 表示第 i 个研究对象下第 j 项指标，为避免指标之间量纲和正负取向的干扰，采用极差归一化的方法对原始数据矩阵进行无量纲标准化处理。若评价指标 x_{ij} 为正向指标，则采用公式（4）：

$$x_{ij}^{'} = \frac{x_{ij} - \text{Min}\{x_{ij}\}}{\text{Max}\{x_{ij}\} - \text{Min}\{x_{ij}\}} \quad (i=1,2,...,n; j=1,2,...,m) \quad （4）$$

若评价指标 x_{ij} 为负向指标，则采用公式（5）：

$$x_{ij}^{'} = \frac{\text{Max}\{x_{ij}\} - x_{ij}}{\text{Max}\{x_{ij}\} - \text{Min}\{x_{ij}\}} \quad (i=1,2,...,n; j=1,2,...,m) \quad （5）$$

211

（2）为避免出现 0 值影响对数计算的情况，本文将指标平移 0.01：

$$x_{ij}^{*} = x_{ij}^{'} + 0.01 \tag{6}$$

（3）计算 x_{ij}^{*} 指标比重：

$$h_{ij} = \frac{x_{ij}^{*}}{\sum_{i=1}^{m} x_{ij}^{*}} \tag{7}$$

（4）计算指标熵值：

$$E_j = -\frac{\sum_{i=1}^{m} h_{ij} ln h_{ij}}{ln\, m} \tag{8}$$

（5）计算差异项系数：

$$G_j = 1 - E_j \tag{9}$$

（6）计算指标权重：

$$q_{ij} = \frac{G_j}{\sum_{i=1}^{m} G_j} \tag{10}$$

3. 组合赋权

结合层次分析法与熵权法计算得到的主客观指标权重，根据公式计算组合权重：

$$W_{ij} = \frac{p_i q_i}{\sum_{i=1}^{m} p_i q_i} \tag{11}$$

其中 p_{ij}、q_{ij} 分别为层次分析法和熵权法计算得到的指标权重。

4. 模糊综合评价

在经济分析活动中，存在着大量模糊的无法量化的各类因素，无法运用单一确定的准则来进行判定。基于这一类问题，美国学者 L.A.Zadeh 于 1965 年首次提出模糊集合的概念，根据模糊数学的隶属度理论把定性评价转化为定量评价，利用模糊数学原理对无法定量分析的对象做出一个总体的评价。

重大投资项目中存在着大量无法运用数值定量描述的风险因素，只能运用语言以定性的方式描述其严重程度及可能造成的后果，这种情况给风险分析和应对工作都带来了巨大的困难。模糊综合评价法通过建立模糊评价集，将难以定量描述的问题转化为可以定量描述的问题，这恰恰解决了评价困难的问题。

模糊综合评价法的具体步骤如下。

（1）建立综合评价的因素集。

因素集是以影响评价对象的各种因素为元素所组成的一个普通集合，通常用 U 表示，U=（$U_1, U_2,..., U_m$），其中元素 U_i 代表影响评价对象的第 i 个因素。这些因素，通常都具有不同程度的模糊性。

（2）建立综合评价的评价集。

评价集是评价者对评价对象可能做出的各种结果所组成的集合，通常用 V 表示，V=（$V_1, V_2,..., V_n$）其中元素 V_j 代表第 j 种评价结果，可以根据实际情况的需要，用不同的等级、评语或数字来表示（下文中出现的 m 和 n，m 表示 m 个因素集，n 表示 n 个评价集）。

（3）进行单因素模糊评价，获得评价矩阵。

若因素集 U 中第 i 个元素对评价集 V 中第 1 个元素的隶属度为 r_{i1}，则对第 i 个元素单因素评价的结果用模糊集合表示为：$R_i =（r_{i1}, r_{i2},..., r_{in}）$，以 m 个单因素评价集 $R_1, R_2,..., R_m$ 为行组成矩阵 R_{m*n}，称为模糊综合评价矩阵。

（4）确定因素权向量。

评价工作中，各因素的重要程度有所不同，为此，给各因素 u_i 一个权重 a_i，各因素的权重集合的模糊集，用 A 表示为：A=（$a_1, a_2,..., a_m$）。

（5）建立综合评价模型。

确定单因素评判矩阵 R 和因素权向量 A 之后，通过模糊变化将 U 上的模糊向量 A 变为 V 上的模糊向量 B，即 B= A_{1*m} o R_{m*n} =（$b_1, b_2,..., b_n$）。其中 o 称为综合评价合成算子，这里取成一般的矩阵乘法即可。

（6）确定系统总得分。

综合评价模型确定后，确定系统得分，即 F= $B_{1*n}*S_{1*n}^T$，其中 F 为系统总得分，S 为 V 中相应因素的级分。

根据最大隶属度原则可以判断：当 B_1 =max{ $B_1, B_2,..., B_n$ } 时，项目具有低风险；当 B_2 =max{ $B_1, B_2,..., B_n$ } 时，项目风险具有较低风险；B_3 =max{ $B_1, B_2,..., B_n$ } 时，项目具有中风险；当 B_4 =max{ $B_1, B_2,..., B_n$ } 时，项目具有较高风险；B_5 =max{ $B_1, B_2,..., B_n$ } 时，项目具有高风险。

（二）重大投资项目风险评估模型构建

根据上述评估方法分析阐述，为了更加有效地反映风险因素所包含的信息，需要采用理论上和操作上相对应的科学的综合评价方法进行项目的风险评估，从而建立重大投资项目风险评估体系。

1. 风险因素权重的确定

重大投资项目分为项目决策阶段、项目实施阶段和项目运营阶段三个阶段，每个阶段涉及大量风险因素，因此风险评估体系是属于多层次、多因素的系统。本文拟采取层次分析法与熵权法组合进行权重的确定。AHP 与熵权法结合的赋权法，能够有效避开单一方法的不足，使分析结果更为可靠，以便真实准确地反映影响投资项目风险实际情况。

2. 综合风险值计算

采取模糊综合评价法，将无法进行定量分析的风险因素转化为可以通过数值描述的定量因素，具体步骤如下。

首先建立风险评价备择集，依据各因素相对备择集隶属度对每个因素进行打分。一般情况下，可以采用分级评价的方式，对不同层级和类别的风险因素分别进行评价。其中，一级模糊综合评判仅是对同一类别中的风险因素进行评价，为了综合考虑各类因素对项目整体的影响，还必须在各类风险因素之间进行综合评价，即多级模糊综合评价。

通过建立模糊综合评价模型，可计算出各风险因素的综合风险值，结合第 1 点计算的各风险因素权重值，计算出各个层级风险因素的综合风险值，最终得出重大投资项目的整体风险水平值，确定重大投资项目的风险水平等级。

（三）风险评估流程的建立

1. 明确评估的执行节点

将风险评估工作与项目可研报告的编制同时开展，为风险防控措施的制定与落实留出充足的时间和空间，补充完善可研报告中未提及的风险内容，为项目的执行决策提供有力依据。

2. 编制评估的系列表单

根据重大工程投资项目和重大股权投资项目的不同，编制对应的评估表单，其中重大工程投资项目评估表单包括"基础参数""新建工程估算汇总表"等，重大股权投资项目评估表单包括"关键参数假设条件表""被投资方主要财务指标预测表"等。

3. 固化评估的实施流程

各部门根据风险因素要求，提供各自负责的相应资料，开展风险评估及分值计算，进而汇总得出项目分值。

4. 实现评估结论的量化打分

将评价可能出现的得分进行分级，明确每一个等级的对应投资建议结论。根据具体项目最终的得分情况，与等级标准进行对比后确定项目最终投资建议结论。

5. 制定具体的风险防控措施

根据风险评估结果和项目面临的风险程度，明确被评估项目风险防控的重点，对其中评分风险较大的因素开展分析，提前谋划、部署风险应对措施，着重做好针对重点风险因素的应对措施，准备相应的预案，以减少损失。

五、案例总结

（一）纵向完善，根据实际应用结果将机制不断优化

在评估机制不断应用和结果积累的过程中，根据使用者的需求将评估机制的广度和深度进行不断优化，以更统筹和更全面的角度对项目的风险进行评估，彻底改变以往依靠经验分析判断风险的传统的粗放式的管理模式，更加精准地做好风险防控工作。同时，在未来可借鉴采取信息化的手段，既可减少风险评估工作中人工统计工作量，也可有效防范对评估结果进行人为调整的情况。

（二）横向拓展，将研究成果不断推广衍生至其他领域

本体系具有极强的实践性、操作性、可复制性、推广性，借鉴本体系的总体内涵及思路，将风险因素根据投资特性进行修改或完善后便可推广运用至其他投资模块，助力系统内各层级领导投资决策。同时，本体系的推广运用也将丰富各层级风险管理委员会管理措施，从而有力地支撑了风险管理委员会的实体化运作。

A 集团公司基于制度流程的风控体系建设

南京东方智业管理顾问有限公司

南京东方智业管理顾问有限公司（以下简称东方智业）创立于 1996 年，由国内具有丰富理论与实践经验的管理专家与职业咨询顾问组成，是江苏省创办较早、较具创新力和影响力的咨询公司，是中国企业联合会管理咨询委员会副主任单位、江苏省管理咨询协会首任会长、名誉会长单位。公司成立以来，始终以"凝聚中外管理智慧，解决企业实际问题"为宗旨，坚持"客户的成功才是我们的成功"经营理念，成功为近千家企业和政府部门提供产业发展规划，战略规划，商业模式优化，企业文化与品牌形象创新，并购重组改制，集团管理模式、组织变革与流程再造，以及人力资源、信息化、大规模定制化人才培养工程等综合管理咨询、培训及落地实施服务。

公司创始人、首席顾问成志明教授系南京大学商学院教授、日本名古屋大学客座教授、2016 中国管理咨询与培训年度人物、中国十大"值得尊敬的管理咨询专家"、中国开发区协会平台经济专业委员会理事长、中国企业联合会管理咨询委员会副主任、江苏省企业管理咨询协会名誉会长、江苏品牌学会副会长，著有《金陵饭店三十年：有形与无形的高度》《中外合资企业管理中的协调与控制》等管理专著 12 部，并担任多家国有大中型企业、大型民营企业的管理顾问和多家国内与香港上市公司的独立董事。

本案例项目组成员

王鹏程，东方智业高级咨询师、合伙人、国际注册管理咨询师（CMC）、全国中小企业管理咨询服务专家，15 年以上管理咨询经验，在大型国有企业管理咨询方面经验尤为丰富，曾为南京扬子国资投资集团、江苏恒顺醋业股份、南京市河西新城区国有资产经营控股集团、国家电网南京供电公司、南京鼓楼高新科技发展集团、马钢力生集团、苏宁易购集团、日出东方太阳能股份、南京卫岗乳业、江苏中设集团等提供过战略规划、组织设计、制度流程设计、风控体系建设、绩效体系、薪酬体系、人力资源优化等方面的系统管理咨询与落地服务。

其他成员：褚笑君、成立、卢科宇

导读

A 集团公司在独立化运作之前，更多是依据行政指令来开展经营，业务相对比较明确、变动性相对可控，集团在业务决策和运营上的风险相对较低。而随着 A 集团公司独立化市场运作的持续深入，集团参与市场的深度和广度势必不断扩大，基于市场环境的高度不确定性和竞争的激烈性，必然对集团在公司治理、战略、党群行政、人力资源、财务、法律、纪检、核心业务、投资与资产、信息系统等管理风险的控制能力上提出较高的要求。

同时，从本轮深化国企改革要求看，增强国有经济活力、控制力、影响力和抗风险能力是本轮深化国企改革的目标。一方面，提高国有企业抗风险能力本身就是本轮国企改革的目标之一；另一方面，随着国企改革持续进行，混合所有制改革推进、战略投资者引入、"三项制度"改革、核心员工持股等相关措施的推行，在一定程度上为参与改革的国企及相应国资监管机构带来了风险管控上的困难，为此国家出台了一系列风险管控文件，严控国有企业风险。因此，强化国有企业风险管理既是本轮国企改革的目标，也是保障国企改革顺利推进，确保国有资产保值增值的重要保障举措。

因此，对 A 集团公司来说，只有围绕集团未来发展规划，对可能面临的主要风险进行系统性的识别与分析，建立有效的识别、评估机制和流程风险分析标准，结合应对策略设计，进行基于内控和风险管理视角下的流程优化，打造全面风险管控机制，才能为 A 集团的转型发展成功落地提供有力保障。

通过本项目，由东方智业牵头，系统梳理了 A 集团公司在工程建设、投资、财务、人力资源管理、党群等方面的制度与流程，对现在不合理的制度与流程进行系统优化并明确风险环节，在此基础上构建 A 集团风控体系。

A集团公司基于制度流程的风控体系建设

南京东方智业管理顾问有限公司　王鹏程

一、案例背景

（一）企业情况

A集团公司成立于2002年7月，主要负责某市新城重大项目投融资、开发建设和国有资产运营管理等工作。自成立以来，集团在推进开发建设、破解融资难题中发挥了重要作用，陆续建成了新城一大批标志性工程，以及学校、医院、道路、桥梁等一批公益性基础设施，多个项目获得了鲁班奖、扬子杯等奖项，圆满完成了一系列国际国内重大赛会、活动的服务保障。

2019年，按照市委市政府部署，A集团公司与管委会实行"事企分离"改革，实现了独立运作。截至目前，集团总资产900多亿元，员工总数（含子企业）约2400人，下属全资（控股）子公司10个，参股公司16家，业务范围覆盖了开发建设、商业运营、园林市政、会展酒店、物业服务、金融投资等多个城市运营业务板块，在多个领域形成了自身的特色品牌和竞争优势。

（二）咨询需求

A集团公司在独立化运作之前，更多是依据行政指令来开展经营，业务相对比较明确、变动性相对可控，集团在业务决策和运营上的风险相对较低。随着A集团公司独立化市场运作的持续深入，集团参与市场的深度和广度不断扩大，基于市场环境的高度不确定性和竞争的激烈性，对集团在公司治理、战略、党群行政、人力资源、财务、法律、纪检、核心业务、投资与资产、信息系统等方面管理风险的控制能力提出了更高的要求。

从本轮深化国企改革要求看，增强国有经济活力、控制力、影响力和抗风险能力是本轮深化国企业改革的目标。随着国企改革持续进行，混合所有制改革推进，战略投资者引入，"三项制度"改革、核心员工持股等相关措施的推行，在一定程度上为参与改革的国企及相应国资监管机构带来了风险管控上的困难。强化国有企业风险管理既是本轮国企改革的目标，也是保障国企改革顺利推进，确保国有资产保值增值的重要保障举措。

只有围绕A集团公司未来发展规划，建立有效的识别、评估机制和流程风险分析标准，结合应对策略设计，进行基于内控和风险管理视角下的流程优化与制度建设，打造全面风险管控机制，才能为 A 集团公司的转型发展成功落地提供有力保障。

二、诊断分析

（一）诊断方法

项目组在调研诊断阶段综合运用了现场走访、人员访谈、资料收集与研阅、问卷调研等调研方式，对 A 集团公司存在的问题进行多角度的识别与分析。项目组通过对集团领导、集团部室中层干部、子公司经营层、集团核心员工代表共计 40 余人的深度访谈与交流，收集存在的问题，探讨解决思路与方向。同时，全面收集、研阅集团各类文字资料，通过内部资料研究发现问题，并结合人员访谈，对关键信息进行二次加工与呈现。

在现场走访、人员访谈、资料收集与研阅后，项目组对集团存在问题有了初步的判断并形成初步结论，随后通过设计调研问卷对存在问题进行更大范围的确认，并通过对调研问卷的交叉分析，剖析更深层次的问题，共计回收问卷 138 份。

在调研工作完成之后，项目组进一步还原集团关键业务流程现状，对其中关键环节存在的问题及风险点进行深度分析，提出存在风险的关键环节并提出初步改善建议。

代建工程款支付审批流程诊断分析如图 1 所示。

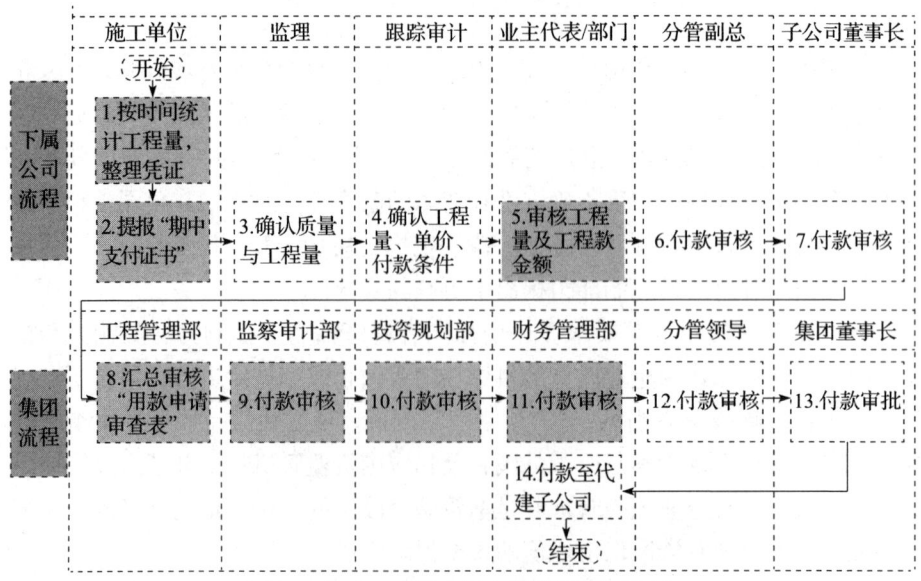

图 1　代建工程款支付审批流程诊断分析

（二）诊断结论

（1）关键制度尚不完善，关键业务流程缺乏从业务控制、效率提升等角度进行跨部门的全流程梳理，流程协作不足，组织在管控和效率方面亟须提升。

（2）从全面风险控制角度来看，A 集团公司目前没有构建系统的风险控制体系，很多关键风险控制普遍存在弱化，甚至缺失的情况，给集团发展带来诸多隐患，如表 1 所示。

表 1　A 集团公司风险管控现状评估

一级风险	二级风险	现状	一级风险	二级风险	现状
战略风险	宏观政治经济风险	弱化	财务风险	流动性风险	一般
	战略规划风险	弱化		筹资管控风险	一般
	战略执行和评估风险	缺失		资金管理风险	弱化
	产业规划风险	缺失		成本费用控制风险	弱化
市场风险	市场竞争风险	缺失		财务报告风险	一般
	价格风险	缺失		税务风险	一般
	信用风险	弱化		金融衍生品管理风险	弱化
	市场需求风险	弱化	法律风险	重大决策法律风险	弱化
	市场供应风险	弱化		案件风险	弱化
运营风险	治理结构风险	缺失		环境和职业健康安全风险	缺失
	内部机构风险	弱化		采购管理风险	缺失
	子、参公司管控风险	弱化		资产管理风险	弱化
	投资决策风险	弱化		人力资源风险	弱化
	投资项目执行风险	弱化		预算管理风险	缺失
	业务协同风险	弱化	运营风险	维稳风险	弱化
	合同管理风险	弱化		党建工作风险	弱化
	招标代理风险	弱化		社会责任风险	弱化
	工程管理风险	弱化		信息系统风险	弱化
	新业务发展风险	缺失		舞弊与欺诈风险	缺失
	资质风险	缺失		信息与沟通风险	弱化
	技术风险	弱化		内部审计风险	弱化

（3）缺乏全面风险控制的组织和机制保障，风控归口管理部门不明确，以致过程的执行、评估、优化、改进等管理缺失。

三、方案设计与实施

（一）问题解决思路

A 集团公司在制度流程和风险控制方面存在诸多问题的主要原因包括以下三个方面：一是由于集团刚刚"事企分离"，本身在制度流程方面很多延用原有做法，亟待优化与完善；二是国有企业的特征和基本工作方式、免责的诉求导致很多流程冗长；三是集团与管委会的关系尚未理顺，内部管理体系尚不健全，内部关系复杂。

本着"问题解决与体系建设"并行的原则，项目组确定"两步走"的工作思路，首先从制度流程入手，全面梳理集团层面制度流程，先解决集团总部运营的规范性与效率问题，奠定风险管理的基础，再按照内控管理的规范化要求建立内控管理体系，实现风险管理的体系化、系统化。

（二）制度流程梳理

在制度流程梳理环节，首先进一步明确了由集团运营管理部归口管理集团制度流程管理工作。通过与集团领导的沟通，从现实的角度出发，项目组首先从流程优化着手，遵循兼顾风险防范与效率提升的原则，先对集团总部各部门实际操作和运行的业务与管理流程、表单着手进行改善，在流程方面进一步优化完善后再完善制度，将流程与管理规范进行固化，如图2所示。

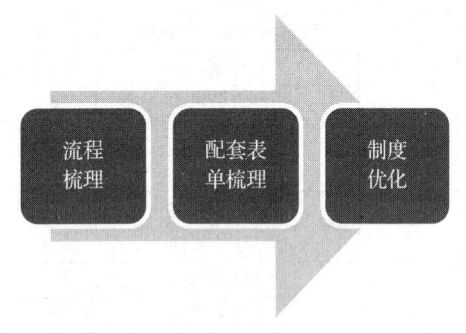

图2 制度流程梳理工作的整体工作步骤安排

1. 流程梳理

流程梳理工作主要分为三大步骤。

（1）流程清单确定。

按照职能导向、问题导向、需求导向的原则确定本次流程优化清单，流程优化清单（见表2）的确定主要基于三大改善点：一是基于总部各部门实际需求及项目组的理解，提出集团总部应该新建和规范的流程；二是基于集团整体管理模式的变化、制度变化、组织架构调整及原有流程存在问题的判断，提出需要进一步优化与调整的流程；三是基于现有相关制度规范及流程设置方面存在的规范性问题，进行进一步的细化和规范化。

表2 A集团公司流程优化清单（示例）

部门	序号	流程名称	流程编号	状态
综合办公室	1	档案借阅流程	HXJT-ZH-LC-01	现有
	2	权属档案变更和移出流程	HXJT-ZH-LC-02	新建
	3	档案移交归档流程（非工程类）	HXJT-ZH-LC-03	现有
	4	档案移交归档流程（工程类）	HXJT-ZH-LC-04	新建

续表

部门	序号	流程名称	流程编号	状态
综合办公室	5	收文传阅流程	HXJT-ZH-LC-05	现有
	6	发文流程	HXJT-ZH-LC-06	现有
	7	12345 工单办理流程	HXJT-ZH-LC-07	现有
	8	信息报送流程	HXJT-ZH-LC-08	现有
	9	行政经费报销流程	HXJT-ZH-LC-09	现有
	10	用章申请流程	HXJT-ZH-LC-10	现有
投资资产部	11	资产租赁流程	HXJT-TZ-LC-01	建议
	12	投资立项审批流程（集团自投项目）	HXJT-TZ-LC-02	新建
	13	投资立项审批流程（管委会代建项目）	HXJT-TZ-LC-03	建议
	14	不动产移交流程	HXJT-TZ-LC-04	现有
	15	不动产移交流程（公共配套服务设施）	HXJT-TZ-LC-05	现有
法务审计部	16	内部审计流程	HXJT-FS-LC-01	现有
	17	审计结果审批流程	HXJT-FS-LC-02	现有
	18	结算审计结果审批流程（代建管委会项目）	HXJT-FS-LC-03	建议
	19	结算审计结果审批流程（自建项目）	HXJT-FS-LC-04	现有
	20	审计局审计报告回复流程	HXJT-FS-LC-05	现有
	21	纪检资料报送流程	HXJT-FS-LC-06	现有
	22	诉讼案件起诉流程	HXJT-FS-LC-07	现有
	23	诉讼案件应诉流程	HXJT-FS-LC-08	现有
	24	合同审批流程	HXJT-FS-LC-09	建议
……	……	……	……	……
各部门	63	非工程项目招投标管理流程	HXJT-GBM-LC-01	新建

（2）流程梳理。

在流程梳理阶段，首先将过去集团总部各部门"五花八门"的流程呈现方式进行统一和规范，明确各项流程的责任部门、流程编号、流程目的、适用范围，构建标准化的流程图，明确各流程节点管理要求、相关文档、审批权限等。

对于需要进一步优化与完善的流程，项目组与相关部门一起探讨流程存在的问题及解决方案，优化权限设置，必要的时候借鉴同类型集团的优秀实践，形成流程优化初稿。由流程责任部门发起，向集团总部相关部门及子公司征求反馈意见，进一步修订完善后上会审批。

（3）发布试运行。

对配套表单进行同步优化与完善后，由集团制度流程归口管理部门统一发布试运行，在试运行的过程中进一步完善流程。

2. 制度梳理

在流程与配套表单梳理工作完成后，项目组启动制度梳理工作。由于集团业务板块多，下属子公司数量多，集团总部管理涉及面比较广，制度梳理的内容既包括集团总部自身各项管理工作的规范化与标准化，也包括集团总部对子公司经营管理关键事项的管控要求，同时在诸如公司治理、"三重一大"决策事项、投资管理、招标管理等方面还要与市国资委的相关政策要求保持一致，需要深入研究上位制度规范要求。制度梳理工作步骤安排如图 3 所示。

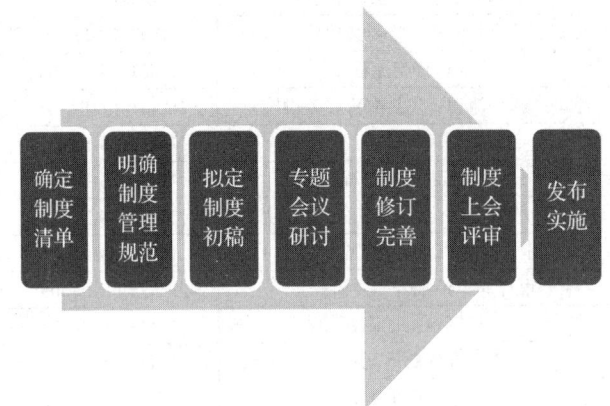

图 3　制度梳理工作步骤安排

（1）确定制度清单。

一方面由各部门上报本部门需要完善的关键制度清单，另一方面项目组从同类型集团制度体系完备性的角度提出需要补充与新建的制度清单，最终由集团分管领导确认集团制度梳理清单（见表 3）。

表 3　A 集团公司制度梳理清单

制度分类	序号	制度名称	状态	责任部门
公司治理	1	党委会议事规则	新建	综合办公室
	2	董事会议事规则	新建	综合办公室
	3	监事会议事规划	新建	综合办公室
	4	总经理工作细则	新建	综合办公室
	5	"三重一大"集体决策制度	已有试行稿	综合办公室
战略投资	6	战略管理制度	新建	运营管理部
	7	投资管理制度	新建	投资资产部
	8	资产管理制度	已有部分	投资资产部
	9	外派董监高管理制度	新建	投资资产部

制度分类	序号	制度名称	状态	责任部门
运营管理	10	制度管理制度	新建	运营管理部
	11	计划管理制度	新建	运营管理部
	12	组织绩效管理制度	新建	运营管理部
	13	经营例会管理制度	新建	运营管理部
	14	督办管理制度	新建	运营管理部
风险合规	15	内部审计管理制度	已有	法务审计部
	16	合同管理制度	旧版	法务审计部
	17	非工程招投标管理制度	新建	法务审计部
	18	法律纠纷案件管理制度	已有试行稿	法务审计部
工程管理	19	工程项目设计管理制度	已有初稿	运营管理部
	20	工程项目招投标管理制度	已有审议稿	工程管理部
	21	工程项目管理制度	已有部分	工程管理部
	22	安全生产与文明施工管理制度	已有	工程管理部
……	……	……	……	……
党工团	52	党建管理制度汇编	已有部分	党群工作部
	53	工会管理制度（简版）	已有部分	党群工作部

（2）明确制度管理规范。

项目组首先针对集团过往制度管理不规范的问题，出台制度管理的规范，明确集团制度的职责与权限，规范制度制定、修订、报批、发文、备案与废止的程序与管理要求，统一制度的格式要求与编写要求，并以此项制度作为各部门制度梳理的范本，起指导与示范作用。

（3）拟定制度初稿。

各部门按照制度管理规范对本部门现有制度进行优化完善，项目组制订辅导工作计划，逐部门参与各部门制度讨论与修订。对于新建制度，由项目组牵头拟定并与主责部门讨论、确认，在过程中涉及到上位制度要求的，需要充分研究上级相关政策要求，涉及管理模式调整与权限设置的，项目组与责任部门还需要充分开展外部调研工作，提出管理模式优化建议，作为集团领导决策的参考依据。

（4）专题会议研讨。

由于本次制度梳理工作涉及面比较广，集中决策的难度比较大，为进一步提高制度梳理工作效率，各部门制度初稿完成之后，一方面提交相关部门征求意见，另一方面由制度主责部门的分管领导牵头，召集制度相关部门及子公司共同参与相关制度的初步评审，对新制度执行可能存在的问题进行讨论，集中收集反馈意见。

（5）制度修订完善。

专题会议结束后，项目组根据反馈意见对制度进一步修订，再次征求相关部门书面反馈意见，修订完善后形成制度送审稿。

（6）制度上会评审。

将制度送审稿提交集团决策会议评审，由集团领导层最终决策。

（7）发布实施。

各部门制度上会评审通过后，由集团制度归口管理部门——运营管理部发布实施，并在所有制度评审完毕后，由运营管理部集中汇编成册并负责制度的日常管理工作。

（三）风控体系建设

企业风险管理工作融入企业经营管理的方方面面，风控体系建设本身有其规范化的体系要求，风险管理的主要落脚点在制度、流程、审批权限等，由于前期项目组已系统地对集团的制度流程进行了梳理，奠定了比较好的基础，落实到风险管理方面，主要是按照风险管理规范的要求，结合A集团公司实际，构建与A集团相适应的风险管理体系。通过充分评估，结合A集团公司体系建设的工作要求，项目组选择《企业内部控制基本规范》和《中央企业全面风险管理指引》作为打造集团风险管理体系的主要规范依据。

1. 体系框架

依据《企业内部控制基本规范》的框架要求，从内部环境、风险评估、控制活动、信息与沟通、内部监督五个方面构建A集团公司的内部控制与风险管理体系，如表4所示。

表4　A集团公司内控体系框架

模块	主要内容
内部环境	从组织架构、权责分配、发展战略、社会责任、企业文化、内部审计等角度梳理控制目标、主要风险；结合集团总部职责分工及制度规范，梳理主要控制点，并明确主要责任部门
风险评估	参照《中央企业全面风险管理指引》，结合A集团公司业务特点，进行风险分类与风险识别，系统梳理A集团公司风险管理清单（详见风险清单）
控制活动	基于风险的应对措施，主要体现在授权审批、业务流程与管理规范，具体内容已体现在制度流程梳理成果中（制度57项，流程65项，表单77项）
信息与沟通	主要从信息与沟通、反舞弊两大方面，结合集团目前职责分工及管理规范，梳理相应控制目标、主要风险点及主要控制要求
内部监督	从内部监督架构、内部监督分类及评价角度建立内部控制持续改进机制

2. 风险分类

参照《中央企业全面风险管理指引》，企业风险一般可分为战略风险、财务风险、市场风险、运营风险、法律风险等，结合 A 集团的业务特点，对 A 集团公司经营管理过程中可能存在的风险进行了系统梳理，形成一级风险 5 项，二级风险 42 项，三级风险 297 项，构建 A 集团公司风险清单，以指引 A 集团公司内部管理制度与流程体系的完善。

3. 体系构建

为明确集团各部门在风险管理方面的职责分工，东方智业首先对集团风险管理的职责进行分配与落实，如表 5 所示。

表 5　集团层面风险管理主要责任部门

章节名称		编号	具体段落名称	主要负责部门
内部环境	组织架构	1	集团治理结构的设计	综合办公室、投资资产部
		2	职能机构的设计	人力资源部、内部控制工作小组
		3	……	……
	权责分配	1	权责分配原则	
		2	授权机制和权限指引	集团各部门、内部控制工作小组
		3	……	……
	发展战略	1	发展战略的制定	
		2	发展战略的实施	运营管理部
		3	……	
……	……	……	……	……

按照内控管理的规范化要求，编制《内控管理手册》，从内部环境、风险评估、信息与沟通、内部监督等方面构建内控管理体系，明确各具体模块风险管控的主责部门，细化具体领域的控制目标、主要风险、主要控制要求、相关制度流程索引等内容，构建起以《内控管理手册》为主体，以《风险清单》为细化补充，以《制度流程汇编》为支撑的风控体系。

四、项目总结与评价

东方智业坚持"问题解决与体系构建并重"的原则，历时约 5 个月，圆满完成了本次咨询工作，相应成果也在项目推进的过程中逐项落实执行，得到 A 集团的认可。东方智业认为，本次咨询工作对 A 集团的价值与意义主要体现在以下三个方面。

一是全面梳理了集团当前在经营管理过程中存在的问题与风险点，并且立足集团特殊的发展背景与现实情况，充分借鉴同类型企业的管理实践，提出多项解决方案供集团领导层决策，最终筛选出最适合 A 集团公司实际的解决方案。

二是帮助 A 集团公司构建起完善的制度流程体系，集团经营管理"有法可依"，为集团"事企分离"后的变革转型奠定了坚实的基础。本次咨询工作共计新建、优化各类制度 53 项，流程 63 项，表单近百份，涉及集团治理规则、战略管理、投资管理、工程管理、财务管理、人力资源管理、行政管理、党群建设等方方面面。一方面，进一步理顺了集团与管委会之间的关系，明确了"事企分离"后集团总部作为市场化运营主体的基本运营规则；另一方面，更加规范了集团对子公司的管控重点与管控尺度，力求在集团风险管控与子公司自主经营之间寻找最佳平衡点。此外，本次的咨询工作重点关注合规性，确保集团管理规范与国家政策、上级部门的管理要求相一致。

三是明确了集团制度流程管理、风险管理的归口责任部门与管理程序，为集团未来制度流程、风险管理的持续优化提升奠定了基础管理框架，确保未来集团相关工作有序推进。

通过制度流程的系统梳理，以及后期相应风控体系的构建，帮助集团进一步厘清了经营管理中存在的缺陷与不足，并针对性地进行了优化和完善，推进集团经营管理水平和风险防范能力的不断提高。然而企业的管理改善不是一蹴而就，而是持续优化的过程，东方智业的咨询服务帮助 A 集团公司在变革初期开了个好头，希望 A 集团公司未来能够持续优化、提升，以此支撑集团未来更高质量的发展。

企业设备全寿命周期精益化管理与优化项目

华谋咨询技术（深圳）有限公司

华谋咨询技术（深圳）有限公司（以下简称华谋咨询）始创于2004年。经过近20年的发展，目前已成为中国咨询行业超大型领军旗舰企业。华谋咨询为客户提供"管理咨询＋信息一体化"的专业服务，拥有先进、独特、原创的管理理论体系及经过数千家企业实践提炼的管理技术，形成十大咨询方向，服务领域涵盖十大行业，为企业提供全方位一体化的第三方技术服务。华谋咨询技术力量雄厚，有享受国务院政府特殊津贴专家，全国劳模，五一劳动奖章获得者，各类中高级咨询专家79名，专业顾问师200余名；起草了管理咨询行业标准和设备行业标准。

华谋咨询成立以来，服务客户5000多家，树立行业标杆200多家。2022年运营技术项目数突破300个，年纳税过千万元，总部位于深圳先行示范区龙华区智源云谷A栋，拥有四层独立综合楼，建筑面积近5000平方米。华谋咨询面对咨询市场重要发展机遇期，依《华谋第四个五年发展战略规划》，打造1000个标杆企业，2018年12月公司启动了IPO。

华谋咨询始终坚持"客户第一""员工第一"的"双第一"服务理念，快速响应客户需求，解决客户实际问题，注重持续创造价值。客户续签率保持在80%以上，为业界翘楚。公司先后被评为"中国管理咨询机构50大"、广东省管理咨询机构10强、深圳市管理咨询机构前3强。

本案例项目组成员

徐保强，华谋咨询集团学府信息技术咨询（广州）有限公司总经理、数字化项目首席顾问，数字化转型小组组长，国际注册管理咨询师（CMC），广州大学副教授，中国设备管理协会国际合作交流中心执委，国际维修联合会中国分会秘书长，近20年设备管理与智能运维咨询及信息化项目辅导经验，服务过200多家各类企业，著有《设备人机系统精细化管理手册》等专著30多本，主导编写团体标准《设备管理体系要求》。

其他成员：叶绿、张士忠、林焕楚、谭力、王昱、孙超

导读

南昌卷烟厂设备全寿命周期精益化管理与优化项目紧紧围绕设备基础管理、管理技能水平和设备管理综合绩效三个方面细化精益设备管理实施要求，将精益管理与 TnPM（全面规范化生产维护）工具密切结合，参考江西中烟的总体规划，以设备"六精"管理为目标，落实全面生产维护。

本项目按"一年搭架构、两年细分析、三年善运用"的思路，以健全设备全寿命周期精细基础信息管理为突破口，以打牢严格规范、可操作、能监控的精心维护保养基准为前提，以建立"制度化、专业化、标准化、规范化、信息化、价值化"的"六化"状态预测点检精确体系为重点内容，完善检维修的标准化流程、分析运行成本控制的方法、增强自主维保能力的精干队伍为补充方向，健全设备管理基础数据信息库，形成完整的设备终身"履历表"。

通过信息库的构建倒逼设备润保点检监管闭环水平，加大考核激励力度，逐步健全南昌卷烟厂完整的精益设备管理机制，提高预防性维修前瞻性，提升运用信息化工具管控设备的能力，努力实现因预防性维保不到位引发的故障明显下降，真正落实全面生产维护。通过优化完善南昌卷烟厂现有的设备管理创新活动方法，总结提炼出具备在江西中烟乃至全行业推广应用的管理成果，使南昌卷烟厂在同等生产能力规模的卷烟生产点中，成为行业标杆和具备示范引领价值的精益设备管理领军单位。

企业设备全寿命周期精益化管理与优化项目

华谋咨询技术（深圳）有限公司　　徐保强

一、项目背景与客户需求

（一）客户信息

江西中烟工业有限责任公司南昌卷烟厂（以下简称南烟）创建于 1950 年，由金星、南方、大众三家私营烟厂合营创办。现厂区位于南昌国家高新技术产业开发区金圣工业科技园，占地面积 423 亩，年产能达 80 万箱，是全国烟草行业 36 家重点卷烟工业企业、行业卷烟工厂标兵单位、江西卷烟工业龙头企业和江西省重点优势企业。主导产品"金圣"品牌被国家烟草专卖局列入全国烟草行业知名品牌。新品"金圣"滕王阁系列卷烟上市以来，以其口感和独具秀美江西风景特点的外观获得消费者的称赞。

目前，企业共设置 24 个部门（含生产车间），现有职工 1000 余人，获得专业技术资格人员 200 余人，获得职业技能资格人员 700 余人，整体技术、技能人才队伍在近年得到稳定发展。该厂具备自主设计的中药药物提炼生产线——"金圣香"药液精提中心，是全国中式低害特色卷烟生产、出口和研发基地之一。企业全面导入了计算机集成制造和信息中控系统，实现了从原料进库到成品出库的全自动化生产。企业先后多次被评为全国烟草行业先进集体、江西省优秀企业、优秀设备管理单位。

（二）行业特点

烟草行业是典型的装备密集、技术密集型企业，卷包、制丝、动力系统等都有着高速、自动、机电一体化等特点。随着计算机和信息化水平进步，设备技术进步与维修水平相对滞后的矛盾越来越突出，烟草行业不断提高设备有效作业率和降低故障停机率的要求越来越迫切。烟草行业的设备管理已从早期的定期大修逐步过渡到定期轮保，进而实现设备的健康管理和智能运维，通过控制和消除小缺陷来防止及控制设备性能劣化。在这个过程中，TPM（全员生产维护）所倡导的全员规范化自主维护和预防性维修理念与烟草行业设备管理理念完全吻合。

（三）客户需求及目标

近年来，国家烟草专卖局通过召开现场会和下发卷烟工业企业设备管理精益化的相关指导意见，要求各卷烟工业企业通过开展设备管理精益化工作，实现设备基础管理、管理技能水平和设备管理综合绩效三个方面的明显提升。

"十三五"以来，整个烟草行业面临更加严峻的市场形势，烟草制品销售总量下滑，除了对各中烟公司的营销水平提出更高要求外，更是要求各卷烟生产点进一步提高效率，优化成本，消除浪费，卷烟厂的设备管理精益化是实现上述目标的基础和关键。

虽然南烟早期也开展过 TPM 自主维护、现场 6S 管理等工作，但经过最近两年中烟公司组织的年度评价发现，随着各级人员的调岗和更换，一些工作的持续性方面需加强，设备管理水平基础表现时有反复，说明内部自我持续改善的闭环机制仍待进一步夯实；很多工具方法虽然在项目实施的各个阶段有效展开，但与各生产车间日常工作结合度仍不够密切，一线员工应用工具解决现场问题的能力仍有提升空间，管理流程和工具仍依赖于传统手段，信息化闭环管理应用不足。

因此，客户希望能够借国家烟草专卖局近年来持续推动设备管理精益化和中国设备管理协会发布《设备管理体系要求》的契机，针对南烟设备管理现状及 TPM 常态化闭环运作机制，紧紧围绕设备基础管理、管理技能水平和设备管理综合绩效三个方面细化精益设备管理实施要求，将精益管理与 TPM 工具密切结合，借助信息化平台实现常态化闭环管理。并通过优化完善南烟现有的设备管理创新活动方法，总结提炼出可以在江西中烟乃至全行业推广应用的管理成果，使南烟在同等生产能力规模的卷烟生产点中，成为行业标杆和具备示范引领价值的精益设备管理领军单位。

二、客户现状分析与诊断

（一）现状诊断依据及工具方法

项目小组主要的现状诊断依据中国设备管理协会标准《设备管理体系要求》（T/CAPE 10001—2017）和《ABB：全责绩效服务运营模型》（辅助诊断工具）。

中国设备管理协会标准《设备管理体系要求》规定了拥有设备资产的组织范围内设备管理体系的原则和总要求、方针、策划、支持、实施和运行、检查和绩效评估、持续改进的通用方法及要求等。这些要求覆盖了设备的全寿命周期，是从设备的长期经济效益最大化出发，全面关注设备从规划、选型、设计、制造、购置、安装、验收、运行，到维修、改造、更新直至报废的全过程。指导企业在设备全寿命周期的费用、绩效和风险三个方面寻求综合效果最优。推动组织的设备全寿命周期管理工作更加系统、规范、健全和智能，是对组织既有设备管理机制和技术规范的补充完善，设备全寿命周期的四维管理模型如图1所示。

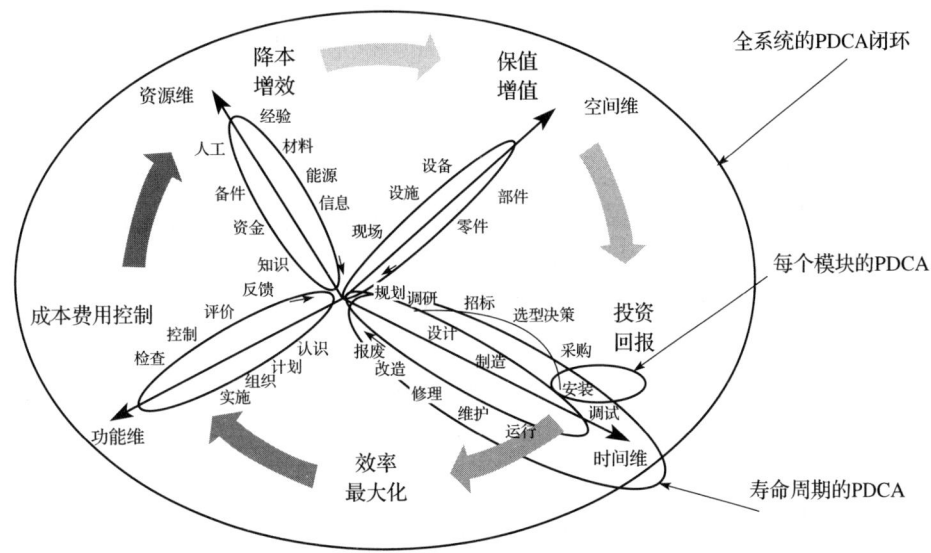

图1　设备全寿命周期的四维管理模型

《ABB：全责绩效服务运营模型》的整体要点如图2所示。

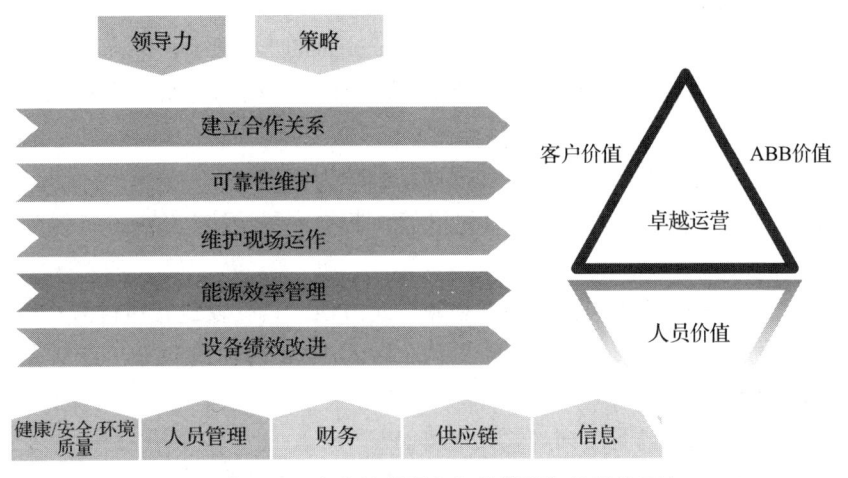

图2　《ABB：全责绩效服务运营模型》的整体要点

（二）诊断方式及诊断重点

项目小组制订详细的诊断行程计划和评分表，对南烟的主要管理层、职能科室、四大生产车间（制丝车间、卷包车间、成型车间、动力车间），通过专家组现场调研、各级访谈、查阅资料、实地验证、信息化体验等工作，最终形成甲方设备全寿命周期管理现状识别及信息化系统诊断报告，诊断重点包括以下四个方面。

（1）运营有效性诊断：方针、目标、体系策划、机构和职责、制度文件、关键指标的管理、绩效监测、内部检查与管理评审、持续改进。

（2）支持要素有效性诊断：知识管理和教育培训、现场6S管理、六源活动、可视化与定置管理、全员改善。

（3）设备全寿命周期运行管理水平诊断：设备前期管理、设备基础管理、设备使用与维护、设备润滑管理、设备点检管理、设备状态监测与状态维修、设备维修管理、设备故障管理、设备备件管理、设备更新与技术改造、特种设备管理、计量设备管理、工业集成服务及设备服务社会化。

（4）设备管理信息化应用诊断：现有信息化系统应用情况、其他项目应用情况、人员信息化技能、网络基础及环境、智能运维水平等。

（三）诊断识别的优势和特色

经过多年的积淀，总体来说，南烟在现场6S管理和设备管理制度建设、计划执行、费用控制、故障降低、效率改善、技能提升等方面开展了大量卓有成效的工作，领导设备管理理念和意识，以及整体设备管理水平在全行业都处于先进行列。主要表现为以下七点。

（1）基础数据完整，设备管理制度比较健全。

（2）设备经济技术指标在行业内处于较先进的水平。

（3）设备管理、维修操作人员整体素质较高，技术水平在行业内处于先进水平。

（4）工业园区生产辅助设施和硬件基础较为完善。

（5）公司管理层非常关注对先进管理模式的学习与实践，有强烈的使命感。

（6）中层干部及车间骨干学习和领悟能力强，具有较强的执行力。

（7）通过开展初步的6S、6H活动、导入TPM管理概念等，TPM基础扎实，营造了良好的氛围。

（四）诊断识别的主要问题及改善潜力

南烟人机系统和设备管理工作尚待进一步提高的方面，主要表现在以下五个层面。

1. 检维修体系完善方面

一是需通过一条清晰的主线把设备全寿命周期管理理念贯穿起来；二是领导层的很多设备管理理念尚未在一线有效执行；三是备件分类管理待细化，在库存结构分析，关键备件的周转及上机监控环节尚待加强；四是针对复杂多样的设备种类，需建立更完整的维修策略，结合设备状态来指导预防性维修计划的制订；五是点检工作部分内容流于形式，部分点检标准较粗略，需进一步与维护保养形成有效闭环等。

2. 持续改善机制建立方面

一是全厂化氛围待进一步提升；二是改善活动开展情况与国内外先进水平比较尚有差距；三是轮保周期与内容设定需要建立更科学细致的判断标准、执行标准和验收标准；四是设备管理方面的指标目前多为结果型经济指标，需要建立必要的过程控制指标；五是检查考核形式目前停留在具体问题的发现上，而不是机制有效性的识别上。

3. 知识资产管理方面

一是维修团队的技能与设备维护要求的矛盾较突出，很多二级单位依靠个别高手在支撑，维修人员一专多能待提升（机械和电气）；二是高技能维修人员的知识和做法需要充分提炼和共享，形成企业的知识资产，减少因人员老化和流失造成知识资产的流失风险；三是维修人员的评级和发展愿景问题较明显。

4. 信息化方面

一是尚未建立全厂的设备管理和状态监测信息系统，仅有部分中控系统、数采系统，已有信息系统只能提供简单的设备故障记录和停机原因分析；二是很多设备状态信息的收集者只关注和考核有关的信息，或某一个问题的解决，信息联通和分享不足，不利于形成关于设备的整体知识资产，不利于通过数据挖掘实现对设备管理（全寿命周期、点检标准、维修过程、维修管理）的优化。

5. 现场和基础管理方面

一是现场管理与国内外先进水平相比较，尚有提升空间；二是需要建立对全厂和各车间设备管理水平进行系统评价的标准和体系；三是对设备运行的基础数据的分析、应用及展示有待进一步提升；四是重要的维修、保养、操作要点在现场需要得到更有效的展现等。

（五）量化数据评分

南烟设备管理体系精益化管理水平诊断的 23 个大项的得分比例如图 3 所

示（满分 1000 分）。项目组以此为依据，编制了项目建议报告，给出了项目的实施方案和推进计划。

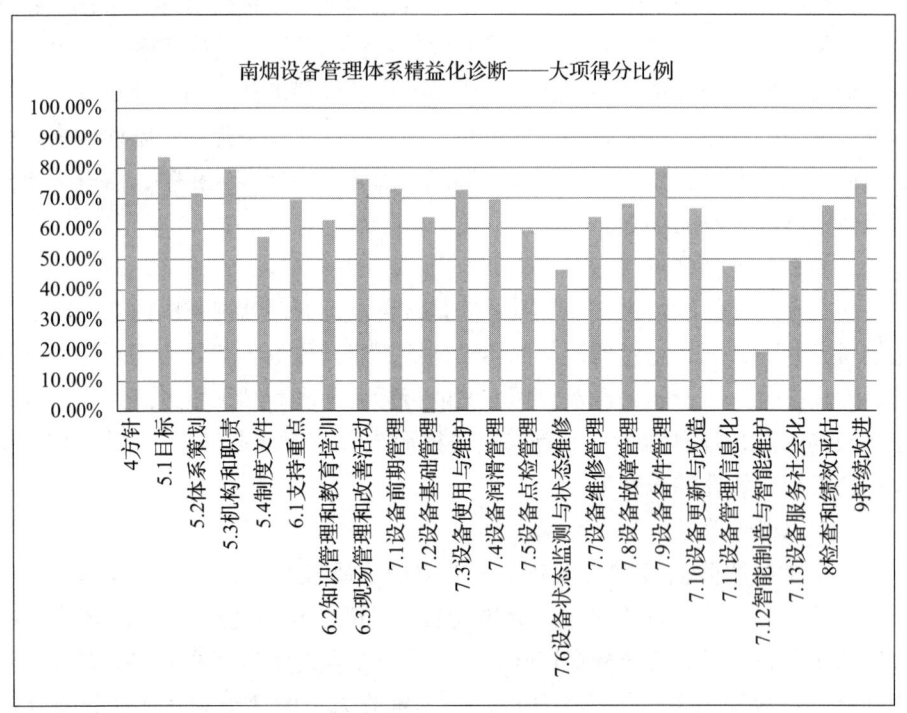

图 3 南烟设备管理体系精益化管理水平诊断的得分比例

三、项目方案与实施过程

（一）实施主线和总体目标

基于国家烟草专卖局下发的《卷烟工业企业设备管理精益化指导意见》和中国设备管理协会标准《设备管理体系要求》，以及南烟设备全寿命周期精益化管理水平现状和发展需求，本项目实施主线和总体目标如下。

1. 项目实施主线

以精益设备管理深化为主线，培养核心骨干人才的工匠精神和设备管理技能，对照设备管理体系标准要求，以做实设备全寿命周期信息档案为突破口，带动设备基础管理的提升。通过三大机制的优化完善，即关键绩效指标统计分析闭环机制、结果导向并关注过程的评价闭环机制、设备检维修过程精益化闭环机制，追求设备全寿命周期效率最大化和费用最优化，并借助信息化平台实现常态化运行。

2. 总体目标

进一步巩固和夯实现场管理和 TPM 开展的阶段成果，特别是通过强化设备维护保养、状态监测（点检）落地，促进精益设备管理全员化，推动主要绩效指标行业排名明显提升，实现设备"六精"管理的信息化平台闭环运行，打造行业精益设备管理标杆和示范基地。

（二）项目实施思路策划要点

实施周期：结合南烟现有管理基础而设计的精益设备管理深化实施方案，时间周期暂定为 18 个月，从 2020 年 6 月—2021 年 11 月，2021 年 12 月举行结题汇报会。项目由设备科、企管科和信息科共同牵头；实施范围重点是南烟的制丝、卷包、动力、成型等生产车间及相关的主要科室。

国家烟草专卖局发布的《卷烟工业企业设备管理精益化指导意见》，要求各卷烟生产点的精益设备管理围绕"设备基础管理、管理技能水平和设备管理综合绩效"三个方面展开，并列出设备管理绩效评价、设备全寿命周期管理的基础信息、设备状态的预知掌控、检维修体系运作、综合规范的保养机制、设备运行成本控制、设备管理信息化平台建设、高素质人才队伍培养八个方面的具体措施要求，项目实施思路策划要点如图 4 所示。

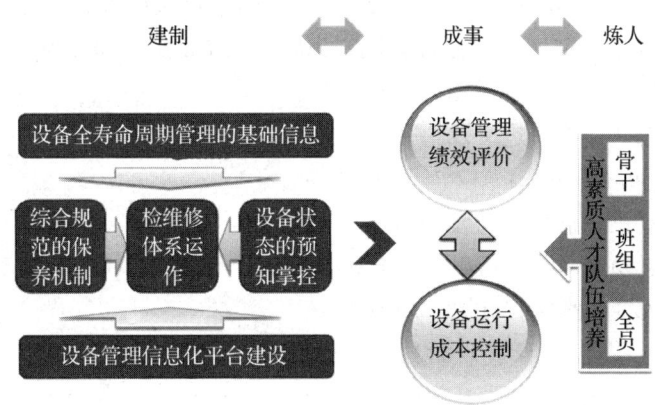

图 4 项目实施思路策划要点

（三）项目指导方针

南烟精益设备管理的实施方针为：兼容并蓄、消除短板、突出特色、形成标杆。具体说明如下。

（1）兼容并蓄：将南烟设备管理基础、精益管理和 TPM 管理的工具方法有效整合，为我所用。

（2）消除短板：认真检讨已展开的 TPM 设备管理工具未能常态化有效运行的深层次管理原因，对照国家烟草专卖局《卷烟工业企业设备管理精益化指导意见》及《设备管理体系要求》识别管理短板与瓶颈问题，逐一消除。

（3）突出特色：将长期以来南烟颇具行业口碑的管理特色充分应用在精益设备管理活动开展中，进一步归纳提炼出南烟特色的精益设备管理模式。

（4）形成标杆：学习兄弟企业的有效做法但要勇于创新和突破，借助信息化平台建设形成常态化闭环管理，追求设备管理绩效评价的全面领先，成为具有行业示范意义的标杆企业。

（四）项目推进机制设计

南烟设备全寿命周期精益化管理优化项目，借助"指标、重点关注内容、工具方法和活动平台"的有机集合，将已有的设备管理基础与 TPM 工具应用于南烟精益设备管理实施全过程，借助 12 周改善专题的活动形式，推动主要绩效指标的表现优于行业平均水平，从而形成南烟自己的管理特色。

过程中开展华谋咨询特色的"12 周专题改善机制"，是以结果绩效指标改善为导向，聚焦具体问题，将设备管理模块要求和 TPM 工具方法有效应用，把内部骨干人员分派到每个具体改善课题中，每 3 个月为一个改善周期进行展开。

通过这种以点带面机制，先通过示范线的推进过程改善积累经验，快速见到阶段性成果，并通过优化管理机制为成果的全面铺开奠定基础，确保好的成果能迅速展开。比如由职能科室牵头的管理类课题，是由推进办及科室负责全厂管理活动的策划，以 12 周改善课题的方式滚动推进；各参与车间示范线及生产小组，负责具体任务的实施与推进，以关联核心绩效指标的 12 周改善课题的方式定期汇报，展示阶段性成果，滚动推进，12 周专题改善机制如图 5 所示。

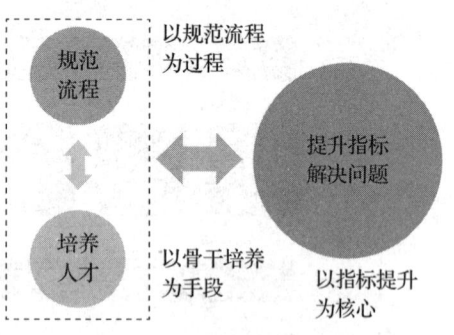

图 5　12 周专题改善机制

12 周改善课题的重要意义：通过时间节点的把控，强化目标管理的目标达成，同时把职能科室骨干从观察员向运动员转化，从评论者到实践者转化，从指导者到行动者转化，让他们深入现场，与车间一起来达成目标的提升。

项目组采用华谋咨询特有的"咨询＋信息化一站式服务模式"的推进机制，资深的项目专家和信息化软件工程师组成联合项目组，共同依照项目计划推动项目的有效落地。

（五）项目推进组织架构

成立一把手挂帅的推进组织，厂长亲任项目总协调人，推进办设在设备科，设备科长任推进办主任，信息科长和企管科长分任推进办副主任。项目组成立以下 8 个项目小组，各小组的任务分工如下。

（1）领导小组：指导和协调各小组有序开展工作，组织好专题培训，完成项目成果。

（2）绩效指标小组：负责编制工厂级设备绩效与指标监测管理细则。

（3）体系文件小组：负责编制工厂级设备管理程序文件（细则）。

（4）业务流程小组：负责编制工厂级设备管理业务流程汇编。

（5）改善课题小组：负责推动全厂各车间的 12 周课题活动开展。

（6）技术标准小组：负责编制 AB 类设备技术标准汇编。

（7）考核评价小组：负责编制工厂级设备管理体系考核评价细则，指导各工厂试运行并跟踪效果，进行考核评价。

（8）信息化优化小组：负责编制设备管理体系信息化现状诊断报告、设备管理体系信息化业务蓝图输出，确保各功能模块如期上线。

（六）项目推进计划

整个咨询过程是按 PDCA（计划、执行、检查、行动）循环来组织的，即按培训、机制建立、现场辅导、执行验证、总结及成果展示、信息化上线、评价验收的环节来进行，以确保项目过程有效，结果达到预期要求。

为确保项目的目标统一，方向正确，过程受控，成果显著，制订了 18 个月的项目滚动计划。依照项目主要工作节点和里程碑，项目组编制了详细的推进计划，确保"咨询＋信息化一站式服务模式"规定的项目主要任务全部能够逐月推动。

此外，在项目推进过程中，还专门针对信息化软件的迭代升级编制了计划。

（七）项目风险规避措施

（1）子任务专题检查、验收机制，确保每个目标都能以有形成果体现。

（2）以点带面机制，先选择关键业务或试点积累经验，为成果的全面铺开和信息化上线奠定基础，以确保好的成果能迅速展开。

（3）定期会议，进行项目阶段复盘，及时通报和表彰。

（4）建立有力的项目管理制度和组织保障。

（5）加强重点人员专题培训，培养一批企业内部的骨干力量。

（6）实现项目团队成员的阶段文档、现状诊断报告和总结材料的充分分享。

四、项目成果及绩效说明

（一）项目目标达成情况

经过 18 个月的认真推进，实现了以下项目目标。

1. 设备指标分析方面

建立了全面、完善、有效的指标分析和评价体系，结合过程执行、故障统计、维修分析等，可以提供设备管理运维的指导和决策参考。

2. 设备档案完善方面

实现了设备台账及一机一档等静态数据的统一管理，做到了账、物一致，并结合日常维修履历完善设备的生命史档案，完善档案信息及时准确。

3. 维修策略闭环方面

构建了三闭环维保机制，实现了信息化平台的无缝对接，可以按设备故障类型、紧急情况、运维保养需求，提供针对性的维修策略，如主动维修、预防维修、事后维修等流转管理。

4. 作业标准化方面

实现了基于技术标准开展设备保养、检维修等整个作业过程，通过劣化分析指导促进标准的优化提升，实现了作业标准化管理。

5. 作业过程全跟踪方面

通过信息化工单跟踪执行情况，可有效跟踪到设备运维保养的情况，确保了设备保养检维修的效率、执行度和质量。

6. 设备状态联动方面

对接了设备状态监测等数据，准确跟踪设备的劣化情况和运行，如小停机、产量、质量缺陷、效率等，通过设备健康评价针对性地进行保养运维工作。

7. 备件库存寻优方面

可持续跟踪备件库存成本，建立了设备维修与零备件的消耗关系，优化了库存及预警，维持费用统计，确保备件储备经济合理。

8. 经验技能提升方面

培养了大批核心骨干，建立了一人一档与改善管理提升机制，通过培训、日常故障维修案例的沉淀及执行联动，改善课题开展等，实现工作经验与方法的共享，使全体员工的技能得到整体提升。

（二）形成了多个原创性创新成果

1. "六精管理模型 + 信息化"

南烟按照《设备管理体系要求》规定的全寿命周期闭环管理要求，根据江西中烟公司的整体部署，系统性地建立了设备管理运作机制，将设备综合效率可持续提升、设备管理与技术人才的培养，以及可持续发展的设备管理机制打造的具体工作细分，并基于设备全寿命周期管理信息化平台建设，将工厂长期开展的设备"六精"管理活动充分结合，构建了"建制—成事—炼人"的总体设备全寿命周期管理目标。

2. 构建了多级智能综合看板

涵盖"KPI 驾驶舱→全厂看板→车间看板→岗位看板"，实现关键绩效指标（备件库存统计分析、卷包运行效率、保养精心执行情况、备件消耗逐月对比、设备维修统计分析、健康体检雷达分析、基础精细统计、队伍精干成长分析、实时故障隐患滚动）的自动统计分析、对比和趋势变化跟踪，实现了精益数据汇总和成本分析的统计表单近 60 个，并全部实现了计算机信息化平台的自动汇总。

3. 一键体检和智能保养模型

为了缓解维修团队的保养任务压力，并精准实现劣化机台的健康体检目标，项目组基于产量、质量缺陷、设备停机时间、停机次数、待解决的隐患数等参数，匹配不同的指标权重，并通过打通 MES（制造执行系统）机台数据实现数据同步，可以一键体检，实现设备健康跟踪，自动进行周保计划智能推荐。

（三）主要绩效指标变化

设备全寿命周期精益化管理信息平台上线以来，系统共有效管控全厂1235 台（套）生产设备，核心业务模块均在全厂各车间落地应用，有效支持各业务工作开展。截至 2021 年 12 月，卷包设备效率较上一年有所提升，卷包机组台班产量（细支）同比增加 1.28 箱 /8 小时；备件库存结构持续优化，全厂备件库存同比下降 255.72 万元，两年以上库存占比及修复件金额达到公司要求的指标；设备维持费用大幅下降，单箱设备维持费用同比减少 18.75 元 / 箱，年节约维持费用约 1125 万元，其中单箱备件消耗同比降低 12.92 元 / 箱。

（四）社会影响力和荣誉

南烟近年来先后荣获全国 TnPM 推行示范基地、全国 TnPM 可视化示范基地等荣誉称号，建立了具有"南烟制造"特色的设备管理模式，夯实了设备和人机系统精细化管理的基础，同时，还全面提升了设备的规范化、标准化、系统化和精细化管理水平。设备状态逐年提升，设备维持成本逐年下降，先后获得"全国设备管理优秀单位"、全国首家通过 TnPM 三阶认证企业、江西中烟首个国家级五星现场、全国 TnPM 年会管理创新奖等荣誉。2022 年走访对比行业多家卷烟厂和省内其他烟厂，在同等规模烟厂设备全寿命周期管理精益化水平指标及"六精"管理信息化应用水准方面，处于领先地位！

北京大兴国际机场备品备件精细化管理咨询案例

汉哲管理咨询（北京）股份有限公司

汉哲管理咨询（北京）股份有限公司（以下简称汉哲或汉哲咨询）始创于2003年（2008年更名），于2015年7月在全国中小企业股转系统挂牌，由此成为中国管理咨询业首批公众公司，标志着中国咨询业资本化时代的开始。当前，汉哲咨询（集团）旗下拥有全资、控股及关联类管理服务机构11家，涉及管理咨询、人力资源咨询、人才培养、大数据与信息化服务、投资顾问等管理服务的主要环节。

咨询服务是汉哲的核心业务。汉哲咨询（集团）同步运营"汉哲管理咨询"与"汉哲人力资源顾问"两大品牌，在北京、上海、成都、深圳四地设有运营中心，在天津、南昌、南宁、西安、长沙、济南等地设有分支机构及办事处，服务网络覆盖全国。

汉哲咨询是中国企业联合会管理咨询委员会副主任委员单位，是经中国企业联合会评选的"中国管理咨询机构50大"企业，工业和信息化部2017年首批"全国企业管理咨询机构推荐名录"，并先后获得中国著名管理咨询品牌、"中国管理咨询行业最具影响力十大品牌机构""中国管理咨询行业榜样最具公信力典范品牌""2016值得信赖的中国管理咨询机构""中国人力资源开发与管理优秀服务商""2017中国十佳管理咨询诚信服务机构""2017中国产品创新品牌"等数10个荣誉称号。

本案例项目组成员

叶涛，管理学硕士，近12年管理咨询经验，CMC国际注册管理咨询师，汉哲咨询副总裁，多家企业常年顾问，咨询服务客户70余家。

刘鹏，经济学硕士，近11年管理咨询经验，CMC国际注册管理咨询师，汉哲咨询项目总监，咨询服务客户50余家。

毛瑞林，管理学硕士，近4年管理咨询经验，汉哲咨询项目高级咨询师。

导读

北京大兴机场自投运开航至今，旅客吞吐量不断增大，各设施设备专业系统的备品备件（以下简称备品备件或备件）采购、仓储及消耗量不断增长，2020年备品备件全年采购额3000余万元，年底库存结余量1000余万元，消耗率67%。到2021年7月，大兴机场主要设备设施将质保到期，全面转入维保阶段，根据各部门预算，2021年备品备件采购量将达到8000余万元，过高的备品备件库存给流动资金、机场用地、库容量、管理等都带来了较大压力，提高备品备件的精细化、信息化管理水平变得十分迫切。

大兴机场备品备件具有"三多两大"的特点（"三多"指品类规格多、备品数量多、产品品牌多；"两大"指供货周期差异大、消耗规律变化大），既要确保备品备件储备充足，又要因库存成本过高需控制库存成本，而可能影响正常运维，机场面临两难选择。为实现北京大兴国际机场备品备件精细化管理，汉哲咨询与大兴机场采购工程部组建了联合工作组，大兴机场各级领导参与其中并积极支持，这样既发挥了双方团队优势，又提高了项目推进效率。本次项目需要针对大兴机场备品备件的全生命周期管理特点，制定备品备件分级分类管理策略，设置科学合理、经济实用的安全库存量管理控制方法，完善备品备件管理制度流程与库房管理规范，提升大兴机场备品备件管理信息化水平，提高大兴机场备品备件管理效率效益。

通过本次项目实施，大兴机场目前已初步形成了科学高效的备品备件管理模式，产生了良好的经济效益，并为后续信息系统建设与优化奠定了坚实基础。

北京大兴国际机场备品备件精细化管理咨询案例

汉哲管理咨询（北京）股份有限公司　叶涛

一、案例背景

（一）企业概况

北京大兴国际机场（以下简称大兴机场）作为我国大型国际枢纽机场，是"京津冀协同发展，交通先行，民航率先突破"的标志性工程，是国家"一带一路"建设的新国门，是服务雄安新区建设这个"国家大事、千年大计"的新动力。北京大兴国际机场服务国家战略，瞄准世界一流，新机场努力融入百年民航发展的智慧，全面展现我国民航自主创新的最新成果、最高水平，实现多项世界一流。

北京大兴机场于 2014 年 12 月正式开工建设，2019 年投入运营，机场总用地约 27 平方公里，远期规划占地面积 45 平方公里。大兴机场的建成，将加快带动城市南部地区转型升级，促进北京城市南北均衡发展，为中心城功能和人口疏解提供空间。同时，以大兴机场为核心节点，将建设现代化综合交通枢纽，形成集航空、高铁、城际、地铁、高速公路多种运输方式为一体的互联互通交通网络，为加速带动京津冀协同发展，有序疏解北京非首都功能夯实基础。

（二）咨询需求

北京大兴机场自投运开航至今，旅客吞吐量不断增大，备品备件采购、仓储及消耗量不断增长。在 2021 年 6 月之后，大兴机场主要设备设施将质保到期，全面转入维保阶段，过高的备品备件库存对流动资金、机场用地、库容量、管理等都带来了较大压力，提高备品备件的精细化、信息化管理水平变得十分迫切。

大兴机场备品备件具有"三多两大"的特点（"三多"指品类规格多、备品数量多、产品品牌多；"两大"指供货周期差异大、消耗规律变化大），既要确保备品备件储备充足，又要因库存成本过高需控制库存成本，而可能影响正常运维，机场面临两难选择。为实现北京大兴国际机场备品备件精细化管理，

需要针对大兴机场备品备件的全生命周期管理特点，制定备品备件分级分类管理策略，设置科学合理、经济实用的安全库存量管理控制方法，完善备品备件管理制度流程与库房管理规范，提升大兴机场备品备件管理信息化水平，提高大兴机场备品备件管理效率效益。

二、诊断分析

通过前期的调研访谈及资料研读，工作组从重点业务环节及备品备件基础管理两个层面对备品备件管理现状进行诊断分析。

（一）备品备件重点业务诊断

备品备件重点业务包括备件预算管理制度及流程、备件采购计划提出及编制、备件验收流程管理过程、备件库房信息化管理和备件品类盘点及库房管理五个方面。

1. 备件预算管理制度及流程诊断

在备件预算管理环节，备件预算的编制较为粗放、预算金额提出的充分性尚有不足，在备件预算编制的科学管理、精细操作方面存在较大的提升空间。备件预算整体流程在成熟度、流畅度、清晰度等方面有巨大的优化提升空间，需要将管理资源更多地分配在预算编制，以提高预算的科学性和精确性。

2. 备件采购计划提出及编制诊断

备件采购管理活动中，备件采购需求与计划，基本以维保公司的采购需求意见为准，难以进行有效的专业判定；备件采购计划性不强，因设备、设施维修保养计划性不足，导致备件采购计划跟随性欠缺，造成备件采购入库随机性强。在备件库房管理中，实际上部分维保单位在负责备品备件采购需求、入库、库房管理、领料使用的各项工作，这些工作集中在维保单位处理，与管理不相容原则背离，存在一定管理风险。

3. 备件验收流程管理过程诊断

备件入库流程的发起、验收、入库、放置等流程环节虽然有制度，但制度实际执行贯彻不足。同时，组织功能权责模糊、界限不明，整体存在优化提升空间。

4. 备件库房信息化管理诊断

备件库房管理的信息化基本处于空白，以各种手工台账和单据进行简易的流程交接，容易造成信息衰减、失真的风险。

5. 备件品类盘点及库房管理诊断

目前对于备品备件未做分类管理，无论价值高低，备品备件全部在库统一管理，导致管理难度增加，管理效率降低。在备件库房管理中，关于备件的经济核算与统计分析工作比较薄弱，有巨大挖潜空间，需要设置备品备件库存管理指标设计（见图1）。同时，备品备件管理边界存在模糊情况。某些备件库房中，保障设备设施正常运行的备品备件与其他类型的物资混合管理，容易造成备品备件管理重心错位，浪费设备设施保障资源。

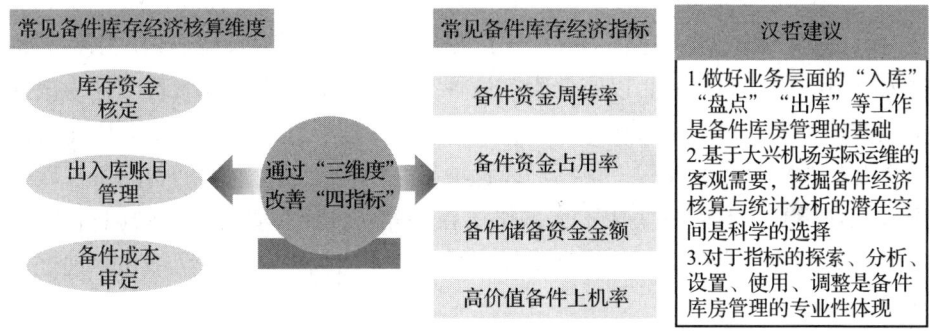

图1 大兴机场备品备件指标设计示例

（二）备品备件基础管理分析

备品备件基础管理包含备件技术管理、备件计划管理、备件库存管理、备件数据管理、制度与流程管理五个方面。

1.备件技术管理方面

大兴机场的库存备件技术管理尚有可提升空间。大兴机场在设备设施及备品备件技术管理尚属于起步阶段，备件技术管理尚未形成规划、组织、协调、控制的组织职能闭环。

2.备件计划管理方面

大兴机场的备件计划管理与维保实际需求差距较大，与备件相关计划的规划、规范、制订、评审、提交、审核、上报、执行、跟踪、总结等环节可以进一步细化和提升。

3.备件库存管理方面

备件库存管理整体较为粗放。仓库和物资都暂未进行科学合理的分类管理，仓储数据迟滞、失真。

4.备件数据管理方面

备品备件管理数据统计分析处于起步阶段，提升潜力巨大，对备件数据管理的认识可进一步提升，与备件管理的降本增效可进行有效融合。同时，需要加快推进财务资产管理信息化的建设，拓展信息端口覆盖面。

5. 制度与流程管理方面

制度与流程管理规划不足，导致备品备件全生命周期管理形成断点，重习惯重经验，忽视流程规范化建设，缺乏标准化流程，从而导致信息化建设迟滞。

三、设计与实施

大兴机场备品备件精细化管理方案构建以降本增效、保障运维、及时高效为目标，以供应链数字化为导向，以精细化、信息化为管理理念，以备品备件库存分类管理为核心，以安全库存设置为重要内容，以电商管理库存为重要手段方式，借助信息平台建立并完善备品备件库存全过程管理，不断优化管理职责及相关配套制度流程，最终形成各项相互协同，运行高效的备品备件库存管理创新模式，有效地集成了大兴机场在备品备件库存管理方面的创新实践，确保了备品备件库存管理工作高质量开展。大兴机场备品备件精细化管理框架如图2所示。

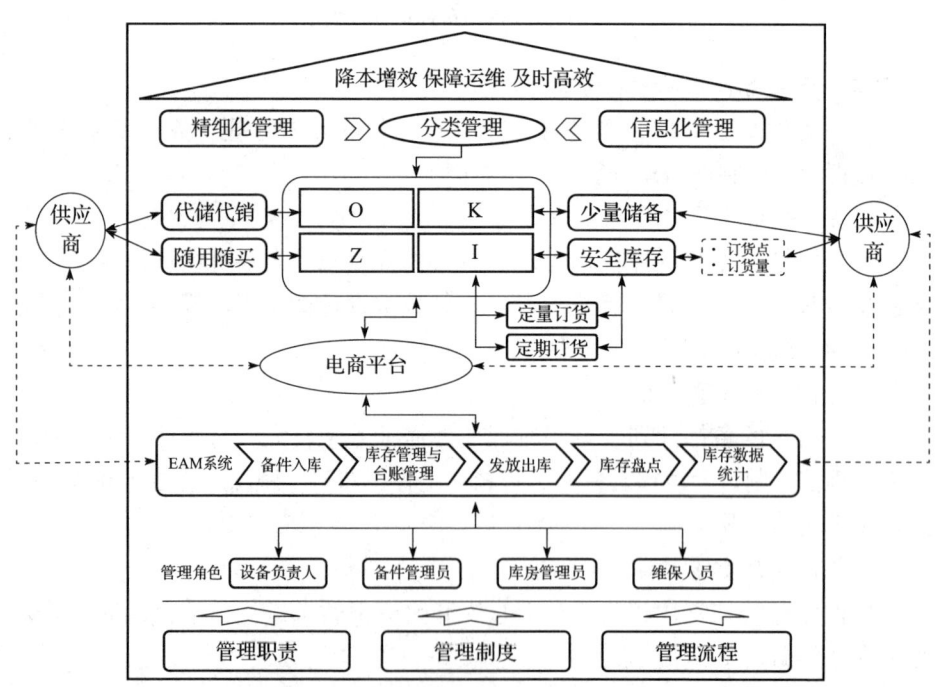

图 2　大兴机场备品备件精细化管理框架

（一）设计 OKZI 分类管理模型

针对大兴机场备品备件种类多，库存金额占用较大，对于各类备品备件缺乏分类导致管理重点不明确等问题，大兴机场在分析现有备品备件各项数据的基础上，对不同类别备品备件库存进行了重新归类与划分，创新设计了OKZI分类管理模型。该模型根据各类备品备件的价格和消耗规律两个维度，将备品备件分为四类，分别为 O 类（Ordinary，普通类）、K 类（Key，关键类）、Z 类（Zero，零库存）、I 类（Important，重要类）。按照价格和消耗规律两个维度对各类备品备件进行评估的结果，将备品备件定位到由上述两个维度形成的一个正交坐标系中的四个象限内，根据各象限库存品类及数量情况，可以诊断某一时刻库存的健康度，不仅为库存状况分析诊断提供了方法，同时，也可对不同类型的备件设置不同的储存模式，针对性地优化调整经营策略和管理策略。

OKZI 模型两个维度的分界线可根据经营情况动态调整，以适应不同时期备品备件价格、种类、数量的变化。根据大兴机场现有库存水平分析，测算出以纵轴界限 3000 元作为切分纵坐标界限，单价在该标准以上的备品备件入库总值占比较高，但总量较低。横轴消耗规律维度的界限设置方法是分析备品备件的消耗情况与保障水平，如储备仅供意外情况所需为关键备件，可按照标准安全库存管理模式进行测算，不断消耗、补货，做库存量动态监控的备品备件以常规备件进行储备。

大兴机场通过应用 OKZI 分类管理模型对 2021 年 10 月备品备件库存进行了评价分析，结果见图 3。健康度良好的库存内容应少量储备 K 类，主要储备 I 类，O 类、Z 类不做储备。当分类结果与目标健康度偏差过大，开始从价格和消耗规律两个维度进行经营性调整，包括用平位替代品打破垄断、提升供应时效降低保障要求、重新审查设定安全库存品类、启动新一轮价格谈判等方法，将四类库存不断向 Z 类库存方向调整，最终形成良好健康度的库存状态。针对备品备件分类分布和分类经营策略，大兴机场可以持续优化安全库存动态控制模型（优化 K 类和 I 类库存水平）和电商管理库存模式（降低 O 类和 Z 类库存水平）。

在备品备件分类管理的基础上，完善了配备管理机制，制定了如下六条管理措施。

（1）基础台账与统计管理方面。不断完善备品备件台账，综合考虑备品备件类别、型号、规格、数量、位置、安装位置、适用设备等信息，优化备品备件编码工作，对各类备品备件设置单独台账，统计研究消耗规律，为后期制定备品备件存储、编制采购计划与实现信息化管理奠定基础。

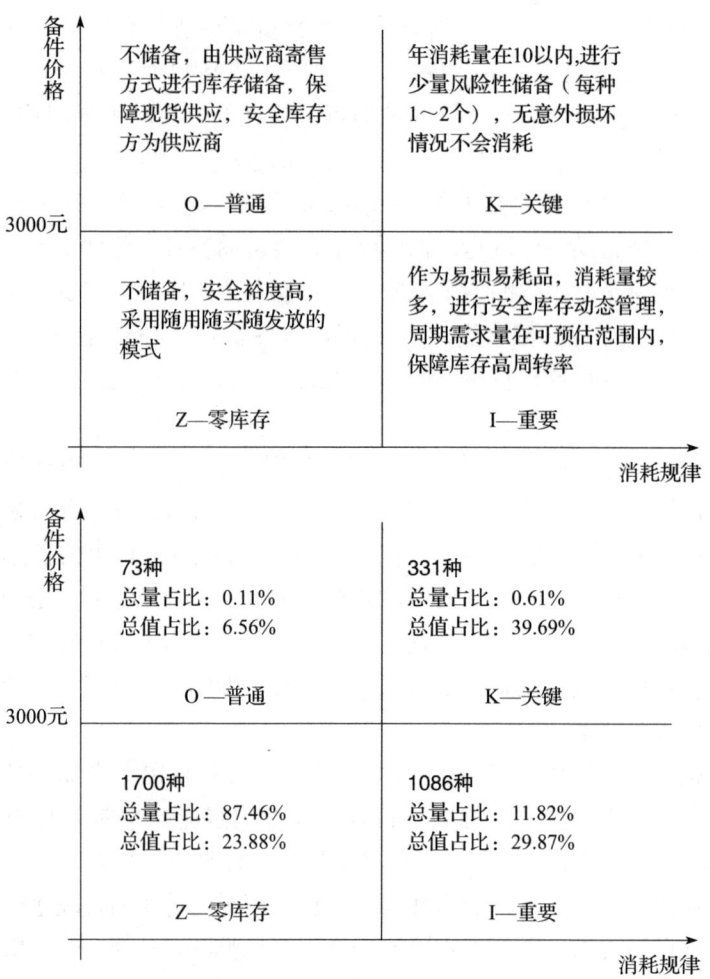

图3　OKZI备品备件分类管理模型与分析结果

（2）采购计划管理方面。在编制采购计划时，一是需要与供应商进行详细沟通，统计该类备品备件供货情况及到货周期，确定该类物品的提前订货采购时间；二是需要实时监控该类备品备件的库存与消耗情况，并与历史消耗数据进行对比，分析偏差原因，判断是否需要调整订货时间和存货定额；三是根据该类备品备件供货周期要求，确定订货时间，根据备品备件的保障要求差异，分别设置一定前置时间，提前纳入采购滚动计划，及时启动采购程序，以确保该类备件及时供应。

（3）采购预算管理方面。在编制备品备件采购预算时，一是需要研究分析关键备品备件消耗规律，提高预见性，合理预测下年度/季度/月度该类备品备件所需数量与价格变化，不断提高预算编制的准确性；二是在预算执行过程中，重点关注各类备品备件预算执行情况，发现问题及时调整，避免影响到备品备件整体采购安排；三是为预防低概率突发情况的出现，导致某类备品备件消耗过大，供不应求，如出现应急补货需追加预算时，应及时对预算进行调整，或启动预算外事项审批程序，以确保备品备件采购工作顺利开展；四是对于关键和重要备品备件预算可采用预算单列方式，确保预算专款专用，避免资金被挤占，确保采购资金到位。

（4）供应商管理方面。对于关键和重要备品备件的供应商，通过供应商调查表的形式，详细准确地取得该类备品备件每个供应商的基本信息，对供应商采用多维度综合评价的方式进行深度评估，与优质供应商建立长期合作关系，通过竞争性技术评估，严格控制和管理每种备品备件供应商质量水平和生产平稳情况，从而达到对备品备件质量和供货能力的有效监控。同时做好与供应商之间的学习和沟通，熟悉产品设计、开发与生产过程，为后期价格和成本审查、控制采购成本奠定基础。

（5）维修保养管理方面。在进行备品备件采购时，对于价值较高的备品备件可与供应商进行沟通和谈判，签订备品备件后期维修机制，主要包括上门维修、制定较长时间的质保期等，提高备品备件使用寿命。同时，培养自己的维修保养队伍，根据备品备件正常产品寿命、使用运行条件、故障分布情况及发生概率，进行预防性与例行性维护保养，最大限度地维持备品备件使用性能，减少备品备件替换频率。

（6）建立库存应急预警机制。对备品备件库存管理实行两级预警机制，一是根据各类备品备件属性制定最低库存量；二是制定预警库存量，一般为一个采购周期内的消耗量。当备品备件库存数量达到或接近预警库存量时，系统会自动发出提示信息，提醒启动补货流程，制订与实施采购计划，以确保备品备件采购到库后，库存备件始终处于最低库存之上。

（二）优化安全库存动态控制模型

根据 OKZI 分类管理模型，K 类备件属于不会常规性消耗，多数月度消耗量为 0，但仍需储备若干以应对意外损坏风险；而对 I 类备件，要利用历史消耗量对未来需求量做科学测算，设置动态的安全库存值和指导库存量，并以此制订预防性维修计划。为获得科学合理的安全库存设置标准和控制方法，大兴机场首先基于数理统计学方法设计了可预测未来年度逐月备件需求量的年度需求量预测模型，用以指导机场各部门编制下年度备件采购预算、采购计划；接着基于经济订货批量理论设计了机场备品备件安全库存动态控制模型，可辅助各部门测算安全库存量、订货量、订货点等参数；最后基于现有信息系统，将上述模型集成到备品备件信息化管理系统，由管理系统调用备品备件消耗历史记录，各部门仅需应用系统、设置成本参数即可获得测算结果，该功能的实现以设备维保工单系统数据为支持，通过系统翔实记录备件消耗情况，为后期进行备品备件大数据管理奠定良好基础。

备品备件年度需求量测算模型的基本原理是以数理统计学预测未来趋势，构建模型逻辑，使用备品备件的月度历史消耗数据计算出月度消耗量变化的变异系数 CV，根据 CV 大小，在三类特征化数理统计计算模型中选择一类，代入历史数据，计算未来备品备件需求量。消耗量历史数据的变异系数 $CV=\delta/\mu$，式中：δ 表示上年度备件月度消耗记录标准差；μ 表示上年度备件月度消耗记录算术平均值，当 $CV \le 0.5$ 时，表示消耗量增减波动不规律，应使用加权移动平均法；当 $0.5<CV \le 0.8$ 时，表示消耗量具有明显上升或下降趋势，应使用二次指数平滑法；当 $0.8 \le CV$ 时，表示消耗量大幅增减波动，应使用季节指数法。该模型的应用需要各部门结合备品备件系统翔实记录备品备件的消耗历史数据，再利用本模型测算出安全库存量、订货策略、需求量等各项参数后，使用部门再结合现场实际运行需要、维保单位工作经验、下年度保障运行计划等进行调整应用，在应用过程中不断优化修正，通过 3～5 年的运行优化逐步形成一套长效精细化库存管理模式。

借鉴制造行业经济订货批量原理和安全库存测算模型，大兴机场制定了机场备品备件安全库存控制优化模型，其基本原理是在备品备件的采购工作成本和库存管理成本中寻求最经济的理论订货计划。基于上述原理，结合大兴机场备品备件采购实际需求，存在定量订货和定期订货两种采购订货方式。

（1）定量订货。

该方式可结合信息系统对备件库存量提供实时监控和自动提醒功能，当不常使用的备件存量低于订货点时，使用部门启动采购。主要算法如下。

①安全库存量 SS：在当前物资供应物流模式下和采购流程内，采购提前期（L）基本不变，则 $SS = Z\delta_M \sqrt{(L/30)}$，式中：$Z$ 表示安全系数值，通过计算安全保障水平 P 后在服务水平与安全系数对应表内查得（见表1）；δ_M 表示上年度各月度消耗量的标准差；L 表示采购提前期，即从开始申请采购到成功入库的时间跨度。安全系数值计算步骤如下：首先计算备件年度保障水平

$P=\left(1-\dfrac{年缺货次数}{年订货次数}\right)$，然后参照表1中的 P 值得出安全系数值 Z。

表 1　服务水平与安全系数表

服务水平 P/%	50	75	80	85	90	94	95
安全系数值 Z	0.00	0.67	0.84	1.04	1.28	1.56	1.65
服务水平 P/%	96	97	98	99	99.86	99.99	—
安全系数值 Z	1.75	1.88	2.05	2.33	3.00	4.00	—

②订货点 r：$r = dL + SS$，式中：d 表示日均需求量，可采用最近一年日均数据；L 表示采购提前期。

③定量订货量 Q：$Q = \sqrt{\dfrac{2DC}{H}}$，式中：D 表示未来年度需求总量；C 表示单次单件的算术平均采购工作成本，可由使用部门结合人工、费用等计算；H 表示单件的年库存管理成本，根据 IATA（国际航空运输协会）指南，这个值可以设为备品备件价值的 4% ～ 15%。

（2）定期订货。

该方式更加符合周期计划性采购的备件，适用于使用部门对下一周期的备件需求量比较明确的情况，按月度或季度等固定周期进行补货采购。其安全库存量 SS 的计算方法同定量订货，订货量计算如下：定期订货量 = $d(T+L) + SS - I$，式中：d 表示日均需求量，可采用最近一年日均数据；T 表示固定采购周期；L 表示采购工作时间；I 表示固定采购周期前的库存量水平。

在安全库存动态模型优化基础上，提出了以下五条具体管理措施。

一是注重库存数据积累。大兴机场投运时间有限，备品备件库存管理处于起步阶段。库存数据建设是一项基础性、长期性工作，为提高备品备件未来需求预测的精准性，机场需高度重视库存历史数据和信息的积累更新，加强数据库建设。同时通过备品备件资产盘点、定期抽检等手段强化数据动态监控，提高数据质量。

二是强化信息系统应用。EAM 系统（企业资产管理系统）中需植入备品备件分类分级模型和库存管理策略模型，建立原始数据库、基本数据库和决策信息系统。导入自动化作业系统，将备品备件的运行时间数据存入原始数据库。基础数据库存放与备品备件库存管理相关的库存管理数据，该数据库与联合库存数据和供应商管理库存数据进行实时交互共享。决策信息系统根据库存储备数量模型进行数据分析运算，将决策信息反馈给 EAM 系统，启动采购流程，形成闭环的备品备件库存管理。

三是完善相关制度。公司备品备件管理的顺利实施需要完善一系列的协

议和制度才能够得以保障。建立和完善相关制度主要是针对公司内部运营，需要完善备品备件管理制度、备品备件仓储保管维护制度、备品备件质量管理制度、无用备品备件清理制度等。

四是合理缩短订货周期。有效控制备品备件订货提前期，减少外部因素影响造成的供给不确定波动，是库存管理的重要内容。一是简化和优化采购程序，利用取消、合并、重排、简化手法优化采购订单处理流程，提高采购效率；二是选择成本更低，效率更高的运输方式；三是建立供应商竞争机制，引导供应商提供提前期更短的供应服务；四是采用供应商协议储备供应模式，即供应商需要预先准备货物，以达到缩减采购提前期的目的。

五是提升人员业务水平。通过多种渠道积极学习掌握最新的库存管理知识和技能，避免备品备件的不合理损耗，定期进行工作盘点，分析经营过程中备品备件的管理状况以及损耗盈亏情况。同时，将数据及时录入库存管理系统，按照企业制定的库存标准，严格关注备品备件的入库及领用情况，及时发起采购申请，以避免备品备件短缺影响机场正常运营。

（三）引入电商管理库存模式

针对步骤冗长的品类补充、库存补货采购模式带来的库存大幅波动和积压严重问题，大兴机场通过与一些大型电商平台签订战略合作协议，创新引入了电商平台管理库存模式。该模式基于向机场外转移库存物权方的指导思想，通过前端借助电商平台的高效询价和同类替代品分析优势以获取最优市场报价，后端借助电商平台的现场智能交付柜实现现场随用随取、随取随补，最终实现市场报价最优化、采购平台便捷化、响应时效及时化、消耗计划精细化的经营策略。

（1）市场报价最优化。大兴机场通过与一些大型电商平台建立战略合作伙伴关系，实施备品备件全面由电商平台供应，应用电商平台一方面可以对备品备件进行全网比质比价，优选供应商，从而减少对特定供应商的依赖，另一方面在保障备品备件品质的前提下，还降低了采购价格。

（2）采购平台便捷化。电商平台首先识别备件供应范围并评估供应时效，将机场备品备件编码与电商商品 SKU（商品目录代码）映射对应，开通网上商城对接机场供应已有品类的备品备件；然后针对平台暂不能供应、价格不合理、难买难供和原厂垄断等品类，由平台利用供应商库存管理优势搜寻同类替代品，联合使用部门试用；最后针对机场设备停工零容忍度相关备件，由平台在机场投资建设智能交付柜，将原有分点设库、分库储备、申报领用模式转变为现用现领、智能识别、自动补货模式，极大地缩短了出库审批流程，从而实现无人值守。

（3）响应时效及时化。电商平台对于备件网上商城的品类补充需 1 ～ 2 周，各部门仅需经办人直接联系电商客服提出商品需求即可。各部门使用网上商城补货的采购周期将缩短到 1 个月内，电商平台在收到订单后仅需平均 1 ～ 5 日即可配送到机场。电商平台的备件快速响应可帮助大兴机场大幅降低库存量。

（4）消耗计划精细化。在大兴机场建成备品备件的电商管理库存模式后，机场仅需储备短期所需备件作为库存，并按照安全库存管理方法控制其库存水平，通过逐步扩大与电商平台的战略合作，可以实现降低机场库存范围和库存水平的降本增效目标。同时，将智能交付柜与 EAM 系统链接，实现备品备件数据动态管理，过程控制更加精细化。

（四）开发备品备件管理信息系统

为提高备品备件精细化与信息化管理水平，大兴机场以 EAM 系统为平台，采用了"边研发、边试用、边优化"的方法，针对大兴机场定制化开发备品备件管理系统，实现从入库、出库、盘库、库存数据统计分析的全流程管理，实现对备件业务数据完整、准确积累，应用系统的数据自动统计分析功能，为库存成本精细化管理策略的执行提供数据支持。同时，大兴机场将 EAM 与 SAP 进行数据同步和数据控制，实现了库房无纸化管理，包括通过使用 PAD 等人机接口设备将主要业务流程进行快捷操作；将人机接口延伸至维保人员前端以解决人工输入导致信息失真问题；在 EAM 内将领料单与设施设备主数据、工单系统关联，开发 App 实现快捷填单和标准录入。

四、绩效评估

大兴机场在实施备品备件库存成本精细化管理创新实践过程中，通过实施库存成本精细化管理方案，设计 OKZI 分类管理模型、优化安全库存动态控制模型、引入电商管理库存模式和创新开发备品备件管理信息系统，将机场供应链数字化落实到备品备件库存成本精细化管理实践，实现了库存管理全业务流程无纸化、数字化，为机场行业乃至其他行业备品备件库存成本精细化管理提供了实践借鉴，取得的管理成效主要包括如下四个方面。

（一）管理水平显著提升

通过本次项目，研究设计了可降低管理成本、提升精细化管理水平的分类管理方法；建立了平衡机场运行安全保障和经济性的科学的安全库存动态管理方法；形成了能够显著提升库房业务效率的管理工具；构建了库房业务数据

积累、统计机制，及协助分类分析的信息化手段；明确了细化库房各类业务人员岗位职责，统一标准规范库房业务流程。

（二）经济效益逐步体现

通过建立短、频、快的采购计划，大兴机场从 2021 年 11 月开始逐步降低备品备件库存水平，提升 I 类备件库存周转率，替换供应源并降低备件平均采购单价，预计可降低平均采购单价 30% 以上，年节约库存成本数百万元。

（三）管理效率提升明显

通过精简日常管理流程，缩短业务链条，出库时间由 40 分钟降低到 5 分钟，盘点由 6 小时下降到 1 小时，采购周期由 2 ～ 8 个月下降为 1 周左右，给库房节省了大量人工成本。

（四）廉洁风险防控得到强化

通过信息系统规范了备品备件各项业务流程和系统操作，创新了机场 B2B 备件采购模式，使价格更加公平、实惠、透明，从而实现了备品备件管理全过程记录的可追溯性，提高了过程管理透明度。

在"十四五"期间，大兴机场在创新实践的基础上，进一步加强对系统积累历史数据的挖掘与分析，推动备品备件库存成本管理由数字化向智能化的转型，并按照流程型组织建设要求，进行业务流程优化与再造，全面实现备品备件供应链全流程数字化转型升级，助力大兴机场实现高质量发展，从而将大兴机场打造成为航空机场行业备品备件管理标杆。

中国移动数智化供应链管理规划咨询

中国移动通信集团设计院有限公司

中国移动通信集团设计院有限公司（以下简称公司）是中国移动通信集团有限公司的直属设计企业，是国家甲级咨询勘察设计单位，公司发展历史可以追溯到1952年，近年来，在中国通信企业协会组织的评选活动中，连续被评为"全国通信行业用户满意企业"及"先进通信设计企业"。公司本部设置12个职能部门，下设规划所等6个专业所及21家分公司，公司职工4000余人，拥有一批信息通信行业的知名专家，全国设计大师5人，先后有11人次获国家及部级有突出贡献专家称号。公司技术力量雄厚，设计手段先进，公司长期致力于通信咨询与设计领域，注重加强工厂设计手段建设，不断提升平台化能力，逐步向设计全面"数字化"演进。公司充分发挥在人才、技术手段上的优势，在规划咨询、网络设计、网络优化等业务领域，为我国著名电信运营商、铁塔公司、政府部门等系统行业提供优质服务，为中国通信网络的建设发展提供了强有力的技术支持和保障。公司以"做网络及数字化咨询服务专家"为战略愿景，始终坚持创新发展，持续提升企业影响力。截至2022年，公司获国家级优秀设计奖和优秀咨询奖100余项，各类部级优秀奖600余项。公司积极承担或参与国家、行业技术标准制定修订工作，其中已发布的国家标准20余项，通信行业标准160余项。

本案例项目组成员

安佳琪，女，中国移动通信集团设计院有限公司工程师、咨询师，毕业于北京邮电大学，主要研究领域为采购与供应链管理，2015年至今多年从事中国移动集团内各项采购与供应链规划与咨询工作，多次参与中国移动供应链组织架构变革项目。

其他成员：代翔、郎晓夫、李薇、曲广龙、王净仪

导读

本案例通过开展数智化供应链管理规划，以数智化变革为主题，构建数智化供应链战略体系、部署战略举措、分解落地路径，帮助中国移动通信集团有限公司（以下简称中国移动）充分挖掘供应链价值能力，推动中国移动采购共享中心实现数智化供应链转型发展，打造世界一流供应链。

案例采用 PEST 分析、产业分析、趋势分析、指标分析等方法，围绕移动通信产业和供应链领域两大主题拆解要素分析指标，包括国际环境、政策要求、标准体系、法律法规、产业经济、公司战略、环保理念、社会价值、供应链发展趋势、数字化技术发展 10 个要素，全面审视中国移动供应链管理与世界一流企业的先进实践存在的问题与差距。

本案例坚持目标导向、问题导向、结果导向，创新提出了"世界一流供应链力量大厦"的总体发展思路，以"打造需求驱动、协同共享、数字创新、可持续发展的现代智慧供应链体系"为发展目标，以"1345"（一个中心、三条主线、四个转型、五化）为战略内核，制定发展目标，明确 2022—2024 年中国移动供应链数智化变革的路径举措。

中国移动数智化供应链管理规划咨询

中国移动通信集团设计院有限公司　安佳琪

一、背景描述

（一）客户情况

2013 年，中国移动成立采购共享服务中心，成为全集团采购物流及供应链管理与运营的归口管理单位。目前，中国移动已形成包括 1 个采购共享中心（总部）、5 个大区物流中心、超过 50 家采购分支机构在内的两级供应链组织架构和专业服务网络。截至 2022 年 10 月底，年度采购金额超过 2800 亿元，注册供应商约 28 万家，物料编码近 9 万个。供应链领域专职员工超过 1900 人，采购专家队伍约 5.5 万人。

采购中心以打造集中化管理、专业化运营、规范廉洁的供应链管理体系，实现"降低成本、规范流程、提高效率、创新价值"为目标，努力建设世界一流的共享服务中心。

（二）行业特点

供应链管理行业是其他行业的基础，无论工业、建筑业、信息通信业等都需要深度依赖其产业链的供应链及物流体系。随着数字经济时代的到来，供应链数智化转型升级已成为全球共识。

在通信产业供应链结构中，通信设备制造商、运营商和服务商是主要参与者，运营商被认为是供应链的核心参与者，负责建设、运营电信通信网络、提供运营服务，其供应链具有"物资总量多、品类多、需求不稳定""需求地点分散，物流与配送复杂"以及"供应商多"的特点。

（三）需求分析

基于上述客户和行业的基本情况，开展内部外部两个方面的需求分析，内部包括企业发展战略与目标、面临的挑战与问题，外部包括政策要求、行业、产业、市场和竞争等发展趋势，全方位地辨别企业的供应链管理需求。

1. 内部层面

中国移动锚定"创世界一流信息服务科技创新公司"目标定位，推进"连接＋算力＋能力"数智化基础设施，由此供应链发展有了新特点，供应链价值进一步凸显。

2. 外部层面

信息通信产业面临数字化转型、多元竞争深化、外部不确定性、行业高质量发展等新形势。供应链管理作为一种新的企业管理服务模式，已上升至国家战略层面，在经济效益、价值竞争、产业安全、绿色生态等方面发挥关键作用。

综合来看，中国移动供应链管理将面临目标客户多元化、服务诉求差异化、物资需求多样化、管理条线复杂化等新形势，需加快供应链战略管理数智化变革，发挥敏捷柔性、高效供应、降本增效、绿色低碳等核心能力，优质高效支撑公司数智化转型发展。同时面向产业生态，打造新型的供应链服务网络，助力公司勇担产业链链长职责，不断增强产业链供应链韧性、协同力和竞争力。

（四）研究目标

本咨询案例构建了一套科学闭环的一体化规划咨询服务体系，开展数智化供应链管理规划，以数智化变革为主题，构建数智化供应链战略体系、部署战略举措、分解落地路径，帮助客户充分挖掘供应链价值能力，打造需求驱动、协同共享、数字创新、可持续发展的现代智慧供应链体系，推动中国移动采购共享中心数智化供应链转型发展，打造世界一流供应链（见图1）。

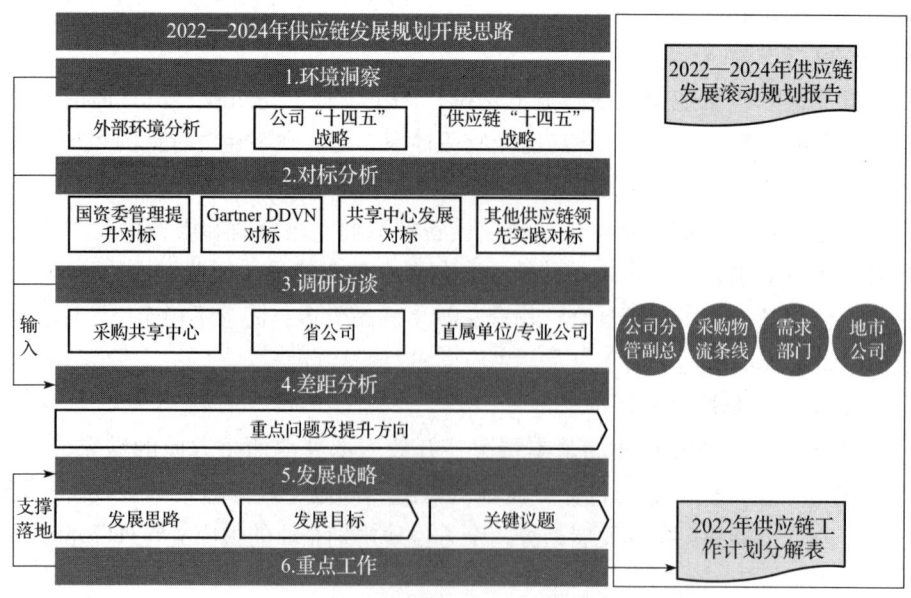

图1　2022—2024年中国移动供应链发展规划开展思路

二、诊断分析

（一）环境洞察

案例采用 PEST 分析、产业分析、趋势分析、指标分析等方法，围绕移动通信产业和供应链领域两大主题拆解要素分析指标，包括国际环境、政策要求、标准体系、法律法规、产业经济、公司战略、环保理念、社会价值、供应链发展趋势、数字化技术发展 10 个要素，最后归类总结为宏观环境、产业趋势、战略理解、专业发展四大专题研判。

1. 宏观环境

（1）国际形势变化。

百年变局和世纪疫情交织，世界经济发展的不稳定性、不确定性日益突出，全球产业链供应链体系面临重构。在新冠疫情持续蔓延、世界多国加强供应链立法管控、俄乌冲突、普遍通胀的复杂形势下，如何维护好、保障好产业链供应链的安全稳定，已成为各国面对的共同挑战和重大课题。

（2）国家政策要求。

国家"十四五"规划对"提升产业链供应链现代化水平"进行了全面部署；2021 年 7 月，中央政治局会议提出，要强化科技创新和产业链供应链韧性，开展补链强链专项行动，加快解决"卡脖子"难题；2022 年 3 月，全国两会提出要加强原材料、关键零部件等供给保障，实施龙头企业保链稳链工程，维护产业链供应链安全稳定。

2. 产业趋势

信息、能量融合驱动经济社会数智化变革，信息服务规模增长空间广阔。新一代信息技术加速创新突破，正引发经济社会的全方位变革。加快构建新型信息基础设施，拓展数字化发展空间，一方面要建设新型数字基础设施，另一方面提出拓展数字化领域新应用。此外，通信行业利润承压，跨界多元主体竞争也在持续深化。

3. 战略理解

集团持续与时俱进贯彻国家政策，开拓创新谋划发展蓝图，系统构建以5G、算力网络、智慧中台为核心的新型信息基础设施。集团"十四五"发展规划对供应链条线也提出了新的要求，包括对标世界一流，持续发挥降本增效，保障以 5G、算力网络、智慧中台为重点的世界一流新型信息基础设施建设的发展目标，在供应链产业链的安全、韧性、协同价值、数智化水平上开展创新研究的具体任务部署和实施重点。

4. 专业发展

全球产业链供应链可能将面临新一轮震荡和重组，一个供应链竞争时代正在到来。供应链发展将持续呈现区域供应、近岸发展，风险防控、提高韧性，敏捷柔性、专业高效，平台思维、数智赋能，战略协同、生态融合、节能环保、绿色低碳等发展趋势。

（二）现状评估

本案例通过成熟度评估和调研访谈两大工具对中国移动供应链现状开展全面评估分析，成熟度评估旨在对现阶段中国移动供应链管理能力和发展水平进行综合评价，在客观评价的基础上进一步聚焦一线发展的实际问题和需求，总体形成一套针对中国移动供应链管理自身的综合诊断体系。

1. 供应链成熟度评估

供应链成熟度评估是该案例自主创新研发的一套适用于中国移动供应链管理发展的评估体系，致力于更加全面、客观、科学地评价中国移动供应链管理能力（见图2）。

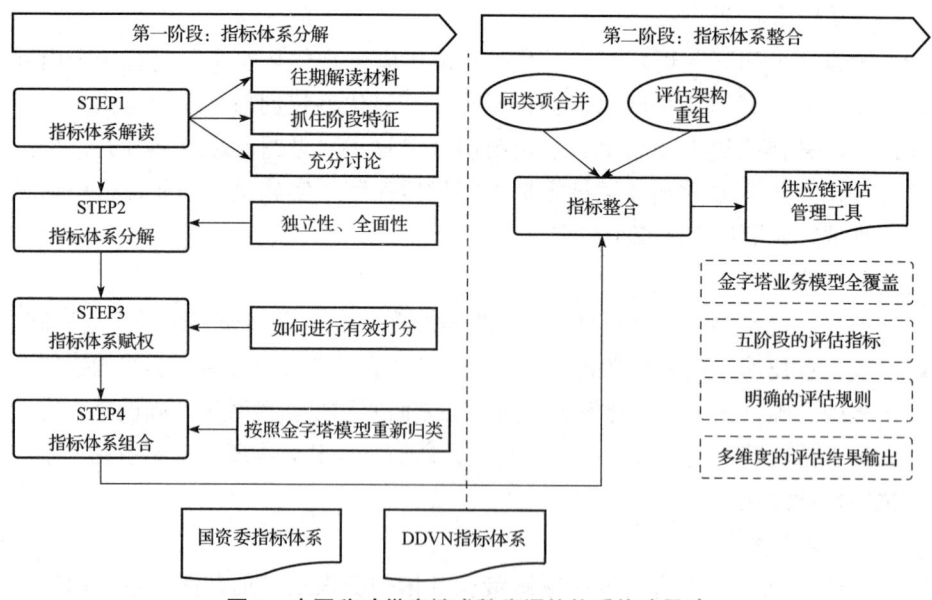

图2 中国移动供应链成熟度评估体系构建思路

（1）解读典型指标体系。

借鉴国内外供应链领域的经典评估理论体系，选取DDVN（需求驱动的价值网络）评估、国资委采购对标、世界一流对标的指标体系，充分解读各指标体系下的指标定义、具体描述、聚焦重点、评估标准等。

（2）细分评估指标等级。

根据 Gartner 提出的 DDVN 发展五阶段特征（见图 3），将中国移动评估指标横向划分为五阶段，针对各阶段发展特征，明确各指标下的发展阶段特征描述，评估标准及定义。

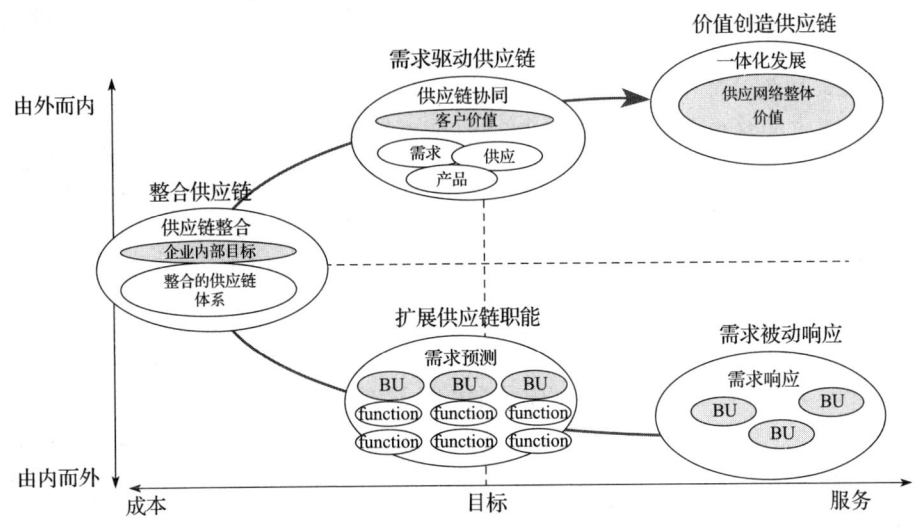

图 3　DDVN 供应链发展五阶段特征

（3）输出中国移动供应链成熟度评估模型。

将评估指标与金字塔业务模型体系建立映射关系，横向覆盖战略、组织、业务、制度和技术等管理层，纵向覆盖供应链端到端业务流程层，形成 13 大类、33 个中类、49 个小类指标的中国移动供应链成熟度评估指标体系。

（4）建立评估计算模型。

一方面明确各指标各阶段的评估标准，统一计算口径，科学设置指标分阶段权重占比；另一方面明确计算方法，能够全面、客观、多维地输出中国移动供应链成熟度发展现状。

（5）全面评估现状。

面向客户 31+N 个单位开展供应链成熟度评价，采用"自评+互评"的机制提高评价结果的客观准确性。分别输出各单位的国务院国资委对标成绩、DDVN 评估阶段和供应链成熟度综合评估成绩，根据平均值得出客户总体供应链管理成熟度。

2. 现状调研分析

针对供应链价值和关注点，本案例对全集团 31 个省公司和 22 个专业公

司进行了调研，调研对象是各单位供应链、采购、物流等相关部门的经理，结果显示，各公司供应链管理的关注方向主要是跨部门协同与拉通、采购价值转型、提升需求满意、全面风险管理、组织人员专业化、数智技术融合创新等问题。明确体现出DDVN3.0的目标导向是Out-inside sight& Cost，以及DDVN3.0突破的关键问题是关注公司内部整合拉通、需求驱动及管理创新等，说明中国移动供应链发展方向是科学正确的。

（三）领先对标

本项目的领先实践对标作为供应链战略规划的智库，为供应链管理提升指明了方向，提供了方法。项目依托 Gartner 2022 年供应链领先企业对标和国资委采购对标，围绕业务相关性、实际落地性、数字化创新三个对标原则，开展多维跟踪分析，总结适用于中国移动供应链管理改进提升的对标启示。

1. 国际领先对标

通过对标 5 家大师级企业亚马逊、苹果、麦当劳、宝洁、联合利华的供应链管理实践，可以发现世界领先的供应链具有如下五个共同特点：一是以客户为中心；二是在不断扩大的生态系统中承担更多的责任；三是能够在受到外部冲击后更快恢复稳定；四是提供可持续性绩效的可见性和透明；五是将数字化赋能作为优先事项。

2. 国内领先对标

通过分析 7 家国内领先企业中国联通、中国电信、中国石化、国家电网、京东公司、联想公司、华为公司的供应链管理模式，可以发现国有企业的建设重点包括大数据驱动服务、运营场景可视、重视风险管理与预警控制、业态融合创新发展等。国内先进互联网企业供应链建设的共同特点包括业务场景贯通、供应链细分及数字化机制方法论创新等。

（四）诊断结论

通过上述四大诊断工具，环境分析、评估、调研、对标，分别从发展水平、不足和差距、提升方向三个维度组成诊断结论。结合供应链管理金字塔模型的 4 个层级 13 个模块，全面审视中国移动供应链管理与世界一流企业的先进实践存在的问题与差距，总结为六个方面的现状与改进方向：战略共识、精益运营、敏捷柔性、风险管控、数智创新、组织保障。

三、解决方案的设计框架

（一）设计思路

本案例坚持目标导向、问题导向、结果导向，创新提出了"世界一流供应链力量大厦"的总体发展思路，以"打造需求驱动、协同共享、数字创新、可持续发展的现代智慧供应链体系"为发展目标，以"1345"（一个中心、三条主线、四个转型、五化）为战略内核，明确2023—2025年中国移动供应链数智化变革的路径举措。

1. 世界一流供应链力量大厦

2022年，中国移动供应链将开启数智化变革的新纪年。以习近平新时代中国特色社会主义思想为指导，全面落实落细中国移动集团公司"世界一流力量大厦"战略部署，以"数智化变革"为主题，构建"世界一流供应链力量大厦"（见图4）。

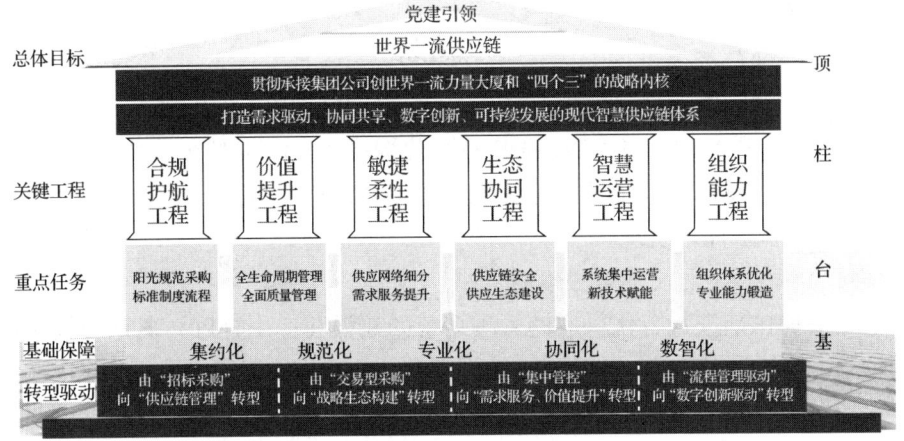

图4 中国移动构建"世界一流供应链力量大厦"

2."1345"（一个中心、三条主线、四个转型、五化）

（1）"一个中心"即以"数智化变革"为主题，推动构建需求驱动、协同共享、数字创新、可持续发展的现代智慧供应链。

（2）"三条主线"即推进组织变革、要素集成、智慧运营，通过一系列模式创新、流程优化、机制改革和平台建设，以"管理、业务、技术"三类职能协同推进数智化转型。

（3）"四个转型"是供应链转型发展的核心路径，推动由"招标采购"向"供应链管理"转型，推动由"交易型采购"向"战略生态构建"转型，推动由"集中管控"向"需求服务、价值提升"转型，推动由"流程管理驱动"向"数智创新"转型。

（4）"五化"是供应链科学发展和稳步提升的指路明灯，包括集约化、规范化、专业化、协同化、数智化。

3. 发展目标

（1）总体目标。

以高质量党建为引领，贯彻落实国家、集团"十四五"发展战略，承接集团力量大厦"四个三"战略内核，围绕"数智化变革"主题，推动供应链数字化升级、智慧化运营，推进打造需求驱动、协同共享、数字创新、可持续发展的现代智慧供应链体系，向世界一流供应链稳步迈进。

（2）三年规划期发展目标。

到2024年，以"六大工程的数智化转型升级"（分别为合规护航、价值提升、敏捷柔性、生态协同、智慧运营、组织能力转型升级）驱动公司供应链管理持续优化提升，真正实现高质量发展。

（二）解决路径

为确保规划方案的目标实现，推动供应链数智化转型升级，细化分解重点任务，制定数智化升级发展路径，确立目标清晰、任务聚焦、责任明确的落实举措，并且设计绩效考核指标和规划后评估流程，推动规划方案的切实落地、有效实施、闭环管理。

1. 数智化供应链发展路径规划

全面加快推进数智化供应链管理系统的建设和应用进度，落地新技术应用场景，深挖数据价值，构建供应链端到端的数智化运营能力，驱动供应链数智化转型发展。完成数智化供应链管理系统的开发建设和全面应用，实现与公司ERP、报账、主数据、合同、PMS、OA等重要系统的贯通和数据共享。与智慧中台实现能力和数据彼此共享、双向赋能。持续深化RPA、AI、物联网、区块链等新技术在数智化供应链管理系统的应用。深化大数据分析应用，为各单位生产运营和管理决策提供准确支撑。

（1）推进数智化供应链管理系统建设。

明确数智化供应链管理系统的架构设计，完成主体功能建设，做好一期试点单位试运行准备。明确系统集中后的配套运营机制，实现一期试点单位的集中运营和技术支持。注重智慧中台能力引入，在供应链信息化系统建设中充分引入自然语言等中台能力，推动中台能力广泛应用。持续推进数智化供应链管理系统与公司ERP、报账、主数据、合同、PMS、OA等系统及智慧中台的对接，实现数据的交互和贯通。持续完善系统功能，分批推进数智化供应链管理系统在省公司、专业公司的落地运营，逐步实现全集团供应链系统的集中统一运营、数据贯通共享。

（2）绘制供应链新技术应用全景图。

以供应链领域新技术应用全景图为基础，推动人工智能、物联网、云计算、边缘计算、区块链等关键技术在重点环节的落地应用，扩大新技术赋能范围，推动实现全流程信息可视和自动化、智慧化运营，助力打造世界一流的现代智慧供应链。明确 RPA（机器人流程自动化）、人工智能、物联网、区块链等关键新技术的供应链重点场景及应用策略，推进新技术在采购招投标、订单管理、合同录入、仓储和物资管理方面的具体应用。

（3）深挖大数据价值运营效能。

统一供应链数据标准，提升数据集中运营效能，进一步明确数据应用的典型场景、业务主体、物料对象、标准流程等。引入外部数据、公司各业务系统数据和智慧中台能力，优化需求预测模型等功能，提升大数据分析的智能化。深化需求预测、寻源共享、价格联动等大数据分析结果的应用，并嵌入至生产环节，提高生产效率。基于供应链全流程产生的大量数据，沉淀数据服务能力，快速挖掘数据价值。推动供应链大数据分析应用与 ES、数智供应链管理系统的紧密融合。

2. 项目分解任务

本案例供应链规划作为"十四五"战略规划的重要组成部分，全面对接"十四五"战略目标和工程。将五年战略的目标分解和量化，设计生成三年发展路径任务分解表，包含关键工程、重点任务、关键举措、具体措施、牵头部门和配合部门等要素，确保"十四五"供应链战略目标与集团战略目标、方向和路径一致，并且作为战略控制、资源配置和考核评价的标尺和依据。

3. 明确绩效考核

明确规划实施的责任落实、规划绩效考核、激励体系，确保供应链规划执行的刚性约束和执行效率。建立一套供应链规划绩效考核指标，强化战略执行的督导和刚性约束，推动客户上下保持战略导向高度一致，形成战略合力，保障战略举措落地实施。

4. 开展规划后评估

通过实施规划后评估，以发现问题、改进提升及指导本期发展规划为出发点，全面客观地评估规划项目的完成情况和规划工作执行情况，修正目标、实现路径及执行落实的偏差，科学有效地指导本期规划的编制工作，整体框架如图 5 所示。

通过后评估，重点分析供应链工作实际与规划目标的方向是否一致，如果存在偏差，需要进行原因剖析和目标调整，以确保规划路径与实施举措统一。

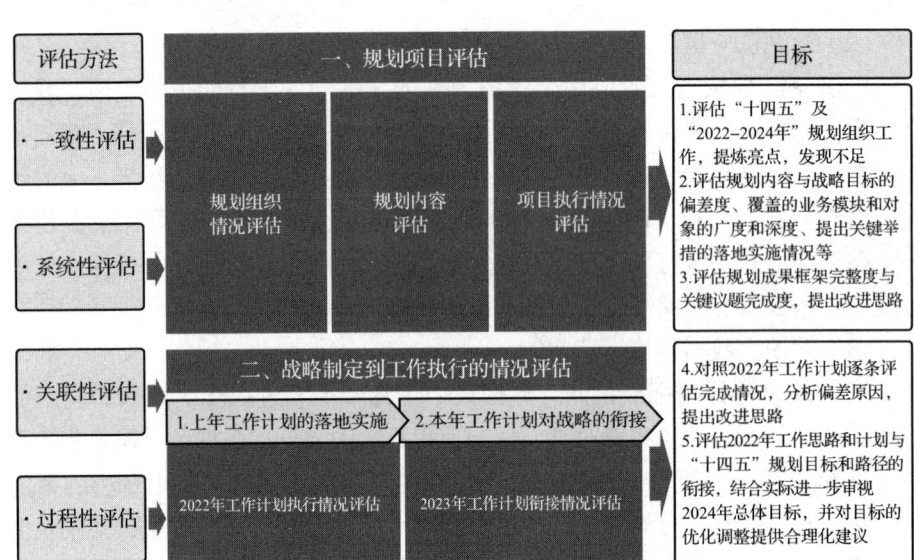

图5　供应链规划后评估实施思路

四、总结评估

本案例是2022—2024年中国移动数智化供应链管理规划咨询项目，作为"十四五"供应链规划的重要组成部分，以数智化变革为总基调，利用大量的信息和数据为底座，帮助客户准确地把握内外部的形势变化，全面剖析当前供应链发展存在的问题和未来提升的方向，明确未来三年供应链数智化转型路径，承接国家和集团"十四五"规划，确保供应链规划的落地实施，引领数智化供应链转型发展。

（一）降本增效创造新价值

根据Gartner分析，供应链规划能为企业实现80%左右的降本增效收益。供应链规划六大工程从组织、流程、制度、信息技术等各方面优化供应链运营策略，均可直接或间接地挖掘降本增效空间。总体来看，客户供应链管理的集约化保持高水平发展，截至2021年年底，中国移动两级集采集中度达到了99.7%，采购效率大幅提升，平均用时46天，电子采购率、上网采购率均达到100%。专项业务的运营效率均有显著提质增效，如全生命周期理念推动实现总成本最优，"一码到底"实现物资各环节多维度跟踪管理以及库存物资和出库物资有效联动；供应商高效协同实现供应商门户订单协同率达55%。

（二）管理创新激发新动能

通过供应链规划的战略牵引，帮助客户聚焦业务发展痛点，开展了公司内部的供应链最佳实践对标，充分激发公司内部的供应链创新能力，截至目前共输出 62 项成果，覆盖 6 个专题，40 多家研究单位，最佳实践成果复制推广新增 / 修订制度 273 个，规范文件 / 模板 843 个，优化流程 / 系统 286 项。此外，在国内外供应链创新实践领域成绩显著，入选全国供应链创新与应用首批示范企业，国资委管理提升对标评估蝉联小组第一，数智化供应链项目成功入选"国资委国有重点企业管理标杆项目"，供应链管理始终保持央企领先，坚定了全面实现迈向世界一流步伐！

（三）服务国家战略展现央企担当

全面贯彻执行党的十九届五中全会提出的"提升产业链供应链现代化水平"要求，通过供应链战略规划，提出推进一体化协同的产业链发展、增强供应链抗风险应对能力、加快建设绿色供应链等举措，实现业务流程的数字化运营、业务场景的智能化应用，构建数字供应链新蓝图，更有力地支撑公司业务在个人、家庭、政企、新兴"四轮"市场全面发展，把国家战略的相关要求全面落实到战略规划的部署行动中，充分彰显了中国移动的政治、经济、社会责任担当和使命。

上海埃威科技市场体系管理数字化转型咨询项目

北京德衍睿通科技有限公司

北京德衍睿通科技有限公司（以下简称德衍睿通），成立于 2011 年，总部位于北京。德衍睿通自成立以来，长期服务于国有军工企业的改革与转型，并与多家央企建立了长期合作关系，专为企业量身打造高效、简约、致臻的管理解决方案，凭借在行业领域内积累的丰富经验、深刻洞察，帮助企业规范管理、提升效能。

德衍睿通秉承"赋能组织、成就个人"的使命，经过多年发展，以北京为中心，已在上海、西安、沈阳开设分支机构，围绕用户管理数字化转型，致力于为客户提供具有价值的智力服务，先后为航空工业集团、中国航发集团、航天科工、国家电网等集团及下属几十家知名企业提供数字化转型服务。

本案例项目组成员

王新伟，德衍睿通总经理，北京大学光华管理学院工商管理硕士。从事管理咨询业务近 20 年，曾为航空工业集团、中国航发集团和国家电网等多家央企提供咨询服务。

其他成员：陈昱旻、李玮烨、杜雨松、温潇

导读

上海埃威科技（以下简称埃威科技）成立于 2005 年，作为航空工业集团 615 所子公司，不断在行业内稳健成长。2018 年，埃威科技高层审时度势，意识到外部市场环境的重大变化，提出了公司市场管理体系数字化转型的思路，通过市场体系的管理改革引领公司持续发展。

德衍睿通项目组基于埃威科技的发展优势和面临的主要问题，提出了将咨询和软件相结合的解决方案，咨询为管理数字化提供管理机制优化和流程设计，软件为管理数字化提供落地方案和效能改善，并明确项目的主要目标为市场管理体系的优化和管理数字化的转型。项目组采用由德衍睿通开发的 TIME 系统（Task Intelligent Management Engine，任务智能管理引擎），以市场管理为入口和纽带，实现了市场、项目、供应链、财务及各职能的工作流程协同化管理，为埃威科技的市场系统管理数字化转型之路提供了平台保障。

上海埃威科技市场体系管理数字化转型咨询项目

北京德衍睿通科技有限公司　王新伟

一、案例背景

（一）企业简况

埃威科技成立于 2005 年，公司以"工业互联智能边缘倡导者——接入即服务"为使命，以"成为工业互联领域一流的智能边缘产品与服务供应商"为愿景，以工业互联智能核心产品的行业应用为业务方向，推进传统产业的数字化升级。

埃威科技依托"数智航空"发展要求，聚焦"数联智测"和"物聚智联"两大核心业务，重点布局新一代物联产品谱系化发展和在传统产业的规模应用，提升智能测试工业软件产品在航空制造的标准应用，推进卫星互联网终端、卫星导航定位终端以及智能融合单元在信息系统集成的拓展应用。

（二）项目需求和目标

1. 项目需求

2018 年，埃威科技提出了市场管理体系数字化转型的规划，并希望通过市场体系的管理改革引领公司改革发展成为工业互联领域的智能产品提供商，希望通过市场体系管理的建设，提高市场相关人员的市场开拓和管理能力；并通过管理信息平台的建设和各系统之间的联动，实现公司市场体系管理数字化的转型。

2. 项目目标

项目组在多次与埃威科技高层研讨后，基于埃威科技市场体系管理当时的主要问题和需求，以及德衍睿通将咨询成果与软件系统相结合的能力，确定了项目的主要目标：咨询为管理数字化提供管理机制优化和流程设计，软件为管理数字化提供落地方案和效能改善。

（1）市场体系管理优化。

通过市场规划，全面分析和回顾埃威科技的历史销售额、客户信息等数据，全面研究公司所处的宏观环境、行业现状、竞争对手的市场情况。并基于分析和研究制定不同业务的市场策略，进而制订有针对性的市场计划、销售计

划和客户计划，以达成市场目标。

（2）优化成果管理平台实现。

以"市场"为出发点，结合销售管理及客户管理，将先进的企业经营目标转换为岗位的工作活动的一整套市场体系解决方案，并将一系列工作活动落实在管理平台中。

二、诊断分析

本项目启动于2019年，咨询部分于2020年结束。之后是软件管理平台的部署工作，以及基于市场体系管理的不断迭代，平台于2019年年底投入使用，并于2020年年底全部定型。

德衍睿通项目组在埃威科技市场部的协助下，一方面分析了近4年的客户数据，其中智能航海事业部1234位客户，智能测试与防务事业部46位客户，得出10项客户相关的分析结果。

另一方面，多种维度统计了近5年的销售数据，包括10余份销售数据统计表格，统计数据涉及利润分析、产品分析、项目分析等，最终得出4项销售相关分析结果。相关数据的分析包括业务分类分析、产品分析、客户分析、研发人员分析、研发费用分析、专业及软件著作权分析。

此外，还收集了市场部大量翔实的数据和资料。

三、解决方案设计

埃威科技业务集中于船舶电子、海事信息化以及智能测试三个领域。近年来，市场营销对公司发展的影响逐步增强。对于埃威科技自身而言，需要利用科学的方法完成市场分析与规划，为公司达成战略发展目标提供支撑，因此，市场规划工作必不可少。

项目组对历史销售、客户信息等数据进行了系统的回顾与分析，并针对公司所处的宏观环境、行业现状、竞争对手的市场情况等进行了全面的研究，以战略的眼光对市场进行了全方位的审视；基于研究结果为三个业务方向制定了相应的市场策略，进而在市场策略的指导下明确市场方向，平衡公司资源，有针对性地制订市场计划、销售计划和客户计划，帮助公司通过市场计划寻找销售机会，通过客户计划确定销售机会，从而达成市场目标。（以下分析未明确说明的均以智能航海事业部为例）

（一）行业定位及价值链分析

船舶行业是一个庞大的社会系统工程，所涉及的行业较多，下文中重点对船舶工业产业进行阐述。船舶电子行业作为船舶工业下细分的一个行业，是目前我国大力发展的重点行业之一，主要包括通信导航设备、测量控制设备和信息系统等。

1. 价值链分析

通过对船舶电子行业价值链的分析，发现船舶通导产品的战略控制点多处于价值链上游的规划与标准规范两个节点，对价值链下游产品的研发设计生产等环节具有较大的影响。德衍睿通对埃威科技及竞争对手在船舶电子行业价值链中各环节的参与情况进行了分析（见图1）。

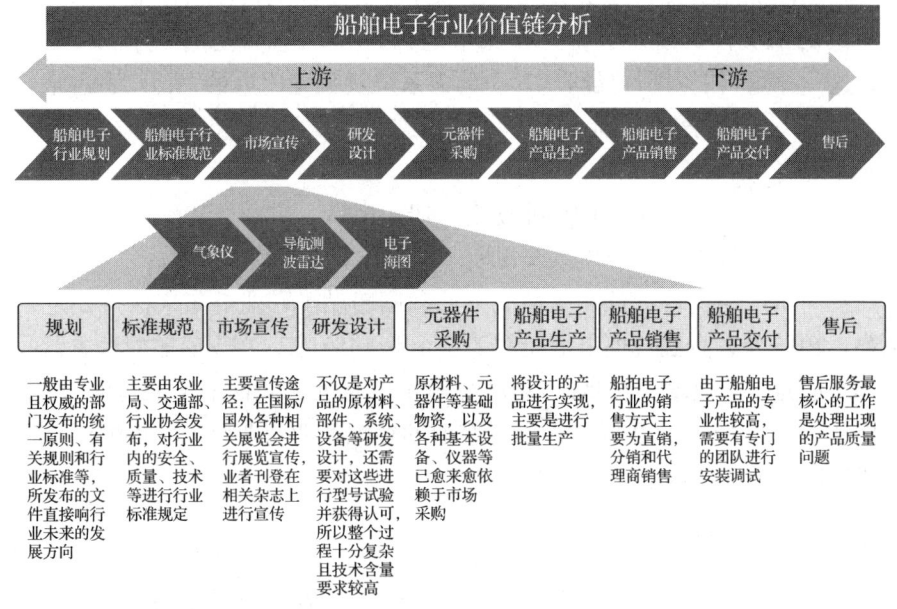

图1　船舶电子行业价值链分析

2. 行业定位

基于对埃威科技船舶电子行业价值链的分析，埃威科技的业务主要是在"产品设计研发和采购生产"环节进行参与，同时参与无线电通信设备领域的部分行业标准规范的制定。

（二）行业市场洞察

1. 市场分析

（1）市场规模分析。

①船舶运维市场规模分析。

从中国船舶工业协会官网的数据来看，船舶修理业作为船舶工业的后端

市场，整体市场趋势随船舶市场趋势同向波动，同时后置 2 ～ 3 年，2013 年
到 2016 年我国船舶修理业营业收入集中在 180 亿元到 250 亿元之间，市场规
模从 2014 年开始下滑，并且在下一轮景气行情来临前将会保持下行趋势。

②船舶通导系统市场分析。

● 造船完工量市场规模分析

根据工信部提供的造船完工量得出市场规模的数据，2013—2017 年，全
国造船完工量是逐渐减少的，但幅度并不大，在 2015 年有小幅度的上升。

● 通信导航市场

根据欧洲船舶配套委员会统计，船舶配套产品的价值占新造船总价值的
比重约为 70%，我国一般将这一比重定在 50% ～ 70% 之间（对不同船型而
言，这一比重可能有所差异）。其中动力系统及装置比重最大，几乎占全船配
套价值的一半，高达 48.1%；船舱机械次之，占全船配套价值的 16.7%，通信
导航系统占 3.5%。

$$船舶配套业规模 = 船舶规模 × 70\%$$

$$船舶通信导航系统规模 = 船舶配套业规模 × 3.5\%$$

在下游造船业持续低迷的情况下，我国船舶配套业近年来保持稳定发展
态势。2015 年，全国规模以上船舶工业企业 1452 家，实现船舶配套主营收入
1016.2 亿元，同比增长 9.5%；利润总额 49.2 亿元，同比增长 12.1%。图 2 是
根据 2010—2017 年，我国规模以上企业的船配产业营业收入，根据以上计算
公式得出的通信导航市场规模情况。

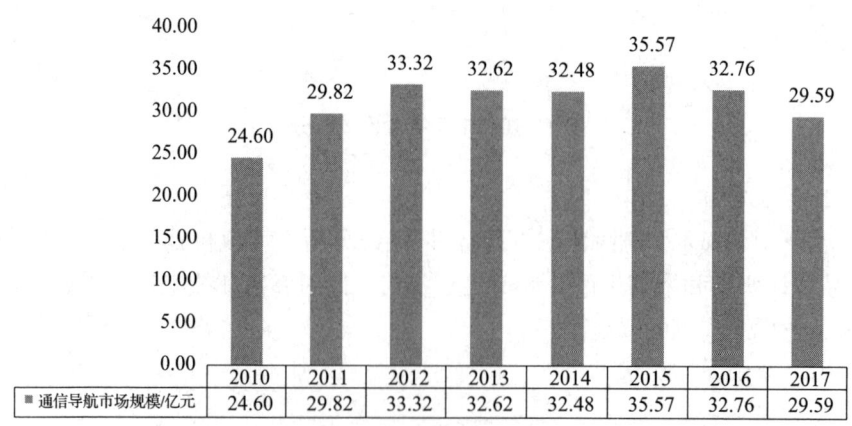

	2010	2011	2012	2013	2014	2015	2016	2017
■ 通信导航市场规模/亿元	24.60	29.82	33.32	32.62	32.48	35.57	32.76	29.59

图 2　通信导航市场规模

数据来源：中国船舶工业协会及公开资料整理所得。

从图 2 可以看出，2016 年与 2017 年受全球经济及船舶行业影响，出现小

幅度下降，2015 年有小幅度的增长趋势。

（2）市场增长趋势分析。

尽管根据中国船舶工业经济研究中心统计数据显示，2016 年全球船舶市场遭遇极端行情，但是我国政策一直趋于鼓励支持状态，到 2020 年，我国力争步入世界造船强国和海工装备制造先进国家行列。随着对军船的需求增加，军民融合战略的不断推进，将刺激更多企业加快转型，重新调整战略布局，未来我国船舶行业将迎来新一轮的革新发展。

（3）市场占有率与市场集中度分析。

①市场占有率分析。

各公司相关产品营收规模与通导市场规模占比如图 3 所示。

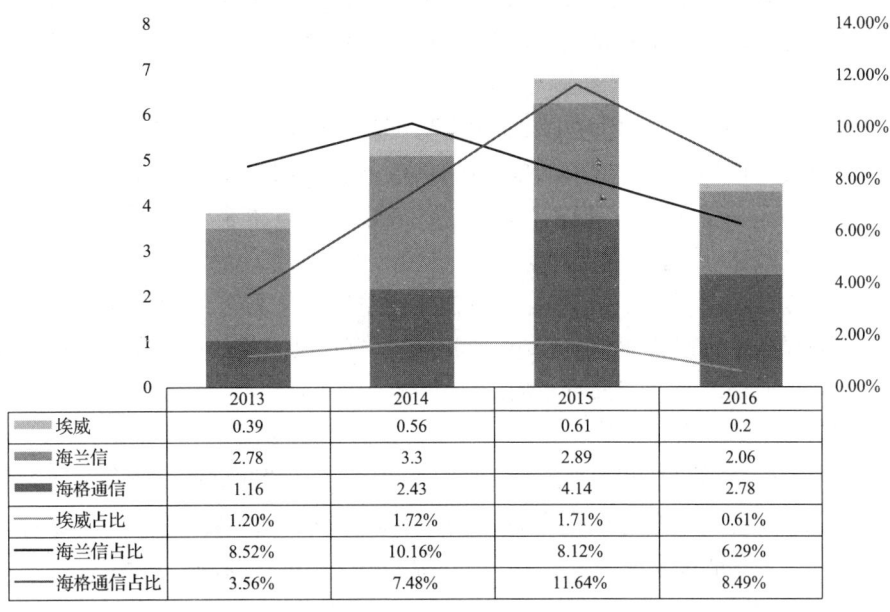

	2013	2014	2015	2016
埃威	0.39	0.56	0.61	0.2
海兰信	2.78	3.3	2.89	2.06
海格通信	1.16	2.43	4.14	2.78
埃威占比	1.20%	1.72%	1.71%	0.61%
海兰信占比	8.52%	10.16%	8.12%	6.29%
海格通信占比	3.56%	7.48%	11.64%	8.49%

图 3　各公司相关产品营收规模与通导市场规模占比

从表 2 中 2013—2016 年的数据看出，三家企业的相关业务的营收规模在通导市场规模中占比在 15%～30% 之间浮动，且海兰信的市场占有率曾经超过 10%，属于分散竞争趋向寡头垄断发展的阶段。

②市场集中度分析。

集中度是决定市场结构的主要因素之一，分为一般集中度和市场集中度。一般集中度用来表示在整个国民经济中若干家最大企业所占比重的指标，而市场集中度用于衡量在某个产业或市场中，卖方或买方具有的相对规模结构。这

里探讨的行业集中度，指的是卖方的市场集中度，是市场寡占程度的一个指示器。

从上文市场占有率数据可以看出，通导市场属于分散竞争趋向寡头垄断发展的阶段，埃威科技需要尽快提高市场占有率，否则有可能在形成寡头时被踢出市场。

2. 竞争分析

（1）波特五力模型分析。

①在购买者方面，源于综合实力强大的企业合作对象多且广，需求数量大，所以该类客户的议价能力较强，同时民品的客户同样更注重产品质量的标准及稳定性。

②供应商方面，行业中认可度较高或者产品差异化较大的企业具有较强的议价能力，民品产品差异化小，涉密程度相对军品程度低，所以供应商集中度不强。

③在替代品方面，目前民品的替代产品是 VDES，该产品功能强大但成本较高，若要在市场进行大规模的推广还具有一定的困难。

④在竞争者方面，行业内产品差异性较小，且竞争企业较多，竞争力相比军品来说较强。

⑤在新进入者方面，新进入者的主要竞争优势是新进入者之前有一定的客户资源积累，所以行业壁垒较小。同时，其有自己固定的销售渠道和销售市场，将对行业内的企业带来不小的威胁。

（2）竞争对手分析。

以海兰信数据科技和海格通信为主，分别从经营情况概览、业务及产品概览、商业模式分析、总体经营数据、经营数据分析、核心竞争力、股权结构、人员结构、主要销售客户、主要供应商情况和财务数据方面进行分析。

（三）自身分析

1. 内部能力分析

对埃威科技近 5 年销售情况、客户情况进行详细分析，将其自身经营能力、业务能力、客户营销能力、技术能力等自身能力与标杆企业进行对比分析，找到埃威科技自身优势和劣势。

如客户智能航海事业部客户构成分析：智能航海事业部的客户数量多，客户所处地域覆盖较为集中，销售收入来源较为分散，客户的关注点较为一致，大客户以及老客户之间的重合度较低，单个合同额度较大，整体而言近年来合作的客户数量在逐步减少。

2. 总结自身优势劣势

（1）经营能力方面，埃威科技的人均收入与人均利润都较低，综合反映了埃威科技的经营效率与发展能力需要提升。

（2）客户营销方面，埃威科技的客户质量优良且影响力大，在优化自身产品的同时应加强与政府部门的沟通合作，凭借先天优势进入政府采购的领域。

（3）技术方面，埃威科技的研发投入有限，特别是研发人员比较欠缺，导致埃威科技产品目前虽然功能实用、性价比适中，但存在成本高、质量不稳定、技术更新慢等问题，研发能力欠缺导致产品力有限，从而影响客户合作意向。

（四）细分市场选择

在进行细分市场的选择时，首先针对目前的行业、客户、业务、产品，根据应用场景和产品功能划定细分市场的范围，随后通过战略地位分析（SPAN）对市场竞争地位及市场吸引力进行评价，综合评价结果确定细分市场。

1. 细分市场范围的确定

在确定细分市场的范围时，主要考虑应用场景和产品功能两个维度，通过两个维度的交叉组合，网络化地标记出细分市场的范围。应用场景的确定可以通过客户出现的地点和频次进行识别，在综合考量事业部现有的业务领域和该行业所涉及的业务领域后，由市场部、事业部、专家共同商议挑选业务领域的主要应用场景，在智能测试与防务业务领域主要挑选了航空（防务）、航空（民用）、航天、兵器4个应用场景。

针对智能测试与防务业务领域的技术、产品及其功能，基于但不限于目前埃威科技自身产品可实现的功能，由市场部、事业部、专家共同商议确定各业务领域的产品功能分类，智能测试与防务业务领域分为航电系统测试平台、控制系统测试平台、机电系统测试平台、测试产品、航电系统测试项目、控制系统测试项目、机电系统测试项目7类产品功能。

由此，利用应用场景和产品功能确定细分市场的初步范围，形成11个智能测试与防务细分市场。

2. 战略地位分析（SPAN）

在初步划定细分市场范围后，运用战略地位分析模型，从市场吸引力和市场竞争地位两个维度对细分市场进行评价和描述。某一细分市场吸引力大且有相当的竞争地位，则埃威科技在这个细分市场里就能占据相对较高的领导地位。反之，市场吸引力小且竞争地位较低的细分市场不适合进入或采取回收投资及时退出的战略（见图4）。

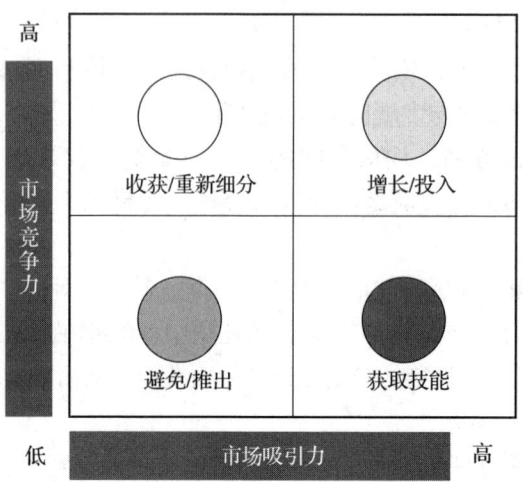

图4 战略地位分析模型示意图

SPAN 帮助一个产品线来确定针对每个细分市场应当有什么宏观战略态势。一般来讲，可以采用下列四种宏观战略态势。

- 增长/投入——处在这一态势下的细分市场总是赢利的。这些细分市场具有吸引力，而且产品线有很强的竞争优势。产品线可以考虑用投入换取增长。这里的主要战略行动是防止新对手的进入。
- 获取技能——处在这一态势下的细分市场通常还未赢利。这些细分市场有吸引力，但是产品线的竞争优势较弱。产品线需要削减费用，改善细分市场的赢利能力。这里的主要战略行动是提高产品线的竞争地位。
- 收获/重新细分——处在这一态势下的细分市场通常仍然赢利。这些细分市场没有吸引力，但是产品线有很强的竞争优势。产品线需要提高这些细分市场的回报。这里的主要战略行动是整合不同的机会，并提高这些细分市场的运作效率。
- 避免/退出——处在这一态势下的细分市场几乎总是亏损的。这些细分市场没有吸引力，而且产品线的竞争优势较弱。产品线应当退出这些不能获利的细分市场。这里的主要战略行动是管理这些细分市场的现金流和回报。

（1）市场吸引力。

细分市场吸引力是企业进行细分市场比较和选择的价值标准，也称为行业价值。市场吸引力主要从行业角度、市场角度等公司外部影响因素对细分市场进行评价描述，包括市场情况、市场参与者情况、产品情况、客户情况等方面，进而判断市场吸引力的大小。根据埃威科技各业务领域相关行业的总体情况，细化并确定了 14 个评价要素，包括：市场规模、市场增长率、市场领导者的市场份额、竞争对手数量、产品差异化程度、和战略价值等。

每个评价要素的打分范围为 1 ～ 5 分，分值越大，代表市场吸引力越强。通过量化的相对数值判断，把市场吸引力分为高吸引力、中等程度吸引力和低吸引力。

（2）市场竞争地位。

市场竞争地位是通过行业关键成功要素分析（KDFS）描述公司与细分市场上竞争对手的相对实力，根据埃威科技和行业的总体情况，筛选确定了 10 个评价要素包括：技术、销售、品牌、质量、成本、服务和政府关系等。

每个评价要素的打分范围为 1 ～ 5 分，分值越大，代表市场竞争地位越高。通过量化的相对数值判断，把市场竞争地位分为高竞争地位、中等竞争地位和低竞争地位。

3. 细分市场评价结果

统计分析评价人的评价结果，得出智能测试的细分市场综合排名前 30% 的细分市场，打分结果如图 5 所示。

（1）智能测试细分市场包括航空航电系统测试平台、航空航电系统测试项目、航空控制系统测试平台。

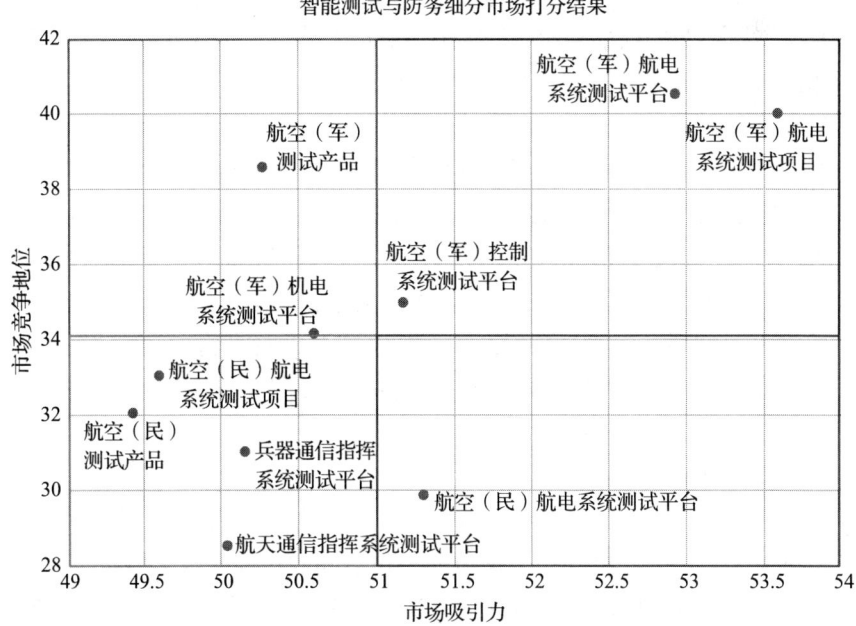

图 5　智能测试与防务细分市场打分结果

（2）市场吸引力主要从行业角度、市场角度等公司外部影响因素对细分市场进行评价描述，包括市场情况、市场参与者情况、产品情况、客户情况等方面，进而判断市场吸引力的大小。根据业务领域相关行业的总体情况，细化并确定了 14 个评价要素，包括：市场规模大小、市场增长率大小、市场领导者的市场份额大小、竞争对手数量和战略价值等。

（五）市场工作计划及建议

根据确定的细分市场，结合埃威科技自身的发展战略、目标，确定市场策略。市场策略的落地实施需要通过具体的市场计划、销售计划、客户计划实现，三大计划为公司各部门协同、组织资源、制定工作安排提供指导。

1. 市场计划

针对智能测试平台、测试类项目、测试产品，结合自身实际，智能测试与防务事业部 2021 年的市场活动以组织客户参观和参加行业展会为主，通过组织客户参观埃威科技，增进客户对产品的了解，引导客户需求，在展会上提升行业影响力，打响品牌，接触航空、航天、兵器、部队测试类相关的客户，从而拓展销售机会。

2. 销售计划

针对智能测试平台、测试类项目、测试类产品三大类业务模块，参考往年的销售工作完成情况、客户跟进情况，以实现销售目标为导向，从潜在销售机会和拓展机会两方面根据业务进行销售目标的分解，结合自身实际，制订了智能测试与防务事业部 2021 年的销售工作计划。

3. 客户计划

客户计划主要包括全年度客户关系管理相关的工作计划，包括但不限于拜访客户、电话联系客户、催收账款等。通过对重点工作的客户名称、客户重要度、客户类型、销售活动、销售活动描述、主责部门和责任人等的描述，将客户计划层层分解落地，以便于销售人员客户关系管理工作的持续跟进和开展。

根据市场计划、销售计划以及现有的客户关系管理情况，参考往年的客户拓展情况和客户跟进情况，以实现销售目标为导向，制订全年的客户工作计划，包括销售活动、活动描述、时间、责任人等。

（六）优化成果管理平台实现

项目组以"市场"为出发点，结合销售管理及客户管理，将项目咨询的成果和先进的企业经营目标转换为岗位的工作活动的一整套市场体系解决方案，并将一系列工作活动和任务落实在 TIME® MARKET 管理平台中。市场体系管理包括三大核心模块。

1. 市场管理

市场工作任务的内化和标准化，软件内涵了117项工作任务，固化了233个表格和模板，25个案例。管理平台提供专业的市场工具及流程，协助企业分析市场数据，提高企业市场分析能力，科学把握企业业务发展方向。主要包括以下内容。

（1）市场工作任务管理。

（2）预设多种市场分析报告模板。

2. 销售管理

销售工作任务的内化和标准化，软件内涵了235项工作任务，固化了302个表格和模板，31个案例。主要包括以下内容。

（1）销售过程标准化管理。

（2）销售业绩实时评估。

（3）销售报表分析。

3. 客户管理

客户管理工作任务内含85项工作任务，固化了71个表格和模板，13个案例。主要包括以下内容。

（1）基于生命周期的客户管理。

（2）客户分析。

（3）预测客户需求，提前营销布局。

（4）360° 客户信息全景呈现，一站式管理。

（5）知识赋能。

（6）知识集成。

（7）任务、岗位、知识智能关联。

四、项目评估与实施效果

（一）咨询和软件相结合，保障咨询成果落地

项目组依托德衍睿通软件团队，创新性地将管理咨询和软件平台相结合，有效保障了咨询成果的落地。咨询团队和软件团队同属一个公司，这大大提高了项目团队间的沟通效率，保证了管理平台早日上线投入使用。

同时，德衍睿通将这种项目咨询和软件平台相结合的创新性咨询模式在行业内进行了推广，受到了很多客户的认可，用更好的服务帮助更多客户推动管理数字化转型。

（二）以市场体系为引领，带动企业管理数字化转型

埃威科技在开展战略回顾与规划设计时，就已确定了企业管理数字化转型战略，将市场体系管理的数字化转型作为突破，取得一定效果后向其他管理体系推广。

本项目结项后，咨询成果的落地效果也得到了埃威科技的一致认可，也为后期在供应链体系管理和流程体系优化项目的继续合作赢得了信任。项目组也将继续为埃威科技的管理数字化转型服务，以市场体系为引领，带动企业实现管理数字化的转型。

（三）成果落地成效显著，助力团队开拓市场

自咨询项目结项，到管理平台 TIME 系统正式上线，市场体系管理的优化成果和 TIME 系统助力埃威科技在市场管理取得了优异的成绩。

项目成果《市场管理手册》和《销售管理手册》成为市场部门的日常管理手册，也是部门新员工的培训和学习手册。

市场机会和产品需求等信息在 TIME 系统中得到了详细的记录、分配和跟踪，并实现了实时统计和分析，从而为公司高层和其他相关部门查看提供了方便，更好地协调相关外部资源以形成销售合同，协调相关内部资源响应客户需求。尤其在新冠疫情防控期间，TIME 系统平台为员工居家和各分公司的远程办公提供了强大的保障。

基于大数据的终端门店商圈竞争力模型构建

北京信索咨询股份有限公司

北京信索咨询股份有限公司（以下简称信索咨询），成立于 2003 年，是一家综合商业营销服务解决方案提供商，长期致力于营销服务领域，为中国及全球企业提供实现战略突破、营销提升与业绩增长的最优解决之道。信索咨询设立有金融咨询、营销互动、市场研究三大专业服务团队，服务网络覆盖全国 23 个大中城市，共为 70 余家国内及全球企业提供过营销服务。专业创造价值，信索咨询着重战略设计、决策支持、项目推进、结果导向的落地执行，以一体化的服务体系，力创成为国内最大的咨询集团和全面营销服务解决方案供应商企业之一。

本案例项目组成员

储文娟，北京师范大学心理学硕士，国际注册咨询师（CMC），从事市场咨询行业 14 年，现任信索咨询总经理，专注于项目体系规范梳理与规范标准落地推进工作，在标准贯彻、流程落地与人员考评方面具有丰富经验，是信索咨询 ISO 9001 标准体系认证牵头人之一，同时在终端运营提升方面为众多客户提供服务，针对客户终端/网点基本特点应用触点管理体系实施高效提升指导。

其他成员：侯洁、吴保

导读

现有的商圈研究主要集中在企业选址研究、商圈定位研究以及空间布局研究，而针对商圈内企业的竞争策略研究相对较少。在目前电商发展对线下分流竞争影响日益明显、经济高质量发展的情况下，现有商圈内竞争研究不能完全满足指导实际的需要，因此有必要进一步研究指导实际应用。

从全球手机销量来看，某韩国公司以2.75亿部的销量，拿下全球20%市场，稳居手机销售榜首。但在中国市场占有率仅为0.6%，远低于其他国产品牌销量。由于其中超七成的销量来自线下终端门店，如何提升终端门店竞争力，进而提升中国市场份额，看齐国际市场表现，成为客户方的当务之急。

信索咨询受客户方委托，对其终端门店进行商圈竞争力分析，利用其终端门店各项运营指标、商圈流量、商圈竞争格局及顾客全旅程体验式指标组成商圈竞争力模型指数。通过大数据商圈流量数据整合、门店运营数据、顾客全旅程体验式触点分析数据等构建其商圈竞争力模型，进行终端门店商圈竞争力分析，帮助客户方评估其各个商圈终端门店的竞争力，找到其终端门店在商圈提升竞争力的关键因素，为客户方的终端门店管理提供有力支持。同时，本项目也丰富了时代潮流下商圈理论对传统零售行业应用模型的研究，突破了传统终端门店的竞争性和局限性，为零售行业终端门店提供了参考范式指引。

基于大数据的终端门店商圈竞争力模型构建

北京信索咨询股份有限公司　　储文娟

一、项目背景

(一) 客户背景

某韩国公司是一家大型电子工业企业。1985 年，该公司以香港星进有限公司的名义在北京设立办事处；1990 年，中国第一家韩国企业办事处——某韩国公司物产上海办事处成立；1992 年中韩建交后，公司对中国的投资正式开始；1995 年，公司成立了中国总部；1996 年 3 月，中国公司正式成立。近 5 年，在华投资额高达 220 亿美元，100% 用于尖端技术高端装备型产业，仅 2021 年，在华投资达 57 亿美元，占当年外商在华直接投资的近 4%，占外商制造业投资比重的 17%。目前，在中国有近 15 家生产工厂、8 个研发中心、近 3000 家供应商，成为"中国制造"向"中国质造"转变的重要一环。

该公司严格遵守当地的法律与法规，并且要求员工遵守全球行为准则。该公司认为，道德经营不仅是应对全球商业环境快速变化的经营之道，也是与客户、股东、员工、商业伙伴和当地社区等各利益相关方建立信任的方式之一。因此，该公司以成为全球道德模范企业为目标，在实行公平、透明企业管理规范的同时，不断对员工进行培训，并实施监督制度。

(二) 商业环境

随着数字零售时代消费者体验方式的转变，平台电商对传统商圈的客源分流作用明显，各种到家服务替代了商圈购物，传统实体零售业生存与竞争发展压力越来越大。一方面，城市不同层级的零售商圈日益饱和，促使消费者购买的主要因素已不单取决于产品的好坏，人们在购买过程中更多关注产品的个性化、增值服务以及购物体验等因素。另一方面，商圈内同质化竞争激烈，虽然各零售品牌也在不断改进自身服务，提升终端门店运营效力，但这些看似创新的服务会很快被模仿，因而无法持续保持自身的特色竞争力。与此同时，随着互联网的广泛应用和电子商务的繁荣，人们对零售商品的购买由线下转为线

287

上；线上线下相互融合的社区团购的发展和人们居家式的购物习惯，也使实体零售亲身体验的优势不再明显。除了商圈趋于饱和，同质化竞争激烈外，终端门店自身的运营成本也在逐年攀升，实体零售企业的持续发展变得举步维艰。

为了提升消费者购物体验，终端门店可通过采用先进技术将线上体验线下场景化，利用线下场景帮助品牌和门店建立与用户的深度链接，实现服务升级，重新赢得市场的认可。

二、数据分析

终端门店商圈竞争力模型的指标体系分为三层，第一层为商圈终端门店服务表现。项目组通过梳理手机购买者在商圈终端门店购买手机时的全部触点，将其与顾客在店时的各种情感需求相对应，总结出可对比的研究指标，根据研究指标对选定的 10 个城市商圈本竞品门店进行全流程体验式走访，获得第一手数据，以顾客的角度找出终端门店服务的薄弱点和竞品的竞争优势。第二层为门店运营情况。具体包括：指标完成率、客单价水平、复购率、坪效，反应门店的运营管理水平、区域竞争力水平，该数据由客户方提供。第三层为商圈外部环境因素。利用大数据监测手段获取当月数据，包括商场总客流量、本竞品的客流量、周边人口构成及品牌偏好、商圈区位、竞品分布情况。

因商圈结构、业态、经营方式、所在板块的不同，对所有商圈终端门店竞争力分析不能一概而论，必须立足该商圈实际情况进行单独分析。信索咨询将全流程体验式走访研究指标根据重要程度不同赋予分值，量化对比本竞品在用户旅程全部环节的差异。门店运营数据通过与行业平均数据、该公司各商圈终端门店的平均数据进行对比，做定性定量分析；外部数据做定性分析，作为终端门店竞争力分析的辅助。通过以上终端门店商圈竞争力模型分析，帮助该公司评估 500 多家商圈终端门店的竞争力及竞争薄弱点。

三、模型构建

（一）顾客全旅程体验式指标

根据顾客购买手机体验流程的需求触点，明确可监测的对顾客购机体验有影响的指标。由专业的产品体验官模拟消费者，对同商圈的本竞品终端门店进行全流程体验，从每一触点了解本竞品差异。

根据顾客感知进一步梳理顾客全旅程体验式指标，分为门店形象、陈列体验、人员服务、销售促进四大模块。顾客购机旅程见图 1。

（1）门店形象分为店外形象和门店环境，店外形象代表了品牌形象，是品牌的直观展示，良好的店面形象可提高进店率。整体环境卫生情况对顾客的在店时长有较大影响。整体的顾客感知为"宽敞明亮、门头醒目、店内整洁、玻璃通透"。

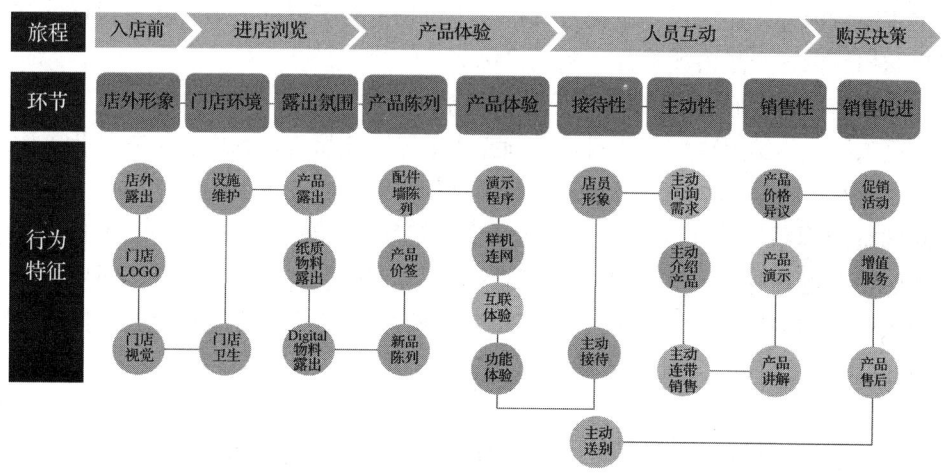

图1　顾客购机旅程图

（2）陈列体验包括露出氛围、产品丰富度、信息可用性和体验便捷性。良好的产品陈列和体验环境，在吸引顾客眼球，满足人们的美感需求的同时，也更好地激发了消费者的兴趣，且便于拿取、快捷做出选择，增加在店时长，提高转化率。整体的顾客感知为"陈列整齐、有序、分区合理、简约宽敞、样机和价签一一对应、信息一目了然"和"产品体验顺畅、功能强大、互联方便"。

（3）人员服务包括及时接待、主动性和专业性。观察销售人员的工作状态，是否能及时接待和友好送别顾客。主动性上，评估销售人员是否主动询问顾客需求，主动为其介绍产品，连带销售其他产品。在专业性上，评估销售人员是否能准确把握顾客的需求，推荐适宜的产品，并介绍得丰富、充分、通俗易懂。介绍时能熟练进行产品演示，主动邀请顾客来体验，并能时刻关注顾客的反应，形成良好的销售互动。对于顾客提出的异议，如价格异议，是否能得体回应。整体顾客感知为"礼貌迎宾、把握我的需求、推荐适合我的产品、及时解答我的疑问"。

（4）销售促进包括对优惠活动和售后的介绍，销售人员是否能主动提及优惠活动和售后服务，并能详细讲解优惠活动和售后服务优势。整体顾客感知为"从我的角度出发、主动介绍优惠"。

289

（二）门店运营指标

1. 月度销售目标达成率

销售目标的完成、利润的最大化是门店管理的终极目标。目标不能只从销售额单方面考虑，还要从市场、客户、产品、利润等多维度综合考虑。除了销售额目标外，还有市场区域占有目标、市场占有率目标、客户数量目标、客户结构目标、产品占比目标、利润目标等。

销售目标是门店所有员工充分沟通后共同制定的。目标分解到员工，每个员工的执行结果决定门店目标计划完成情况。在执行过程中，不断优化工作计划方案，根据执行结果等因素对目标进行实时、有理有据的调整监督。在相同的机制体系下，在一定的有效期间内，销售目标的完成是衡量门店管理好坏的最关键指标。一个门店的销售业绩做得好不好，直接反映了该门店的竞争力强不强，以及团队建设、顾客服务、商品管理、商品陈列等工作做得好不好。

2. 客单价

所谓客，便是已经购买了商品的顾客；所谓单，便是顾客购买商品后去结款时收银台打印出来的单张发票（交易客数），一张发票为一单；所谓价，便是每笔销售的实际购买金额。在做销售分析的时候，经常会关注到客单价，因为客单价与交易客数的乘积便是总销售额。在销售系统中，这个客单价并不能像交易客数与销售额那样可以通过前台的收银情况来反映，客单价实际上是由确定的销售额除以确定的交易客数后得来的。也就是说，客单价是一个结果，在销售过程中，这个变量不能够直接推导出来。在交易客数既定的情况下，提高客单价可以提升销售额。尤其是对该公司的手机产品而言，主打机型定位在中高端，潜在顾客相对较少，如何保持高客单价和连带销售就显得至关重要。也可通过客单价了解最近一段时间的促销活动形式是否合理和新品连带销售能力水平的高低。

国内的手机行业已经进入了一个相对平稳的发展时期，从曾经野蛮增长进入了一个相对平稳甚至持续下跌的时期，手机的销量在不断萎缩，手机厂商在销量无法进一步增加的情况下，提升客单价就是唯一的出路。因此，主流定位的机型价格不断提高在未来会成为一种常态。

3. 复购率

复购率越高，意味着持续经营的获客成本越低，越有利于长久经营。如果复购率在一段周期内呈下降态势，意味着顾客正在流失。复购率的持续运营，能为企业长远发展树立良好的品牌形象和口碑，提升用户对品牌的忠诚度，从而帮助企业建立更为坚固的"护城河"，使得消费者购买驱动力由利益驱动向品牌信任转变。

维护私域流量的店铺要注意定期更新，给予老客户一定的新品折扣，以促进老客户成交，为新品销售奠定基础，达到快速破零的效果。同时，老客户的新品交易可以帮助新品标签尽快地被系统确定，因为老客户本身就是店铺的精准目标群体，标签权重高，准确率高，更有利于新品的标记。

4. 坪效

坪效能分析店铺面积的生产力，深入了解店铺销售的真实情况，销售坪效指标对考核店面竞争力具有十分重要的意义。店面有固定的经营面积，并且花费在每一平方米上的水费、电费，甚至是人工费等都是固定的，如果提高单位面积的销售额，则更能达到更为有效的经营状态。提升坪效应注意以下两点。

（1）固定分母，提高分子。提高线下年收入当然是最理性也是最直接解决方案，有足够的营业额支持，坪效输出自然不会低。

（2）固定分子，降低分母。线下门店面积之所以降低，并非压缩空间，而是合理优化，充分利用空间——让每一平方米都具备本身的价值。

比如小米之家之所以成为新零售杀手，亮点在于惊人的坪效。小米线下零售形态的坪效公式为：坪效 = 流量 × 转化率 × 客单价 × 复购率 / 面积。而小米之家也是基于流量、客单价、转化和复购率进行创新，创造惊人坪效。

（三）外部因素

1. 客流量

商圈客流量一定是在某一个时间段里，在某一个经营范围内来进行统计的，如果离开了特定时间和特定范围，就失去了商圈客流量的意义，因此在商业客流统计中，不仅需要知道客流量的总和是多少，还需要知道客流地点、客流时间以及客流方向等重要的参数。商圈客流量很容易受到各种条件、因素变化的影响，可以说是一个极其不稳定的数据，它既可以受到交通、地理位置、特色等因素制约，也可以受气候、时间、营销、经济、政治法律等因素影响而呈现出很大的差别，因此在商圈客流量数据关联分析时应该注意规避这些影响因素。

商圈客流量分析的目的是在于掌握其变化的规律性，以便于可以更好地服务于消费者，适应消费者，满足消费者，吸引消费者。因此，商圈客流量分析应与消费者息息相关的生活起居、人文风俗、收入水平、文化程度等相关因素综合进行研究。在市场角度上来看，关联分析商圈客流量数据更多的是挖掘出消费者对商品的需求和支付的能力，综合销售数据深入分析，得到人均消费水平；商品品项选择、品牌忠爱程度等重要指标成为商业营销和引导顾客消费的有效依据，也体现出了客流明显的可引导性特征，让促销的效益事半功倍。

站在不同的角度上进行商圈客流量分析，利用科学客流统计系统进行客流细分，使门店能够更好地把握商圈客流量的内涵，更好地认识客流和吸引客流，同时商业客流统计系统，除了有效的管理商圈客流量数据以外，还能够通过输入其他关联数据，进行自动化的商圈客流量统计数据关联分析。零售业流量的掌控能力正是这次商业变革的核心，打破了线上线下的边界，失去流量就失去一切。这曾经是互联网的生存法则，而今天适用于所有零售企业。所以零售业客流量统计有着至关重要的作用，其对于零售业的整体转型升级，线上线下融合，寻找新的增长动力，有推动作用。

本次研究利用大数据实时监测一段时间内进入商场和进店顾客的手机信号获得每日商圈客流数据和本竞品客流数据，分析客流量对商圈终端门店竞争力的影响。

2. 交通区位

社会经济的发展水平影响城市空间的发展，扩展空间、合理布局与规划、进行高效、便捷性的管理都是为了满足人口增长所带来的需求。城市空间的不断扩展与重新布局带来最直接的影响是城市交通模式的改变，不同的城市空间结构产生不同的交通模式，而交通的发展也会制约着城市空间结构的改变与发展，对城市空间结构起到约束与导向的作用。

交通区位是影响城市商圈赖以生存的顾客选择来店与否的重要因素，这在早期的商圈理论中也有体现。城市商圈的理论基础之一，是德国经济地理学家克里斯塔勒提出的中心地理论，即以中心地为圆心，以最大的商品销售和餐饮服务辐射能力为半径，形成商品销售和餐饮服务的中心地。在该理论的四个假设条件中，一个为中心地向地域内任一方向的交通可达性相等，另一个为消费者就近购物。尽管该假设与现实生活有一定差距，但后来里斯塔勒本人和廖什、贝里、加里森等人对其进行了进一步的修正和完善。基础设施对商圈消费者的影响，在城市商圈的另一个理论基础，即赖利提出的零售引力法则中也有体现，同时也体现在康维斯断裂点或均衡点模型中。赖利零售引力法则认为，当在城市 A 和 B 之间存在一个等级相对低的城市 C 时，A 和 B 向 C 吸引零售额的比率与两城市的人口成正比，与城市距离比的平方成反比。康维斯进一步提出断裂点公式，以确定在 A、B 两城市之间的顾客到任何一个城市购物的分界点。但这两个模型是建立在众多理想假设基础之上的，如两个竞争的城市交通条件或通达性差异不大等，均考虑到了影响商圈的基础设施交通条件。在经典的哈夫法则中，当整个商业聚集区集中于一地时，居民利用哪一个商业聚集区的概率，是由商业聚集区的规模和居民到商业聚集区的距离决定的。几乎所有零售行业人士都认识到终端门店成功的秘诀就是选址。好的选址，包括良好的地理位置、良好的潜在顾客市场、良好的基础设施等条件在内。选址优越，是终端门店在激烈的市场竞争中获胜的一大法宝。对门店来说，有利的交通区位，不仅实现了交通运输的快捷和通达，还是门店运营过程中控制运输成本、时间成本等运营成本的关键因素。商业圈作为城市商业空间中最为关键的商业组织形式，依赖于区位条件而存在，而交通就是影响区位条件的主要因素。交通便利，商圈范围就会扩大，反之，就会限制商圈的延伸。因此，在进行商圈分析时，要充分考虑影响顾客来店的交通条件，如街道通畅程度、公共汽车运行状况、交通设施和管制措施等等。

3. 商圈业态分布

商业业态，是指经营者为满足不同的消费需求而形成的经营模式或营业形态。购物中心的商业业态规划，则是指充分利用各种商业资源，为实现成功招商、销售和日后的成功营运，而对商业项目各功能分区和各楼层营业项目所进行的规划。商业业态规划是一个购物中心整体性的、具有战略意义的商业组合，它综合反映了该购物中心的整体定位和特色。近年来，随着社会经济和科学技术的发展，电子行业抓住了发展的契机，获得了前所未有的发展，成为推动国民经济发展的重要动力。电子产品逐渐成为人们日常生活中不可或缺的一部分，对人们的生活产生了深远的影响。如今，电子产品在半导体产业中发展迅速，也是占领市场的一大因素。目前中国的消费电子产品市场正在急速扩张，其中最明显的就是移动类产品中的手机，随着生活水平的提高，消费者对手机的需求已经不仅仅满足于性能，而开始更加关注其他方面，比如外观、系统风格，等等。为了抢占市场份额，各大手机厂商也越发重视消费者的体验，逐渐施行差异化战略，如：OPPO 和 vivo 主打影音体验；转型成功的华为凭借独家的 CPU 和核心拍照技术在市场上独领风骚；小米、魅族等凭借自己优秀的系统体验也有忠实的簇拥者。

主要观察该商圈的业态分布是否有助于手机销售。华为体验店和小米体验店通常在一个商圈内，无论华为还是小米本身都有专业的选址团队，两家顾客群体基本上重合，都一定会选择最合适的位置作为其线下体验店，因此二者能选到一起也并不是件奇怪的事。且两家开在一起看似是竞争的关系，其实这本身也是一种商业默契。在制造业中有一个词叫"产业聚集"，通过产业聚集降低成本，形成规模化发展。而在零售行业中，这更多被称作是"商圈理论"。商圈本身有大有小，产业聚集产生的商圈往往可以吸引足够的人气及促使内部玩家不断去提升自己的作用。就华为和小米而言，主要体现在以下三个方面。

（1）引流。

它们两家在一起从本质上讲其实是形成了一个手机销售中心，并以这个中心向周围扩展、辐射，形成对周围顾客和用户具有吸引力的一定范围或区域。这本身也是"商圈理论"的集中体现，手机品牌商的集聚所带来的规模性会对所辐射地区的品牌认知、区域名片以及区域发展产生较大的影响，2021年OPPO和vivo的成功也有不少这方面的因素。

（2）互相对比借鉴。

华为和小米是当下国产手机的领先品牌，二者本身处于竞争的关系，但是两家店放在一起往往方便顾客进行比对。通过用户的直接反映对比，充分了解自己对手的经营策略及优势所在，这也倒逼着双方互相学习、互相提高。

（3）洞察当地用户需求及用户反映。

两家属于竞争关系的线下体验店在一起，可以收集到一线用户的实际需求，尤其是当地用户的本地化需求，听用户所说，而不是靠主观想象，做到一边收集建议一边整改。

4.周边人口构成

商圈所处外部环境的人口密度、收入水平、职业构成、性别与年龄结构、家庭构成、生活习惯、文化水平、消费水平，以及流动人口数量与构成等，对于门店的经营具有决定性意义。本次研究利用大数据监测方法对目标商圈两公里范围内的人口属性、社会属性、消费行为、生活特征进行描述、分析。其中，人口属性包括性别、年龄、学历水平、收入水平、消费水平等，社会属性包括家庭结构、职业等；消费行为包括品类偏好，某一品类的品牌偏好；生活特征包括使用习惯、更换频率、线上线下购物比例等。

四、竞争力分析

（一）门店服务竞争力分析

对选定的10个城市商圈本竞品终端门店的体验式走访后，发现各商圈表现差异较大，且在各环节中本竞品表现互有优劣。以某一商圈为例，从三个方面分析其在同商圈的服务竞争力。

1. 门店触点表现

对体验官评价关键指标体系做交叉（见图2），该门店需改进的是"主动接待"，"店内增值服务的吸引力""店内促销活动的丰富性""入店吸引力"和"店内有较丰富的信息，帮助我了解产品和活动"需要提升。

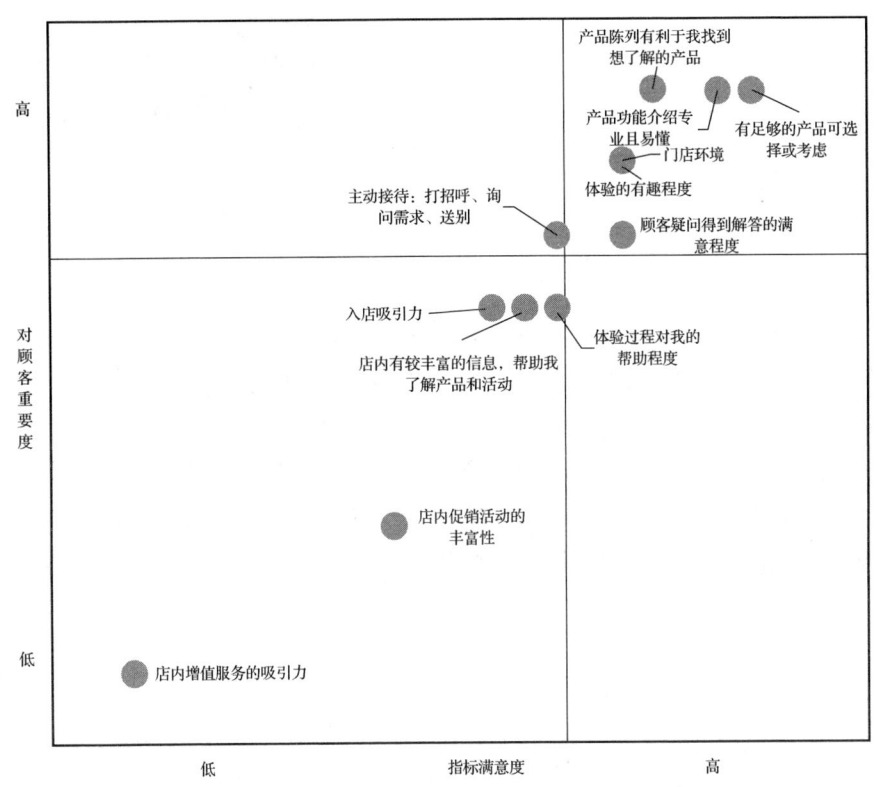

图2 关键指标二维交叉表

2. 与竞品触点对比

该商圈本品终端门店在人员服务模块中的"主动询问需求"环节相较其他竞品需要增强，其他环节表现较好。同商圈各触点表现对比如图3所示。

3. 找出门店服务的最大 Gap

通过门店满意度与各环节分值进行相关性分析，能看出在各环节中，陈列体验和人员服务环节与销售促进之间是强相关关系。提升人员服务环节对各项满意度分值均有帮助。若想提升店面服务满意度，需重点提升人员服务环节服务质量，其次是提升销售促进及陈列体验服务质量。

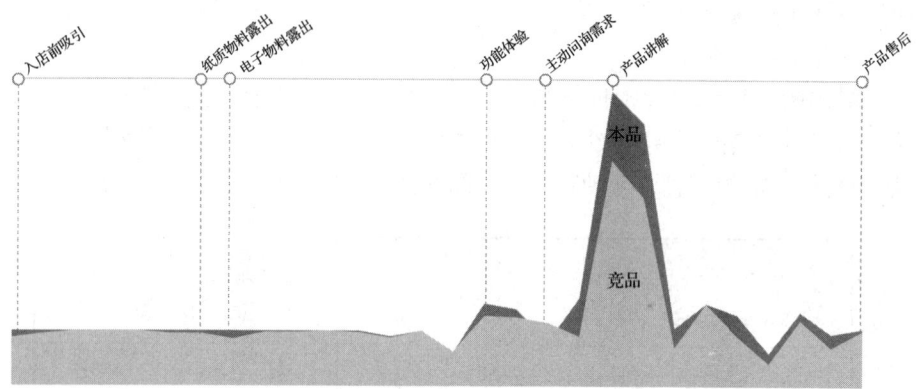

图3 同商圈各触点表现对比图

（二）其他影响竞争力分析

监测期间有的门店相对其他竞品品牌门店在一个月内客流量最低。对比商圈客流量发现，在相同的商圈内，客流量在有所重叠的前提下，进入本品品牌的客流量低于其他三个竞品品牌，说明相同的用户进入了其他三个品牌，却没有进入本品品牌门店，本品的品牌和进店吸引度低。特别是在工作日第一天，本品品牌的客流量仅是竞品品牌客流量的五成，说明客群入店前是有心理预期和品牌倾向性的，这是品牌本身导致的。

五、项目意见与建议

（一）坚持可持续性调研

（1）按某商圈竞争力分析为例的三个维度：其一门店触点表现；其二与竞品触点表现；其三各触点进行相关性分析，找出门店服务的最大 Gap（差距）。对检查的 500 多家商圈终端门店依次进行分析并做分类。

（2）对不同商圈存在的问题，找到对应负责部门，提出整改落实方案，结合内部实际情况，对可优化的指标环节提出整改，将检查结果从检测→体验发现→找出管理抓手→整改落实形成管理闭环。

（3）结合市场和用户需求的动态变化，建议至少一年实施一次基于大数据的终端门店商圈竞争力的研究，及时发现并优化提升品牌商圈服务竞争力。

（4）顾客全旅程体验式指标需要随不同城市级别商圈特征，各类顾客购买手机体验流程进行研究，梳理符合现状的顾客购机旅程图，并对优化顾客体验流程的需求触点进行研究。

（5）除同业竞争力的模型研究外，也可参考借鉴异业商圈终端门店的服务表现（门店形象、陈列体验、人员服务、销售促成）、门店运营因素（指标完成情况、客单价水平、复购率、坪效）、外部因素（客流量情况、交通区位、商业业态分布、周边人口构成）等指标。

（二）努力提高门店服务人员服务水平

店员服务是线下门店最重要的引领者，应重视在店服务各环节对销售影响的作用，将主动服务作为服务的基本原则，创造良好的服务环境和态度。服务业的无形性、不可分性、差异性和易逝性等特点都表明，与其他产业相比，服务业的生产和交易将涉及更为复杂的安排。因此，需要品牌尽可能地提高门店服务人员的服务水平，为促进门店服务提升提供基础。

（三）制定合理的考评政策

研究表明了员工服务在门店竞争力中的重要性和不可替代的作用，鉴于不同服务部门在促进门店竞争力发展的差异，相关部门应根据各服务岗位人员的职责特征，制定不同的考评政策，并促进门店内部结构的优化。

（四）建立多层次的服务人员培养体系

人力资本对服务竞争力的发展及创新十分关键。服务业是一个行业众多、门类庞杂的产业，既包括技术含量低、劳动密集程度高的服务部门，也包括知识、技术密集型的服务业部门。由于不同类型的服务行业或部门在产业性质、技术含量和服务业特点等方面存在较大差异，他们对劳动力素质的要求不同，所以应建立多层次的服务业人才培养体系，以满足不同的需求。

五凌电力公司大数据智能审计项目

深圳市迪博企业风险管理技术有限公司

深圳市迪博企业风险管理技术有限公司（以下简称迪博）成立于2001年，是国家级专精特新重点"小巨人"企业暨国家级高新技术企业，专注于监管科技在风控、合规、审计等领域的深度应用，是国内领先的数智风控解决方案提供商和国产替代厂商。

迪博拥有广东省企业风险管理智能控制工程技术研究中心和企业博士后工作站两大研发平台，自主研发智能风控核心技术和知识产权百余项。通过数据治理、构建大数据模型，采用人工智能算法进行数据深度挖掘与分析，高效精准预警风险，为监管机构、大中型企业提供面向智慧监督等多场景数智化应用。公司发布了国内首个企业风险管理能力评级指数，自主研发的"上市公司智能监管系统""企业大数据智能审计系统"和"国资国企大数据智慧监督系统"于2020年、2021年和2022年分别在"大数据关键技术先导应用""大数据挖掘与分析"和"大数据服务创新"方向上入选工业和信息化部大数据产业发展试点示范项目。

迪博已服务中纪委、证监会、财政部、国家能源集团、中石化等逾1000家客户，央企市场占比35%以上。

本案例项目组成员

胡为民，迪博公司创始人，广东省企业风险管理智能控制工程技术研究中心主任，企业博士后工作站分站主任；广东省工商联执委和福田区政协委员兼经济委副主任；入选财政部会计人才库、深圳市高层次专业人才、I类福田英才；财政部管理会计咨询专家、企业内部控制标准委员会咨询专家，中共中央直属机关内部控制咨询专家；中国会计学会理事，中国会计学会内部控制专业委员会委员；中国内部审计协会理事，中国内部审计协会培训专业委员会委员；并受聘为中山大学、西安交通大学、湖南大学等高校兼职导师。

其他成员：林斌、刘克飞、张吉昕、郑喜、熊自康、孙辉、余露、陈利珍、谢丽慧、陈赛霞

导读

  五凌电力公司大数据智能审计项目，启动于2020年8月，于2020年12月验收评审。通过运用大数据技术和机器学习方法，充分整合五凌ERP、财务共享、协同平台等内部数据、迪博行业数据及外部工商信息，覆盖招标采购、合同管理、成本费用、往来账款、资金管理、资产管理六大重点领域，实现对五凌本部及下属共64家单位大数据全量审计，通过1233个原始数据项，构建100余个审计模型，进行审计问题与疑点的智能筛查。该系统的应用，为五凌审计工作带来了多项转变和成效，项目成果得到了五凌电力及国电投集团的高度认可，获得了公司内部的技术创新二等奖和突出工作奖，成为国家电力投资集团的大数据审计标杆，并被中国内部审计协会作为先进经验进行分享，入选工信部办公厅2021年大数据产业发展试点示范项目（大数据分析挖掘方向）和《企业数字化转型白皮书》数字化转型应用优秀案例，在所有央企的审计信息化案例中，也是独树一帜的，具有很好的产业示范效果。2021年公司企业数智化风控业务出现突破性增长，在国家能源集团、中石化、淮河能源等企业中进行应用推广，通过将人工智能技术与审计业务需求深度融合，为企业日常审计工作装上"千里眼""顺风耳"，及时进行风险预警、问题发现与核实整改，以数字审计护航企业高质量发展。

五凌电力公司大数据智能审计项目

深圳市迪博企业风险管理技术有限公司　胡为民

一、案例背景

（一）客户基本情况

国家电力投资集团有限公司（以下简称国电投）是我国五大发电集团之一，也是全球最大的光伏发电企业。五凌电力有限公司（以下简称五凌电力）是其在湘二级单位，也是湖南最大的清洁能源发电企业，拥有水电、火电、风电、光伏等发电类型，共辖 14 个直管水电厂、57 个全资或控股子公司、5 个分公司（事业部）、1 个代管公司，实行集中经营、分层管理的管控模式。

五凌电力长期以来在信息化建设中走在行业前列，构建了涵盖纳管所属水电厂群各类生产实施及管理数据的五凌工业互联网大数据平台。依托自身良好的信息化管理基础和技术革新意愿，2020 年五凌电力被选定为集团大数据审计试点单位，迪博凭借数智化服务能力成为其大数据审计之路上的合作伙伴。

五凌电力大数据审计项目以"迪博大数据智能审计系统"为蓝本，依托五凌工业互联网平台，运用人工智能技术进行审计数字化转型的积极探索与创新实践，以期通过数字驱动智能式内审建设，赋能企业高质量发展。

（二）行业特点

能源电力行业是我国基础支柱行业，随着市场经济的不断发展，企业规模逐渐扩大，工作内容与业务量飞快增长，涉及的业务领域种类日益繁多。内外部环境的变化、经营业务的多元化和组织架构的多层级，决定了其管理的复杂性，也给内审工作带来了极大挑战。被审计单位积累的数据越来越多，审计范围越来越广，审计事项也日趋复杂，传统审计模式已难以满足现代化电企高质量发展需要。

与此同时，电力企业主营业务信息化程度日益成熟，正在从专业化应用向企业信息一体化应用方向转变，以数字赋能电力行业发展具备了实施条件。而现代信息技术的飞速发展，为推进建设智慧审计奠定了良好的根基。引入大

数据技术，推动内部审计由"价值守护"向"价值创造"转变，由"事后监督"向"智能先见"转变，成为电力企业践行国家科技强审战略、实现审计数字化的必然趋势。

（三）咨询项目需求与目标

根据国电投"2035一流战略"落地和数字化转型规划部署，五凌电力于2020年开展大数据审计平台试点建设，拟通过数智赋能，实现对海量信息的准实时挖掘，解决传统审计"无法打通系统信息壁垒、不能全量数据审计、数据分析深度不够"的现状，增强全量分析能力，提升审计宽度、深度，提高审计效能。

基于此，本项目以"科技强审、智慧高效"为目标，以数据和审计为核心，通过提供更强大的平台与技术支撑，更快速地发现和定位问题，更高质高效地进行审计应用，有效破解传统内审面临的问题与痛点，实现审计作业模式的创新与转变，以高质量审计护航公司高质量发展。

二、诊断分析

（一）项目诊断分析思路与过程

五凌电力大数据智能审计项目一期建设始于2020年8月，历时百余天，因时间紧、任务重，在实施过程中，按照"数据＋技术＋业务"协同配合的模式，分维度进行诊断推进，如图1所示。

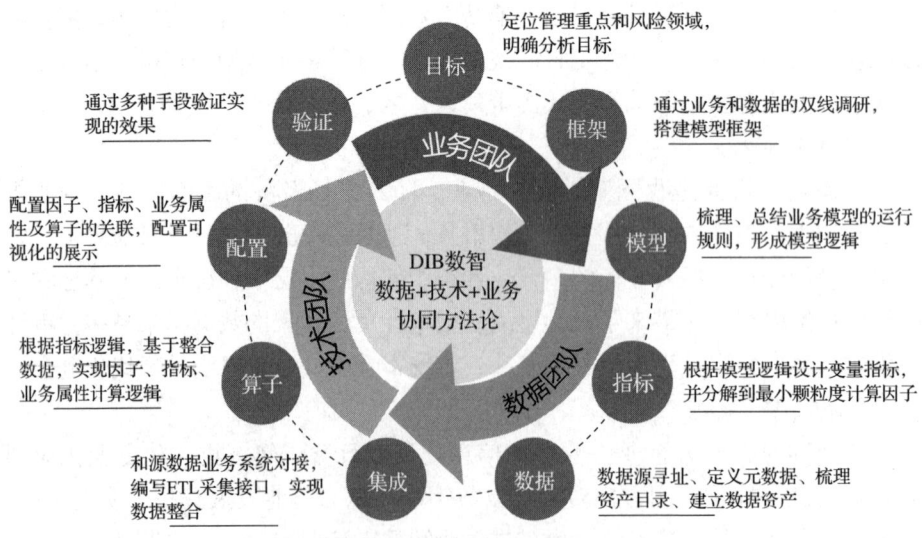

图1 五凌电力大数据审计项目诊断实施思路

（1）依托迪博在能源电力行业20余年的咨询服务经验，通过价值链分析、风险评估等方法，以风险和问题为导向，全面梳理、定位重点审计领域，确定了工程建设等十大业务领域，覆盖五凌电力83%以上的审计问题与疑点。

（2）从数据和技术层面对五凌信息化及数据现状进行调研，并根据重要性和可实现程度，确定招采、合同、成本、账款、资金、资产六个领域、46个审计模型、100余个子模型框架。

（3）基于调研结果，推进数据溯源、模型采集和技术开发工作。数据层面，从分散在各系统及线下的12万张数据表中寻找与六个领域审计需求相关的1200个指标字段；技术层面，确立了平台技术架构、逻辑模型及模型配置路径，定制开发了20个专用审计模型算子，构建了兼顾内网安全和外网接口的网络架构，并完成了与内外部系统的集成。

（4）通过真实数据验证和项目比对验证等方式进行验证，并结合验证结果进行诊断优化，以保证总体设计开发能100%落实审计业务需求，为项目实施落地提供良好保障。

（二）项目调研、分析、诊断所采用的工具和方法

1. 项目调研、分析方法

项目实施过程中，全程深度思考"5W1H"，会同项目专家、职能部门、审计部门、技术部门核心人员，通过数据资料收集、现场访谈、远程结合现场考察等形式完美落地项目需求调研与分析。

（1）数据资料收集。

充分收集公司内外部信息，包括五凌电力工业互联网大数据平台相关基础数据载体、系统说明、内审相关业务单据、公司及行业内外部规章制度等信息。

（2）现场访谈。

先后对五凌电力审计部、信息部及业务部门的相关中高层和主要下级单位就业务与系统现状、数据资产情况、存在的问题痛点、反馈与期许，以及规划设想等进行访谈沟通，并积极与五凌电力ERP系统、财务共享系统等第三方供应商沟通，详细了解和掌握前期信息化与数据状况，以帮助厘清项目需求与定位。

（3）远程结合现场考察方式。

通过远程视频会议方式与集团审计部、上海电力等单位和潜在服务机构开展交流沟通、学习取经，并组织项目成员赴湖南省电网公司和移动公司开展现场调研，以期将宝贵经验和实用模型融入项目建设中，力争平台建成后好

用、实用。

2.项目诊断、分析工具与方法

在项目整体诊断实施过程中，充分运用了大数据、人工智能等新型诊断分析技术工具，具体如下。

（1）大数据分析平台分层技术。

采用迪博首创大数据分析平台分层技术，进行数据对象、指标、因子、框架管理，将任意复杂的审计模型从深度、广度上进行分解、简化。不需要任何专业技术背景和复杂开发过程，审计业务人员也可灵活快速地进行审计模型的创建、调整、优化等操作，形成业务人员可配置的高效智能大数据审计体系。

（2）大数据智能分析技术。

一是通过充分运用自然语言处理技术，对五凌电力及其下属单位内外部海量文本信息进行深度挖掘，并提炼出有用信息。如针对合同文本，运用文本分词、实体识别、词性标注、句法分析等方式进行文本提取和结构化处理，获取合同签约主体、合同金额、履行期限等关键信息。

二是通过运用社会网络分析技术进行关联关系或疑似关联关系认定。如运用社会网络分析技术，核查同一招标采购项目的供应商对应的单位负责人是否为同一人或是否存在控股、关联关系，快速生成投标商疑似围标清单，有效规避可能存在供应商一致抬高或压低投标报价，导致公司采购成本大幅度提高的风险。

三是在项目诊断实施过程中，使用计算机视觉技术进行纸质票据的快速、高效分类识别。如运用CNN图像分类技术对审计单位的发票、费用报销单等进行扫描，核查发票内容、费用报销明细是否符合规定，快速定位超范围报销等违规行为。

（3）机器学习技术。

在项目实施过程中，存在部分审计分析模型无法基于规则和专家经验来构建，需通过机器学习方法进行训练得到。以成本费用类型与科目列支不一致为例，通过对财务费用核算数据进行机器学习训练，运用逻辑回归（Logistic Regression）机器学习分类算法，得到的模型精准度均在90%以上，且随着训练集越来越大，训练的模型也会越来越精确。

（4）大数据可视化分析技术。

大数据可视化分析技术，改变了传统审计模式下的数据界面，代之以直观的各种动态图表。如将审计问题疑点分布以问题地图形式进行展现，生成审计疑点分布汇总图，并以红黄绿等不同颜色区分问题严重程度，帮助审计人员全局感知审计问题分布情况等。

（5）大数据综合分析技术。

运用大数据综合分析技术，将分散在不同部门、不同系统的数据进行关联和挖掘分析等，通过数据印证进行问题与疑点发现。如通过采集 ERP 中已完工在建工程项目进度信息，与财务共享系统中项目凭证分录信息进行关联对比分析，可快速定位是否存在在建工程转固不及时的情形。此外，运用大数据综合分析技术，可帮助审计人员充分利用外部力量，如借助迪博行业数据，进行业务和产品层面的横纵向比较与对标，快速发现存在的短板与不足，提升审计工作的广度与深度。

（三）针对客户存在的关键问题所做出的诊断结论

1. 数据采集难：数据从分散到集中

五凌电力的数据大多分散在财务共享系统、ERP 系统、协同系统等不同系统中，而且即使同一系统中的数据，也存在以不同存储方式分散于不同存储位置的情形。另外还存在部分临时数据，要经过持久化处理才能进行自动采集，且仍有少量数据仅存在于线下，只能通过手工填报或导入方式采集。上述情形给数据采集带来较大的难度，需要充分预估数据采集工作的难度与重要性。

2. 数据寻源难：数据资产清理

大数据审计的范围涉及多领域、多系统、多模块，需要从数万张表、数十万个字段中寻找出所需信息。虽从字段数量上看，可能仅占全部字段的1%，但从项目投入上，数据寻源可能须项目组投入 30% ～ 50% 的时间精力，这是项目实施过程中最大的瓶颈。故在项目开展过程中，要确保所需数据应寻尽寻、应采尽采。

3. 数据一致难：主数据管理与数据标准化

五凌电力信息化环境中存在多套组织机构数据、多套用户数据、多套财务科目数据，这些不一致的主数据对模型计算和数据检索造成了一定程度的困扰。故在项目初期，要提前进行主数据管理和数据标准化工作。

4. 审计建模难：抽丝剥茧理逻辑

审计建模过程中需要对大量信息进行筛选和甄别，需要跨部门协作，需要横跨业务的多个领域和系统，需要熟悉各种数据分析和审计建模技术。对于没有明确判定规则和结构化数据的审计模型，还需要使用机器学习等技术。故在建模过程中，要综合考虑数据基础、逻辑清晰度、技术难度、预期效果等进行模型的取舍，优先选取可行度高的模型上线。

5. 全面覆盖难：点线面循序渐进

作为集团大数据审计应用和平台建设试点项目，本项目在实施过程中无历

史经验可循，且公司审计标准化基础和数据基础也难以支撑实现全面的审计模型覆盖，只能先选取部分重点领域进行实践，再由浅入深、由点到线、由线到面，循序渐进推进，该过程可能贯穿今后 3～5 年，是一个持续建设和优化的过程。

三、解决方案的设计框架

（一）解决方案的设计思路

五凌电力大数据智能审计平台，是基于五凌电力审计业务发展需要，通过大数据技术和机器学习的方法，充分融合 ERP、财务共享、协同平台等系统内部数据，以及外部工商数据和迪博行业大数据，在招标采购、合同管理、成本费用、往来账款、资金管理、资产管理六大重点领域，构建百余个审计模型，覆盖五凌电力本部及下属共 64 家单位，进行审计问题及疑点发现。在平台框架构建上，遵循"一个平台、两个核心、三个目标、四个视角、五个要素、六个领域、七类应用"的建设思路，如图 2 所示。

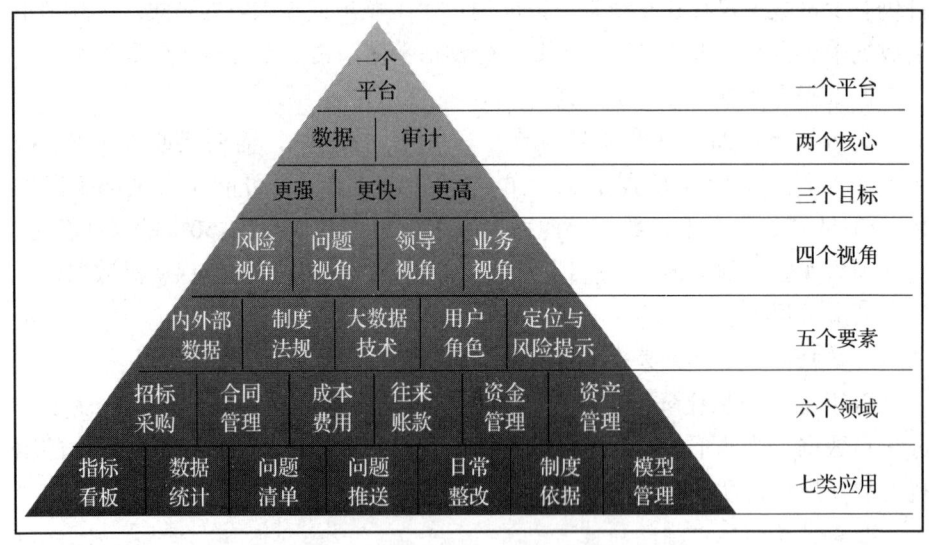

图 2　大数据智能审计平台总体框架

其中，一个平台，即构建集中、统一的大数据审计平台；两个核心，即以数据和审计为核心；三个目标，即通过大数据审计系统，提供更强大的平台与技术支撑，更快速地发现和定位问题，进行更高质高效的审计应用；四个视角，即从风险和问题视角为导向，从大处着眼（领导视角），从小处入手（业务视角），综合多方要素构建审计模型；五个要素，分别为内外部数据、制度法规、大数据技术、用户角色、定位与风险提示；六个领域，指按照分步分阶实施原则，一期主要覆盖成本费用、资金管理、合同管理、招标采购、往来账款、资产管理六大重点审计领域，形成集指标看板、数据统计、问题清单、问题推送、日常整改、制度依据和模型管理于一体的七类应用。

（二）解决问题的独特视角

1. 技术创新

（1）技术先进性。

采用 KNN（邻近算法）、决策树、线性回归、逻辑回归、朴素贝叶斯、支持向量机、K-Means 等机器学习算法，并运用自然语言处理技术（NLP）结合 DNN（深度神经网络）、RNN（循环神经网络）等深度学习方法定制机器学习模型，实现了人工智能技术与审计业务的深度融合，具有较高的技术领先性。如成本费用类型与科目列支不一致、固定资产分类不准确等模型，都无法通过传统的规则集和专家系统实现，但可以通过已有数据来训练计算机形成，也就是机器学习模型。

（2）拓展便利性。

采用迪博首创的大数据分析平台分层技术，实现了业务属性、审计指标、审计因子、审计框架的灵活配置，支持审计人员根据业务需求进行模型配置与调整，具有良好的拓展性。随着制度法律要求的变化、业务需求和审计视角的变更，审计人员可灵活进行调整。仅特殊算法才需开发人员介入。而市面上同类产品，往往都需定制开发，研发投入大、开发周期长、模型维护难。

（3）数据整合性。

充分整合了内外部多源数据，通过内外部数据的融合与相互印证来构建模型，提高审计问题发现的深度和广度。如在供应商围标模型中，通过调用天眼查数据获取工商信息来判断中标单位和其他投标商间是否存在关联关系；在分析资产负债情况时，通过调用迪博数据引入电力行业上市公司数据来进行横向对标等。

2. 模式创新

本项目以数智赋能审计，实现了从抽样审计向全覆盖审计转变、分散式审计向定期集中式审计转变、批量报告式整改向逐条精细化整改转变、经验式专家审计向规则化智能审计转变、单纯依靠内部数据检查向内外部信息相互印证整合发现问题的转变，对于推动形成"集中统一、全面覆盖、权威高效的审计监督体系"，以高质量审计为企业高质量发展保驾护航具有重要的示范作用。

（三）咨询方案的评估与筛选过程

基于调研诊断结果，以系统落地和应用为主线，以业务设计和数据梳理为辅线，采用业务、数据、系统三线并行的策略，分四阶段开展工作。

第一阶段：通过数据现状和业务调研，搭建大数据审计平台框架，确定六个领域、46个审计模型、100余个子模型框架。

第二阶段：完成模型细化和数据治理，全面梳理了六个领域的业务数据。

第三阶段：完成模型配置和系统开发，形成了指标卡、统计图、问题清单等审计成果可视化看板。

第四阶段：完成模型优化和对比验证，模型精准度不断提高，平台如期验收。

1. 大数据智能审计框架搭建

五凌电力大数据智能审计业务一期平台系统总体框架分为三层：数据层、应用层和展示层，如图3所示。

（1）数据层依托五凌电力工业互联网大数据平台，进行数据采集、交换，数据治理和智能计算，形成了质量较好的数据资产。

（2）应用层包括系统首页、问题管理、采购审计和合同审计等模块，对内与内部协同平台和五凌通即时交流平台对接，对外与天眼查和迪博行业大数据进行对接。

（3）展示层包括PC端展示、协同平台和移动端推送。

2. 数据寻源与模型细化

（1）数据寻源方面，对六个领域涉及的12万张数据表进行了精准溯源，最终找寻、确定88项数据资产、100余项子模型、1233项审计需求字段信息。

（2）模型细化方面，通过内外部数据印证、大数据分析及机器学习等方法构建审计模型，进行审计问题的精准定位与风险提示。

①内外部数据结合。在融合内部数据的基础上，引入外部工商信息和迪博行业大数据进行相互印证。如通过将供应商信息与外部工商信息相结合，快速甄别供应商间是否存在控股或关联关系；通过引入迪博行业大数据，对不同电源种类细分领域的业务或产品收入、成本、毛利率进行对标，快速发现问题或短板。

②大数据技术。依据内外部制度、法规及行业规范进行审计模型构建与动态维护。以会议费报销为例，按照五凌电力及国电投相关规定，洗漱、烟酒、水果、绿植、休闲娱乐、摄影、风景、旅游等不属于报销范畴。传统审计因人力有限无法一一核查，导致超范围报销情况时有发生。大数据审计模式下，通过图像识别技术对票据进行快速扫描，获取发票类型、编号、用途、开票日期、金额、销售方等关键信息，智能判断是否存在用途超限事项，快速生成报销超范围疑点清单。

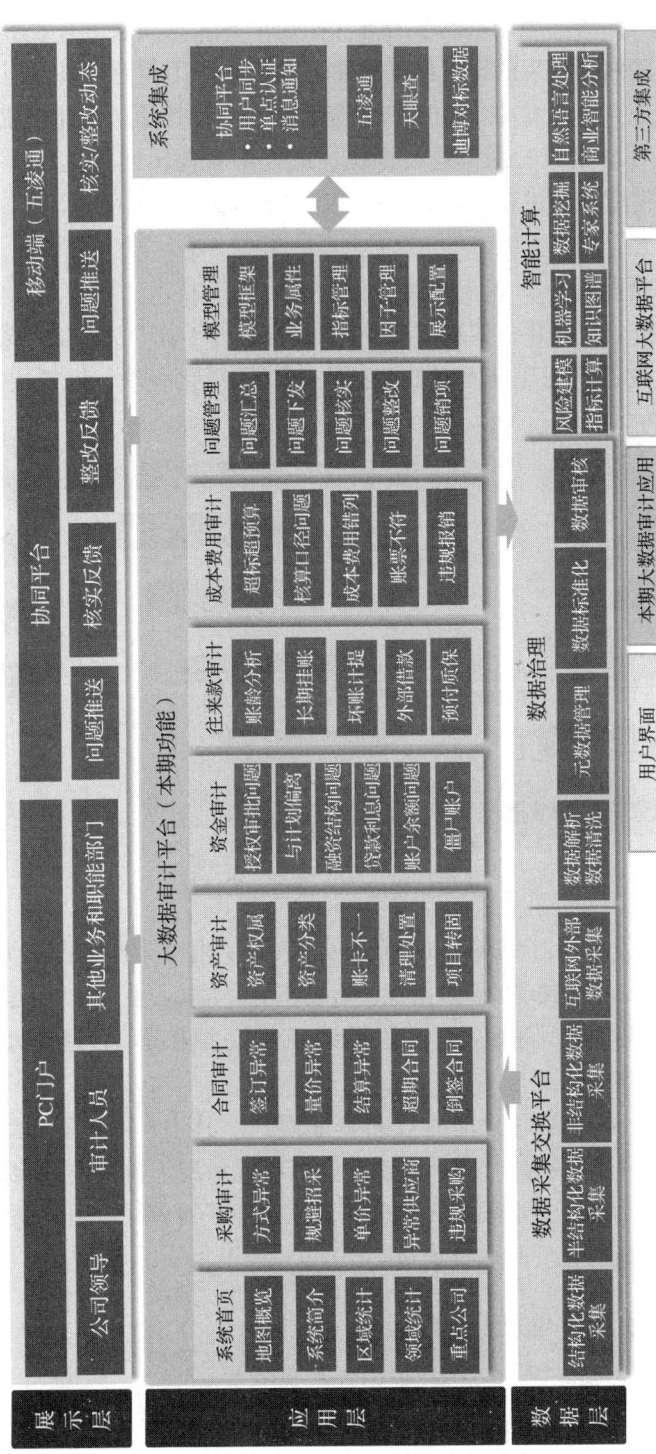

图 3　五凌电力大数据智能审计项目一期平台系统架构

③机器学习方法。运用机器学习方法构建了 6 大类模型，有效解决了无法基于规则和经验判断实现的审计模型构建。以成本费用类型与科目列支不一致为例，采集财务共享系统中 33067 条生产数据作为训练集，采用 K 近邻算法、逻辑回归、互补朴素贝叶斯等进行训练，最终根据逻辑回归机器学习分类算法，得到训练精度和测试精度均在 90% 以上的模型。

3. 模型配置与系统开发

（1）在模型配置上，基于大数据分析平台分层技术，将模型从深度、广度两个方向进行分解简化，实现了业务化的模型设计与产品化的模型配置相融合，并通过大数据可视化技术对监测结果进行可视化呈现，以便快速进行调优，如图 4 所示。

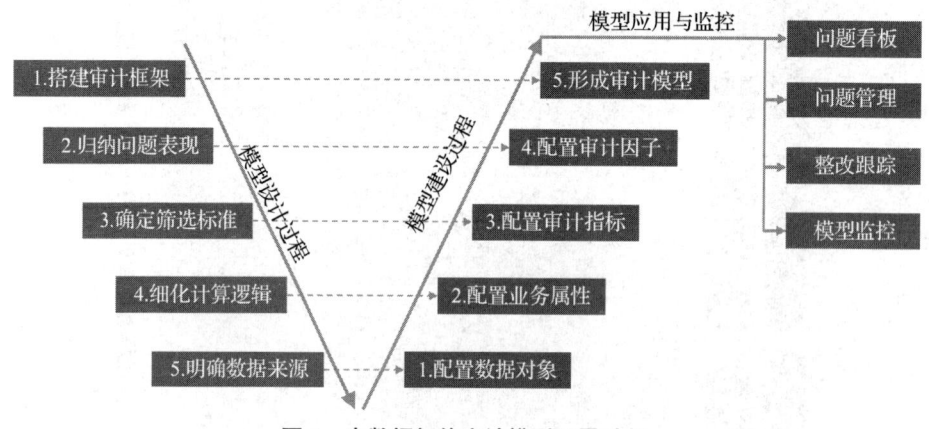

图 4　大数据智能审计模型配置过程

（2）系统开发方面，完成了与系统集成，实现了内外部数据采集治理、建模分析、智能计算及应用展现的开发落地，形成基于六大核心业务领域的指标看板、数据统计、问题清单、问题推送、日常整改、制度依据和模型管理等功能应用。

4. 模型优化与验证

采用系统验证与项目验证的双向验证模式。其中，系统验证主要依托 ERP 系统和财务共享系统，选取 68 项定位型和提示型子模型进行验证；项目验证选择五凌电力新能源公司和力源公司两家企业，对审计专项发现的问题与数据模型进行交叉验证，均验证通过。

四、案例项目评估和绩效说明

（一）案例项目评估

五凌电力大数据智能审计项目，是公司首个基于工业大数据平台架构开发的管理数字化应用系统，也是审计部第一个集团试点软件项目，在技术前瞻性、应用开放性等方面做了大量的探索和实践，有效促进了大数据、人工智能技术与审计业务的深度融合，为审计工作带来了多项转变和成效，效果显著。项目成果获得了公司技术创新二等奖和突出工作奖，成为集团大数据审计试点标杆。基于项目应用实践研发升级的迪博大数据智能审计系统，入选工业和信息化部大数据产业发展试点示范项目。

（二）案例实施效果说明

1. 实施效果定性分析

本项目是对国家"科技强审"战略的积极践行，实现了审计工作管理的五大转变，对于推动各类组织进行审计数字化转型，以高质量审计为企业高质量发展保驾护航具有重要作用，在央企审计信息化案例中也是独树一帜，具有很好的示范作用。

（1）人工抽样审计向大数据全量审计转变。

通过大数据审计平台，实现审计问题发现自动化，将传统的事后审计转变为事前、事中风险控制，将业务单据人工抽查转变为大数据监控，实现业务记录100%全覆盖，有效避免发生漏查漏检情形。

（2）不定期分散式审计向定期集中式审计转变。

五凌电力以往的审计模式以项目为单位，3年才能完成一轮全覆盖。通过大数据审计平台，可每月开展全覆盖式数据审计，每月集中整治新发现的问题，审计监督更加及时、高效。

（3）经验式专家审计向规则化智能审计转变。

传统审计受审计人员个体差异、经验和专业判断影响较大。大数据审计平台将审计人员的专业经验梳理成可复用的规则，内嵌到审计模型中，让审计平台也具有专业的判断力，成为不知疲倦、铁面无私、火眼金睛的审计"专家"。

（4）批量报告式整改向逐条精细化整改转变。

以往的整改工作是在审计报告或问题清单下发后开始，而通过大数据审计平台，可随时发现问题随时下发整改，随时跟踪整改进展，让审计发现和整改日常化，整改更及时，跟踪处置更精细。

（5）单纯依靠内部数据检查向内外部信息相互印证整合发现问题。

传统审计主要依赖内部数据，大数据审计模式下，可通过数据接口等方式引入外部多源异构数据，进行内外部数据相互印证整合发现问题，有效提升审计的深度和广度。

2．实施效果定量评价

（1）业务数据资产化。全面梳理了招采、合同、成本、账款、资金、资产六个领域业务数据资产化，包括 56 张表、88 个数据对象、1233 个字段的中英文对照。

（2）审计发现自动化。固化了 100 个审计模型，可自动筛选出审计疑点，每个模型会根据大数据平台每天同步的增量数据，自动计算最新疑点。

（3）审计监督实时智能化。五凌电力共有 64 家下属单位，原有审计模式下，只能做到 3 年全覆盖。通过大数据审计平台可以对全部下属单位进行实时预警监督，随时发现问题、随时下发审计疑点，及时进行整改，大大提升了审计效能。

3．实施成效认可情况说明

（1）获得了公司内部技术创新二等奖和突出工作奖，成为国电投集团的大数据审计标杆。

（2）基于项目实践经验，形成的实务研究成果《大数据智能审计助推企业高质量发展》在国内核心期刊《中国内部审计》2021 年第 6 期上发表。

（3）基于本项目应用孵化升级的迪博大数据智能审计系统，2021 年入选工业和信息化部大数据产业发展试点示范项目（大数据分析挖掘方向）。

（4）基于本项目应用，取得"一种合同文本合规性智能检查方法"和"一种上市公司经营异常智能审查方法及装置"两项发明专利。

东莞交投集团数字化转型咨询服务项目

广东省电信规划设计院有限公司

广东省电信规划设计院有限公司系中国通信服务股份有限公司旗下专门从事通信网络设计、规划与咨询、IT 服务与软件开发、信息化管理咨询、通信建设总包、ICT/ITT/IDT 集成总包、招标代理等业务的龙头企业。公司成立于 1984 年，系原邮电部首批 7 家甲级勘察设计单位之一，持有工程勘察、通信和建筑工程设计、通信信息和建筑工程咨询、建筑工程施工总承包、建筑智能化工程设计与施工、涉密信息系统集成等甲级资质证书，在全国设计同行中第一批通过 ISO 9000 质量管理体系认证，具备质量 / 环境 / 职业健康安全、信息安全及信息技术服务管理体系、知识产权管理体系、软件能力成熟度模型 CMMI 5 级、商品售后服务评价体系、SA8000 社会责任管理体系等证书；系中国通信企业协会通信工程建设分会常务委员单位、中国标准化协会（CCSA）会员、中国工程咨询协会通信信息专业委员会副主任委员单位、国际咨询工程师联合会（FIDIC）成员协会会员、中国软件行业协会常务理事单位、中国电子信息行业联合会会员单位、广东省电子信息行业协会副会长单位、广东省高新技术企业协会理事单位、广东省数字与服务贸易协会理事单位。

本案例项目组成员

熊炜烨，广东省企业管理咨询协会常务副会长，国际注册管理咨询师（CMC），通信及数字化转型领域咨询专家，广东省电信规划设计院数研院副院长兼技术总监，近 20 年政府产业政策研究制定，央企及大型企业战略、市场、流程规划及咨询经验，专注于通信及数字化领域的管理咨询，对 5G、新基建、数字化转型、物联网、智慧城市等新技术领域有丰富的规划及实战经验。

其他成员：应莹，叶晨晖，陈沁娜

导读

　　为紧抓数字经济发展机遇，切实解决东莞交投集团在数字化建设中存在的问题，本次东莞交投集团数字化转型咨询服务项目，以实现"数字底座支撑有力、运营管理智能高效、出行服务智慧便捷、管理体系保障全面、数字生态深入拓展"为目标，融入数字经济发展，引入数字技术全面渗透新格局，适应交通行业数字化新趋势，基于数字技术、AI、区块链等新一代数字化基础设施和平台，围绕东莞交投集团基础设施建设、业务数字化建设、管理体系建设完善等方面进行规划部署，打造数字交投，运营现状更透明，管理决策更科学，资源配置更有效，运营服务更智能，经营管理更高效，业务协同更顺畅，生态建设更全面，充分发挥国有企业在新一轮科技革命和产业变革浪潮中的引领作用，支撑推动东莞交投集团成为国有企业数字化转型的先行者，一体化智慧交通最佳出行服务的创新引领者，湾区都市、品质东莞的建设者与推动者。

东莞交投集团数字化转型咨询服务项目

广东省电信规划设计院有限公司　　熊炜烨

一、案例背景

(一) 客户基本情况

东莞市交通投资集团有限公司 (以下简称集团),是在原东莞市公路桥梁开发建设总公司 (创立于 1984 年 12 月,直属于东莞市人民政府管理的正处级经营服务类事业单位) 的基础上,于 2015 年 4 月经市政府批准组建的市属国有独资集团企业。2018 年 3 月,东莞市实施市属国有企业重组整合工作,以市交投集团为主体,将轨道交通公司等 4 家企业的市属国有股权注入,作为其直属企业。重组整合后,新的集团功能定位为全市交通一体化建设运营及交通运输等相关产业投资的综合性集团。集团经营范围包括三个方面:一是交通基础设施投资、建设、经营、管理;二是公共交通、小额消费、公用事业等城市一卡通的投资、经营和管理;三是公共客运、客运站 (配客点) 经营、水路运输、港口经营、仓储服务、交通实业等交通领域及相关产业的投资、经营和管理。集团自成立以来,在东莞市委、市政府的领导和支持下,依托东莞热土,深耕路桥产业,坚持规范经营,不断创新发展,已由创立之初单一的路桥建设收费,发展成为集公路桥梁及轨道交通工程投资建设经营、城市公交、水上客运、数字交通、智慧停车、产业投资为一体的大型集团。截至 2022 年 9 月底,集团合并快报资产总额约 1064.59 亿元,较年初增加 171.21 亿元,增幅 19.16%;净资产约 506.74 亿元,较年初增加 27.33 亿元,增幅 5.70%。员工总数超过 16000 人,企业信用评级为 AAA。

集团成立 30 多年来,坚决贯彻落实好市委、市政府的工作部署,以质量效益、经营创新和规范管理为主要抓手,又好又快地推进东莞交通基础设施建设。为确保持续健康发展,服务东莞经济社会转型,设定五点发展思路:一是围绕交通一体化,做强做优主责主业;二是大力发展交通产业,优化国有资本布局;三是实施"一体两翼"发展战略,打造国资投融资平台;四是建立现代

企业制度，增强企业发展活力；五是坚持全面从严治党，强化社会责任担当。

（二）行业特点

交通行业数字化转型主要趋势包括五个行业特点：一是交通数字化转型正朝着综合交通的方向演进；二是交通各子行业的差异性带来不同的转型路径；三是未来交通行业数字化转型呈现全方位加速发展的趋势；四是构建全业务架构、全业务流程、全生命周期数字化的综合交通；五是交通企业需要联合业界优秀伙伴构建大交通生态。

（三）咨询需求和目标

"十四五"时期是升级交投集团全市交通一体化建设运营及交通运输等相关产业投资的功能定位、成为全市交通一体化投资建设运营及交通资源经营开发的综合性集团的关键时期。数字化转型是落实集团战略目标和任务的必经之路。为进一步明确"十四五"期间集团数字化转型发展愿景、目标及实施路径，确保数字化转型工作"纵向到底""横向到边"，有序开展，在夯实数字化应用的基础上，集团亟须乘势而上，编制数字技术全面渗透的数字化转型"十四五"专项规划，充分发挥数字化赋能作用，使数字化成为推动集团转型升级的新引擎。

与此同时，根据前期对集团各部室及直属企业数字化现状的初步调研情况，集团数字化管控能力与数字化程度存在一定脱节，缺乏自上而下、全面统一的数字化规划，指导数字化建设和管理的高效运行机制，难以支撑集团公司交通一体化产业发展和集团数字化转型的实施，因此，建立一套科学、完善、统一的数字化体系势在必行。

二、诊断分析

数字化洞察是对企业进行自上而下的数字化转型诊断，证明数字化转型的必要性及可行性，并为后面的顶层设计、行动实施及生态构建建立基础。"十三五"期间，集团信息化系统、数据资源、基础设施平台、信息安全、数字化管控具体情况如下所述。

（一）信息系统方面

（1）现有信息系统对业务支撑能力不足。信息系统无法很好地支撑业务开展的问题将随着业务的发展越发严重，且随着智慧交通的深入布局，将产生更多样、更高层次的系统建设需求。信息系统急需围绕业务全生命周期管理工作的需求进行功能完善及扩建。

（2）经营管理尚未全方位建立信息系统支撑。部分经营管理工作如资产管理、党员党建、客户关系管理、项目管理、成本管控、绩效考核缺乏信息化系统支撑，部分经营管理工作，如安全管理、财务管理等信息化支撑能力有待改善。

（3）信息系统间缺乏互联互通。集团内各信息系统是烟囱式的部署方式，各信息系统仍以独立运行为主，系统之间缺乏联通，不能支持企业内部、横向和纵向的有效沟通；流程运行不畅，部分系统间，如财务、合同系统已实现对接，但仍存在同步机制僵硬、信息接受延时等问题。

（二）数据资源方面

（1）数据质量不高。缺乏统一数据标准，数据格式、存储方式不统一，部分数据保存手段落后，仍以纸质、Excel等形式储存；数据未治理，仍以底层数据形式存在，缺乏对核心数据的深层次提炼，且分散于各个独立系统，难以支撑数据价值挖掘、关联分析。

（2）数据缺乏共享。数据孤岛情况普遍存在，在业务运营数据方面，综合交通板块，巴士、轨道公司的客流数据未对接，高速公路系统间数据不互通，内部地块资源信息未能实现充分共享，土地资源利用程度不足，轨道系统数据采用信息化分站的方式，不利于线网统一管控；在经营管理数据方面，OA系统、财务管理系统、合同管理系统、招采平台系统等数据未统筹集中，难以达成全面预算管理要求，无法调取工程管理、施工方案、运营分析数据，难以支撑针对性的安全监管。

（3）数据共享缺乏统筹管理机制。数据共享需求未实现统筹管理，依靠需求单位与提供单位双方协调，缺乏统一流程规范，耗时长，数据提供方在共享过程中对信息安全问题存在疑虑；与外部单位数据共享缺乏指引和统一对接，对数据价值缺乏评估，同时缺乏与外部单位数据对接的统一平台，数据共享过程缺乏管控。

（4）数据挖掘能力有限，数据价值未充分发挥。缺乏数据深层次挖掘应用平台，采集存储的数据缺乏相应系统支撑智能分析应用，依靠人工分析成本高、效率低、挖掘程度不足，分析结果对业务发展及经营管理的作用有限；对数据价值理解不足，对于数据分析应用的业务场景理解较为狭隘，缺乏与业务的深度融合；缺乏数据挖掘需求响应机制，子公司缺乏数据分析能力的同时，相关需求也未能得到集团支撑。

（三）基础设施平台方面

（1）基础网络支撑强劲。集团于2018年建成了以集团本部为汇聚节点，连通11个子公司节点的市交投集团内部办公专网，有效提升了集团日常办公的便利性和安全性。交通信息骨干网已启动建设，一期预计 2021 年年底建成，支撑集团对网络传输和信息安全的统筹规划和统一管理，为节点互通、数据共享开放以及综合交通应用体系的构建提供通信网络保障。

（2）设备机房对内充足，对外有余。当前，集团拥有专业机房 2 个，独立机房 35 个。集团云数据中心已在 2019 年 10 月建成并试运行，2020 年 10 月正式运营，IDC（互联网数据中心）数据机房已投产，A、B 两个机房共计 464 个 IDC 机柜，已使用 48 个 IDC 机柜，使用率约 10%。目前数据中心未产生规模性经济效益，主要影响因素包括：主要面向集团内部业务，机柜使用率低且业务拓展人员配置不足，现有机柜数量有限、无法可持续发展。

（3）私有云亟须升级。当前集团 IDC 共有三套云资源池，所承载业务物理隔离，管理运维和资源调配上相互独立。私有云当前主要提供云主机服务，配合网络服务及存储服务，为集团办公系统提供部署资源。私有云上运行的应用系统当前由应用厂家自行搭建，平台缺少自助开通、自动化运维以及支撑交通行业的云服务，如大数据，RDS（关系数据系统）等。随着业务的发展，资源服务的统一化、标准化急需优化，同时运维的难度和复杂性也逐步凸显出来。

（四）信息安全方面

集团 2021 年 7 月编制印发《东莞市交通投资集团有限公司网络安全顶层规划设计》，明确提出"建立有效支撑集团日常运营管理的安全体系架构"。信息安全建设工作在信息系统、数据资源等方面仍存在问题，需要进一步优化信息安全资源的配置，在技术、制度、流程上全面保障数据安全。

（五）数字化管控

数字化转型缺乏统一管理及规划，信息化建设缺乏相应的监督考核机制。缺乏集团整体数字化转型规划，实施路径不清晰。信息化组织、人才支撑不足，未完成垂直向下的信息化能力、资源管理和整合。信息化服务运维支撑能力不足。尚未建立专门信息化服务运维支撑部门，子公司技术人员培养难、流失率高，缺乏专门技术人员支持，信息化需求无法得到及时响应，难以提供稳定高效的信息化服务。尚未建立统一的运维服务管理模式，现采取哪个部门建设哪个部门管理维护的模式，数据互联、大数据公司技术支持过程复杂，无标准流程。缺乏供应商服务支撑保障机制，依赖外包供应商提供运维支撑，普遍存在无法随时响应、支撑效率低等问题。

（六）数字化转型认知

集团各部门及子公司对数字化转型的认知水平存在一定差距：一是对数字化的应用缺乏想象力，认为数字化转型只是对 IT 系统进行升级、将线下流程升级成线上流程，对于新兴技术如何应用到业务层面、推动业务转型升级的认知较为模糊；二是对数字化缺乏开放接纳的心态，存有数字化技术的引入会替代人的工作的担忧，数字化转型浪潮下对个人定位模糊，在一定程度上对数字化未能抱有全面开放接纳的积极心态；三是对数字化转型战略缺乏清晰统一的认知，对数字化转型过程中的实施路径、策略、具体目标等不够清晰，对于数字化战略如何与业务模式、流程重组、管理模式等适配也缺乏具体的分析，且自上而下的宣贯力度不足，未能在整个集团层面形成清晰统一的认知。

（七）数字化转型阶段研判

数字化转型分为初始级、单元级、流程级、网络级、生态级五个发展阶段。从调研的情况来看，集团整体正处于单元级的成熟阶段，主营业务板块均具备信息化系统支撑，业务板块内的数据获取、开发和利用基本能满足业务发展需要，同时已起步向流程级迈进，如高速一体化平台、数据池的规划建设等，目前须推进提升数据集成汇聚、开放共享水平。

三、解决方案的设计框架

（一）数字交投愿景目标

数字交投整体框架如图 1 所示。

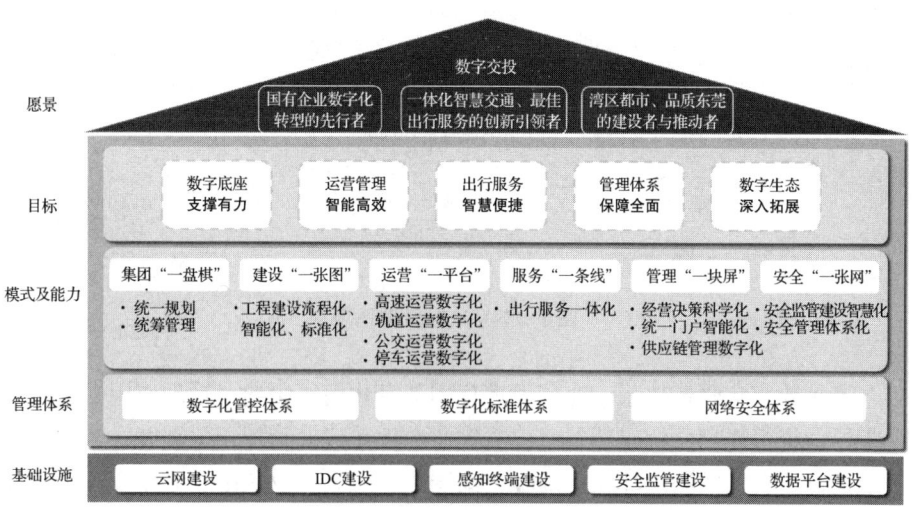

图 1　数字交投整体框架

1. 发展愿景

做国有企业数字化转型的先行者。全面建成"数据链条完整、网络基础坚

实、人才队伍强盛、技术积累深厚、数字资产庞大"的数字化转型体系，推动集团数字化建设由企业内部封闭、僵化的系统向互联网化、移动终端化的数字服务转变，驱动自身由传统交通行业向数字交通生态转型升级，将集团打造成为东莞市数字化转型建设标杆。

2. 发展目标

以数字交投发展愿景为指引，依靠数字技术的力量，面向企业内部数字化与智慧交通服务全流程，实现"数字底座支撑有力、运营管理智能高效、出行服务智慧便捷、管理体系保障全面、数字生态深入拓展"五大目标。

（二）数字交投建设蓝图

1. 管理蓝图

从数字化管控机制、数字化标准规范、网络安全等方面，设计支持数字化能力打造、业务创新转型、IT与组织战略目标融合互动的数字化管理蓝图，确保数字化转型工作有序、规范、高效开展，形成数字化可持续发展的长效机制。数字交投管理框架如图2所示。

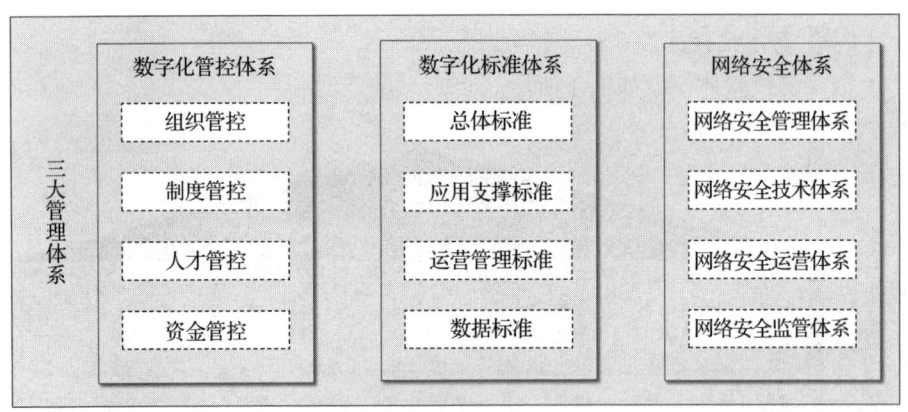

图 2　数字交投管理框架

（1）数字化管控体系：充分发挥集团数字化组织领导、管理作用，加强宏观指导、统筹规划、统一部署，建立健全数字化建设管理相关制度，为数字交投建设营造良好的制度环境；加强全集团数字交投建设队伍能力建设，不断提升全员数字化能力；加强资金预算和资金使用的统筹管理，全面支持数字交投建设。

（2）数字化标准体系：参照相关的国家标准、行业标准以及行业需求，结合数字交投建设的发展现状与发展需求，建立起一套系统、科学、规范的数字化标准，以保证数字交投建设工作有序、规范。

（3）网络安全体系：在安全管理机制、保障策略、技术支撑等方面，构建全方位、多层次、一体化的数字交投安全防护体系，保障数字交投技术架构各个层次的可靠、平稳、安全运行。

2. 技术蓝图

牢牢抓住以云计算、大数据、5G、人工智能为代表的新一代信息技术革命带来的机遇，将新技术与交通服务场景深度融合，推动集团业务与管理变革。数字交投技术框架如图3所示。

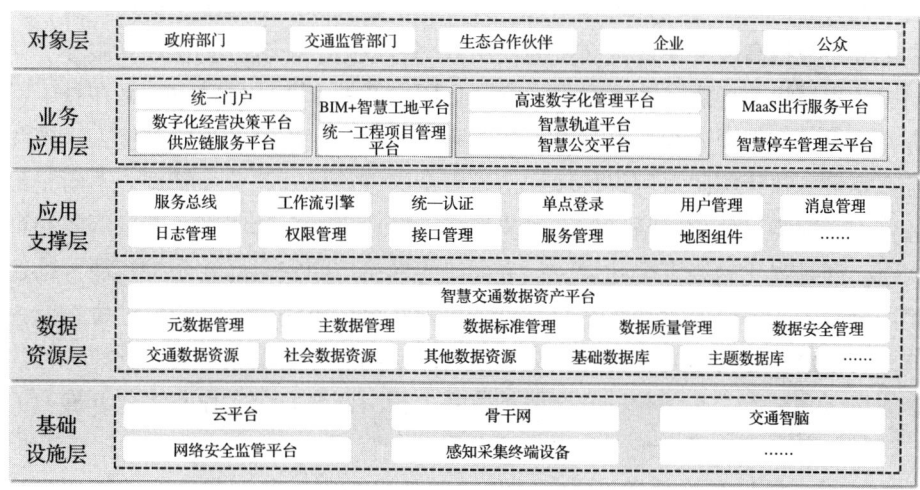

图3　数字交投技术框架

（三）规划内容

1. 完善管理体系建设

围绕组织、人才、制度、资金等方面，设计支持 IT 与组织战略融合发展的数字化管理体系。建设数字化管控体系，并形成《数字化工作管理办法》。一是完善数字化组织建设，从组织结构设置、职能职责设置、人员数量配置等方面，建立与数字化建设、运行和优化相匹配的数字化组织；二是打造数字化专业人才队伍，引进高水平、创新型、复合型数字化人才，以数字化转型能力建设为核心，提升全员数字素养与技能，优化数字化人才任用机制，建立人才发展激励机制；三是健全数字化制度体系，加强数字化项目的规划和管理，规范信息化建设管理，减少资源浪费和重复建设，完善数据管理流程和集团云网管理模式，为数字化转型建设、运行和优化提供管理保障；四是加强专项资金投入保障，加大数字化转型资金投入，完善资金分级投入管理，提升资金审核的科学合理性，强化资金使用过程动态监控，加强绩效跟踪与评价，确保资金和资源投入的使用效率。

2. 强化云网融合

推动数据中心和骨干网协同建设、协同发展，积极参与工业云网、国资云网、湾区云网建设，满足湾区政企上云和云网融合发展需求。一是在数据中心方面，深挖数据中心机架资源价值潜能，适时开展数据中心二、三期建设，满足新基建、产业数字化等业态对数据中心日益增长的需要，打造全方位、强优势的数据服务能力，推动数据中心运营向多元化生态合作模式转型；二是在云平台方面，推进交投云平台整合、升级和扩容，实现多云统一管理，统一提供服务，数据高度共享，提高资源使用效率和数据大融合，实现计算服务、存储服务规模提升，服务能力增强，推动集团内部深度上云用云；三是在骨干网方面，推进数据中心与各办公节点的互联互通，扩大集团办公专网接入规模和带宽容量，强化集团对网络传输和信息安全的统筹规划和统一管理，不断完善通信主干网络，优化网络结构，逐步形成汇接通信网、物联网、互联网的综合网络；四是强化网络安全建设，一方面统筹网络空间安全监管防护资源，构建集团全覆盖的安全监管智慧平台，打造事前防范、监测预警、应急处置三位一体的安全监管能力；另一方面围绕安全管理机制、保证策略、技术支撑，构建多方位、多层次、一体化的安全防护体系，指引网络安全工作常态化开展。

3. 构筑综合交通数字云脑

进一步加强完善数据池功能建设，并从组织制度和运作机制等方面构筑完备的数据治理体系，包括总体标准、应用支撑标准、运营管理标准及数据标准，进一步提升数据采集质量，将数据转换为资产，基于数据池试点项目成果，打造可信、可用、可管的数据资产管理平台，实现集团内部职能管理和业务板块数据的汇聚治理，通过运用批处理、流处理、实时检索等技术，对结构化/非结构化数据进行融合分析，建立数据决策分析平台，实现集团业务数据决策分析高效精准；升级云数据安全监测平台，深度对接异构数据库及系统，基于数据资产开展敏感数据、异常行为、异常用户等专项智能分析，依托数据池形成数据、算力、智能、安全四位一体的数字底座。

4. 全面推动业务数字化

围绕企业内部生产、经营、管理，全过程引入数字化相关技术和工具，助力各项工作既各行其是、各尽其职又高效协同，实现管理协同化、智能化。一是内控管理数字化升级，进一步整合交投集团在用的各业务系统，提供统一的办公及业务系统入口，实现跨系统业务功能流程整合；构建以供应链全生命周期业务为核心,服务于集团及各分子公司的供应链服务(数字)平台,实现采购与供应全过程数字化管控,赋能集团供应链体系建设。二是数字化深度赋能业务发展,建设智慧高速、智慧轨道、智慧公交、智慧停车、智慧工地、MaaS(出行即服务)一体化出行服务平台,实现综合交通高效、协同、智能运营。三是搭建高速数字化管理平台,全面覆盖高速公路运营管理;建设轨道智能运营中心(IOC),实现无感安检、集约运维、主动安全防控的一体化能力;建设安全高效、绿色便捷、多元可持续的公交系统,深度挖掘应用公交大数据,创新业务模式,推动传统公交向智慧出行转变;升级智慧停车云平台,实现资源、数据统一管理应用,依托数字化平台,打造停车服务生态圈;推动工程建设全生命周期管理,搭建统一工程项目管理平台,打造"BIM(建筑信息模型)+智慧工地"平台,实现施工现场数字化、系统化、可视化管理;整合东莞通 App 服务能力,打造出行即服务 MaaS 平台,推动交通方式与出行功能的智能整合,为客户提供全渠道、便捷化、一体化服务。

5.打造数字产业合作生态

内部整合集团数字化产业链公司,优势互补形成合力,外部联合行业技术优势公司打造生态资源池,助力集团综合交通数字化建设向高质量、智能化、可持续发展转变。一是在云网融合方面,主动谋求与光环新网等数据中心行业龙头、百度等智能交通企业的战略合作,借助行业先进企业的技术产品和业务渠道,共同做强做优做大数据中心业务。二是在数据池建设方面,依托集团投融资及综合交通业务场景优势与交控科技、东软等公司探索合作,深化综合交通数据池建设,持续开展数据治理、数据标准及综合智慧交通深入研究。三是在业务数字化转型方面,考虑与中铁四院、同炎数智、百度、同济大学等行业技术领先企业合作,利用其在 AI、大数据、车路协同、智慧交通、工程项目全生命期数字化服务等方面的优势,共同推进集团各业务板块数字化转型项目实施。

(四)规划实施路径

第一阶段:夯实基础,提升能力(2022—2025 年)

管理先行,优先完善数字化管控机制、标准规范、网络安全等管理体系,确保数字化转型工作有序、规范、高效开展。优化升级基础设施,推动数据中心和骨干网协同建设、协同发展,推动感知采集终端全面升级,打造推动交通智脑,建设网络安全监管平台,初步建成算力、数据和智能三位一体的数字底座,巩固提升数字化基础设施支撑水平。升级现有系统平台,如企业门户、智慧停车云平台等,启动速赢项目,如高速公路运营一体化管理平台、供应链服

务平台、统一工程项目管理平台等，通过速赢项目践行数字化转型实践，引领后续建设。积极推动数字化产业升级，整合内外资源，打造产业生态，不断提升对内、对外服务能力，支撑数字交投建设。

第二阶段：扎实推进，积极探索（2025—2027 年）

深入推进业务数字化，基于交通智脑，打造数字化经营决策平台，提供全方位的数据支持和精准科学的辅助决策；打造"BIM+智慧工地"平台，为工程建设的智能化战地指挥中心，试点推行工程建设项目全过程数字化；建设集团轨道板块智能运营中心（IOC），打造数字轨道大脑，探索智慧轨道精细运营四大新模式，实现智慧轨道智能运营；建立"1+1+3+N"的公交数字化体系，实现传统公交向智慧公交转变。

第三阶段：固本创新，综合数智（2027—2030 年）

数字交投全面建成，持续推进集团数字化平台系统优化迭代，探索数据应用场景，创新应用。打造出行即服务 MaaS 平台，基于前期数智能力积累，推动交通方式智能整合，将多种交通方式及基础数据信息逐步整合在统一的服务体系与平台中，打造综合交通数智化一流品牌。

四、案例项目评估和绩效说明

为紧抓数字经济发展机遇，切实解决集团在数字化建设中存在的问题，本次东莞交投集团数字化转型咨询服务项目，以实现"数字底座支撑有力、运营管理智能高效、出行服务智慧便捷、管理体系保障全面、数字生态深入拓展"为目标，融入数字经济发展，适应数字技术全面渗透的新格局，引入交通行业数字化新趋势，基于数字技术、AI、区块链等新一代数字化基础设施和平台，围绕东莞交投集团基础设施建设、业务数字化建设、管理体系建设完善等方面进行规划部署，打造数字交投，运营现状更透明，管理决策更科学，资源配置更有效，运营服务更智能，经营管理更高效，业务协同更顺畅，生态建设更全面，充分发挥国有企业在新一轮科技革命和产业变革浪潮中的引领作用，支撑推动东莞交投集团成为国有企业数字化转型的先行者，一体化智慧交通最佳出行服务的创新引领者，湾区都市、品质东莞的建设者与推动者。

J 公司可持续发展背景下的
社会责任管理体系建设

责扬天下（北京）管理顾问有限公司

责扬天下（北京）管理顾问有限公司（简称责扬天下）成立于 2003 年，是中国最早投身于推动中国社会责任与可持续发展事业的专业机构之一，率先在国内开展社会责任与可持续发展领域的咨询、研究、培训及责任品牌建设服务，机构员工超过 300 人。

责扬天下秉承"责任竞争力成就可持续发展"信念，坚持"尊重、进取、高效、激情、自主"企业精神，确立了"成为可持续发展企业和机构的高级智囊和亲密伙伴"的战略目标，为客户提供社会责任一站式全面解决方案。以责任竞争力为核心理念，致力于成为世界可持续发展的中国智库，在过去近 20 年中深耕社会责任和可持续领域，长期服务世界 500 强企业 102 家，先后参与社会责任领域的 3 项国际标准、7 项国家标准、7 项行业标准的研制，累计出版社会责任专著 35 本，拥有国内规模最大、实力领先的社会责任 / 可持续发展专业团队，为客户提供社会责任战略规划、管理体系、信息披露、品牌传播等全案解决方案，是国内规模最大、实力领先的社会责任 / 可持续发展专业团队。

本案例项目组成员

殷格非，责扬天下创始人、首席专家，全国品牌评价标准化技术委员会委员，ISO 26000 利益相关方全球网络联席秘书长，清华大学 EMBA/MBA 企业社会责任客座讲师，华中科技大学兼职教授，中国企业家俱乐部 2020 年度值得信赖的管理咨询专家。在社会责任领域拥有近 20 年的工作经验，长期专注电力能源行业及中央企业社会责任管理咨询服务。为北京冬奥会提供可持续性管理体系的建设和运行咨询服务，并参与北京冬奥会可持续性战略研究等工作。

其他成员：管竹笋、邓文杰、王雯、段利利、左玉晨、易建婷

导读

2022 年 3 月 16 日，国务院国资委成立社会责任局，明确提出要抓好中央企业社会责任体系构建工作，指导推动企业高质量可持续发展。国家电网公司长期以来高度重视社会责任管理工作，提出深化全面社会责任管理，完善社会责任管理体系，形成社会责任管理体系贯标认证总体部署。据此，J 公司以此为契机，全面推进社会责任管理，在市本级、5 个下属县公司同步实施开展社会责任管理体系贯标认证，是国网系统第一家，也是唯一一家全市域、一体化开展社会责任管理体系贯标认证工作的公司。

本案例结合国家标准 GB/T 39604—2020《社会责任管理体系　要求及使用指南》、公司社会责任理论基础和管理实践，通过调研访谈和实地调研，对 J 公司进行社会责任管理现状的诊断分析，制定社会责任管理体系建设工作方案，组建社会责任管理体系工作机构，建立体系策划、体系建立、体系运行、体系认证社会责任管理体系建设四大阶段，并明确各阶段所需建设内容，创新"市县联动、机制融通、成果共享"的市县一体化贯标建设推进路径，保障贯标建设工作的落实，最后帮助 J 公司建设完善的社会责任管理体系，并顺利通过第三方机构审核认证，取得证书。

J公司可持续发展背景下的社会责任管理体系建设

责扬天下（北京）管理顾问有限公司　殷格非

一、案例背景

（一）客户基本情况

J公司成立于1962年，是国网浙江省电力有限公司（以下简称国网公司）辖下的大型供电企业。本部设置14个职能部室、13个业务支撑和实施机构，下辖桐乡、海宁、平湖、嘉善、海盐五个市县供电公司和南湖、秀洲、滨海三个市区供电分公司，员工2489人，供电客户260余万户。

J公司于2008年发布第一份社会责任报告，正式开启全面社会责任管理实践探索工作，并于2012年成为国网公司全面社会责任管理地市级试点单位，所辖嘉善公司成为国网公司县级试点单位。2014年公司创新提出了社会责任"1234红船模型"。2017年，J公司、嘉善公司同时获评国网公司首批社会责任示范基地。多年来，J公司及所辖县公司秉持国网公司社会责任价值理念，内化于心，外化于行，开展社会责任实践。J公司获评2021年度"可持续品牌传播卓越企业奖"、位列"2021工信千家优秀企业社会责任报告"2A级企业，案例《让区域电脉通起来》获评中电联2021年度优秀社会责任根植项目。

J公司贯彻落实党中央决策部署，全面落实国家电网有限公司、国网浙江省电力有限公司和嘉兴市委市政府部署要求，秉持"人民电业为人民"初心，勇担"红船精神·电力传承"使命，以打造"能源消费革命先行地"和"电力营商环境最优市"为主线，服务嘉兴蝶变跃升、跨越发展，同时主动担起保障电力供应和服务"双碳"目标两个使命。未来J公司将聚焦产业发展、社会民生等重点领域，持续优化数据产品体系和服务模式，为转型发展提供坚强的动力保障和引领保障，为嘉兴高质量发展建设共同富裕示范区的典范城市做出积极贡献。

（二）行业特点

党的二十大报告提出，"把实施扩大内需战略同深化供给侧结构性改革有

机结合起来"。这是党中央基于国内外发展环境变化和新时代新征程中国共产党的使命任务提出的重大战略举措。中国电力企业联合发布的《中国电力行业年度发展报告2022》显示，在应对能源电力供应紧张与保障能源电力供应安全的过程中，电力企业彰显大局意识，积极落实国家各项部署，建立应急保供机制，为保障电力安全做出了重要贡献。其中，电网企业发挥大电网平台作用，统筹供给与需求、送出与受入、电力电量平衡与安全生产、有序用电与能耗"双控"，严格限制"两高"企业用电。发电企业强化责任担当，在燃煤电厂亏损面与亏损额不断增大的艰难局面下，仍全力以赴保障电力热力供应，切实做到机组应开尽开、设备稳定可靠。这都要求企业坚持可持续发展，围绕政府、社会、百姓关心的重点、难点、亮点工作，敢于亮身份、作表率、树形象，一个行业带动一批产业，打造全社会可持续发展生态圈。

（三）咨询项目需求和目标

2020年12月，国家市场监督管理总局发布实施国家标准GB/T 39604—2020《社会责任管理体系 要求及使用指南》。2022年3月，国务院国资委成立社会责任局，指导中央企业社会责任体系构建工作。同年，J公司为响应国家电网公司、省公司社会责任工作部署，决定开展市县两级同步启动社会责任管理体系贯标认证工作，覆盖市本级和所有县公司，并以此为契机，进一步在全市范围以体系化、标准化、规范化发展做精企业社会责任管理工作。

本案例结合GB/T 39604—2020《社会责任管理体系 要求及使用指南》、国家电网公司社会责任十大工具书理论，分析J公司社会责任管理体系的潜在风险，推动社会责任国家标准贯标落地，应用社会责任课题研究成果，推动履责形象示范引领，推动社会责任全业务落地，加强社会责任信息披露，开展公众开放日、社会责任周等利益相关方沟通活动，创新传播方式，打造特色社会责任品牌，帮助J公司更好地开展社会责任管理体系建设，实现企业全面可持续发展。

二、诊断分析

为更好地完成J公司社会责任管理体系贯标认证工作，需全面了解J公司社会责任工作背景和现状，探索J公司企业社会责任管理体系建设的特色路径。对J公司调研所采取的方法为调研访谈，步骤为：明确访谈调查的目的和任务、培训访谈调查人员、收集有关被访谈者的材料、与访谈者协调相关事宜、设计访谈提纲、制订计划。

J公司调研访谈范围实现一市五县各部门和下属单位全覆盖，共涉及公司

75个部门，累计对公司94人进行访谈，形成调研记录70多份。调研访谈涉及各部门和下属单位的职责、利益相关方、重点工作、面临的风险和机遇、社会责任实践工作等，并根据部门职责、利益相关方、重点工作等进行相关社会责任议题进行初步梳理，判断各部门单位社会责任管理情况。

（一）内外部环境分析

通过对J公司进行调研访谈，用SWOT分析法客观分析J公司优势（Strength）、劣势（Weakness）、机会（Opportunity）与威胁（Threat），为J公司找到优势项做强化，劣势项做弥补，以便J公司应用内部优势去抵挡外部威胁，应用外部机会去消除内部劣势（见表1）。

表1 J公司SWOT分析表

	内部分析	
	优势（S）	劣势（W）
外部分析	• 丰富的社会责任特色实践，社会责任根植项目经验丰富 • 较为完善的安全生产管理体系和合规管理体系 • 良好的阳光业扩服务水平 • 健全的疫情防控管理机制 • 良好的品牌和口碑	• 对于社会责任议题、利益相关方、机遇等的管理缺少系统性流程和方法 • 部分人员对社会责任理念的理解不深入 • 打造社会责任管理体系可供借鉴的经验不足
机会（O） • 国务院国资委社会责任局提出要抓好中央企业社会责任体系构建工作 • 国家提出"双碳"战略 • 国家发展改革委、国家能源局等9部门联合印发《"十四五"可再生能源发展规划》，提出"十四五"可再生能源发展主要目标 • 国家电网公司、国网浙江电力公司大力推进社会责任管理体系建设	**SO策略：发挥优势，利用机会** • 建立社会责任工作组织机构，搭建公司社会责任目标指标体系 • 对照标准要求进一步深化社会责任实践 • 多渠道宣传公司社会责任实践，提升公司社会责任品牌形象 • 将"双碳"战略纳入公司社会责任工作的目标指标 • 多种途径持续推动各相关方履责实践水平	**WO策略：克服劣势，利用机会** • 完善社会责任管理机制，打造利益相关方、社会责任议题、机遇等管理机制 • 持续开展社会责任宣贯、培训，营造良好的履责氛围 • 形成公司社会责任工作的闭环管理体系，阶段性总结管理体系不足，评估实践成效
威胁（T） • 新冠疫情对公司安全保障带来挑战 • 设备老化、自然灾害等外力破坏导致安全隐患 • 难以在短期内强化各相关方对公司社会责任管理的理解 • 社会大众具有较强的"邻避"意识	**ST策略：发挥优势，化解威胁** • 多渠道宣传社会责任理念，增强各相关方对公司社会责任理念的认同 • 依托技术手段加强公司监督管理 • 持续提升公司社会责任管理绩效 • 强化公司优质服务水平，持续打造公司社会责任工作亮点	**WT策略：克服劣势，化解威胁** • 对公司各相关方进行社会责任理念引导，推进社会责任与日常工作、主营业务的深度融合 • 强化完善公司合规管理、应急管理机制，增强公众对公司主营业务开展的信任

（二）社会责任管理成熟度分析

成熟度模型是一种基于系统与过程改进原理的分级改进模式。运用成熟度模型对电网企业社会责任管理体系进行评估，并提供改进的路径，对于建设和完善电网企业社会责任管理体系具有重要意义。对照 GB/T 39604—2020 标准要求，依据组织所处的环境、领导作用和利益相关方参与、策划、支持、运行、绩效评价、改进等 33 项主要标准条款，针对每个社会责任管理体系元素提供了诊断评级方法，通过对每个元素进行五级的评级诊断来判断公司当前体系开发和实施的水平，（五级对应 1～5 分（5 分最高）），进而对 J 公司社会责任管理现状进行成熟度分析，根据分析结果采取具体的措施来对体系加以改进（见表 2）。

表 2　成熟度等级划分标准

等级水平	管理表述
优化级（5 分）	公司采取主动措施回顾和分析管理工作，根据反馈情况进行动态的持续改进。——建立了成熟的体系
管理级（4 分）	公司形成了文件信息的规范化和体系化管理，程序化工作成熟，并例行开展改进活动。——建立了良好的体系
定义级（3 分）	公司采用系统化方法，形成了程序化的工作流程，但实施过程与制度化流程有出入。——体系的建立和实施不连贯
重复级（2 分）	公司拟定了相应工作计划，执行程序部分进行制度化，但基本上是被动管理。——建立了有限的体系
初始级（1 分）	公司未建立相关机制 / 制度，执行过程无序且可重复过程很少，主要依赖于习惯与经验。——未建立体系

经过分析得出：

（1）J 公司的组织环境成熟度处于定义级水平。J 公司将社会责任工作与公司战略、愿景、使命和目标等相融合，形成相关文件并持续优化，但尚未建立议题识别、利益相关方及其期望识别管理机制。

（2）领导作用成熟度处于管理级水平。J 公司领导层确定了发展重点和方向，负责监督管理集团整体的社会责任相关事务，确保决策过程能够充分考虑社会责任，并开始对社会责任工作的成果进行定性定量分析，以期达到预定的效果。

（3）利益相关方协商和参与成熟度处于定义级水平。J 公司在社会责任报告中识别了利益相关方及其关注和期望的回应方式，并采取合理方式与利益相关方进行沟通，但未建立统一的利益相关方沟通机制。

（4）风险管理成熟度处于定义级水平。J公司持续完善内控和风险管理工作，逐步形成稳定的风险管理架构和工作体系，但是未做风险类别划分，未对风险进行系统性管理，在风险管理方面的关注未覆盖所有重要社会责任议题。

（5）法律法规要求和其他要求的成熟度处于定义级水平。J公司遵守国家法律法规及监管规定，建立合规管理体系，明确满足法律法规和相关规范性文件条款的具体表现和要求，不断完善合规管理相关制度，但关于与利益相关方的协议、本组织或其他上级的公开承诺等其他要求的管理还有待完善。

（6）目标指标成熟度处于定义级水平。J公司制定社会责任目标和行动方案，指定责任部门，实施审查机制和绩效考核，但目前的社会责任目标还需要补充一些重点内容，社会责任目标及实现措施的策划还有所不足，定性指标衡量和考核不够精确，指标统计存在一致性出入。

（7）资源支持成熟度处于定义级水平。J公司在公司运营各环节配置相应的设备设施，提供所需的技术、知识和信息，配备必要的工作人员，提供资金保障，对不同层级人员开展社会责任相关培训，但还未建立全面社会责任培训机制，确保所有层级的员工都能正确认识和理解社会责任。

（8）责任采购成熟度处于定义级水平。J公司将履行社会责任的理念和要求全面融入企业的采购全过程，确立"公开、公平和公正"的采购原则，向供应商宣传公司社会责任理念，但并未构建供应商社会责任评估体系，以及引导供应商履行社会责任。

（9）应急管理成熟度处于优化级水平。J公司建立应急管理体系，根据不同区域、现场，针对不同专业、地区、行为等建立专项应急预案和综合应急预案，通过危险因素辨识，把控高风险作业。针对员工进行专门的应急培训，包括应急制度培训、应急演练、事故学习和自查自纠活动等，以提高员工应急管理能力，降低社会责任风险。

（三）利益相关方管理现状分析

通过领导调研访谈，基于社会责任管理体系建设路径，采用利益相关方六维度识别方法，从内外部两个层面，基于责任、影响、接近、依赖、代表、政策或战略意图六个方面，对公司各职能部门、业务中心和下属单位利益相关方进行识别（见图1），全面梳理利益相关方需求和期望，形成利益相关方清单。

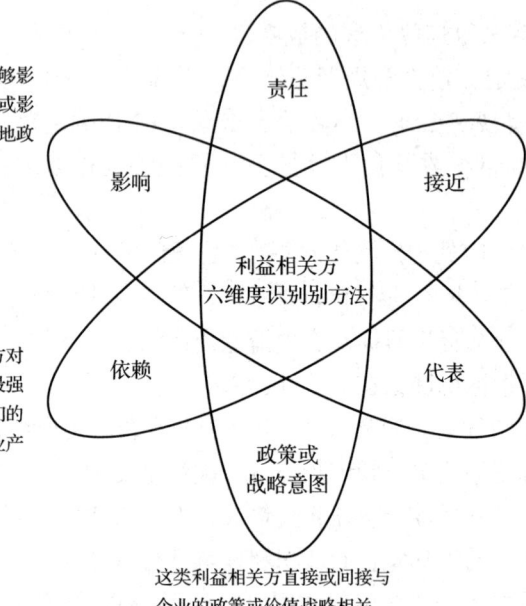

企业现在或将来可能对这类利益相关方负有法律、经济、经营方面的责任，具体形式有法规、合同或行为原则（如员工、当地政府）

这类利益相关方能够影响企业目标的实现或影响企业决策（如当地政府、股东）

与这类利益相关方交往最多，包括内部利益相关方（如外聘员工的管理方、当地社区），维持长期关系的利益相关方（合作伙伴）及组织日常运作所依赖的利益相关方（如当地政府、当地供应商）

这类利益相关方对企业的依赖性最强（如员工和他们的家人、依赖企业产品的消费者等）

这类利益相关方根据规定、习俗或文化，能够合法地声明代表某一人群（如非政府机构）

这类利益相关方直接或间接与企业的政策或价值战略相关（如消费者、外雇员工的管理方、经销商），能够对企业新出现的问题或风险提供警告的个人或团体也属于此类利益相关方（如学术机构）

图 1　利益相关方六维度识别方法

（四）社会责任议题分析

结合 ISO 26000《社会责任指南》、GB/T 36000—2015《社会责任指南》等认证标准要求，通过调研访谈，分析议题的管理现状，厘清与现有管理体系之间的职责分工和边界，按照组织治理、人权、劳工实践、环境、公平运行实践、消费者问题、社区参与和发展七大社会责任核心主题，围绕"服务嘉、生态嘉、社会嘉"三个维度识别社会责任议题 45 个，形成社会责任议题清单。

三、方案设计

（一）制定"四大阶段"体系贯标流程

基于社会责任管理体系标准要求，将整个体系建设工作分为四个阶段，明确各阶段的时间、要求及工作（见图 2 ）。

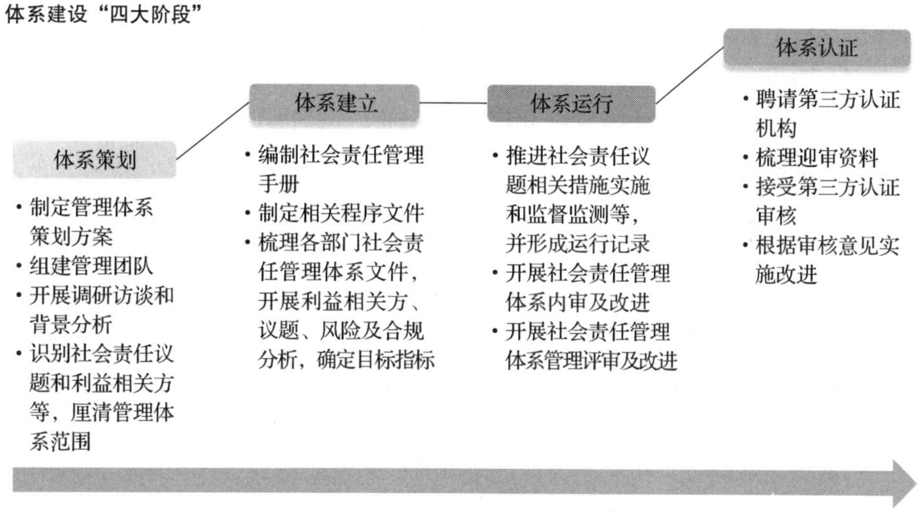

体系建设"四大阶段"

图 2　体系建设工作流程图

（二）创新"市县一体化"体系建设推进路径

创新工作机制，按照"市县联动、机制融通、成果共享"的市县一体化社会责任管理体系贯标建设推进路径（见图 3 ），落实体系贯标计划安排和保障措施。

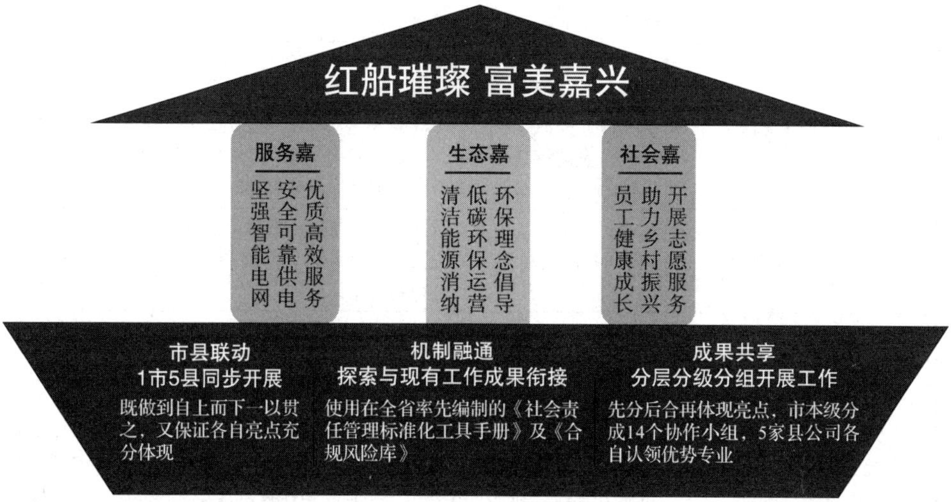

图 3　"市县一体化"体系建设推进路径

（三）搭建体系贯标"四级工作网络"

完善的工作机构是社会责任管理体系建设工作顺利完成的保障，J公司策划并成立社会责任管理体系贯标工作组织机构，搭建领导小组、工作小组、工作专班、内审员四级工作网络，建立"1+5"（1市公司5县公司）常态化交流渠道，明确各层级组织的体系建设职责，做到体系建设工作总体谋划、统筹部署和协调推进。

四、案例项目评估和绩效说明

通过本案例咨询项目，突出展现了责扬天下在社会责任管理体系建设及贯标认证方面的增量价值，为管理咨询行业提供社会责任咨询经验，为今后咨询行业社会责任管理体系建设起到引领示范作用。

（一）建立健全沟通机制，打破沟通壁垒

创新"市县联动、机制融通、成果共享"市县一体化工作机制，打通内部沟通壁垒，发挥制度的协调统一作用。形成市县一体化体系建设工作推进系列实例（见表3），通过市县一体化工作机制的建立，市公司的相关制度要求和优秀做法能够及时地推广到其他公司，打破沟通壁垒，极大地提升内部沟通效率和成效，内部管理机制畅通，上传下达发挥示范效应。

表3　市县一体化体系建设工作推进实例

社会责任管理体系建设内容	市县一体化同步贯标做法
体系文件建立	市级公司牵头统一撰写、发布实施社会责任管理手册及程序文件，县级公司及下属单位统一遵照执行
部门文件编制	在能源互联网建设方面有丰富经验的桐乡公司认领了互联网专业，拥有全国首个"源网荷储一体化示范区"和全省首个"绿色低碳工业园示范区"的海宁公司认领了运检专业，正在创建国网公司合规管理推广示范点的海盐公司认领了办公室专业。各公司认领后进行部门管理文件的编制，编制完成后推广到其他各公司进行参考
利益相关方识别	市公司确定利益相关方识别机制，县公司遵照市公司机制进行识别。J公司各部门和下属单位从内外部共识别十大利益相关方，各下属公司各部门遵照识别类别进行利益相关识别
社会责任议题	由市公司牵头构建社会责任议题库，然后下发各县公司各部门参考，进行各部门议题的识别
社会责任实践示范	J公司档案管理、物资库管理、风险管理等工作能够起到示范作用，将相关管理机制和管理经验推广到下属公司，进行示范学习；下属海盐公司积极打造省公司合规管理示范点，将合规管理相关优秀经验和机制方法推广到其他各公司；嘉善公司在打造社会责任品牌、公益实践等方面较为突出，将相关实践经验推广到其他公司进行借鉴

（二）形成完整的社会责任管理机制

J公司建立起一套完整的社会责任管理体系文件，形成社会责任管理统一的工作规范和工作标准，包括《社会责任管理手册》《程序文件》，以及部门管理文件、记录文件。其中对于社会责任目标的管理，形成完善的目标体系管理机制。各部门和下属单位根据"SMART"（目标管理原则）原则，将社会责任目标与部门业务相融合，从战略性、战术性、运行层面三个维度将社会责任二级目标细化为部门社会责任实施指标，并进行指标的跟踪、评价、考核、分析、改进等，形成社会责任目标指标体系，保持和改进社会责任绩效，最终实现社会责任管理战略目标。

（三）实现社会责任的全面融入

一是理念融入。通过社会责任管理体系建设工作，形成持续改进的管理模式，全面推进社会责任理念融入，促进了公司管理提升。二是管理融通。J公司通过社会责任管理体系建设工作，形成的市县一体化工作机制与公司现有管理机制相融合，完善公司管理模式，并将管理思路进行推广运用，适用于市公司对下属县公司的管理、各公司对内部各部门和下属单位的管理等。同时，各部门和下属单位按照管理体系的要求，健全了社会责任各项管理工作PDCA闭环管理机制。三是业务融合。不断推进J公司履责实践标准化、管理运行高效化、利益相关方沟通多元化，升级社会责任管理模式，进一步夯实社会责任管理基础，完善社会责任议题管理，实现对内优化业务工作，对外满足各利益相关方的需求和期望、提高相关方满意度，切实推动社会责任全业务深度融合。

（四）有效规避社会责任风险

社会责任管理体系建设过程中，全面梳理社会责任议题风险，同时通过内审、管理评审、第三方外部审核对社会责任管理体系进行全面排查，识别社会责任风险点。对于体系建设过程和审核发现的社会责任风险问题，及时制定有效的纠正措施和整改计划，按计划实施整改，从而帮助企业有效规避社会责任相关风险。

（五）打造一批社会责任亮点工作

结合公司上级部署、地域特征、内外部环境等维度综合考量，挖掘各分公司社会责任工作发展潜力，用社会责任的理念审视和思考各部门业务活动，改进和规范特色业务流程，重塑特色业务活动。梳理各公司各部门社会责任工作经验和优势，打造出一批优秀社会责任管理实践活动，并发挥市县一体化推进路径优势，实现亮点实践的借鉴学习和成果共享，形成"市县联动、百花齐

放"的社会责任工作发展格局。

（六）形成一套社会责任管理体系贯标流程工具

在贯标认证工作中，持续开展贯标工作的信息收集、总结和提炼，编制工作双周报，实时记录工作成果，总结优秀工作经验，并在社会责任管理体系建设完成后，对公司的工作历程、主要做法、具体成效进行总结。采用"PDCA"管理循环机制，从体系策划、体系建立、体系运行和体系持续改进四个方面梳理 J 公司社会责任管理体系贯标的全流程，编制完成《国网嘉兴市供电公司社会责任管理体系贯标流程工具》，指导企业以后更好地进行体系管理和持续改进，同时为其他公司社会责任管理体系建设提供市县一体化贯标工作经验和智慧。

（七）顺利认证取得证书

2022 年 9 月，J 公司通过第三方审核机构进行贯标认证审核，高质量完成《社会责任管理体系　要求及使用指南》（GB/T 39604—2020）贯标建设认证工作，成为国家电网系统内第一家，也是唯一一家全市域、一体化完成社会责任管理体系贯标认证工作的公司。

广东粤电力技术（咨询）工程有限公司组织与人力资源咨询案例

汉哲管理咨询（北京）股份有限公司

汉哲管理咨询（北京）股份有限公司（以下简称汉哲或汉哲咨询）创始于2003年（2008年更名），于2015年7月在全国中小企业股转系统挂牌，由此成为中国管理咨询业首批公众公司，标志着中国咨询业资本化时代的开始。当前，汉哲咨询（集团）旗下拥有全资、控股及关联类管理服务机构11家，涉及管理咨询、人力资源咨询、人才培养、大数据与信息化服务、投资顾问等管理服务的主要环节。

咨询服务是汉哲的核心业务。汉哲咨询（集团）同步运营"汉哲管理咨询"与"汉哲人力资源顾问"两大品牌，在北京、上海、成都、深圳四地设有运营中心，在天津、南昌、南宁、西安、长沙、济南等地设有分支机构及办事处，服务网络覆盖全国。

汉哲咨询是中国企业联合会管理咨询委员会副主任委员单位，是经中国企业联合会评选的"中国管理咨询50大"企业，工业和信息化部2017年首批"全国企业管理咨询机构推荐名录"，并先后获得中国著名管理咨询品牌、"中国管理咨询行业最具影响力十大品牌机构""中国管理咨询行业榜样最具公信力典范品牌""2016值得信赖的中国管理咨询机构""中国人力资源开发与管理优秀服务商""2017中国十佳管理咨询诚信服务机构""2017中国产品创新品牌"等数10个荣誉称号。

本案例项目组成员

赵波，汉哲咨询副总经理，甲乙双方复合背景，3年甲方工作经验，8年管理咨询从业经验。擅长组织运营、人力资源、制度流程管理咨询。负责或参与多个大型央企、国企、上市企业咨询项目，具备丰富的管理咨询经验，如南方电网科技制度流程建设项目、中核海得威组织管控与人力资源项目、信邦智能组织管控与人力资源项目等。

其他成员：车永奎

导读

　　广东电力发展股份有限公司主营业务是电力项目的投资、建设和经营管理，电力的生产和销售业务。除从事大型燃煤发电厂的开发、建设和运营外，还拥有LNG发电、风力发电和水力发电等清洁能源项目，通过电网公司向用户提供可靠、清洁的能源。

　　本项目成立于粤电服组建阶段，广东电力发展股份有限公司以粤电服为依托，整合集团旗下检修公司，对检修资源进行统一管理。一方面为解决公司重组存在的人力资源管理标准不统一的问题，另一方面为实现粤电服组建总体目标，打造一个独立运营管理、员工队伍结构合理、检修技术能力强、具备市场竞争意识、采用市场化机制的检修服务公司，特成立该项目，邀请汉哲咨询协助完成，该项目主要包含3个模块内容：建立职业经理人制度，激活管理层经营活力；调整优化组织架构，提高运营决策效率；落实薪酬绩效体系改革，健全市场化人力资源经营机制。

广东粤电力技术（咨询）工程有限公司
组织与人力资源咨询案例

汉哲管理咨询（北京）股份有限公司　赵波

一、案例背景

（一）公司概况

广东电力发展股份有限公司（以下简称粤电力）于 1992 年发起成立，是广东省内最大的电力上市公司。广东粤电力技术（咨询）工程有限公司（以下简称粤电服）是粤电力控股子公司。粤电力为整合公司旗下检修公司，对检修资源进行统一管理，于 2021 年组建粤电服。粤电服主要业务是承接集团火电板块机组 A/B 修总承包工作和开展部分机组日常维护工作。

（二）咨询需求

为解决粤电服公司重组存在的人力资源管理标准不统一的问题，打造一个独立运营管理、员工队伍结构合理、市场化机制的检修服务公司，特成立该项目，该项目主要涉及以下内容。

（1）推行职业经理人制度，激活管理层经营活力。

（2）调整优化组织架构，提高运营决策效率。

（3）落实薪酬绩效体系改革，健全市场化经营机制。

二、诊断分析

（一）人力资源四维审计模型（HRA4）

该项目诊断采用 HRA4 审计模型，该模型从人力资源管理的"人力满足度""战略匹配度""业务完备度""管理专业度"4 个维度，23 个子维度对企业的人力资源管理现状进行系统、全面、客观地扫描，并根据扫描的结果提出系统的人力资源战略规划与实施方案。

1. 人才满足度审计

立足当前与近期业务开展的需要，从企业的人员充足率与适岗性、人员结构的合理性、人员使用效率与人均创值、人员稳定性与流动性四个方面分析人才队伍的现状是否能够满足业务开展的需要。

2. 战略匹配度审计

从战略的关键的要求、行业发展趋势的要求、企业发展阶段的要求、用人环境的挑战、内部客户的需求、典型企业启示六个方面系统分析企业当前的人力资源管理体系与企业发展战略的适配程度。

3. 业务完备度审计

从人力资源常见业务如人力资源规划、岗位管理、能力管理、招聘管理、培训管理、绩效管理、薪酬管理、员工关系管理、核心人才管理九个方面来分析人力资源各模块的业务开展是否完备、工作质量是否达标。

4. 管理专业度审计

从人力资源组织与管控模式、人力资源管理团队的能力素质、人力资源制度与流程的规范性、人力资源信息化水平四个方面系统评估人力资源管理的专业化程度。

（二）诊断问题总结

汉哲项目组主要通过深度访谈、内部资料研究、外部典型企业对标、会议研讨等方式，对未来粤电服组织与人力资源管理的设想进行整体调研。

主要存在问题如下。

1. 历史体制性障碍，缺乏市场化机制

检修力量分散在几个电厂，检修资源难以整合共享，市场责任主体缺失，内生动力不足；市场化机制弱，用工机制不灵活，核心骨干基本采取向电厂借工方式；公司绩效以电厂生产绩效为主进行考核，岗位等级及绩效系数参照生产厂进行设置，未能体现检修行业的特点；激励约束机制受限，工资总额全厂进行平衡和调剂，引发内部攀比，检修绩效无法全面地反映检修的工作业绩，普遍存在吃大锅饭现象。

2. 人员结构性矛盾，薪酬分配不公平

检修公司员工由电厂员工、检修公司合同工以及劳务派遣工构成，差异化的劳动合同导致检修公司内部人员结构不合理，富余人员多、精干多能人员少，电厂员工人员老化，难以独立承担检修任务；大量的合同工、派遣工承担了检修的主要工作却存在工资相对较低、缺乏上升空间等矛盾，不公平的薪酬分配方式难以留住市场招聘的年轻技术骨干。

3. 主观能动性不足，市场竞争力较弱

现有检修公司的电厂员工工资由电厂直接支付，可以按人均申请工资总额，且电厂员工收入较高；检修公司仅支付合同工的工资和支付劳务派遣费用，这部分员工收入较低。因此检修公司普遍存在电厂借出富余人员较多现象，这部分人员的成本实际不全部纳入检修公司人工成本中。目前的用工机制和薪酬分配方式，导致检修公司只满足完成厂内及部分厂外业务，能覆盖住合同工、劳务派遣工及检修业务的成本即可，缺少主动积极地拓展厂外检修业务的动力。

三、方案设计

（一）总体目标

建立国有企业市场化的职业经理人制度、适应市场化运作的组织架构、市场化的用人用工和企业薪酬分配制度、激励与约束相结合的中长期激励制度，充分激发企业活力，并在条件成熟时改制为混合所有制企业，进一步推动市场化改革。

（二）总体设计思路

结合粤电服总体目标、人力资源管理实际问题、国务院国资委及集团公司的各项要求，粤电服应建立起系统、科学的组织与人力资源管理体系，以保证企业发展有充足的人才保障，良好的组织氛围。主要包括以下"三大体系"。

1. 建立市场化、契约化的职业经理人体系

建立市场化选聘机制，确定标准、完善程序；推行任期制与契约化管理，明确责任、权利、义务，严格任期管理与目标考核；按绩取薪，提升薪酬水平竞争力；畅通退出渠道，完善退出机制，构建正常流动机制。激发管理层活力，提高公司决策效率，促进高质量发展。

2. 打通职业发展通道，建立分层分类的岗位管理体系

加强粤电服市场经营、项目管理、工程技术、质量安全等核心职能，提升粤电服的市场拓展能力及内部管理能力，厘清职责边界，打造内部高效运作机制。建立"能上能下、能进能出"的用人机制。明确岗位类别及划分规则，实现岗位分类管理；完善公司内部各序列任职资格条件，建立公司内部一体化、对应规则清晰的各职类/序列的职业发展通道。

3. 建立以岗位价值为基础，拉通绩效、任职资格的市场化薪酬体系

构建与市场对接的职级体系、高度链接全员绩效考核体系、以岗位价值和绩效贡献为基础的薪酬分配体系，健全职级"能上能下"、员工"能进能出"、薪酬"能增能减"的市场化用工、分配机制，实现"不看身份、不看级别、只看岗位、只看贡献"的市场化氛围，真正形成"能者上、平者让、庸者

下"的用人导向，调动各类人才的积极性、主动性、创造性。

四、方案实施

（一）分层分类的岗位管理体系

一是优化岗位配置、确定各常规编制标准、明确岗位职责。二是划分岗位序列、设置等级，打通员工发展通道，规划发展路径。三是根据新的岗位职级地图进行职级匹配、岗位任用。具体方案包含：岗位序列划分、职级评定与调整机制、职级评定与调整标准。

1. 岗位序列划分

明确岗位类别及划分规则，实现岗位分类管理。公司岗位体系共分为序列和职族两个级别。公司岗位分为三个序列，分别为管理序列、专业技术序列和操作序列。主要用于员工职业发展、人才培养等。根据公司价值链分析，将非管理序列的岗位根据核心职责领域相似，学历、知识、技能等任职资格要求类似以及工作方式相近的原则进行合并、归类，分为市场营销族、项目管理族、工程技术族、质量安全族、综合管理族（见表1）。

表1　岗位序列划分表

序列	职位族	部门	岗位明细
管理序列	—	—	董事长、总经理、副总经理、部长、副部长、项目经理、项目副经理
专业技术序列	市场营销族	市场经营部	物资采购专责、市场开发专责、合约招标专责、预结算专责
	项目管理族	项目工程部	项目管理专责
	工程技术族	项目工程部	工程技术专责
	质量安全族	质量安全部、项目部	质量管理专责、安全管理专责、应急管理专责、安全工程师、质量工程师、安全员
	综合管理族	综合部、财务部、项目部	行政专责、党务专责、人事专责、纪检专责、工会专责、会计出纳、综合管理经理、仓管员、行政助理
操作序列	—	项目部	专业经理、专业副经理、专业工程师、组长、主值、副值、组员

2. 职级评定与调整机制

职级评定是指员工入职时，应根据其承担的职位和应负责任、招聘考核时对任职能力的评价进行定岗定级。职级调整包括纵向调整与横向调整，纵向调整主要指本序列、本职族岗位职级晋级/降级调整；横向调整主要指本序列、本职族岗位调整至其他序列或其他职族岗位的调整。同步设计调整周期，调整权限等相关机制。

3. 职级评定与调整标准

设计专业技术序列、操作序列职级的职级晋升标准，管理序列的职级调整主要依据岗位任命变化情况调整而调整。职级晋升标准是由基本条件、核心业绩指标、否决项、技能素质四个要素构成的职级评价标准。

（1）基本条件：包括学历及经验、历史绩效考核成绩、专业成果。

（2）业绩指标：包括核心业绩指标、工作结果积分、团队培养。

（3）技能素质：主要是指本岗位所要求的素质技能掌握程度。

（4）否决项：主要包括文化与价值观、违规违纪。

专业技术序列晋升标准——市场开发专责职级晋升标准详如表 2 所示。

表 2 专业技术序列晋升标准——市场开发专责

市场开发专责晋升标准					
职级	门槛条件				核心标准
	教育水平	上一职级工作年限	工作经验	资质证书	绩效结果	培养帮带
资深	本科及以上学历	本类别高级岗位工作满 2 年	10 年以上电力系统商务管理相关工作经验	工程师或技师	连续 3 年绩效等级为优秀及以上	至少帮带 1 名本类别岗位人员，帮助其岗位职级提升
高级	本科及以上学历	本类别中级岗位工作满 2 年	8 年以上电力系统商务管理相关工作经验	工程师或技师	连续 2 年绩效等级为优秀及以上	至少帮带 1 名本类别岗位人员，帮助其岗位职级提升
中级	大专及以上学历	本类别初级岗位工作满 2 年	5 年以上电力系统商务管理相关工作经验	助理工程师或技师	连续 2 年绩效等级为优秀及以上	无
初级	大专及以上学历	本类别助理级岗位工作满 1 年	3 年以上电力系统商务管理相关工作经验	助理工程师或技师	连续 1 年绩效等级为优秀及以上	无
助理级	中专及以上学历	无	1 年以上电力系统商务管理相关工作经验	助理工程师或技师	无	无

满足职级晋升标准仅作为职级晋升的基础条件之一，具体还要考虑公司人才梯队建设需求、薪酬总额控制等因素设置晋升名额，由公司经营班子研究决定是否启动晋升定级调整程序。

本阶段项目输出成果为：《粤电服职级管理办法》。

（二）以岗位管理体系为基础的薪酬体系

一是对标市场薪酬水平，制定有竞争力的薪酬策略。二是优化薪酬结构、薪酬模式，引导员工承担责任，提高能力。三是建立一套由定薪、调薪、发薪、监督等内容构成的薪酬动态化管理机制。具体方案包含：薪酬结构设计、薪酬模式设计、外部薪酬水平调研、确定薪酬策略与薪酬水平、定薪酬标准。

1. 薪酬结构设计

粤电服的薪酬结构包括：基本薪酬、年度奖金、创效奖励、专项奖励、员工福利及各类补贴（津贴）。

（1）基本薪酬包括岗位工资、技术技能职务工资和绩效奖金。

（2）年度奖金是依据公司当年经营业绩完成情况，年终结合员工年度绩效考核结果核定发放给员工的工资单元。

（3）创效奖励是项目部在日常维护项目基础上外接创效项目，根据总体目标利润完成情况发放给员工的激励单元。

（4）专项奖励是根据员工年度工作表现评优评先，以及员工在技术、管理、专利等方面的突破性贡献而设定的激励单元。

（5）员工福利是公司员工所能享受到的一种福利待遇，包括工会福利（包括伙食及住宿补助等）、法定社会保险、补充保险、各种假期和公司为员工提供的进修与培训、文娱及其他辅助性福利等。此外，员工依法享有国家和地方有关法律法规和政策规定的各项补贴（津贴），公司将按照国家相关规定进行计发。

2. 薪酬模式设计

依据岗位性质、工作特点，粤电服薪酬分为职业经理人薪酬、目标薪酬制、项目薪酬制、协议工资制四种，其中职业经理人薪酬单独设计。具体适用岗位如下所示。

（1）目标薪酬制。

包含基本薪酬、年度奖金、创效奖励、专项奖励、员工福利、补贴（津贴），其主要部分为基本薪酬、年度奖金和创效奖励。

（2）项目制薪酬。

包含基本薪酬、年度奖金、创效奖励、专项奖励、员工福利、补贴（津贴），其主要部分为基本薪酬、创效奖励。

（3）协议工资制。

实行协议工资制人员的薪酬以双方谈判确定的发放形式为依据。适用协议工资制的员工，根据书面协议规定对其进行考核：协议期满或考核结果低于协议标准要求的，解除聘用协议。

不同的岗位适配的薪酬模式及薪酬结构如表3所示。

表3　岗位—薪酬模式及薪酬结构

薪酬模式	薪酬结构	岗位类		适用岗位
职业经理人薪酬	年薪＋创效奖励	职业经理人		总经理、副总经理
目标薪酬制	基本薪酬＋年度奖金＋创效奖励＋专项奖励＋员工福利＋补贴（津贴）	管理序列		部长、副部长
		专业技术序列	市场营销族	市场开发专责、物资采购专责、合约招标专责、预结算专责
			质量安全族	质量管理专责、安全管理专责、应急管理专责
			综合管理族	行政专责、党务专责、人事专责、纪检专责、工会专责、会计、出纳
			项目管理族	项目管理专责
			工程技术族	工程技术专责
项目薪酬制	基本薪酬＋年度奖金＋创效奖励＋专项奖励＋员工福利＋补贴（津贴）	管理序列		项目经理、项目副经理
		专业技术序列	质量安全族	安全/质量工程师、安全员
			综合管理族	综合管理经理、文员、仓管员
		操作序列		机械专业经理、机械专业副经理、电仪专业经理、电仪专业副经理、专业工程师、组长主值、副值、组员
协议工资制	薪酬按双方协商确定	—		外聘人员、返聘人员

3.外部薪酬水平调研

薪酬调查用来解决外部公平问题。使员工薪酬与外部市场接轨，激发员工的积极性，以避免优秀员工流失。

4.确定薪酬策略与薪酬水平

粤电服目前处于初创期，薪酬水平可以低于市场平均水平，但同时本阶段企业人力资源管理的重点是吸引、引进关键人才。故我们采用混合型薪酬策略，将薪酬水平偏向关键层次人才。助理级取行业25分位值作为薪酬设计的中位值；而主管级和副总级及以上取行业50分位值作为薪酬设计的中位值。

5.定薪酬标准

公司薪酬等级与岗位职级一致，根据岗位职级确定员工所属薪酬等级，宽带薪酬体系纵向设计21个薪酬等级（由低到高为1～21级），每一级横向设计7个薪酬档位（由低到高为1～7档），其中1档为起薪档。结合各岗位序列薪酬策略及市场薪酬调研结果，确定薪级薪档的薪酬标准。

本阶段项目成果：《薪酬调研报告》、年度《薪级—薪档表》、月度《薪

级—薪档表》，以及《薪酬框架方案》《薪酬管理办法》。

（三）分层分类设计绩效管理体系

一是规划分层分类人员的绩效考核方向、周期、结构等内容。二是建立自上而下、自下而上的绩效指标体系。三是切实落实绩效考核的全流程体系。具体方案包含：分类指标体系、完善个人绩效考核、组织绩效考核、绩效考核结果应用。

1. 分类指标体系

设计三类绩效指标，包括关键绩效指标、专项重点工作任务和加减分项。对于不同指标分类，采取不同评价方法。定量指标主要反映公司经营业绩完成情况；定性指标主要反映公司各工作任务完成情况。

2. 完善个人绩效考核

绩效考核构成维度：员工个人绩效考核维度包括关键绩效指标、重点工作任务、加减分项三部分。考核周期：员工在年度考核周期内，采取季度考核，季度的考核得分与其绩效工资的分配紧密挂钩。年度绩效结果等级分布：员工年度个人绩效考核得分为年度周期内考核得分的平均值，根据分值排序进行强制分布。考核等级分为五档，分别是 A（优秀）、B（良好）、C（合格）、D（待改进）、E（不合格）。员工绩效档级人数占比与所在组织绩效考核挂钩，鼓励员工与组织共享共担。对于操作人员，采取项目制考核，签订项目业绩合同。

3. 组织绩效考核

完善公司对内部二级组织（部门、分公司）的考核机制。

（1）考核模式。

采用定量与定性评价结合的模式，定量指标主要反映公司二级组织的经营业绩完成情况，例如：销售额、检修计划完成率等；定性指标主要反映公司各二级组织的工作任务完成情况，例如：服务质量、安全管理工作完成情况等。

（2）考核周期。

年度考核周期内，各二级组织均采用季度考核，季度考核得分与绩效工资的分配紧密挂钩。

（3）结果评价。

年度考核得分为季度考核得分的平均值，根据分值排序进行强制分布。考核等级分为 A、B、C、D 四个等级，应用于年终奖分配。适当拉大年终奖的分配差距。

4. 绩效考核结果应用

（1）薪级薪档调整。

绩效考核结果除了应用于年度奖金、项目奖金发放外，还应用于薪级薪档调整，以专责／项目部员工考核结果为例，如表4所示。

表4　专责／项目部员工薪级薪档调整表

上一年度绩效结果	下一年度薪酬调整	连续两年绩效结果	下一年度薪酬调整	备注
A	晋升1档	A	晋升2档	封顶为本薪级7档
B/C	退回本薪级原薪档	B/C	保持本薪级原薪档	—
D	退回本薪级原薪档	D	本薪级原薪档下降1档	保底为本薪级1档
E	进入留用察看期	E	辞退	—

备注：
1. 薪酬调整应用周期为下一年度全年
2. 留用察看期为3个月至1年，留用察看期薪酬调整至本岗位最低级，按最低级1档定薪；留用察看期涉及岗位变动由公司经营班子一事一议
3. 留用察看期每3个月由员工所在部门部长／项目经理对员工进行察看评定并报综合部
4. 1年留用察看期仍不合格或连续2年评定为E级则予以辞退，解除劳动合同

（2）岗位调整。

绩效考核结果可作为员工内部岗位晋升调整的参考依据。

（3）人才储备。

对于绩效考核结果优异的员工，可作为公司人才进行培养和储备，在职级晋升中可适当放宽条件和要求。

（4）员工聘任。

对于绩效考核结果不佳的员工，情节严重的，由综合部考察并经公司综合考量后，可选择解聘或不再续聘。

（5）员工荣誉。

绩效考核结果与员工荣誉挂钩，要把工作业绩与评优评先联系起来，包括荣誉证书、物质奖励、经验推广等。

本阶段项目成果：《粤电服绩效考核管理制度》《粤电服绩效指标库》。

（四）市场化、契约化的职业经理人方案

一是从市场上引进公司急需的特定人才，不光要引进业务带头人，也要注重专业营销人员、专业运营管理人员的引进。二是针对职业经理人建立市场化薪酬激励机制，匹配市场化薪酬水平策略。具体方案包含：职业经理人标准

界定、任期聘任及契约化管理、市场化退出机制、职业经理人薪酬体系设计、职业经理人考核评价体系设计。

1. 职业经理人标准界定

职业经理人标准包含既往信用和业绩、任职资格、胜任能力三个方面。既往信用和业绩主要通过履历分析和背调确定，施行一票否决制；任职资格指岗位任职应具备的教育背景、工作经历、知识技能、执（职）业资格等要求，任职资格根据各岗位职责确定任职资格标准；胜任能力指岗位任职应具备的能力素质，职业素养等。

2. 任期聘任及契约化管理

通过签订聘任合同，明确聘任期限及约束条件，同时通过签订"两书"（《年度经营目标责任书》与《任期内经营目标责任书》），明确约定业绩目标要求与奖惩兑现条件。

3. 市场化退出机制

任期考核：在任期考核或年度考核中，考核结果与考核目标严重偏离的，被认定为不适合继续从事本岗位工作的；违纪违规，失职渎职的。主动辞职：职业经理人主动提出辞职的，应按照聘任合同和聘任相关文件约定，按规定程序办理离职手续。

4. 职业经理人薪酬体系

采用"四定"方式设计粤电服的职业经理人薪酬体系。

（1）定水平。

选取规模、性质和行业类似的企业薪酬水平作为粤电服薪酬水平参考对象，考虑粤电服处于整合初期，管理工作难度较大，且人才缺失严重，为鼓励先进和引进优秀职业经理人，薪酬水平的制定要具备足够吸引力。建议粤电服职业经理人的薪酬水平以略高于市场的 60 分位为标准年薪，上下浮动。

（2）定结构。

建立多元化的薪酬模式，将职业经理人的收入和经营业绩挂钩，激励长期行为，避免短视效益。将薪酬划分为基本年薪、绩效年薪、任期激励、超额奖励、津贴福利五个部分。

（3）定兑现。

绩效年薪是与职业经理人年度考核结果挂钩的风险收入。根据年度经营业绩考核结果，划分 A、B、C、D 四个等级，绩效年薪在绩效年薪基数的 0.6～1.5 之间确定。

任期激励根据任期考核结果确定，超额奖励发放规则如表 5 所示。

表 5　超额奖励发放规则表

超额奖励		
职业经理人超额奖励按年计提		
年度利润总额超过目标值	奖励比例	超额奖励总额
0～10% 的部分	按超额部分 5% 计提	超额奖励总额累计不超过职业经理人标准年薪总额
10%～20% 的部分	按超额部分 10% 计提	
20%～30% 的部分	按超额部分 15% 计提	
超过 30% 的部分	按超额部分 20% 计提	
职业经理人超额奖励 = 超额奖励总额 * 个人超额激励分配比例		
个人超额激励分配比例 = 个人年薪总额（基本年薪 + 绩效年薪）/ 所有职业经理人年薪总额		

（4）定发放。

基本年薪采取月度发放，绩效年薪在年度绩效考核结束后一次性兑现。超额奖励在年度利润核算后一次性兑现。任职激励在任职期满后根据考核结果一次性兑现。

5. 职业经理人考核评价体系设计

职业经理人的考核分为年度绩效考核和任期考核，核心为"两书"：即《年度经营目标责任书》与《任期内经营目标责任书》。年度绩效考核是对本年度目标任务完成情况进行考核评价。任期考核是对任期内业绩完成情况及表现的综合评价，一般三年为一个聘期，任期考核依据为签订的《任期内经营目标责任书》。

本阶段项目成果：《粤电服职业经理人管理暂行办法》《粤电服职业经理人体系总体设计方案》。

特变电工新能源基于流程的管理体系一体化建设

上海博阳精讯信息科技有限公司

上海博阳精讯信息科技有限公司（以下简称博阳精讯）是一家专注于企业业务流程管理方法论和相关软件平台研究的管理咨询公司，"中国管理咨询机构 50 大"企业，第一批入选工业和信息化部"全国企业管理咨询机构推荐名录"。

博阳精讯成立于 2008 年，核心管理团队源自原德国 IDS Scheer 中国公司高管团队，肩负"助力中国企业提升管理水平，成为世界一流公司"的使命，依托具有自主知识产权的基于要素的流程管理方法论和平台软件（统称：EBPM 方法论），为客户提供专业业务流程管理咨询及企业管理体系数字化转型服务。公司坚持"持续创新、合作共赢"的咨询原则，先后为国家电网、南方电网、中国联通、中石油、中广核、南方航空、厦门航空、长春客车、长城汽车、潍柴动力、铁建重工、哈飞、航发商发、太平金融、东航物流、特变电工新能源等 300 多家大中型企业提供管理咨询服务。

本案例项目组成员

孟玲娜，博阳精讯副总裁。曾在 IDS Scheer 中国公司任职，拥有 20 多年企业管理经验、13 年流程管理咨询经验、7 年 SAP ERP 系统实施经验，在流程体系建设与优化、制度及标准体系建设、岗位体系建设与优化、ERP 系统实施等业务领域有丰富的理论和实践经验，先后主持过国家电网、国网天津电力、国网客服中心、新疆油田、航天一院、马钢、鞍矿、金田铜业等企业的流程、岗位、绩效管理相关管理咨询项目。

其他成员：王磊、葛强、蒋晓东

导读

特变电工新疆新能源股份有限公司（以下简称特变电工新能源）是世界领先的绿色智慧能源服务商，长期专注于光伏、风电、电力电子、能源互联网等领域，在光伏、风电EPC，逆变器等领域占据全球领先地位。2021年7月，在"十四五"规划初期，基于战略落地、管理提升和卓越运营的需要，启动基于流程的制度、风控、绩效管理体系一体化建设管理咨询项目。

项目推进过程中，始终以战略目标为指引、解决问题为导向、流程绩效提升为目标，采用PEMM流程成熟度模型对企业进行全面诊断，精准定位特变电工新能源在管理体系建设与运行中存在的问题；制定流程成熟度提升目标，推进专业部门持续完善流程设计与执行；导入流程全生命周期管理方法，渐进式推进基于流程的管理变革；以流程为基础、融合多管理体系，消除管理冲突与空白；通过构建常态治理体系和流程信息化，确保体系动态完善与更新；引入精益管理DMAIC方法，以流程还原和绩效分析为支撑，推进流程持续改进与优化。

基于流程的制度、风控、绩效管理体系一体化建设，有效促进了特变电工新能源管理模式的变革：一是建立了支撑战略落地的流程体系；二是构建了以客户需求为中心的端到端流程体系；三是解决了"管理体系孤岛"问题；四是实现管理要求对员工的精准发布和推送，促进了管理要求落地执行；五是建立流程治理机制，实现了体系建设成果动态更新；六是构建了端到端流程持续优化机制，持续改善企业经营质效。

特变电工新能源基于流程的管理体系一体化建设

上海博阳精讯信息科技有限公司　孟玲娜

特变电工新能源是世界领先的绿色智慧能源服务商，长期专注于光伏、风电、电力电子、能源互联网等领域，在光伏、风电 EPC，逆变器等领域占据全球领先地位。从 2021 年 7 月开始，博阳精讯携手特变电工新能源，与这家中国优秀的新能源企业共同开启构建基于流程的制度、风控、绩效一体化管理体系的合作之路。

一、项目背景

特变电工新能源基于流程的制度、风控、绩效管理体系一体化建设管理咨询项目，于 2021 年 7 月正式启动，该项目是在特变电工新能源"十四五"战略实施的开局阶段，基于战略落地、管理提升和卓越运营的需要应运而生的。

（一）企业简况

特变电工新能源创立于 2000 年，是世界领先的绿色智慧能源服务商，其母公司新特能源股份有限公司在香港联交所上市。企业以"奉献绿色能源，创造美好生活"为使命，长期专注于光伏、风电、电力电子、能源互联网等领域，在光伏、风电 EPC，逆变器等领域占据全球领先地位。在全球设有 10 余个常驻办事机构，业务遍及巴基斯坦、智利、土耳其、泰国等 20 余个国家和地区。

在光伏发电领域，研制的 50kW ～ 6250kW 全系列并网逆变器，服务于集中式、分布式等各类光伏电站 1000 多座，业务遍及全球 4 大洲 20 多个国家和地区。产品通过了 CQC、CGC 新能标、TUV、VDE、CE、G59、BDEW、SAA、UL、国网零电压穿越等多项国内外权威认证及测试，获得了中国光伏领跑者首批认证及中国效率 A+ 认证。全球稳定运行业绩已超过 36GW。截至目前，特变电工新能源已承建各类风电、光伏离并网电站 5000 余座，建设容量超过 21GW；自主运营的风电、光伏项目超过 2.2GW，每年碳减排量约 370 万吨；自主研发的 TB-eCloud 智慧能源云平台，接入电站容量突破 6GW，提升发电量 3% 以上。

特变电工新能源用技术引领变革，以创新驱动发展，企业先后获得"国家新能源发电装备高新技术产业基地""国家新型工业化产业示范基地""国家专利及创新型试点企业"等称号和联合国技术创新特等奖、中国光伏行业突出贡献奖等多项殊荣。承担新能源领域多项国家重大科技专项、国家863课题和科技支撑计划专项，实现了并网逆变器、微电网及储能、静止无功发生器、柔性直流产品等关键设备和技术的重大突破，成功研制了世界首个 ±800kV 特高压柔性直流换流阀。截至目前，累计拥有国内授权专利347项，拥有国际授权专利2项，软件著作权48项，获得产品认证22项，参与国家及行业标准编制60余项。

（二）项目需求及目标

1. 战略落地的诉求：构建流程体系，承接"一体两翼"战略

2021年2月，特变电工新能源正式发布"十四五"规划，企业经营和管理进入全面升级阶段。基于企业已确定的战略目标和战略举措，构建可全面承接战略的完整流程体系，助力特变电工新能源成为全球卓越的绿色智慧能源服务商。

2. 管理提升的需要：以流程为核心融合多体系，消除"管理孤岛"

虽然企业已经构建了制度、标准、风控、绩效等体系，但管理体系建设各自为政，存在"多张皮"现象。随企业业务转型升级，亟须完善配套管理机制，以流程为核心，融合多管理体系，消除"孤岛"，形成管理合力。将管理要求精准发布至员工，规范员工行为，促进体系落地执行。

3. 卓越运营的要求：以客户为中心，持续推进端到端流程优化

目前企业管理能力与卓越运营相比还有较大差距，为实现产品领先、效率驱动、国际化发展策略，需要以客户为中心打通端到端流程，结合流程绩效评价问题，持续开展流程优化，牵引企业逐渐实现卓越运营与管理。

二、项目诊断与分析

（一）综合诊断：采用 PEMM 评估模型，精准定位流程管理问题

1. 评估方法：可量化，促改进

本项目选用美国著名管理学家迈克尔·哈默教授的 PEMM 流程与企业成熟度模型，评估企业流程管理现状，找出阻碍流程优化和变革的主要因素，规划流程变革项目，推进流程持续改善。

基于成熟度评估框架设计调研问卷，面向公司机关、事业部、事业部下属项目公司 2000 多名员工进行问卷调研，回收有效问卷 772 份。

2. 多级评价：分层级，定问题

经流程成熟度评估计算，特变电工新能源公司整体上存在流程文档短缺、

员工对流程认知不充分、信息系统支撑不足、绩效指标定义不科学、流程责任人推进流程优化的行为和活动不足等问题。特别是从企业高层、中层，到员工对流程的认知是逐级递减的，说明有关流程知识的培训和宣贯工作存在不足，企业还没有建立相应的流程管理文化。

以机关本部为例，发现职能部门负责人存在本位主义、持续改进行动不足的情况。例如针对信息系统建设，部门负责人普遍认为目前系统建设已符合流程要求，与员工实际感受（35.9%）差距较大。其他认同度差异较大的评价项还包括指标定义与应用、流程责任人的行为和活动等。

3. 分类评价：分专业，聚焦点

从专业分工维度评价流程成熟度，发现工程管理、市场管理等核心类流程，战略管理、审计与纪检管理等管理类流程，供应链、人力资源、信息化等支撑类流程的成熟度低于平均值。从分项评价结果看，流程管理问题几乎覆盖流程设计、执行、监控、持续优化的每个阶段。以工程管理专业为例，存在以下问题。

（1）流程设计文档不完整，即流程手册或标准作业文件不足以支撑员工开展日常业务。

（2）流程执行人的技能和行为不足，无法在流程执行过程中主动发现问题并提出相应的解决方案和建议。

（3）流程责任人的身份、活动和权利不足，日常业务中未主动收集流程执行问题并积极推进业务优化与持续改进。

（4）与流程配套的信息系统大多为"孤岛"，跨流程的信息系统之间没有完全打通，不同信息系统之间的数据没有实现共享。

（5）与流程配套的人力资源制度还不是很完善，没有建立基于流程绩效的奖励机制。

（6）绩效指标的定义与应用不足，没有定义流程绩效指标、开展评估、分析与持续改进等相关工作。

（二）专项诊断：基于企业战略分析，发现关键能力存在短板问题

1. 诊断工具：EBPM 战略能力分解矩阵

建立对接战略目标解码模型和商业模式模型的能力矩阵，确定企业的一级能力框架，按照 PDCA 业务逻辑或者业务细分的方式识别出二级能力项。如针对研发管理这个一级能力项，识别出 P 阶段的产品规划和技术规划，D 阶段的产品开发、技术与平台开发，C、A 阶段的产品生命周期管理、部件重用及评价等二级能力项。结合业务访谈与调研，识别出企业目前较为严重的能力结构及能力短板，如图 1 所示。

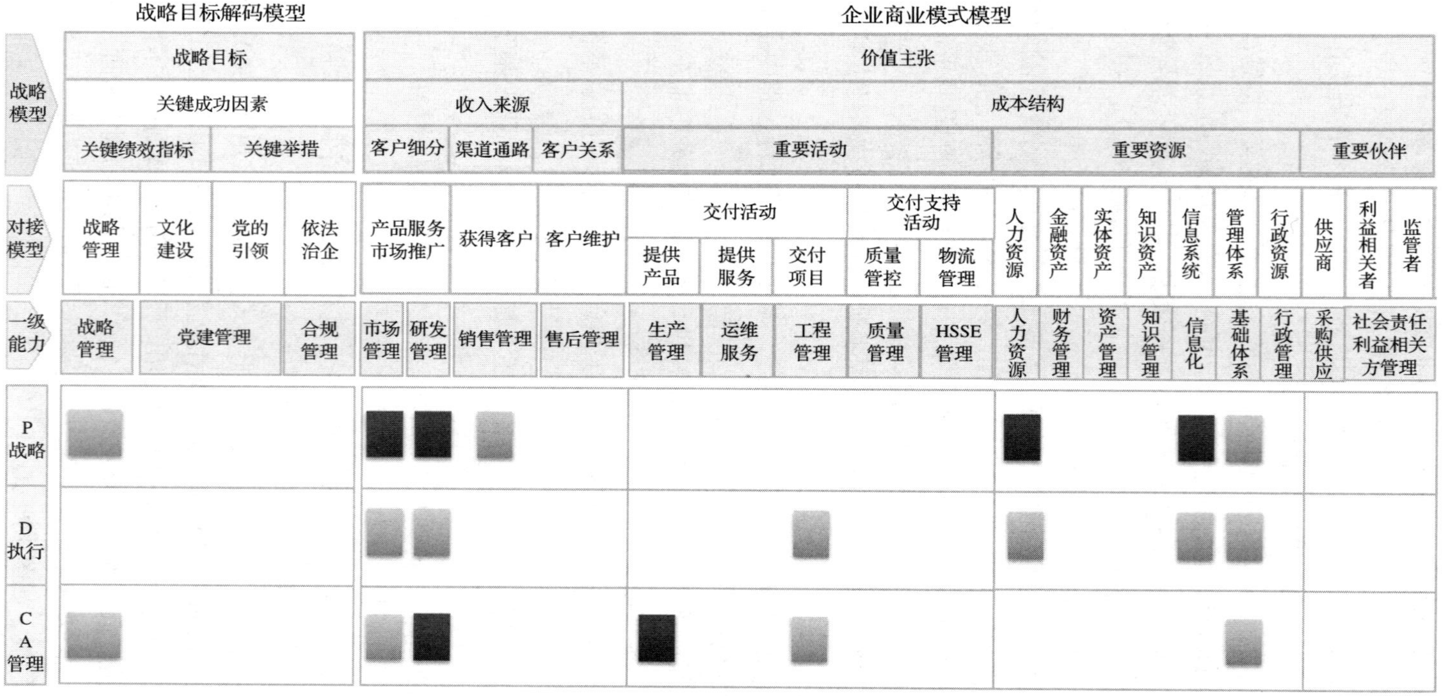

企业商业模式模型

战略目标解码模型

重要伙伴：利益相关者（监管者）、社会责任利益相关方管理

重要资源：行政资源（行政管理）、管理体系（基础体系）、信息系统（信息化）、知识资产（知识管理）、实体资产（资产管理）、金融资产（财务管理）、人力资源（人力资源）

成本结构

价值主张

重要活动：交付活动、交付支持活动（物流管理 HSSE 管理、质量管控 质量管理）、交付项目（工程管理）、提供服务（运维服务）、提供产品（生产管理）

收入来源：客户关系（客户维护 售后管理）、渠道通路（获得客户 销售管理）、客户细分、产品服务 市场推广（研发管理 市场管理）

战略目标：关键成功因素（关键绩效指标 文化建设 战略管理）、关键举措（党的引领 党建管理）、依法治企（合规管理）

一级能力：战略管理、党建管理、市场管理、研发管理、销售管理、售后管理、生产管理、运维服务、工程管理、质量管理、HSSE 管理、物流管理、人力资源、财务管理、资产管理、知识管理、信息化、基础体系、行政管理、采购供应、社会责任利益相关方管理

战略模型 / 对接模型 / 一级能力

P 战略

D 执行

C A 管理

图 1　能力架构及能力短板识别

2.诊断结果：部分能力存在短缺，对战略落地支撑不足

经调研访谈，确定市场管理项下的市场策略制定，研发管理项下的产品和技术规划、产品全生命周期管理，生产管理项下的生产例外与控制管理、人力资源项下的人力资源规划、信息化项下的信息化规划等存在较为严重的能力短板，同时在战略管理、销售管理、工程管理、基础体系管理等能力项下有不同程度的能力不足问题，这在一定程度上影响了企业战略的落地实施。

以信息化规划为例，目前并没有基于业务架构来整体规划应用架构和数据架构，也没有定期分析业务需求与系统功能支撑之间的差异、进而主动策划相关信息化改造项目，导致目前信息系统建设大多基于职能管理目标进行，存在跨专业信息系统贯通性不强、数据不能充分共享、数据反复录入等情况，IT系统建设现状无法支撑企业数字化、智能化发展策略。

（三）专项诊断：基于内外部达标检查，发现体系建设"多张皮"问题

1.诊断工具：内外部达标检查和现场调研分析

经企业管理体系内控测评、外部和上级单位达标检查，结合流程成熟度调研，发现以下五类管理体系建设问题。

（1）业务烦琐问题。目前主要以职能为中心开展业务设计，纵向管控深，横向不交融，业务设计烦琐、复杂、不清晰，流程审批滞后。

（2）流程文档不完善问题。部分业务存在缺少业务指导手册、不系统、不完整、难以指导业务执行的问题。

（3）制度文件较多且更新不及时问题。各专业发布制度500多份，存在更新不及时、员工查阅不便等问题。

（4）职责不清问题。员工流动性大，培训成本高，岗位职责不清晰，经验知识随人员离职也随之消失，对流程知识的沉淀不足。

（5）IT系统分散问题。目前建设有10多个业务信息系统，不便操作，流程断点多，流程之间衔接性和关联性不强。

2.诊断结果：管理体系未整合，存在落地执行难问题

经诊断，特变电工新能源存在基础体系各自建设、管理体系未整合、体系建设"多张皮"问题，针对同一项业务活动的管理要求分散在不同管理文档中，增加了员工了解、记忆、执行管理要求的难度。由于业务变化、流程调整较为频繁，进一步加剧了流程、制度、权责、风险与IT规则不一致的问题。

（四）专项诊断：基于管控模式分析，发现授权与流程"两张皮"问题

1.诊断工具：EBPM管控模式矩阵

基于EBPM平台管控模式矩阵管理功能，完成各专业授权手册与流程授

权的对接检查和分析（如图2所示）。图2中，右上角红色标识的为管控模式（授权手册）与流程授权不一致的问题点。

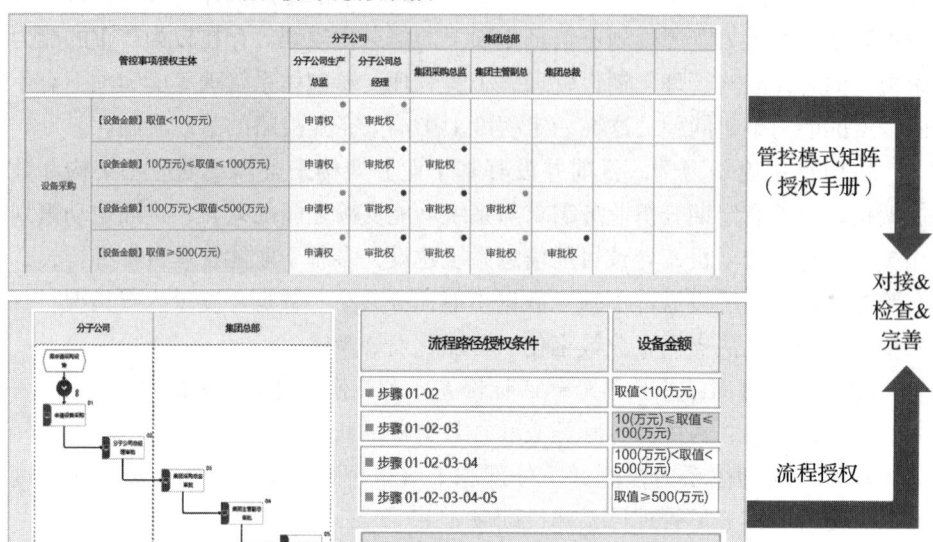

图 2　EBPM 管控模式矩阵分析

2.诊断结果：部分授权要求未落实到流程设计中

通过 EBPM 管控模式监控分析，发现专业授权手册与流程设计不一致，主要表现为授权角色与流程角色不一致，或者审核或审批权限分配错误。

如在制造业营销项目立项业务中，授权手册中要求针对产品内部项目，由区域办事处负责人承担审批权，流程设计中却为区域办事处负责人设置为审核权；授权手册中要求针对产品外部项目，由经营单位市场分管领导承担审批权，流程设计中却为经营单位营销分管领导设置了审批权。

目前授权体系和流程体系分别是由两个职能部门进行归口管理的，授权体系和流程体系建设分别开展，成果之间没有进行对应检查，导致授权设计与流程设计存在不一致的现象。

（五）专项诊断：基于流程日志分析，发现设计、执行"两张皮"问题

1.诊断工具：EBPM 流程还原分析

应用 EBPM 流程还原功能，提取流程执行相关日志数据，开展流程设计与执行符合性的检查。以 LTC（产品）端到端流程和 LTC（EPC）端到端流程

为切入点，提取 18 个月的业务数据进行还原分析。LTC 端到端流程包括从线索到回款相关的业务活动，覆盖营销、合同、交付、收款等相关业务，是企业经营管理的核心流程。

2. 诊断结果：流程设计与执行存在不一致的问题

LTC（产品）端到端流程现包含职能流程 25 条，有信息系统支撑、可实施还原的流程为 15 条，经业务数据还原分析，发现其中 10 条流程存在不一致问题，包括以下三种情况。

（1）流程设计有环节、流程执行无环节。

（2）流程设计无环节、流程执行有环节。

（3）流程设计与执行路径不一致。

三、解决方案的设计框架

（一）基于要素的管理体系建模方法

1. 传统管理体系建设方法

构建管理体系的传统方法是用 WORD、EXCEL、VISIO 等"老三件"人工编写"管理文档"，一般情况下容易导致以下两个方面问题。

（1）管理要素描述不一致。针对同一业务的要求，在不同管理文件中基本依靠人工来确保其一致性，容易出现在不同的文件中各说各话的情况。

（2）要素更新难以保证一致性。传统的管理体系建设成果大多为非结构性文档，难以关联和分析。当某一要素发生调整时，相关引用此要素的文档无法自动检索，只能人工逐个检查和更新。

2. 基于要素的管理体系一体化建模

针对目前特变电工新能源存在的授权、流程、制度、风控、系统等管理体系建设孤岛问题，通过基于要素的管理体系建模，以"业务流程"为纽带，构建"结构化""一体化"和"精益化"的管理体系模型，实现各管理要素之间的相互引用和关联分析（见图 3）。

管理体系构建，从战略解码和商业模式切入，通过对企业能力的识别和分解，识别出承接战略的能力架构，基于此建立企业的流程架构和职责架构；通过管控模式矩阵开展组织权责设计，建立能力、组织、授权之间的关系。

围绕职能流程梳理，应用"5W1H"方法，明确流程及活动的触发条件，基于业务活动明确表单、角色、IT 系统等要素，梳理制度、标准、程序等规则要求，以及绩效、风险、控制等要求，基于流程融合多管理体系要求，发现体系建设空白或薄弱的环节，从而实施专项的体系改进计划。

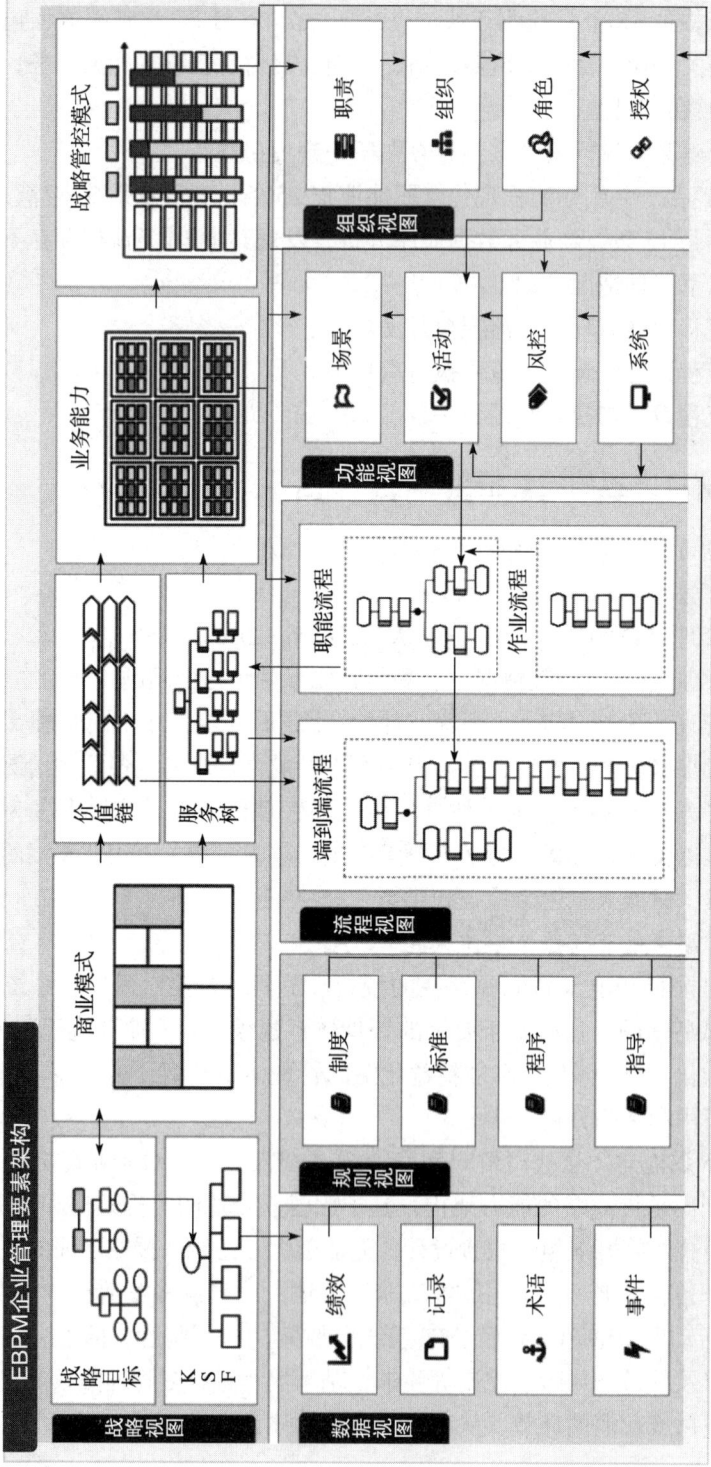

图 3 EBPM 企业管理要素架构

通过上述方法构建的一体化管理体系模型，各要素之间相互引用、相互关联，当一个要素发生调整时，其他引用此要素的体系文件自动标记修改，实现管理要素"一处引用、关联修正"，确保管理要素引用的一致性，减少管理冲突。

（二）流程全生命周期管理方法

流程管理是一项长期的企业管理工作，流程需要随内外部环境变化、企业战略、业务模式及组织机构变化，不断进行调整和完善。因此，需要导入一种成熟的流程管理机制，支撑特变电工新能源长期开展流程管理工作。

考虑特变电工新能源基础管理体系的建设现状，采用博阳精讯"理清楚、管起来、持续优化"的"三步走"实施路径，实现对流程体系设计、执行、治理、优化"全生命周期"管理，推进企业逐步完善流程体系，并在此基础上完善建立基于流程的制度、风控、绩效等管理体系。

"理清楚"就是承接战略，建立支撑战略体系落地的运营体系，以业务流程为纽带实现管理体系整合，让管理者理清楚完整的管理思路，让员工明确"什么是正确的做事方式"。

"管起来"实现流程的有效落地和执行，通过治理体系的建立，建立长效管理机制，促进管理体系有效运行，确保员工"按正确的方式做事"。

随着企业经营环境的不断变化，战略目标和管理要求也会相应发生变化。"持续优化"就是通过监控和优化分析体系的建立，帮助企业实现管理体系持续优化，实现流程精益化运营，以适应企业内外部环境的变化。

（三）流程和企业成熟度评估方法

1. 流程成熟度评估模型选择

为牵引特变电工新能源从职能管理转为流程管理，选择流程成熟度评估作为工具方法，通过对流程体系建设与运行情况定期开展评估，发现流程管理中的短板问题，制订改进计划并实施持续改进。

设计一套运行良好的流程，同时取得稳定卓越的绩效水平，除了提升流程本体的质量与效率外，还需要持续获得高层领导的支持，培育流程管理文化和价值观，获得流程优化的技能，建立完善的流程治理体系等。基于此，选用"PEMM 流程与企业成熟度模型"作为管理提升的牵引工具。

2. 流程成熟度提升目标与计划

结合特变电工新能源管理诉求，制定了流程管理 5 年规划目标，到 2025 年年底之前流程成熟度达到 P2，核心端到端流程实现较好的绩效。

（1）2021 年，实现三级流程全覆盖、四级流程完成 80%。

（2）2022 年流程成熟度达到 P1，流程驱动管理，实现四级流程全覆盖、流程显性化、标准化，实现试点端到端流程 e 化和优化。

（3）2023—2025 年达到 P2，变革驱动，实现核心端到端流程 e 化及优化、内部流程协同、企业整体绩效提升。

（4）2026 年以后，持续变革，推进内外部流程协同、跨企业流程绩效提升。

通过每年定期开展成熟度评价，促进企业逐渐从职能管理转为流程管理，推进企业逐渐实现职能流程协同、端到端流程协同、企业内部业务协同、企业外部业务协同，不断地提升流程及企业整体绩效。

四、案例项目评估和绩效说明

（一）精准对接企业战略，构建完整流程体系

1. 建立了基于战略的商业模式画布模型

基于特变电工新能源"一体两翼"战略，构建企业商业模式画布模型，明确战略聚焦的产品和服务、目标客户、获客及维系客户的方法，以及与实现企业核心价值链相关的重要活动、实现商业模式所需的重要资源和重要伙伴等内容（见图 4）。

2. 建立了对接战略的能力架构体系

通过对企业战略进行解码，结合商业模式画布模型，对接识别出 21 项一级能力项；基于每一项一级能力，按照 PDCA 业务逻辑或者业务细分的方式识别出二级能力项。如针对研发管理这个一级能力项，识别出 P 阶段的产品规划和技术规划，D 阶段的产品开发、技术与平台开发，C、A 阶段的产品生命周期管理、部件重用及评价等二级能力项。

基于对接战略的能力架构和能力短板评估结果，推进特变电工新能源策划并实施了相关管理变革项目，消除能力短板，提升企业竞争力。如导入产品集成开发 IPD 业务最佳实践、导入集成供应链 SCM 管理业务最佳实践等。同时，针对目前较为薄弱的市场、研发、人力资源、信息化管理相关的规划与计划环节，通过策划专项工作开展能力提升工作。

3. 从分工维度构建完整的职能流程架构

职能流程架构，主要是从职能管理的维度，基于已经确定、承接战略的能力架构，从业务过程、业务场景二个维度对二级能力项进行逐级分解，直至形成四级职能流程架构，包括一级分类 21 项、二级分类 106 项、三级分类 308 项、四级流程 1053 项，如对采购管理逐级分解直至采购策略制定和优化流程。

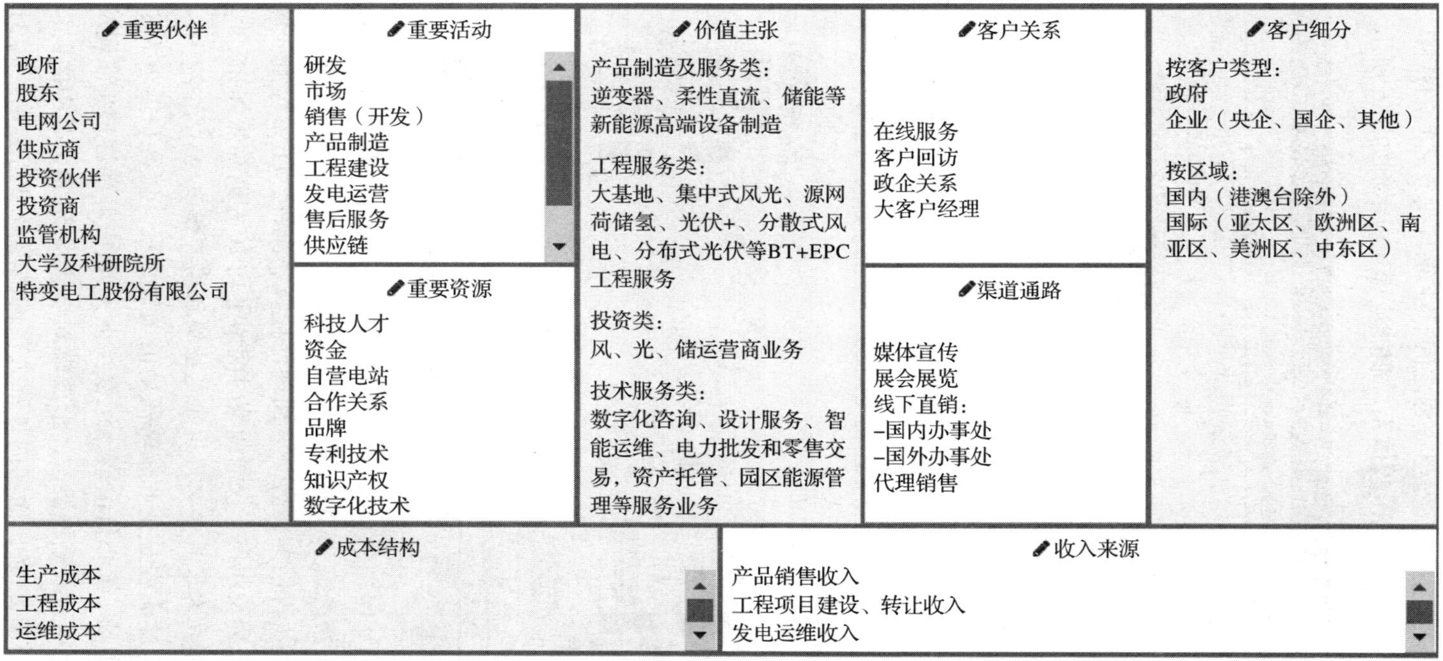

图 4 特变电工新能源商业模式画布模型

重要伙伴
政府
股东
电网公司
供应商
投资伙伴
投资商
监管机构
大学及科研院所
特变电工股份有限公司

重要活动
研发
市场
销售（开发）
产品制造
工程建设
发电运营
售后服务
供应链

重要资源
科技人才
资金
自营电站
合作关系
品牌
专利技术
知识产权
数字化技术

价值主张
产品制造及服务类：
逆变器、柔性直流、储能等新能源高端设备制造
工程服务类：
大基地、集中式风光、源网荷储氢、光伏+、分散式风电、分布式光伏等BT+EPC工程服务
投资类：
风、光、储运营商业务
技术服务类：
数字化咨询、设计服务、智能运维、电力批发和零售交易、资产托管、园区能源管理等服务业务

客户关系
在线服务
客户回访
政企关系
大客户经理

渠道通路
媒体宣传
展会展览
线下直销：
一国内办事处
一国外办事处
代理销售

客户细分
按客户类型：
政府
企业（央企、国企、其他）
按区域：
国内（港澳台除外）
国际（亚太区、欧洲区、南亚区、美洲区、中东区）

成本结构
生产成本
工程成本
运维成本

收入来源
产品销售收入
工程项目建设、转让收入
发电运维收入

通过流程接口建立流程与流程之间、业务与业务之间的衔接关系，构建出纵向贯穿、横向衔接的流程体系。职能流程建模示例如图5所示。

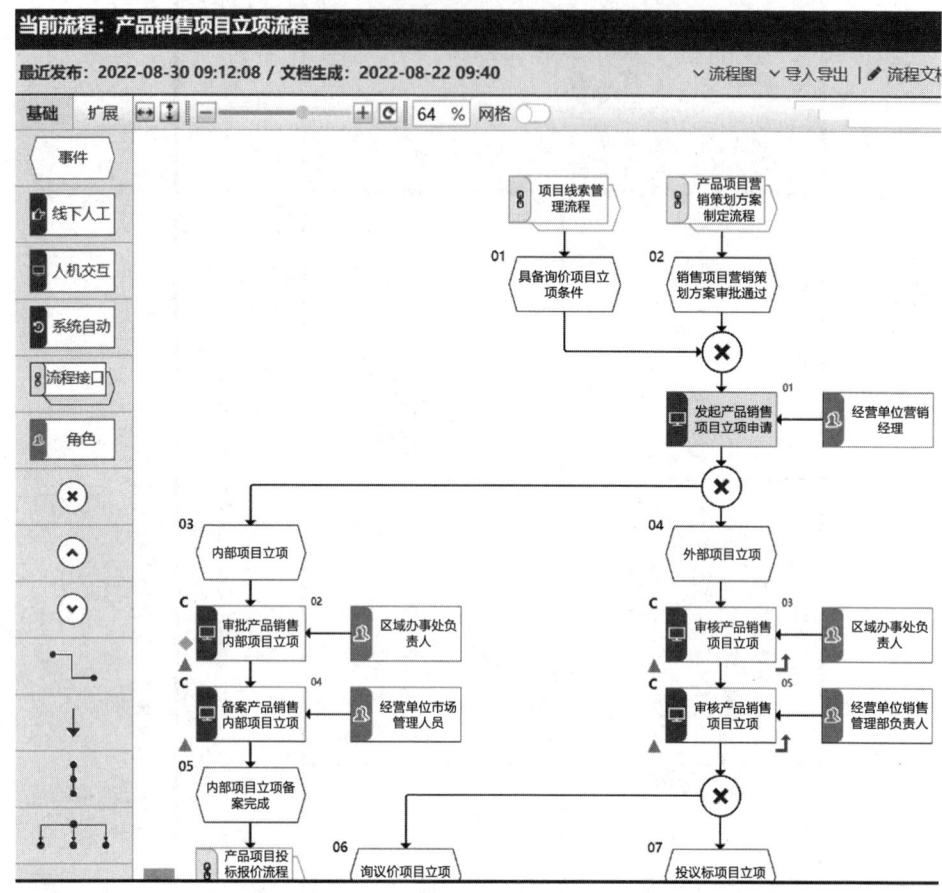

图5　职能流程模型样例

基于流程建模结果检查流程授权与管控授权的一致性，同时把对齐授权后的流程手册发送给IT人员用于信息系统流程调整，一方面确保企业管控策略落实到流程执行层面，另一方面确保授权、流程、IT系统流程调整的一致性。IT系统流程及用户、权限调整时间由平均10小时缩短到2.2小时。

（二）以客户需求为中心，构建完整端到端流程架构

核心端到端流程是企业战略落地的关键途径。以客户需求为中心，按照面向客户和市场（核心价值链、运营类业务）、内外部客户（管理及支撑类业务）建立三级端到端流程架构，形成端到端流程58条，其中面向市场和客户的运营类端到端27条，面向内外部人员的战略及支持类端到端31条。每条

端到端流程体现了从客户需求发起至需求满足（或关闭）的全过程，通过明确端到端流程 OWNER（文件封装库），将端到端流程改进任务落实到具体人员。基于端到端流程的设计和执行，开展以下两类分析。

（1）基于端到端模型的要素静态分析，如流程断点、信息断点、组织断点、系统断点分析，以及审批节点、权责分配分析，发现流程设计问题并实施优化改进，确保流程"跑得通、转得动"。

（2）基于端到端流程执行的绩效性分析，通过提取流程执行结果数据，发现流程执行过程中的效率与质量问题并实施优化改进，确保实现流程高绩效目标。

（三）融合多管理要素，消除管理体系孤岛

1.实现管理要素的要素化、结构化管理

在流程体系建设的同时梳理相关各类管理要素，包括组织、职责、角色、授权、风控、绩效、记录、术语、制度、标准等。

（1）从人力资源管理系统中同步组织、岗位、人员信息，建立组织与岗位、岗位与人员之间的关系。

（2）结合特变电工新能源的组织层级和专业分工特点，基于能力架构建立标准规范的角色体系，形成角色 996 个。通过将角色匹配至相关岗位和人员的方式，明确岗位职责与任职要求。

（3）跨专业整合管理术语及定义 2099 项，形成企业基础管理字典库，既便于专业间的沟通与理解，又便于制度编写、流程绘制时引用。

（4）跨专业规范表单 1282 项，形成业务表单库，表单模板在线查看或下载，便于员工应用。

2.建立以流程为基础的制度体系

促进特变电工新能源改变制度体系建设方法，由原先 Word、Excel、Visio 等"老三件"编写制度的方式，调整为基于要素的一体化建模方式编写制度。基于设定的制度模板在线完成制度编写，当相关的引用文件、术语、流程、记录、风险等这些要素发生调整时，自动提示要素变更并在确认后自动更新，此种方式有效避免了各要素之间不统一的情况，有效提升了制度修编效率与质量。

通过制度制修订审批流程，线上完成制度修编任务分配、在线编写、规范性检查、专业审核、领导审批、制度文件自动生成、加盖体系受控章、实施制度发布等管理活动，有效提升制度编写规范性和效率、质量，流程与制度匹配率由 2022 年年初的 36.6% 提升至目前的 70.1%，在实际业务中避免了制度

与流程"两张皮"的情况。

3. 建立以流程为基础的风控体系

指导特变电工新能源改变全面风险与内部控制体系建设方法，建立企业级风险库，将风险点与控制措施进行对应，梳理战略、市场、财务、运营、法律五大类风险943项，对应制定内部控制措施1370项。完成风险点、控制措施与流程环节的对应，通过流程角色将风险点和控制措施对应到相关岗位和人员。全面风险和内部控制责任从原先的部门细化、下沉到目前相关岗位和人员，有效压实风险控制责任。

4. 建立以流程为基础的绩效体系

指导特变电工新能源完善原有组织绩效管理方法，基于企业战略目标和客户诉求，从规模、质量、成本、效率、风险等维度，识别与端到端流程相关的绩效指标，逐级分解，形成流程绩效、流程环节绩效，推进端到端流程相关人员为了共同的绩效目标，主动提升协同能力，发现并积极解决流程问题，促进端到端流程绩效提升。

5. 以流程为核心融合多管理体系

制度、程序、作业标准等体系文件，从原有 Word 等非结构化文档模式，转变为结构化、条款化的章节条款。将相关制度条款对应至流程环节，同时将风险点、控制措施、绩效指标也与流程或流程环节进行对应，实现了以流程为核心的多管理要素融合，发布流程手册1053册，岗位手册2000多册。将原先散落在各类管理文件、IT系统、人员头脑中的流程、角色、授权、表单等，以显性化方式进行统一管理，形成特变电工新能源的流程知识库。员工离职时，无需担心经验知识被带走。流程知识库被广泛用于新员工入职、老员工转岗、基础体系建设、宣贯及达标检查、业务优化与完善、IT系统建设等业务。

（四）面向岗位精准发布，促进体系落地执行

基于流程的管理体系建设成果，按角色、岗位进行发布，每个员工都可以在线浏览与本岗位相关的管理要求，特变电工新能源全体员工都可以在线查询以下信息。

（1）我是谁：我在公司的岗位是什么？

（2）我做什么：我有哪些角色，职责是什么，权限是什么？

（3）我怎么做：我有哪些流程，依据什么制度，根据什么指引，参照什么标准，填写什么表单？

（4）我的风险：我有哪些风险，控制措施是什么，如何规避风险？

（5）我的绩效：我的绩效指标有哪些，指标是如何定义的？

当与岗位相关的制度、流程、表单等要素发生变更时，岗位人员能够及时收到管理要素变更通知、便捷进行变更内容的查看，有效促进了管理体系落地执行。

（五）持续开展流程优化，提升企业经营质效

结合流程成熟度评估发现的问题，导入精益管理 DMAIC 路线图及 ESIRA 流程优化方法，辅导特变电工新能源开展流程优化工作，消除多余的流程和审批环节，打通信息系统孤岛，提升流程效率与质量。

云南方圆公司综合管理提升咨询项目

厦门南天竺管理咨询有限公司

厦门南天竺管理咨询有限公司（以下简称南天竺咨询或南天竺）由王于蓝女士创建于 2001 年，是以"数据化管理咨询"为特色的专业的管理咨询机构。作为企业经营管理的服务商，南天竺咨询注重专业化、标准化、流程化和数据化，以"国际化视野，本土化操作"为服务理念，深刻了解本土企业的现状，在梳理客户需求基础上，以服务客户的战略实现与业务发展为诉求，结合多年来丰富的案例经验，为企业提供不同层次的经营管理咨询和培训服务。

本案例项目组成员

张桂熹，南天竺咨询项目经理，拥有 19 年以上人力行政从业经验，8 年以上管理咨询工作经验；国家一级人力资源管理师、国家企业培训师；曾服务过中国移动、向阳坊、科华数据、联发集团、鹏拓塑胶、奥佳华集团、四维胶粘、大顺集团、铂联科技、莆田文献、莆田红太阳食品、意尔康集团、特步集团、天津红歌、云南方圆等企业；专注于战略规划、人力资源规划、组织变革、岗位体系梳理、招聘体系、培训体系、薪酬福利体系、绩效激励体系等人力资源专业模块的优化和设计。

其他成员：王于蓝、郭世权、陈云瑞、刘伟孟、肖云

导读

云南通海方圆工贸有限公司（以下简称方圆公司）成立于2006年，主要生产直缝钢管、螺旋钢管、镀锌钢管、涂塑钢管、电力套管等产品，是集研产销为一体的各种管材专业生产企业。该企业通过3项管理体系认证；连续10年被列入云南省"非公企业100强"；多次被评为"守合同重信用"企业；获得云南知名品牌、云南著名商标等称号；是云南省装备制造业头部企业。

南天竺咨询项目组从2021年开始服务方圆公司，在对组织进行全面管理诊断后，先后开展了顶层设计、组织变革、人才梯队建设、精益生产等咨询专案。完善组织结构、完成组织变革，建立标准化的管理模式；评估管理层胜任力、绘制公司人才地图、建设人才梯队，为公司的快速发展做好了充分准备；推行精益生产，改善工作环境、大大提高工作效率，方圆公司推行精益生产后成为当地标杆，吸引众多企业前来参观学习。

经过近一年的合作，方圆公司对南天竺项目组的专业服务和工作成果十分认可，在双方共同努力下，方圆公司在云南省"非公企业100强"中的排名从2021年度的64名晋升为2022年度的46名。

云南方圆公司综合管理提升咨询项目

厦门南天竺管理咨询有限公司　张桂熹

一、案例背景

（一）企业简况

云南通海方圆工贸有限公司（以下简称方圆公司）成立于 2006 年，主要生产高频直缝钢管、螺旋埋弧钢管、热浸镀锌钢管、热浸镀锌型材、高速公路护栏管、高速公路护栏板、涂塑钢管、电力套管等产品，是集研产销为一体的各种管材专业生产企业。

经过十多年的沉淀，该企业已经通过了 ISO 9001：2015 质量管理体系认证、ISO 14001：2015 环境管理体系认证、ISO 45001：2018 职业健康安全管理体系认证；连续 10 年被列入云南省"非公企业 100 强"；多次被评为"守合同重信用"企业；获得云南知名品牌、云南著名商标等称号；并于 2021 年 8 月 10 日被央视《品质》栏目做过专题报道；是云南省装备制造业头部企业。

（二）项目需求

1. 内部管理机制欠缺

公司从发展初期，就形成主要以产带销的发展模式，长期以来忽视内部管理机制体系的建设与优化。行业市场竞争的加剧和利润的降低，给方圆公司的可持续发展蒙上了一层阴影。各厂区各自为政、缺乏有效协调机制；企业内部上传下达、跨职能协调及业绩考评都缺乏依据与标准。方圆公司总经理经常提到"方圆公司是稀里糊涂发展到现在，以前行得通，现在必须改革，未来才有希望"。

2. 生产现场管理不规范

方圆公司先后建成四个厂区，每个厂区都存在原料、半成品、成品未定点堆放；维修工具在机台、地面随处可见；工具箱挤满各类物品，很难找到所需工具；清洁工具、小推车、行车遥控器等用到哪放在哪；机台、安全通道、消防器材标识不全；机器设备保养不到位；生产计划无序排产、频繁换型；设备综合效率不高，安全事故频发等现象。

3. 管理层胜任力不足

公司的管理层90%以上是5年以上的老员工，虽然忠诚度高，但整体学历偏低、知识技能水平不足、从业经历有限、教育培训缺乏体系、人岗不匹配，管理层的胜任力已跟不上公司快速发展的步伐。

（三）项目目标

针对以上项目需求，南天竺项目组经过与方圆公司高层多轮沟通，第一期项目预期达成以下四个项目目标。

（1）优化内部管理机制。

（2）规范生产现场管理。

（3）建立方圆人才梯队。

（4）健全方圆培训机制。

二、诊断分析

南天竺项目组进入方圆公司后，收集了143份内部资料，针对高、中、基层进行了3天面对面访谈，形成了25份访谈记录；项目组共发放3套调查问卷，收回248份有效问卷；对各厂区生产现场和主要经销商进行了实地考察，掌握大量第一手资料；有针对性地收集行业和竞争对手数据并加以对比分析，历时一个多月编制完成《方圆公司调研诊断报告》，报告主要包含以下三个方面内容。

（一）项目概述

（1）发现问题并不是诊断的最终目的，诊断是为了通过准确发现问题，认识问题背后的根源，共同寻找个性化的解决方案。

（2）调研过程主要采用了问卷调查法、分层访谈法、文件审核法、现场观察法、行业调查法、表单资料的调阅分析、数据分析等方法。

（3）调研过程分为需求沟通、现场调研（访谈、走访、问卷）、资料分析、报告编写、调研汇报共五个阶段。

（二）调研发现

通过PEST模型，分析了方圆公司所在行业外部环境的情况，帮助方圆公司找准定位，以明确发展方向。

（1）政治法律环境分析。

2013年提出的"一带一路"倡议，促进了中国与"一带一路"沿线亚欧各国的经济合作；中国经济对外开放投资和合作的重点是"一带一路"的发展中国家,据《世界金属导报》统计,"一带一路"沿线各国家每年钢材缺口达亿吨级别;东南亚地区不仅是我国出口重点区域,也是钢铁投资的重点区域。方圆公司地处滇南,与其他竞争对手相比,开拓东南亚市场在物流方面有先天优势。

"十四五"规划明确了钢铁工业定位,钢铁工业是我国国民经济的重要基础产业,是建设现代化强国的重要支撑,是实现绿色低碳发展的重要领域;创新驱动是引领钢铁工业高质量发展的主引擎;优化产业结构是钢铁工业高质量发展的必然选择;优化调整产业布局是"十四五"钢铁行业的主要特征;绿色低碳是钢铁工业高质量发展的必经之路;提升全球竞争力,全面建成钢铁强国是最终目标。

(2)经济环境分析。

钢铁材料是经济建设基础原材料,国内及国际经济发展必将拉动钢铁产品需求继续增加。

国内经济方面,经济设施建设和西部大开发,都对钢材消费需求有较大拉动作用,同时也带动了消费钢材较多的行业发展;国际经济方面,世界经济增长速度明显放缓,美国、日本、欧盟三大经济体同时出现经济低迷,受此影响,国际钢铁市场一直处于低迷状态,钢材生产过剩,市场需求不足。

(3)社会文化环境分析。

社会与文化环境明显呈现区域特征,不同地区往往因经济发展水平、受教育程度、民族构成等因素影响,形成不同的社会与文化环境。

对钢铁企业来说,社会与文化环境包括居民环保意识、就业观念、价值观等,社会对钢铁企业保护环境达到零污染、提供更多就业机会、体现人们对生活品质的追求等方面提出了更高要求。

(4)技术环境分析。

全球化改变了企业经营环境,企业营销理念将进一步更新;企业将根据订单生产,生产周期将大大缩短,因而实施零库存管理,降低管理成本成为可能。

因此,采用高新技术改造传统产业,利用网络信息技术进行业务流程再造成为与钢铁相关的公司发展之选择。通过麦肯锡 7S 模型,指出了方圆公司在发展过程中必须全面考虑的内环境的硬件需求和软件需求,包括战略、结构、制度、风格、人员、技能、价值观。

（三）改善建议

（1）定战略。

应对方圆公司当下现状，探讨、明确方圆公司发展定位和战略方向。

（2）固架构。

需从核心组织结构上"正本清源"，确定组织架构，明确决策、经营、管理层级及相互组织关系。

（3）塑环境。

建立与架构及职责分配体系紧密结合的"人—事"两大环境："事"上重新梳理内部流程与制度，尽可能明晰管理脉络；"人"上实现"人岗匹配"建立人才储备机制，建立人才梯队。

（4）强引导。

以人才梯队建设及强化内控管理为方圆公司平台主要引导手段；规范制度体系，导入营销规划、精益管理、财务规划和人力资源管理，促进企业目标的达成和可持续发展。

三、方案的设计与实施

数据会说话，以事实为依据，透过现象看本质，南天竺咨询项目组通过对方圆公司现存问题的归纳分析，揭示了问题的核心根源。项目组在与客户进行了深入的交流沟通后，以强化企业内部控制体系为基础，最终拟定了以"组织变革→精益生产→人才梯队建设"为第一期咨询项目的主线，确定了咨询工作计划，根据管理体系各模块内在逻辑关系，按一定次序将整个咨询实施阶段分为以上几个模块分步设计与实施。

（一）方案设计

1.组织变革

南天竺项目组调研发现，方圆公司成立十余年，员工规模达到286余人，但公司竟然没有清晰的组织架构和人力资源部门。各厂区相互独立、各自为政，部分职能重复、部分职能缺失，甚至时常出现几个厂区相互抢单的现象。

南天竺项目组首先对各厂区的架构、岗位、权限、核心价值流程的现状进行还原和分析，依据公司治理基本原则，公司治理结构的精髓在于权力分立、互相制衡，以期实现最大效益。项目组充分考量组织架构设计四要素——商业模式、主营业务、人员平衡、新业务的发展，反复讨论"直线等级控制模式""横向职能管理模式""弹性组织模式"三种常见组织架构形式的利弊。

第一种，直线等级控制模式：从上到下，不同层次上的岗位角色在所承担的子系统目标功能作用的内容上，没有质的区别，没有合理授权，是提线木偶。

第二种，横向职能管理模式：一个组织就是由承担着不同子系统目标功能作用的部门或岗位彼此协调形成的一个团队。

第三种，弹性组织模式：岗位角色的职责并不是固定不变的，每个人都是多面手，一人多能。

经过项目组内部充分讨论，出具了集团管控模式的设计思路。总部设置总经办、战略发展部、品牌运营部、产品开发部、采购部、生产管理部、财务部、人力资源部共 8 个职能部门，依据分级管理、分级核算、自负盈亏原则设置营销事业部和生产事业部，并就组织架构的设计思路与方圆公司高层进行多次交流，同时结合新的组织架构对未来战略发展规划承担的经营管理职能，设计了合理化的新版组织架构。南天竺项目组建议采取集团管控模式，通过管控部门的设置、管控流程设计，重新梳理生产、营销、财务、安全等内容，加强管理，提升效率，增强竞争力。

南天竺项目组对方圆公司组织架构进行重新设计，如图 1 所示。

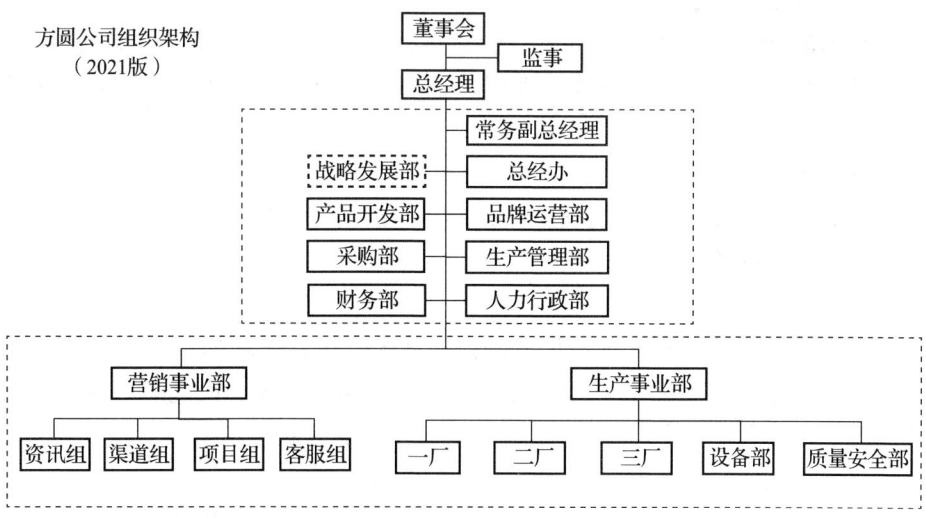

图 1　方圆公司组织架构（2021 版）

在新的组织架构下，对每个部门的职责范围进行了标准划分，为后续岗位标准的建立与薪酬、绩效管理体系的导入进行铺垫。

（1）总经办。

根据公司发展需要，协助总经理开展外联、接待、法务等公共关系管理。

（2）战略发展部。

根据公司发展需要，负责公司新项目拓展评估，提交决策层审批后统筹新项目推进并监督。

（3）品牌运营部。

根据公司发展需要，负责公司品牌推广及活动策划，设计方案并跟踪实施。

（4）产品开发部。

根据公司发展需要，负责新品研发，产品及技术改进，公司标准化推进，专利申请和维护，提升产品和企业的价值。

（5）采购部。

根据公司发展需要，负责公司生产物料供应商及采购管理，库存管控，通过内外协同，为客户和企业创造价值。

（6）生产管理部。

根据公司发展需要，负责公司生产目标及计划的制订，协调各部门进行产销协调，提升产能。

（7）财务部。

根据公司发展需要，建立公司会计信息系统，依据企业会计准则归集、处理各类会计信息；对外提供企业财务报表，对内向管理者提供分析、决策支持。

（8）人力行政部。

根据公司发展需要，负责公司人力资源规划、招聘、培训、薪酬、绩效、员工管理及行政管理。

2. 精益生产

南天竺项目组通过实地调研方圆公司几个厂区，发现都存在生产现场管理混乱、机器设备保养不到位、设备综合效率不高的情况，因此南天竺项目组为方圆公司生产管理优化设计了精益管理三步走的方案。

（1）精益生产之 6S。

通过推行 6S 管理，改善工作环境、提高公司形象，降低寻找时间、提高工作效率，规范"三定"管理、降低安全事故，加强培训宣导、提升员工素养，加强现场管理、降低各种浪费。

（2）精益生产之 TPM。

方圆公司生产现场都是各类大型生产设备，通过推行 TPM 管理，规范设备使用、维护、维修、预防，进行全程管理，确保设备稳定运行，延长设备的使用寿命，更好地满足生产需求和工艺要求，实现设备价值最大化，经济效益最优化。

（3）精益生产之 OEE。

OEE= 时间利用率 × 设备性能率 × 产品合格品率，OEE 的提升与生产排产。工作时间、设备性能、员工素质、产品质量等息息相关。通过推行 OEE，全员通过头脑风暴，集思广益，提出各项整改方案，能有效提升方圆公司生产效率。

3. 人才梯队建设

企业的发展与内部人才的结构息息相关，方圆公司在发展的过程中同样受制于人才瓶颈，无法在关键岗位上得到优秀人才的有力支持，鉴于此，南天竺项目组充分利用项目团队在人力资源与心理学应用研究方面的优势，从岗位胜任力标准模型角度出发，对方圆公司内部人员进行测评定位。

通过 MBTI 职业性格测评及职业技能测评工具对相关人员职业化能力与胜任力进行测试评估，并结合岗位表现情况，梳理出方圆公司现有核心岗位人员的人才地图。

（二）培训宣导

培训工作是咨询项目实施的重要组成部分，贯穿项目的始终，从调研诊断完成后，项目组就对方圆公司管理层通过讲授、游戏体验、角色扮演、互动交流、现场操作等多种方式进行培训。

1. 观念导入培训

培训工作使方圆公司内部员工建立基础的企业管理基本常识与观念，树立正确的职业态度与意识，推动员工建立吸收新知识的开放心态，让员工系统了解对于企业整体经营管理各个咨询模块的相互逻辑关系，使员工改变原有的错误观点和认识，对管理的科学性、体系性和重要性有一个全面的了解（见表 1）。

表 1　企业管理基本知识培训内容

序号	培训主题	方式	对象	老师	老师介绍
1	公司治理	线下	高层	王于蓝	资深咨询师、培训师
2	角色认知	线下	基层、中层、高层	王于蓝	留日教育心理学硕士 厦门欧美同学会副会长
3	六顶思考帽	线下	基层、中层、高层	王于蓝	厦门经济管理咨询协会副会长
4	内控管理	线下	中层、高层	郭世权	内控咨询师

2. 理论体系培训

使员工全面、系统、准确理解咨询方案的内容，充分理解方案设计理念和原理。内容包括本次咨询项目设计的各项方案（见表2）。

表2 针对咨询项目实施方案的培训内容

序号	培训主题	方式	对象	老师	老师介绍
1	非人力资源的人力资源管理	线下	中层、高层	王于蓝	资深咨询师、培训师
2	人力资源基础知识	线下	人力资源部	张桂熹	一级企业人力资源管理师 企业培训师
3	人力资源规划	线下	人力资源部	张桂熹	
4	工作分析与设计	线下	人力资源部	张桂熹	
5	员工招聘与录用	线下	人力资源部	张桂熹	
6	员工培训与开发	线下	人力资源部	张桂熹	
7	绩效管理	线下	人力资源部	张桂熹	
8	薪酬管理	线下	人力资源部	张桂熹	

3. 操作实务培训

对方案实施可能遇到的技术问题，以及南天竺项目组在推进过程中遇到的实际问题，及时进行培训。培训内容涵盖了工作的诸多方面（见表3）。

表3 针对咨询服务过程中出现的实际问题开展的培训内容

序号	培训主题	方式	对象	老师	老师介绍
1	工作计划的制订	线下	公司中层	郭世权	内控咨询师
2	工作总结提炼	线下	公司中层	郭世权	
3	PDCA	线下	生产事业部中层	刘伟孟	生产咨询师

4. 管理普及培训

使员工了解管理的基础知识和基本技巧，并根据企业的实际情况，对公司运作、管理、工作方式等进行普及性的培训（见表4）。

表4 针对员工开展的生产运营管理培训

序号	培训主题	方式	对象	老师	老师介绍
1	6S 管理	线下	生产事业部中基层	陈云瑞	生产咨询师
2	TPM 管理	线下	生产事业部中基层	刘伟孟	生产咨询师
3	OEE 管理	线下	生产事业部中基层	刘伟孟	生产咨询师
4	接待管理	线下	营销事业部、人力资源部	张桂熹	一级企业人力资源管理师 企业培训师

方圆公司原来也经常组织培训，但培训效果不尽如人意，原因很多，具体为：一是企业管理高层对培训很重视，但中层、基层的重视程度和认识程度不够；二是培训目的不明确；三是培训的计划性和系统性不强；四是培训方法选择不当；五是参加培训的人员选择较随意；六是培训效果缺乏检查和评估。由于以上原因，最终可能会导致企业的培训费用被浪费或者培训没有达到预期的目的。

培训是一个不断学习的过程，项目组不断努力，通过频繁的培训，将项目顾问的管理知识逐步传递给方圆公司内部管理人员；通过系统的培训，传播先进的管理理念和科学的管理方法；培训后马上安排线上考核，及时了解学员对培训知识点的掌握程度和培训效果。以前培训后采用纸质试卷现场测试、回收并评分统计，整个评估过程至少需要3小时，改为线上考核后系统自动评分、马上出成绩并自动排名，整体评估过程3分钟就能完成。

系统培训的目的是让方圆公司员工明白，培训最终是让学员学到他们需要的知识并提高他们的能力，并能够及时和适当地应用到工作中去，进而提升企业效益并有效提高企业员工的基本素质。

咨询方案也通过培训使员工充分了解和接受。将接受的知识快速转化为管理和操作技能，并在实际工作中得到了应用和提升。

同时，大量小范围的互动式、现场式培训促进了项目顾问和员工的交流沟通，使南天竺项目组能深入了解企业，及时发现企业存在的问题和变化，发现方案的不足，不断优化和调整，达到发现问题并切实帮助企业解决问题的目的。

（三）实施辅导

项目的实施辅导阶段，是咨询阶段方案的落地推行与优化完善阶段，咨询项目的成效与问题，都将在这个阶段逐渐显现。

在和客户充分沟通和研讨的基础上，结合前期工作任务完成情况和当期客户公司工作重点，明确各个模块的实施目标，共同制订了本阶段工作计划。

整个实施阶段共分三个模块，在管理调研阶段之后，分别以"组织变革""精益生产""人才梯队建设"为主要任务，前期方案实施和具体问题解决为辅助任务。

在实施阶段中，根据当期模块内容的不同，南天竺项目组不断优化师资力量结构，并根据专业需要匹配不同专业咨询顾问进行现场设计及辅导，保证了每一模块的质量。一期项目原计划安排一位生产咨询师，由于方圆公司厂区分散，生产现场改善提升任务繁重，故另增一位生产咨询师；二期项目计划增加数据分析师和财务咨询师。

1. 组织变革

这个阶段中，依据核心高层对企业未来的发展规划及南天竺项目组对相关行业、市场环境，利用专业战略工具进行分析的结论，为方圆公司制定了符合企业发展需求及横向职能清晰、纵向结构明确的规范的组织架构，并依据架构设计思路建立了覆盖企业运营相关范围的职务架构、员工编制表、岗位说明书、权限体系、稽核制度，形成了初步的制度化体系标准。

在形成模块设计成果后，南天竺项目组组织不同层级的人员共同进行成果说明与沟通交流，确保新的组织架构、岗位说明书、权限体系被相关岗位人员接受并转化为内部工作标准与依据。

2. 精益生产

精益生产主要内容和方法如图 2 所示。

精益生产

	主要内容	主要方法
6S管理与可视化	全员6S管理 可视化管理	□ 6S制度、小组、评分标准、区域划分 □ 6S培训、标杆法、红黄旗作战、红牌行动 □ 建立一目了然的生产管理环境 □ 建立安全、可靠的生产作业环境 □ 参观引导、看板管理、数据化管理
设备相关	可靠性 效率 安全	□ 确立自主、计划、预防性保养机制 □ 人员培训、常规点检 □ TPM全员设备保全、OEE设备综合效率分析 □ SMED快速换模、人机工程改善 □ 安全操作规范、隔离措施、防错原理

图 2　精益生产主要内容和方法

精益生产之 6S 推行历程见图 3。

2021年7~8月	2021年9月	2021年10月	2021年11月	2021年12月	2022年1月
6S培训与辅导	6S树立标杆	6S管理制度	6S全面推广	6S全面验收	6S持续改进

图 3　方圆公司 6S 推行历程

TPM、OEE 推行历程见图 4。

2021年10月	2021年11月	2021年12月	2022年1月	2022年2月	2022年3月
TPM培训辅导	OEE标准梳理	TPM管理制度	TPM案例分享	TPM持续改善	OEE目标推进

图 4　方圆公司 TPM、OEE 推行历程

通过半年时间的 6S 推行，方圆公司工作环境发生翻天覆地的变化，员工满意度显著提升，工作效率大大提高。推行 6S 前现场测试机修工在工具柜找一个指定工具，超过 5 分钟未找到，推行 6S 后现场测试机修工只需 5 秒钟就能找到指定工具。推行 6S 后住院安全事故发生率同比下降了 64%。

通过半年多时间的 TPM 和 OEE 推行，方圆公司 OEE 整体水平已从 62.6% 提升到 71.4%，整体提升 8.71%。方圆公司各厂区 OEE 改善趋势图如图 5 所示。

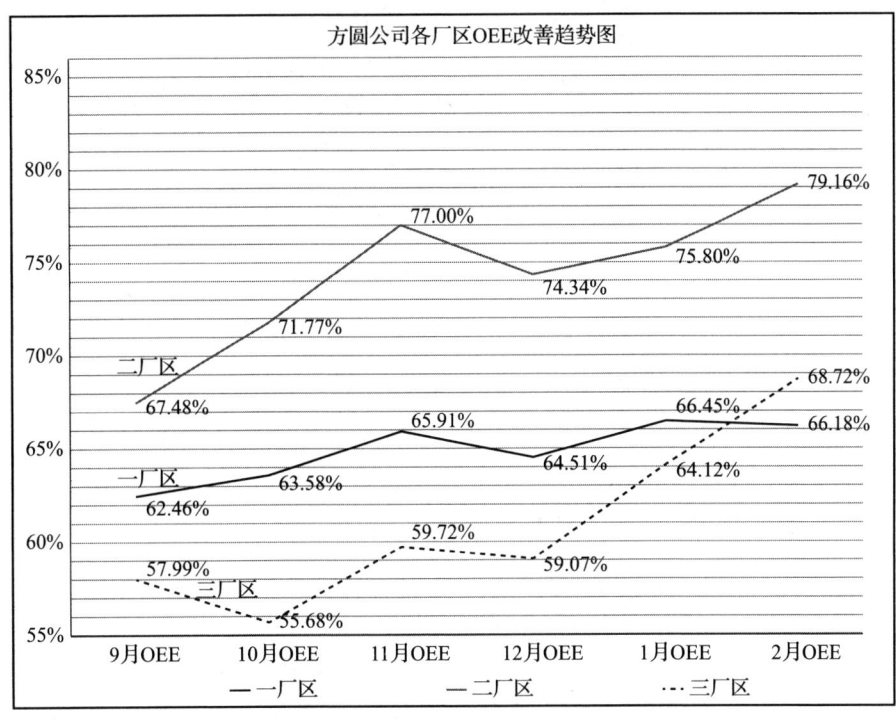

图 5　方圆公司各厂区 OEE 改善趋势图

3. 人才梯队建设

通过对方圆公司内部核心岗位人员胜任力分布情况进行梳理及评估，利用 MBTI 职业性格测评和职业技能测评工具，从"能力高低"和"绩效高低"两个维度，对管理层进行一对一的评估，梳理绘制方圆公司的人才地图（见图 6），有力支持了方圆公司内部人员与岗位匹配程度的优化及核心关键岗位人才的储备计划与实施，使方圆公司在项目实施前"无人可用、无人可备"的局面得到根本扭转。同时，南天竺项目组充分利用自身咨询平台资源引入团队拓展体验、职业心态及职业规划类辅导培训，强化企业内部凝聚力与向心力，配合管理体系的整改提升，为方圆公司打造出一支能承接战略实现责任的团队，为公司的长远发提供人才保障。

	低绩效	中绩效	高绩效
高能力	3.关注人才	6.核心人才 *** 有1人，占比4.35%	9.明星人才
中能力	2.关注人才 ***、*** ***、*** *** 有5人，占比21.74%	5.骨干人才 ***、*** ***、*** ***、*** ***、*** ***、*** 有10人，占比43.48%	8.核心人才 *** 有1人，占比4.35%
低能力	1.待优化人才 *** *** *** 有3人，占比13.04%	4.待提升人才 *** *** *** 有3人，占比13.04%	7.待提升人才

图6　方圆公司人才地图

四、案例项目评估和绩效说明

方圆公司自第一期管理咨询项目启动之后，便按照项目方案的指导稳扎稳打推进。完善组织结构，完成组织变革，建立标准化的管理模式；推行精益生产，改善工作环境，大大提高工作效率，现场测试请办公人员随机找一份文件，改善前3分钟才找到，改善后30秒即能找到；OEE整体水平已从改善前的62.6%提升到改善后的71.4%。方圆公司推行精益生产后成为当地标杆，吸引众多企业前来参观；评估管理层胜任力、绘制公司人才地图、建设人才梯队，为公司的快速发展做好了充分准备。

在8个月的项目实施阶段中，南大竺项目组与方圆公司从磨合期快速过渡到信任期，项目组融入企业，成为方圆公司的一部分，与客户员工共同工作，共同生活，参与公司的各项活动，参加例会和各项业务会议，与公司各层级人员随时交流，深入沟通。客户员工已经习惯有问题就找咨询顾问解决。这给项目组带来大量合同外的工作，却使咨询顾问作为不同的角色，从不同角度更全面地认识企业，发现问题，集思广益，从而设计出更符合实际，更适用于企业和为员工所接受的方案。

同时，由于南天竺项目组咨询师稳定，不同专业顾问分工协作，既保证了项目组在各个模块上的专业性，也使项目的整体设计思路与框架得以延续，各个方案的结合更为顺畅，体系更为高效。

经过双方的努力，第一期咨询项目已顺利完成并验收，方圆公司上下对南天竺项目组的工作态度和工作成果十分认可，已于2022年3月续签了第二期咨询项目合同。相信随着双方合作的深入开展，方圆公司的经营管理能力和内控管理水平会再上一个台阶。

南天竺将秉持"整合资源，拓宽组织成长空间"的企业使命、"距离最近，目标共远"的服务观，服务更多有经营管理提升需求的中小企业。

北京城建集团国际化全体系能力构建变革项目

百思特管理咨询有限公司

百思特管理咨询有限公司（以下简称百思特）历经20年发展，一直秉承标杆、价值、创新、多赢的核心价值观，不断研究世界级标杆企业，始终坚持为客户创造价值的咨询信念，为近20个行业的3000多家企业提供了可持续发展的整体管理解决方案，全面提升企业行业地位、可持续竞争力和经营效益，帮助中国企业不断追求行业进步，打造标杆竞争优势。

百思特以深圳为总部，采用全国一体化的运作模式，分支机构覆盖北京、上海、武汉、杭州、青岛、长沙、成都等地，形成全国多基地服务范围，并拥有一支来自世界500强及国内外知名企业的高管与精英组成的实战型专家顾问团队，能够以丰富的标杆企业研究及咨询服务经验，创新结合全价值链咨询服务体系，深度理解企业变革逻辑，保证"力出一孔、举公司之力"为企业提供咨询服务，帮助客户成功。

未来，百思特将继续以助力中国企业"以变革·谋未来"为理念，致力于成为全球企业可持续发展的最佳伙伴，帮助中国优秀企业向世界标杆迈进。

本案例项目组成员

陈玮，百思特高级副总裁，曾任华为海外国家市场负责人、某产品线MKT部长、兴森科技集团副总裁兼营销总经理。擅长战略规划、市场管理、商业模式、销售管理，对ICT、半导体、新能源、智能制造、大健康等多个行业的产业发展趋势和企业运作模式有深刻理解，能将战略规划、策略制定、营销管理等各方面有效结合，为企业创造真正的价值和效益。

其他成员：李军伟、靳洋、赖韶堂、李恒

导读

北京城建国际事业部成立于 2010 年 3 月，为响应"一带一路"倡议和集团"十三五"全面推进城建集团国际化进程、成为北京市属国际化领先企业的战略目标，国际部积极开展了海外业务布局。

国际部领导意识到海外发展面临的种种困难（体系、经验、管理、人员缺失），想到了利用专业的外脑机构，快速补齐能力短板，减少摸索试错的成本。

通过跟百思特为期 3 年 4 期的咨询项目推进，覆盖了海外业务发展运营涉及的战略、营销、组织、流程、供应链五大体系，通过 BLM（商业领导力模型）战略管理和 MM（Market Management，市场管理）方法论的导入，确定一区一策，一国一策，明确了价值区域和价值国别的投入和管理方式，增强了市场规划能力和经营意识；通过机场事业部的整体设计阐出了一条具有城建特色的解决方案差异化竞争的路径，同时建设 LTC（Lead to Cash，从线索到回款）的销售流程和 ITR（Issue to Resolution，从问题到解决）的交付流程，为项目的落地和高质量经营保驾护航；通过组织架构和赋能体系搭建，源源不断地输出合格的干部和骨干，满足了一线业务的发展需求。初步搭建了具备市场竞争力和管理竞争力的国际化组织体系，很好地支撑了业务的跨越式发展，圆满实现了集团阶段性战略目标要求。

北京城建国际部在 2022 年 ENR（Engineering News-Record，工程新闻记录）榜单上首次跻身国际百强，业绩从 2016 年的 16 亿美元增长到 2021 年的 159 亿美元，在 79 家上榜中国企业中位列第 26 位，并承建了包括马尔代夫机场、香港机场扩建、巴基斯坦瓜达尔机场在内的一系列国标性建筑，在机场建设领域构建了领先的行业品牌和影响力。

北京城建集团国际化全体系能力构建变革项目

百思特管理咨询有限公司　陈玮

一、项目背景

（一）北京城建国际事业部背景

北京城建是大型综合性建筑企业集团，资产总额3398亿元，市场合同额首破2400亿元，营业收入首破1400亿元（2021年数据），集团综合实力跃升至中国企业500强第183位。

北京城建在中国基建史上留有浓墨重彩的一笔，承接并圆满交付了包括北京地铁，两次亚运工程（北京亚运会主会场、广州国际体育演艺中心），北京奥运六大工程（国家体育场、国家体育馆、奥运村、五棵松文化体育中心、首都机场三号航站楼、中央电视台）在内的一系列国标性经典建筑群。

北京城建集团于2010年3月份成立国际事业部，在开拓海外市场上摸索良久，从2016年开始响应国家"一带一路"的号召，积极进行海外业务布局。集团要求，在"十二五"时期实现"走出去"的基础上，"十三五"深入推进城建集团国际化进程，到2020年，进入ENR国际大承包商前150位排名，成为北京市属国际化领先企业。

国际事业部作为集团国际业务板块的牵头单位，定位于"全球最具价值的建设综合服务商"，承担了集团在国际业务领域"引领、组织、协调、创新"的职能与定位，在国际化的进程中探索出一条新路，进一步提升城建集团国际化水平，争取在2020年进入ENR国际承包商前150位排名。

（二）建筑企业国际化的老大难

2017年亚洲开发银行发布的报告称，2016—2030年，仅亚洲发展中国家基础设施建设投资总需求就将达到22.6万亿美元，即每年1.5万亿美元。"一带一路"倡议为中国工程企业"走出去"、实现国际化、开辟新天地带来了重大机遇。

众所周知，建筑产品绝大多数属于公共产品，具有功能性强、差异化大、

空间固定、露天作业多、生产周期长、人机料流动性大、成本影响因素较多等特点。另外，受建筑业行业门槛低、劳动密集等因素影响，建筑市场项目规模大，毛利低，竞争激烈。这些决定了建筑企业的管理具有很大难度，必须走出一条内涵集约化的高质量发展之路。

然而，跨国经营充满挑战与陷阱，中国企业走出去的第一课就是：控制战略风险和项目风险，选择好价值市场，适应营商环境，通过差异化竞争获取项目，建立本地交付资源，并针对项目精细化管理源源不断地培养和补充国际化、专业化人才。

摆在北京城建国际部面前的难题是：如何承接集团的战略发展要求，快速完成全球化布局的同时，快速匹配相应的组织体系能力，从过去依赖于援建项目走向市场化竞争的国际投标，从同质化竞争走向特色产品解决方案，从机会型项目拓展到价值区域的主动布局、战略深耕，从项目中获取管理效益和利润空间，充分利用"一带一路"倡议空间，实现自身的转型升级，变成行业内企业管理需要突破的新焦点。

（三）按图索骥，结缘百思特

2017 年 7 月 25 日，央视对中国海外工程建设领域进行了报道，并重点介绍了北京城建集团马尔代夫维拉纳机场项目。

马尔代夫维拉纳机场的成功承建，一方面增强了国际部的信心和决心，另一方面走出去的过程中暴露的种种问题，也让国际部领导倍感压力。为加强境外资源整合能力，打造集团公司境外业务平台，做大做强国际业务，在外部机会爆发和内部发展重压之下，北京城建国际事业部想到了利用外脑导师，快速补齐能力短板，减少摸索试错的成本。因此，作为中国最成功的国际化企业之一，华为自然而然引起了北京城建领导层的高度关注，国际部领导定调："要学就学最好的，找最好的老师，走最少的弯路！"

作为资深的华为系咨询公司——百思特管理咨询集团，于 2000 年创立，以"世界的百思特"为愿景，以"中国企业变革专家"为定位，创始人及管理团队均有华为及 500 强管理经验，亲身经历了这些标杆公司的变革发展历程。20 年多来服务了 20 多个行业的 3000 多家规模企业，其中不乏助力各个领域的佼佼者最终成为行业领导者（如腾讯、安踏、万科、迈瑞、万华化学、深南电路、中广核、海大集团、稳健医疗等）的经验，在此过程中不断探索，逐步形成了独具特色的一体化管理咨询模式，即以企业经营管理体系全价值链为核心的服务产品和交付模式，引领中国咨询界从最初的流程再造走向业务咨询，进而跟客户深度绑定、实施业绩咨询的新趋势。

在城建国际部下定决心引入外脑开展海外体系变革的决策期间，百思特管理层和城建国际部高层展开了充分的互动和交流碰撞，特别是在深度把脉之后，百思特提出六大变革理念，以解决国际部变革管理中的迷茫。

（1）从机会主义的项目到基于解决方案产品化的主动市场拓展。

（2）从快速响应客户需求到引导客户需求并实现客户价值创造。

（3）从解决生存问题的灵活作战方式到力出一孔打大战的组织模式。

（4）从差异化业务模式到相对可复制、标准组件式产品业务模式。

（5）从被动响应式业务流程模式向主动的规划和计划指挥转型。

（6）从综合能力要求高的人才需求到专业化人才组合作战方式。

以上六点深深地打动了客户决策层，最终，百思特凭借其深厚的历史背景、专业的实力、丰富的变革经验（打造行业领导者、国企变革经验）和有华为丰富海外市场开拓经验的顾问团队，获取了城建国际部领导的高度认可。双方很快于2017年2月开启了全面而深入的战略升级和营销体系变革合作。考虑该项目的重要性、典型性和挑战性，百思特管理咨询集团举全集团之力，抽调精英，组建了以董事长张正华博士（集团创始人、国际注册咨询师CMC、原国家发展改革委创新中心专家顾问、原华为变革部门负责人），高级副总裁陈玮（原华为产品线全球MKT部长）为项目Sponsor（发起人）和项目总监的高质量顾问团队入驻北京城建。

二、项目历程

（一）调研诊断

在实地调研过程中，经过大量文档分析和多人多轮广泛而详细的访谈，百思特顾问团队了解到，北京城建国际部虽然从2016年开始业绩激增，但仍然存在诸多中国企业初出海外面临的问题，甚至是一些随着发展会不断凸显的严重风险，归纳为以下六条。

（1）营销策略不清晰：过去由双优项目（政府援建为主），获取了一些落地的机会项目。业务拓展与项目线索的来源总体而言是属于机会型和零散型。业务拓展的线索来源没有打开，客户定义不清晰，导致缺乏有效的战略合作伙伴，缺乏市场与解决方案的指挥系统，集中表现在构建"一线"市场竞争策略，指挥市场开拓方面的功能缺失，资源配置缺失。没有顶层的策略统一，就很难决策是否该在当地进行深耕，是不断进行资源投入，还是打一枪换一个地方，往往以短期有无项目接续作为判决标准。

（2）营销模式不稳定：项目来源于三种方式：政府援建、EPC（工程总承包)、招投标。最初的机会占比为8:2:0，也就是真正的市场主动拓展能力欠缺，表现为营销团队在如何做市场分析，如何寻找项目机会点，如何摸清当地客户决策链，如何在市场化竞争的招投标项目中呼唤炮火拿下项目这些方面缺乏流程和能力指导。同时，缺乏拳头产品和解决方案，很容易陷入单纯比拼价格和资源的红海竞争之中。

（3）项目管理不细化：建筑企业的规模和利润来自工程项目叠加，由于市场本身的不确定性，导致对市场目标、策略以及资源的统一规划工作的缺失，使得市场活动缺乏有效支撑，造成很多市场活动和销售工作无从下手。这种基于项目的销售，营销业务的运作重点在全球分散的投标机会上，精力集中于投标前后的机会点运作，对更早期的基于市场和区域的销售线索的挖掘工作相对缺失，且没有对客户进行项目构想和需求的引导培育，进入机会点的项目缺乏竞争力和清晰策略，导致"赶晚集、杀价格"，且命中率很低。同时，项目管理层面的风险控制是整个风险控制体系的核心。合同质量是工程项目风险的主要源头，也是售前销售和售后交付的交接关键点，但是过去依赖于关键项目经理的经验，项目质量往往参差不齐，可能留有巨大隐患。

（4）流程制度不完善：流程的本质即业务，由于缺乏基于营销全业务活动展开的流程化要求，导致过程管理严重依赖个人，缺少规定动作。同时，因流程的不明确及缺失，使得组织的职责和功能设置也无据可依，业务能力、执行力和个人能力提升等各方面矛盾找不到解决问题的抓手；在日常生产经营管理，尤其开展资源调配时，压力往往集中于决策领导，随着企业规模扩大，各种挑战会越来越明显。

（5）组织设计不科学：营销组织功能不完善，营销决策机构和机制缺失，造成大量细节事项向上挤压，导致公司高层领导大量时间投入细节的沟通协调，占用了高层管理者的精力、降低了决策效率。同时，组织分工仍然偏传统项目管理，往往一人身兼数职，大包大揽，缺乏专业化导向，容易顾此失彼，难以确保项目的标准和质量。

（6）人员能力不支撑：营销人员专业能力不足，缺少赋能机制。受国际工程承包市场和项目类型的差异性影响，在营销过程中缺乏营销人员可以学习使用的工具包，没有形成体系化的人员培养和培训机制，而长期居于一线的营销人员，多为语言类专业背景，对工程专业性知识积累不够，进一步加剧了营销人员业务能力的差异，业务结果严重依赖个人能力，公司的年度业务结果存在很大的不确定性，加之营销文化缺乏狼性和血性，组织和个人的能力无法得到有效激发。

（二）方案设计

企业的发展过程中，始终是以战略为方向，营销为龙头，城建国际部调研中暴露的问题也充分说明了这一点。经过双方项目组的充分研讨，最终制定了"战略梳理，组织调整，营销先行，流程规划，产品打造，交付集成"的分阶段逐次展开的项目方针，同时注重过程中的人才培养和 IT 固化，才能围绕业务发展不断夯实组织能力（见图 1）。

百思特建议国际事业部的管理变革分阶段实施

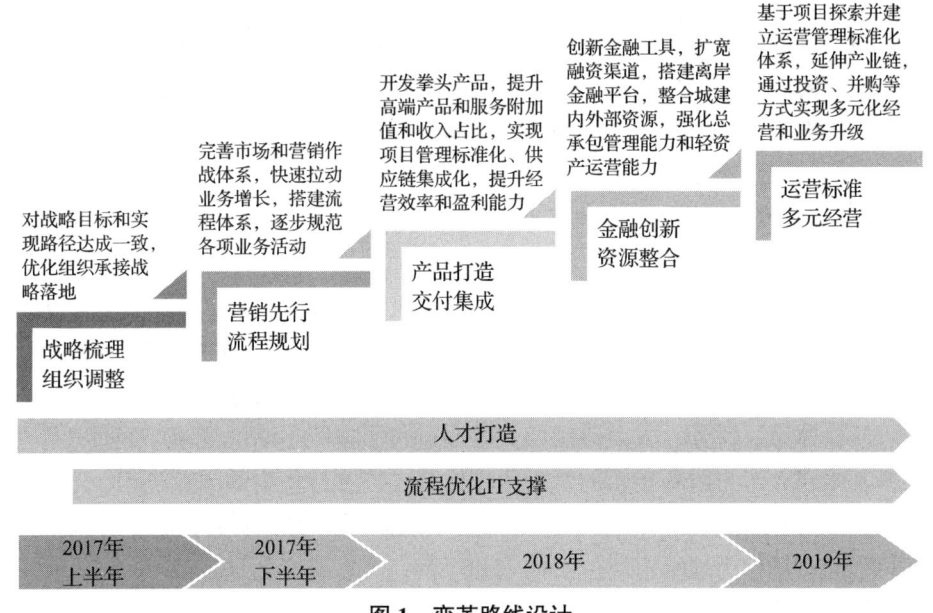

图 1　变革路线设计

百思特顾问团队进一步细化了项目整体路线，从战略梳理，组织优化，延伸至市场、销售、供应链以及人力资源四大体系构建。

（三）方案实施（以战略梳理及营销体系构建为重点说明）

1. 走出去：从做项目上升到经营国家

当下，国内工程企业仍旧存在"大而不强"的通病。从企业内部来看，基础管理粗放薄弱、中标方式传统、缺乏核心竞争力、低价竞争、不熟悉当地游戏规则等问题仍旧掣肘；从国际环境来看，世界经济复苏仍旧脆弱，亚非拉等国家政治、经济、安全等各类风险问题突出，国际油价震荡、市场竞争加剧使得进军海外的企业在拓展业务、开展投资时面临的不确定风险增加。

同时，来自各国的同类型企业，通过结构调整、技术创新和跨国经营谋求更大的空间，以致中国企业面临的外部竞争不断加剧。

百思特董事长张正华指出，传统海外开拓市场的模式是做项目，项目结束了，人就回来了。中国大部分工程企业仍旧停留在依靠国家政策福利、融资能力等条件上，业务上缺乏足够的市场竞争力。当政治、资本因素掉链子，项目就面临垮掉。而一个项目如果有风险，整个企业在这个国家的投入就会打水漂。所以，一个项目的亏损极有可能引起连锁效应，甚至导致企业本部的颠覆式亏损。

企业必须不断提升技术、盈利、管理能力，要从依赖政策、政府升级为具有市场竞争力的企业公民，要从经营项目上升到经营国家。

北京城建国际事业部与百思特团队深度讨论后，确定了战略的总体定位：即从施工总承包商转型升级为世界一流的工程总承包商。提出要实现从经营项目向经营公司转变、从项目利润到公司利润转变、从区域拓展向国家转变、从项目运作到产品运作转变，战略性深度布局每一个国家。

2. 学标杆：建立与国际接轨的管理运作体系

尚未断奶的中国工程企业该如何破局成长？百思特张正华提出："借助国际一流企业管理经验和工具，学习他们的国际化战略和策略。"

早年，任正非曾说过："海外市场拒绝机会主义"。这句话一直被奉为华为开拓国际市场的圭臬。1995年，华为开启国际市场拓展的征程，在屡战屡败、屡败屡战中砥砺前行。1997年起，华为斥40亿巨资请来IBM，在公司运作、质量体系、财务、人力资源四大方面进行了持续不断的变革。经过7年长征，基本建立了与国际接轨的管理运作体系，以支持华为的国际进程。

正如任正非的观点，进军国际市场不是短期行为，要避免机会主义，只有将国际市场作为战略市场持续投入和经营，才有凯旋之日。

百思特高级副总裁陈玮指出：销售的核心是发现价值，创造价值，传递价值，交换价值，那么发现价值是关键，也就是"营"的部分。优秀的营销指挥官会通过专业的洞察（有地图），选对真正的战场，这往往是胜败的关键和源头，也就是"道、法、术、器"中的"道"，那么营销管理流程（MTC，Market to Cash=MM+LTC）是"法"，差异化解决方案（机场解决方案）是"术"，而营销工具包则是"器"，要全方位构建营销组织的战斗力。

基于以上指导，百思特顾问团队从国际化战略梳理、区域市场策略到营销能力升级三个维度，为北京城建国际事业部量身打造了一套组织变革和营销体系方案。

首先，百思特建立了一套适合城建国际部的MM管理流程，等于出海开拓先有了一份航海图。即结合行业分析报告、邓白氏风险评估报告以及一线信息收集，进行海外市场洞察和风险剖析，从政治、经济、文化、安全等方面扫描，利用标杆企业的市场管理模型，"五看三定四配"筛选出适合北京城建国际事业部的价值区域和价值国家（见图 2）。

北京城建MM关键业务设计

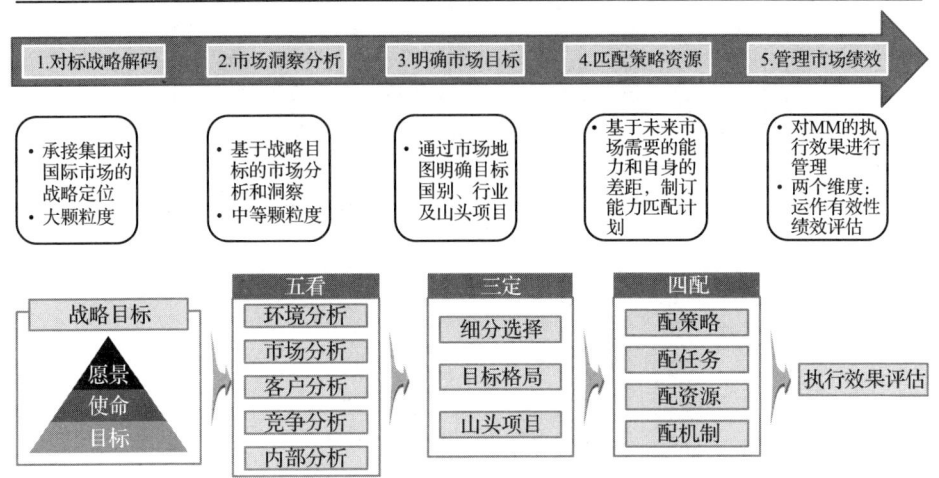

图 2　北京城建 MM 关键业务设计

按照战略部署、市场破冰、价值深耕三类市场，研讨并制定出符合国情市场、具有延展行业拓展链的策略，做到"一国一策"，把当地人力资源、采购资源、机械留存充分地利用起来，进行就地深耕，形成初步国际化的桥头堡。

谋定而后动，选定目标市场之后，下一步就是如何打开局面，在当地寻求项目机会。北京城建出海之初，就面临众多中字号建筑企业在海外深耕多时的局面，如果想以弱胜强赢得生存空间，就必须进行差异化竞争。通过市场和竞品分析，百思特顾问团队提出提炼北京城建国际事业部的核心竞争力，打造拳头产品和解决方案，以事业部方式推进，在取得初步突破之后，再不断复制出其他几大产品线的思路。

过往北京城建集团在机场建设领域具有明显优势，在国内承建过包括首都机场在内的一系列机场项目；而在海外，承建马尔代夫国际机场项目时采用的"吹沙填海"技术更是闻名业界。

因此，双方通过市场洞察、整体解决方案设计、营销策略制定、产业链整合、品牌拓展等手段，设计出一站式机场建设方案，并进行了机场产品线未来三年的拓展规划。仅仅在亚太区域便发掘出未来五年多达二十几处的扩建机会点、2000 多亿的市场蓝海，为北京城建国际事业部未来的发展寻求了一条独具特色的战略路径，机场建设内容分析如图 3 所示。

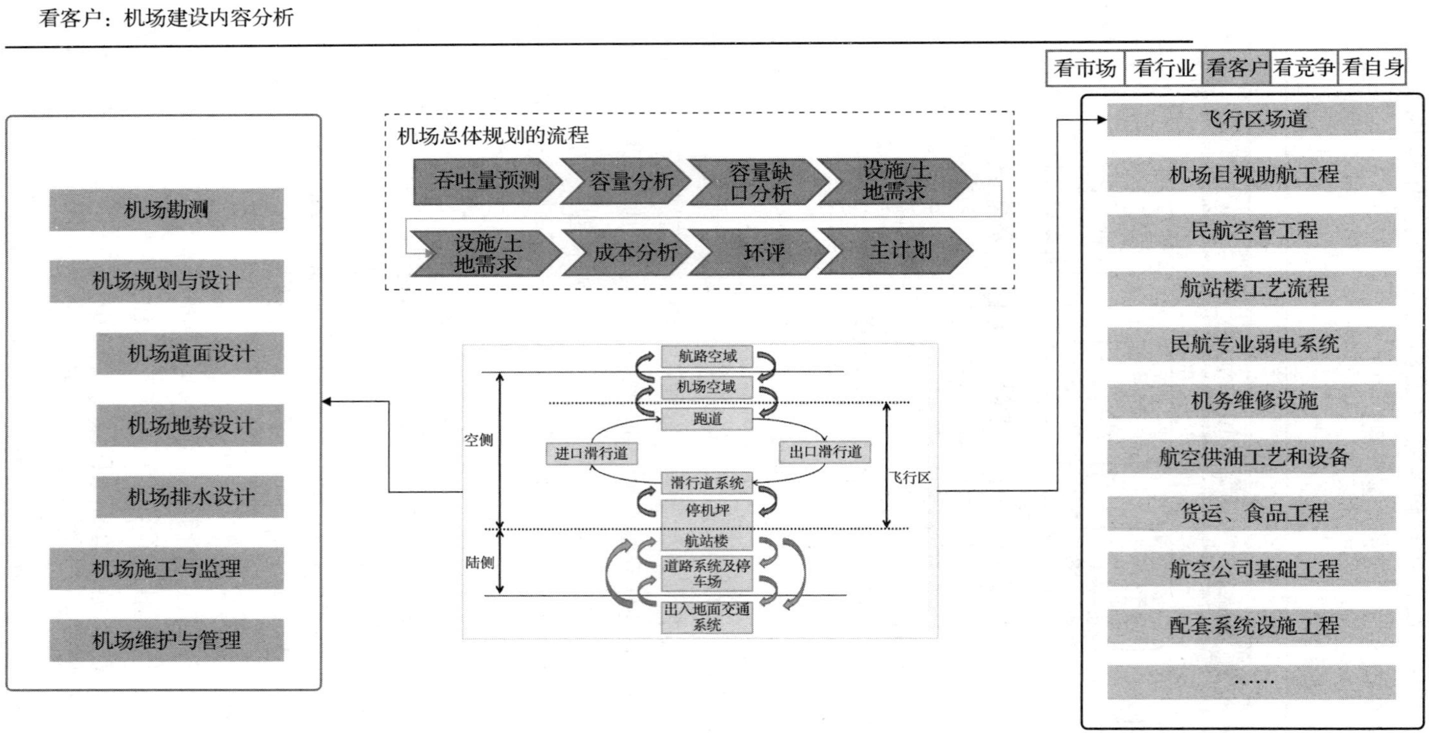

看客户：机场建设内容分析

看市场	看行业	看客户	看竞争	看自身

飞行区场道
机场目视助航工程
民航空管工程
航站楼工艺流程
民航专业弱电系统
机务维修设施
航空供油工艺和设备
货运、食品工程
航空公司基础工程
配套系统设施工程
......

机场总体规划的流程

吞吐量预测 → 容量分析 → 容量缺口分析 → 设施土地需求

设施土地需求 → 成本分析 → 环评 → 主计划

机场建设内容分析

飞行区

航路空域
机场空域
跑道
出口滑行道
滑行道系统
停机坪
航站楼
道路系统及停车场
进口滑行道
出入地面交通系统

空侧
陆侧

机场勘测
机场规划与设计
机场道面设计
机场地基设计
机场排水设计
机场施工与监理
机场维护与管理

图 3　机场建设内容分析

工预善其事，必先利其器。通过跟专家的分析碰撞之后，可以看到机场建设链条非常复杂，如何面向国际客户，以"机场建造解决方案专家"的形象出现，需要补齐作为整包商的价值链。因此，从集团抽调机场建造专家，从外部补齐合作伙伴，深度设计机场设计的价值锚点，将组织形式和资源作为机场产品型设计的重点。

在解决了"在哪里打"的战略问题和"拿什么打"的产品问题之后，问题集中在"怎么打"。北京城建国际事业部在百思特咨询团队的帮助下升级了整个营销体系，引入了标杆 LTC 销售项目管理流程，实现销售对准交付，交付对准验收，验收对准回款，通过端到端的项目管理和铁三角（销售、技术、交付）协同，将项目各相关方很好地黏合在一起，为项目开拓和经营质量负责。通过前端提升中标率，通过后端遏止"滴冒跑漏"，使项目利润和周转纳入可控范围，从而整体上提升了项目运作水平和项目质量。

LTC 销售项目管理流程将整个项目运作细化为：ML（Manage Lead，管理线索），MO（Manage Opportuniy，管理机会点），MB（Manage Bidding，管理投标），MC（Manage Contract，管理合同）几个阶段。通过每个细化流程中的标准动作要求，及关键评审点 DCP（Decision Check Point）设置，可以很好地做到"树立经营意识，售前售后拉通，风险假设闭环，项目经营可视"。

LTC 流程推广以来，有效地打开了喇叭口，提升了线索获取量、机会点转化量，中标率因为营销动作前置，也从最初的 20% 提升到 2018 年的 33%，极大增强了营销能力，有力支撑了业务十倍的增长（2016 年营收 16 亿美元，2021 年营收 159 亿美元)(见图 4）。

三、项目收益

（一）业绩增长

在 2018 年 6 月 7—8 号的第九届国际基础设施投资与建筑高峰论坛上，北京城建斩获社会责任"领先型"企业和"国际工程杰出人物"两项殊荣，并主办了"一带一路"设施联通与国际航空基础设施合作平行论坛，一炮打响，树立了中资企业机场建设领导者的形象。

据 2022 年度美国《工程新闻记录》（ENR）"全球最大 250 家承包商"榜单发布，北京城建集团排名由 2021 年的第 14 位上升至第 13 位，在中国企业中位列第 10 位，营业额及排名均创历史最高水平。在同期发布的"全球最大250 家国际承包商"榜单中，北京城建国际部排名由 2021 年的第 109 位跃升至第 98 位，首次跻身国际百强，在 79 家上榜中国企业中位列第 26 位（见图 5）。

建立从线索到现金的LTC流程及铁三角作战模式，支撑客户业绩增长

截至2020年年底，业绩从（2017年）12亿美元增长到150亿美元，成为首都机场、香港机场扩容的承建方，树立了国内机场建设领导者品牌

1.亮点——双方投入都很大，配合度高，现场顾问具有资深海外经验
2.不足——过程辅导落地不够，项目偶然成功不代表变革成果真正落地起效

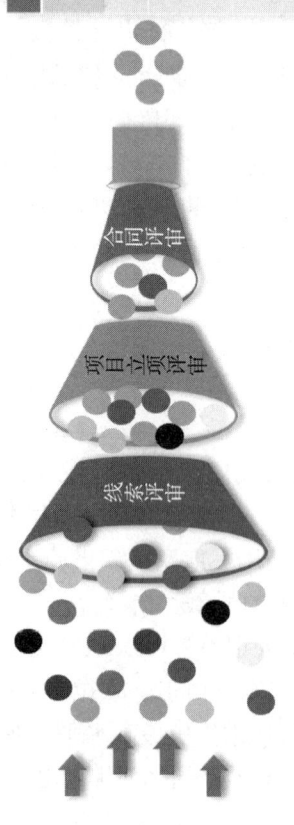

◆ 线索管理：围绕客户需求进行线索的引导和培训
◆ 机会点管理：强调项目策划，通过立项评审引率和推动项目运作提升
◆ 理顺技议标管理流程、强化标前专业评审，提升竞争力，中标率持续改善
◆ 以"铁三角"项目开发模式，优化团队作战配置，资源对齐，实现专业对齐，提升项目成功率
◆ 项目拓展从双优项目向主动拓展项目转变

截至2018年年中，线索累计60个，机会点转化累计13个，中标8个
中标率由2017年的20%左右（含融资类、议标类）提升到2018年的33%（竞标类）左右

图 4 LTC 项目总结

2022	2021	7-2RM
85	78	HARBIN ELECTRIC INTERNATIONAL CO. LTD., Harbin, China
86	85	ATLAS GROUP, Richmond, Texas, U.S.A.†
87	94	QINGJIAN GROUP CO. LTD., Qingdao, Shandong, China†
88	97	IMPRESA PIZZAROTTI & C. SPA, Parma, Italy†
89	74	BONATTI GROUP, Parma, Italy†
90	86	SINOPEC ENGINEERING (GROUP) CO. LTD., Beijing, China†
91	99	CONTRACTING AND TRADING CO. (C.A.T.), Beirut, Lebanon†
92	93	SHANGHAI CONSTRUCTION GROUP CO. LTD., Shanghai, China
93	115	ESTA INSAAT SANAYI LOJISTIK VE DIS TICARET AS, Istanbul, Turkey
94	83	DL E&C CO. LTD., Seoul, South Korea†
95	114	TAISEI CORP., Tokyo, Japan†
96	103	ALBERICI-FLINTCO, St. Louis, Mo., U.S.A.†
97	100	CHINA GEO-ENGINEERING CORP., Beijing, China†
98	109	BEIJING URBAN CONSTRUCTION GROUP CO. LTD., Beijing, China†
99	65	SNC-LAVALIN INC., Montreal, Quebec, Canada†
100	112	STO BUILDING GROUP INC., New York, N.Y., U.S.A.†

图 5 "全球最大 250 家国际承包商"榜单（部分）

（二）标杆项目

如今，北京城建海外项目发展势头良好。机场事业部交付的马尔代夫国际机场跑道达到校飞条件，同时陆续获得了香港国际机场第三跑道客运大楼和站坪工程，马尔代夫维拉纳国际机场改扩建项目，巴基斯坦瓜达尔新国际机场项目，孟加拉国希莱特奥斯玛尼国际机场项目等多个具有国际影响力的大型项目，海外项目集群规模紧跟"一带一路"沿线持续扩大。

（三）组织能力提升

北京城建国际部变革项目中通过体系化、流程化组织的建设，通过大量实景化的训战，一批批的人才在变革项目中干中学、学中干，同时强化了战略思维，经营意识，流程化管理思维和对工具的掌握，最终走向一线领导岗位，及时填补了业务增长所需的技术骨干和干部团队，有力支撑了业绩和组织能力的跨越式提升，带来了显著的管理收益。

（四）内部评价

北京城建国际部 2017—2019 年的变革，获得集团高度肯定，并为百思特管理咨询公司授予"优秀合作伙伴"荣誉牌匾。

城建国际部副总经理丁力表示：通过 MTC 全流程管理的不断深入，从公司管理层面，完成了从发现价值到实现价值的管理闭环；从业务执行层面，有效解决了业务能力、执行力和个人能力不平衡的矛盾，从根本上提升了决策和执行的效率。

通过 MTC 全流程管理体系的打造，让全员把思想统一到从客户需求中来到交付客户满意产品的端到端的流程上，上下同欲，全员同欲，这才是企业持续成长的核心竞争力。

四、项目总结

一个集团化公司的新业务、新组织变革项目，要取得最终的成功，难度很大，离不开项目组团队各级资源的高度信任和配合，北京城建国际部历时 3 年 4 期的战略、营销到全体系能力构建的变革项目，成为企业方和咨询方一个经典的示例。

（一）客户企业方

项目成功首先是来自一把手的变革决心，变革是一次思想洗脑，文化洗心，流程洗手的过程。原 IBM CEO，重振蓝色巨人的管理先驱郭士纳曾经讲过："变革就像在你头上点火，然后用一根大棒子把火打熄"，痛苦而艰难且必须坚持，如果没有一把手的强力推动，知难而退，变革将无从谈起。其次，来自客户企业氛围及传统的优良的执行力，很好地保障了变革成果的推行。最后来自心态上的开放，双向融入促进了项目组良好的氛围，业务上客户当老师，管理上顾问是老师。不怕考顾问，考顾问的目的是像海绵一样吸收知识，把顾问当作向导、导师、参谋、战友，真正形成一个团队，为结果负责。

（二）咨询公司方

咨询公司需要具备战略高度的变革理念，方法论，不仅仅局限于头痛医头，脚痛医脚，需着眼未来，从战略空间，实现策略上替客户进行整体谋划，同时更需要在各体系，组织能力上给予实际落地的方案以解决业务问题，还需要在整体变革项目管理上能够很好地控局，因势利导，努力推进，牢牢掌控变革节奏和进展。

北京城建国际事业部取得了成功，几乎是从最初几个项目组，成长为一个具有国际竞争力、专项竞争力、体系竞争力的知名大型企业。这种超高速增长，国企国际化变革的成功，也是华为二十几年的国际化经验在中国工程建筑行业的一次完美复制，对"一带一路"中国企业，尤其是项目型解决方案，工程建筑领域，有非常好的示范效应。在该项目中，百思特管理咨询公司一体化交付的理念和实力，也得到了很好的验证和锤炼。